VIKING
BRITAIN

维京不列颠
劫掠、征服、探索与传奇
An Exploration

（英）托马斯·威廉斯◎著

曹军　于秀秀◎译

化学工业出版社
·北京·

北京市版权局著作权合同登记号：01-2019-3399

图书在版编目（CIP）数据

维京不列颠：劫掠、征服、探索与传奇 /（英）托
马斯·威廉斯（Thomas Williams）著；曹军，于秀秀译.
—北京：化学工业出版社，2022.10
书名原文：Viking Britain: An Exploration
ISBN 978-7-122-41957-6

Ⅰ．①维… Ⅱ．①托… ②曹… ③于… Ⅲ．①英国 –
中世纪史 Ⅳ．① K561.31

中国版本图书馆 CIP 数据核字（2022）第 139442 号

责任编辑：王冬军 张 盼 装帧设计：水玉银文化
责任校对：李雨晴 版权引进：金美英

出版发行：化学工业出版社（北京市东城区青年湖南街 13 号 邮政编码 100011）
印 装：盛大（天津）印刷有限公司
710 mm×1000 mm 1/16 印张 23¾ 字数 349 千字 2023 年 1 月北京第 1 版第 1 次印刷

购书咨询：010-64518888 售后服务：010-64518899
网 址：http://www.cip.com.cn
凡购买本书，如有缺损质量问题，本社销售中心负责调换。

定 价：98.00 元 版权所有 违者必究

➔ 献给我的妻子齐娜 ⬅

暴风雨降临在石头遍野的山坡，
漫天雪落，大地被缚，
严冬在怒吼。接着黑暗醒来，
夜色愈加浓重，北方的侵袭
如铺天盖地的冰雹，人间一片恐慌。

————●————

《流浪者》
(*The Wanderer*, 公元 10 世纪)[1]

目　录

序　言

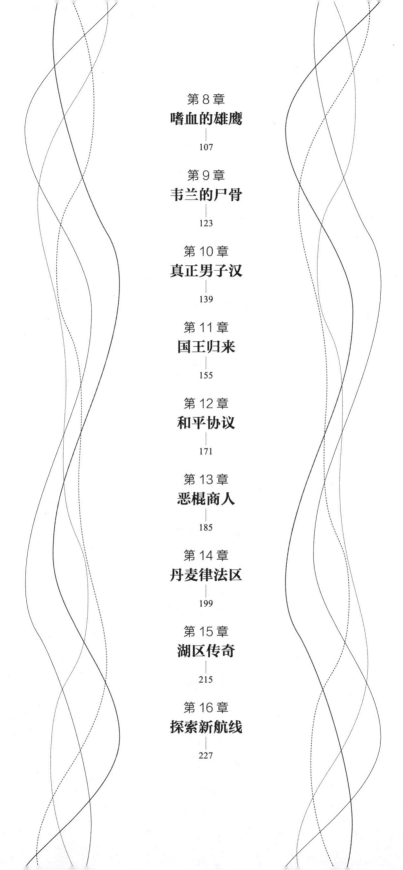

序　言

2013 ～ 2014 年，我在大英博物馆负责《维京人：生命与传奇》（*Vikings: Life and Legend*）展览项目。一家英国主流报纸刊登的最初几篇文章中，有一篇是这样评论的：

> 这里没有场景设计。没有还原血淋淋的"林迪斯法恩突袭"事件①，也就是说，它没能把大家带入那种情绪……我都想哭。剑呢？如果我气得想骂人，那这场展览带给年轻的小参观者们的又会是什么呢？总不能说展览并非为他们而办吧。展览的主题是"维京人"，怎能不期待小朋友们来参观呢？倒是有个办法让展览听上去更符合小朋友的兴趣，那就是把主题定为"维京人和恐龙"。但是对《糟糕历史》（*Horrible Histories*）节目的粉丝而言，质朴无华的胸针、金戒指和琥珀毫无诱惑力。[1]

暂且不说大肆渲染历史上的暴力来取悦孩子们是否合适，反观之，这些评论真正暴露出来的是一种轻率的假设，认为在一出热闹的历史"恐怖剧"中，维京人是参演者，占有一席之地，一起上演的还有伦敦塔上的砍头事件。这样

---

① 林迪斯法恩突袭（Lindisfarne raid），发生于 793 年，当时维京人自海路进犯英格兰，将林迪斯法恩洗劫一空。——编者注

说来，"维京人"似乎是孩子们在某个阴沉沉的公假日午后一段令其兴奋且充满血腥的消遣，却并非真正意义上的历史现象。显然，这些人之所以义愤填膺，是因为这样的偏见竟然没有在展览上被证实。胸针？女人？贸易？着实枯燥无味！维京人身材硕大，手持长剑，朝着敌人的头盖骨砍去，所向披靡：这正是野蛮人的原型，鲜血淋淋，一目了然。

我不禁想到，人们可并不是这样对待罗马人的历史的。例如，罗马士兵曾有恃无恐地施暴并杀害不列颠的妇女和儿童，我们无法想象会有艺术评论家渴望重现这骇人听闻的场景——更不要说会出现在大英博物馆简朴的新古典主义展区里了。对于罗马人，人们直觉上就认为他们举止文雅、肃穆庄重。这源自一种根深蒂固的文化谄媚（其植根于罗马人本身那种自以为是的帝国宣扬）。尤其是罗马统治时期的不列颠，处处呈现一派体面光鲜的情景——屋顶整齐的瓦片、地板采暖系统、平整的马路和良好的城市规划，以及优质的葡萄酒和精致的餐具。那段时期为回答"我们是谁""我们从哪儿来"等追问提供了令人满意的背景故事。罗马人是"与我们一样的"民族，他们参加派对、写信交流、工作挣钱。"古罗马精神"（Romanitas）——罗马性（Romanness）意味着"文明"。

而想到维京时代，很少有人联想起这些字眼。犹如那些充满浪漫情调的古董珍玩，维京人被偶像化，同时也被幼儿化，他们与海盗、角斗士、铠甲骑士甚至恐龙一样，无法进入到人类大历史的场景中。维京人以卡通形象的野蛮人呈现在世人面前，在罗马不列颠末期到诺曼征服之间那段幽暗岁月里，他们横冲直撞，作为短命的小配角，客串了一把而已。这极大地损害了维京人的形象。

人们通常认为维京时代始于 8 世纪后期，结束于 11 世纪。在这段时期，斯堪的纳维亚人及其文化与不列颠深深交织在一起，给这片群岛留下了不可磨灭的印记。起初，他们为了生意和劫掠而来，后来定居下来，征服并统治了不列颠群岛。他们的故事就是一部史诗，其中人物的名字和事迹至今依然让人热血沸腾，激发出无限想象——"八字胡"斯韦恩（Svein Forkbeard）和"刚勇者"埃德蒙（Edmund Ironside）、"无骨者"伊瓦尔（Ivar the Boneless）和阿尔弗雷德大帝（Alfred the Great，871～899年在位）、"血斧王"埃里克（Erik Bloodaxe）和"平息者"埃德加（Edgar the Pacifier）——满篇都是战争与动荡。然而，这也是不列颠群岛的人们在一个互通的新世界中重新找到定位的故事。新世界中，旅行和通信新技术带来了各地思想和风俗的激烈碰撞，但同时也滋养了城镇与贸易的发展，缔造了新的身份认同，并且英格兰与苏格兰历史上第一次各自作为统一的国家诞生了。到诺曼征服时期，毫不过分地说，大多数不列颠人在某种程度上都可以被称为"维京人"。在语言、文学、地名和民间传说中，斯堪的纳维亚移民的印记在不列颠群岛上无处不在，其影响甚至波及那些后来被不列颠文化和殖民踏足过的地方。

维京人作为一股强大的文化力量，深深影响着现代世界。美术、音乐和文学作品中对维京时代的表现与刻画，在西方人的脑海中留下了深刻的印象。的确，想到英国历史上的这段时期，甚至是想到"维京"这个词本身，浮现在我们脑海中的内容大都来自19世纪和20世纪早期的各类政治、文学和艺术思潮。也是在这段时期，"维京不列颠"变得鲜活起来，此外，对于像威廉·莫里斯[①]和托尔金[②]这样的人来说，这似乎是一个看不见的隐藏区域，处在快速现代化的世界的边缘。他们不仅存在于历经岁月的洗礼而保留下来的文字和遗迹中，同样也尽显于（或许尤其显现在）大自然当中——在灰色的大海、呼呼的北风以及"大地的龙骨"之中。在旅行途中，在艺术和文学作品中，山川地形成为我们与维京时代的人们交流的一种方式——那个时代的人们曾望着同一轮红日冉冉升起，曾感受过同样的寒风掠过脖颈，也曾触摸过光滑的灰色岩石上的同一处裂缝。由此，我们得以探究一个民族的精神和世界观，而这个民族与这片环境有着亲密又极富想象力的关系。对于生活在第一个千年最后几个世纪的人来说，这片土地上满是未被看见的栖居者，处处是通往另外世界的大门。深坑与沟渠，坟冢与废墟，山川、河流与森林：一切逝去的——神圣也好，恶灵也罢，皆可

[①] 威廉·莫里斯（William Moris），19世纪英国设计师、诗人，工艺美术运动的创始人。——编者注

[②] 托尔金（J. R. R. Tolkien），全名为约翰·罗纳德·瑞尔·托尔金，英国作家、诗人、语言学家，其代表作有《霍比特人》《魔戒》等。——编者注

安息在这个怪物与神灵的出没之地。

因此，讲述维京人在不列颠的故事并非易事——这是一个民族的故事，可这个民族当时还不是一个民族，他们踏足的土地当时也还不是国家。历史记录零零散散，考古信息又模棱两可。甚至连我们最常用的词语"维京"，要想给它一个确切的定义，都并非易事。此外，这个故事不仅关乎诺曼征服前三百年（与诺曼征服重合时期）的往事，还关乎后世的人们如何记忆、传承和重塑那些岁月。如前人一样，我们依然可以感知那个世界。在山川河流中，往昔岁月依稀可见——在看不见的地方，有另一个世界的故事在上演。随着现代社会生活日益远离大地，这种感觉已渐渐远去。随着科技日益进步，城镇化和全球化日益发展，人们想象中与自然景观的联系不断被打破。大地、江河和天空在很大程度上已与过去脱钩，正如在启蒙运动和工业革命时期与"精灵"和"灵魂"脱离一样。但是，过去不可能被永远抹杀，不列颠的江河、山丘、森林和石头，都保留了维京人和维京世界的深深印记。

这份财富远不限于不列颠内。自 17 世纪到今天，说英语的人的大移民——其实是人、思想、体系、价值观、法律和语言的迁移——对世界产生了变革性的影响，最初是通过大英帝国的扩张，后来是通过北美文化与经济力量的长期主导和全球渗透。如果把以英语为母语的庞大群体看成一个基因组，那么，对维京人的记忆或许只是一个小小的片段，但却坚韧又持久。有时，它以北欧神话和维京人刻板形象的简易删节版出现在世人面前，而这样的形象已渗透进流行文化中，出现在漫画、足球队队徽，或者重金属唱片的封面上。但它也在思想和语言的幽深隧道里穿行：蛇形的维京船只，行驶在人们潜意识的黑暗河流中，雾气笼罩之下，令人胆战心惊的诸神影影绰绰，震天的桨声和阴暗的松林时隐时现。

本书按年代顺序大体讲述了维京人在不列颠的始末。有时，不同的历史事件在不列颠各地同时展开，讲述会随之有所偏离，但我努力让故事尽量沿着主线展开。与此同时，这也是一本有关思想、历史遗物和地点的书。通过维京人遗留下来的文物以及他们走过的山川大地（如尼石碑、船葬、定居点和战场），

兴许能从单纯重现名字和日期的桎梏中摆脱出来，去了解维京时代的不列颠人
对世界和自身境况的所思所想，去探索维京人于消失后的几个世纪里被记住的
方式：维京人自己讲述的故事，借助维京人激发的灵感而创作的传说，他们的
恐惧、幻想与心中渴望的末日大审判。纵观本书，几个主题会反复出现——尤
其是"维京人"到底意味着什么、态度和身份如何随时间推移而改变、不列颠
境内的种族进化又意味着什么——但整体上说，本书意在阐释英国历史上一股
深刻而持久的影响力，它在数百年的时间里，影响了不列颠诸岛的语言、文化
和历史轨迹的发展。维京人的尊严往往遭人鄙夷，我希望本书能帮助改变人们
的看法。

　　必须承认，按年代顺序记叙这段历史时，我遇到了一些困难。比起其他地
方，本书对不列颠的某些地区——尤其是英格兰——着墨颇多，并且，对其中
一些证据着力探讨，另外一些则一带而过。很多情况下，这反映了史料的可用
性——有些极为短缺，而有的则比较丰富（这种情况比较少）。马恩岛（Isle of
Man）发现的维京时代的所有考古资料，完整列出来，长达几百页；但同时期关
于维京人在马恩岛上的活动的所有书面参考，概略出来，却只够填满一张小信
封的背面。不过，哪些保留，哪些舍弃，往往是我自己做主，就这点我无可致
歉。这反映出一个事实：本书对维京主题的探究是个人化的，有时或许不同寻
常。本书意不在权威可靠，也不在巨细无遗——像这样篇幅的一本书，实难做
到这两点。尽管有详细的地区调查以及关于维京人的浩如烟海的书籍（极度良
莠不齐），但仍有待撰写真正权威的"不列颠的维京人"的考据汇编：这项任务
庞大，可能达数卷。而且，很可能这份汇编出版几天后便没那么权威了，毕竟
金属探测器获得的新数据会源源不断地涌现，而且每隔一段时间便会有惊人的
新发现。[2] 与此同时，重点研究项目也会不断转变我们对维京时代社会、互动和
发展等方面的认知，并且这种情况短期内不会停止。[3]

　　我在写作本书时，内心并没有将目标读者设定为学术圈的专业人士，但我
深知有必要给读者提供"路标"，以方便读者查阅本书写作所依据的史料。列出

完整的学术引用会令读者分心，固然没此必要，但有必要列出一些对读者有用的参考文献，并标明我直接引用资料的出处。我基本上把这些引用限定为主要的书面资料和考古报告——也就是证据资料，而非解读文章。对于直接引用的个别学者的作品，或者有意从别的作品中选用的某个论点或推理思路，我也列出了适当的引用。为简洁起见，注释中完整引用只在第一次引用时列出，再次引用时只列出作者（或编者）及缩略标题。经常引用的原始资料作缩略处理，书尾提供了缩略词完整列表和每处所依据版本的完整引用。如果文中引用的主要资料由我自己翻译，则"注释"中会列出参考资料的源语出处；如果引用出处为翻译版本，则"注释"中会列出所依据参考的翻译版本；其他情况参见"注释"。书的末尾列了相关延伸阅读书目，以引导读者阅读最通俗易懂和最新的论述，读者也可将其作为阅读关于维京人（在不列颠境内，以及以更广阔的视角）的浩瀚书海的起点。

关于名字的说明

书中所引维京时代的人名存在大量不同的版本，令人眼花缭乱，同一个名字通常会出现完全不同的拼法，这具体取决于所引书面材料的语言。根据经验，只要可以，我尽量使用时间上与维京时代最接近以及最符合民族语言学的版本。不过，对于读者熟知于心的规范的现代人名拼写，则通常另行处理：例如奥拉夫为"Olaf"，而非"Oláfr"；埃里克为"Eric"，而非"Eiríkr"；奥丁为"Odin"，而非Oðinn。但凡用到不同的拼写形式（尤其在引用中），我均会标出更常见的形式。鉴于维京时代专有名词学的复杂性和不明确性，书中有可能存在前后不一致的情况。在此，我提前表达歉意。

正文和注释中，"ON"指代 Old Norse——古斯堪的纳维亚语；"OE"指代 Old English——古英语；"ModE"指代 Modern English——现代英语。

第 1 章

强盗自海上来

VIKING BRITAIN

·　城墙的瞭望台之上，
守卫人眺望着海岸，
忽见船板上盾牌银光闪闪
武器一件件卸下船，
守卫人要弄清楚他们是谁，做何营生
于是骑马飞至海岸。
赫罗斯加（Hrothgar）的骑兵亮出长矛，
用严肃的口吻质问他们。

《贝奥武甫》
(*Beowulf*)[1]

韦塞克斯（Wessex）国王贝奥赫特里克（Beorhtric，786～802年在位）统治时期，"有史以来第一次，海边出现了三艘船只，他们是来自霍达兰地区（Hordaland）的北方人"，[2] "在名为波特兰（Portland）的岛屿上岸"。[3] 国王的地方治安官当时正好在一个名为多切斯特（Dorchester）的小镇，他飞身上马，带着几名随从来到港口（因为他以为这些人是商人，而非掠夺者），操着一口官腔训斥这些北方人，还命令他们到皇城去。结果，他和随从当场被杀。这位长官名叫比杜赫德（Beaduheard）。[4]

"这是第一批登陆英格兰土地的丹麦船只"。[5]

站在古冢顶上向南望，这片土地似乎正悄悄后退，在大海那不可言说的壮美面前俯首称臣。远处的波特兰岛身形暗淡，形影憔悴，似最后的一片堡垒，虎视眈眈地坐落在波光粼粼的大海之上。这里的世界非常开阔，英格兰海岸向东、向西张开宽广的双翼；在晴朗的日子里，清新的空气涌入你的鼻腔，让人感觉轻飘飘的，就像是从这片高地上踏出双脚，身体腾空，翱翔在那片模糊了陆地、海洋与天空界线的白光之中，在微风中飘飘荡荡。

这片高地俗称为"库利福德之树"（Culliford Tree），原因后世不详。它是一座古墓，青铜器时代的墓冢——从东到西一共五座，这是其中之一——在多塞特（Dorset）的白垩岩上已经矗立了两千多年，后来人们才赋予了它这个极具英格兰特色的名字。就像海浪中的防波堤一样，这片墓冢与埋葬的古代先人也经历着时间浪潮的洗礼，推动着周边的历史逐渐成形。人们给它命名后的某一天，这片古冢成了"库利福德之树"百户区①的集会之地，1086 年"末日审判调查"②时期，波特兰是"库利福德之树"百户区的一部分。征服者威廉推行的调查是全国性的壮举，在此之前，把这儿用作集会之地，或许已有着数百年的历史。至 8 世纪末，它几乎成了不可或缺的地区性集会地点。在这儿以及其他同类地方，王室官员颁布国王诏令，履行国王法度，裁定纠纷并宣布包括罚款、肉刑和处死在内的判决。站在古冢的顶端，景色一览无余——在此，仿佛能亲眼见证统治者们在这片土地上宣示主权，推行他们的权威统治。

8 世纪末的那一天，波特兰岛上，三艘船只不请自来。沿海岸线骑马巡视的那个人或许曾勒马停住，回头望了一眼"库利福德之树"。远处的那片古迹代表着当地的传统，犹如黑暗中的灯塔，是领土和权威的象征，是大地和法度的标志。或许那片古冢给了他些许慰藉。或许比杜赫德心里知道，古冢在守护着他，将这片土地的能量赋予了他，批准他行使手中的特权。身为韦塞克斯国王贝奥赫特里克的地方长官（reeve），他行使了国王赋予他的权力。在各个城镇、港口，有时在整个郡（shire）内，长官即代表国王。现代和中世纪英语中的"sheriff"（郡长）一词就起源于"shire-reeves"。因此，比杜赫德有权有势——或许负责管理多切斯特的当地政府和周边乡村，总之是一个已经习惯了独行其是的人。

比杜赫德来到波特兰，发现一行人列队于海滩之上，背向大海，船只停在他们身后。这些人很警觉，甚至有些惊慌。来到陌生土地上的陌生人，似乎对冷淡的迎接习以为常。比杜赫德下马接待他们，随从紧随其后，皮质鞋子踩在砂砾上嘎吱作响。双方打过招呼说明来意，却没明白彼此的意思——剑拔弩张的时刻，即使双方说了什么能相互理解的话，也全部淹没在了海浪声中。比杜赫德毕竟不是外交官，他的话大意已然很清楚。他以居高临下的口吻训斥这些造访者，试图"把他们赶到"国王的住处［伍斯特的约翰（John of Worcester）在编年史中补充道："违背了他们的意愿"］。[6] 他清楚自己的职责，且熟知法律。

---

① 当时郡以下的行政区域被称为"百户区"。——译者注

② 末日审判调查（Domesday Survey），威廉一世（William I，1028 ~ 1087，诺曼王朝的首位英格兰国王，又称"征服者威廉""私生子威廉"）在英格兰各地全面进行的土地及人口统计调查。——译者注

从时间上来看，与这些事件最相近的西撒克逊法令是由国王因尼（Ine，688～726 年在位）颁布的。其中，第 20 条规定了 8 世纪韦塞克斯王国的此类待客之道：遇到不幸的流浪人，"若是远道而来，或是陌生人，不走大路却在丛林里穿梭，既不大叫也不吹号角，此人有可能是小偷，要被处死或支付赎罪金赎回"。[7] 对于迷路人，在不列颠南部大部分地区，给予的不过是冷漠的慰藉。

古英语诗歌《贝奥武甫》的创作年代在 8 世纪初到 11 世纪初之间，诗中能够找到地方长官使用西撒克逊语说的话，我们可以借此想象比杜赫德在生命的最后时刻说了什么：是对活生生的经历的再现。[8]

> 船身陡峭，跨海而来，
> 身着铠甲，
> 全副武装
> 来者究竟是何人？
> ……
> 从未有全副武装的人马
> 如此明目张胆地登陆——何须再问
> 哨兵是否让他们安然通过
> 或者，部落是否同意。
> ……
> 所以，在你们这些闯入者
> 上岸之前，必须跟我
> 亮明身份，从何而来
> 跨海而来的外来者，
> 我再说一遍：越早交代对你们越有利
> 你们从何而来，为何而来 [9]

在诗中，这些话是丹麦海岸守卫队说给诗歌中的同名英雄贝奥武甫和他的随从的。他们来自耶阿特王国（Geats，瑞典南部），是丹麦国王赫罗斯加请的援军。这些都是礼节，无论是问话者还是造访者都理解：一问一答的上岸礼节。

然而，现实的一幕却并非这样，波特兰海岸的造访者选择不参与游戏、不遵守规则。或许他们根本不知道规则是什么。

面前的陌生人盛气凌人，用陌生的语言训斥着自己，这让造访者既恐慌又沮丧——要么战斗、要么尖叫着逃离的本能，此时到了不可控的境地。接下来的紧张时刻，双方对峙逐渐营造出剑拔弩张的氛围：太阳炙烤着后颈，汗珠滚落到后背；眼睛左右扫视，时间近乎静止，只剩海浪拍打着海岸，一下一下地数着时间。或许一只手颤抖着伸向剑柄，或许马蹄踏了一下，斗篷随风扬起，海鸥发出尖锐的叫声……当"魔咒"最终打破，暴力似乎不可避免——上天早已注定——好像只有流血死亡才能让世界再次平衡。

贝奥武甫的回答谦卑有礼，但现实是残酷的，最终，海滩上横七竖八地躺满尸体，鲜血被石头缝隙所吞噬。

这些到达波特兰岛的北方人——突然从多塞特冒出并闯入英吉利海峡的"卡邦克鲁"[①]——构成了不列颠与它的北方邻居早期交往的主题：未回答的问题、骤然而至的残暴、不明身份的"商人–强盗"、陆地边缘的文化碰撞。在近三百年的时间里，海盗一次又一次来袭——有时就像是不可避免的潮汐，每次侵袭只要一波大浪就能毁掉最脆弱的海岸；有时又像是狂风暴雨，在它精疲力竭之前，粉碎海堤，将一切破坏殆尽。有时，它更像是气候灾难带来的不可阻挡的洪水猛兽，水面毫不停歇地上涨，灌进内陆，冲垮陆地深处的河岸。但凡是被这赤色风暴席卷荼毒的岛屿，其历史将彻底改变，不列颠历史的这方泥土会被新的河流冲刷，浇筑出新的外形。

三艘船只误打误撞，闯进了贝奥赫特里克国王统治的疆域，而他们登陆的那个小岛还远没有划入今天大家熟悉的英国版图之中。苏格兰、威尔士和英格兰当时还不存在，不列颠境内分布着众多面积很小的王国。倘若把它的政治地

---

① 卡邦克鲁（carbuncle）是传说中生物的一种，据说其额头上有一颗通红的宝石，得到宝石的人能兼得财富与名声。后来"卡邦克鲁"这个名字也作为红宝石和石榴石等红色宝石的用语。——编者注

理看作是一块拼图的话，每块拼图之间的界线就是文化、语言、宗教、地理和历史的界线。从不列颠的地图上看，主要的几条裂纹线两侧，一边是曾被罗马殖民统治的地区，另一边是未曾沦为罗马殖民地的地区；一边信守罗马传统，另一边信守爱尔兰风格的基督教礼拜仪式；一边认为祖先是不列颠居民，另一边则是要到爱尔兰岛或穿过北海寻求故土的居民。地形把这片地区一分为二，即高地和低地；语言把人群一分为二，即凯尔特语和日耳曼语；大海带来了舶来品和异域思想，同时也把另一些人拒之门外。

4 世纪，罗马帝国衰落；在此基础上，逐渐形成了 8 世纪末的不列颠版图。公元 400 年前后，不列颠岛不再受罗马帝国的直接管辖和军事防卫，东海岸老百姓的文化也发生了转向。他们的重心逐渐从地中海地区转移到了北海。政治和经济是部分原因，移民也在其中扮演着重要角色。最晚从 5 世纪初开始，居住在今天德国北部、斯堪的纳维亚南部和低地国家 ① 的居民搬到了不列颠东部地区，尤其是亨伯河（Humber）以北的肯特（Kent）、东盎格利亚（East Anglia）和英格兰地区。移民的数量和特点至今仍是争议的焦点，但不可否认，其影响是巨大的。

8 世纪初，北方的僧侣比德（Bede）可以满怀信心地写下"说英语的人"的故事，那些人明显区别于不列颠当地人。从比德的措辞中可以看出，这个群体的关键不同之处在于他们的语言。他们的语言不仅不同于罗马不列颠的权贵阶层（其书面语基本都是拉丁语），与"土生土长的"不列颠人也不一样，后者所讲的是凯尔特语的一支，俗称"通用语"（Common）或"古布立吞语"［Old Brittonic，也称"布立吞语"（Brythonic）］。然而，造访者操着一口日耳曼语，现代学者称之为"古英语"（另外一种不常见的叫法为"盎格鲁 – 撒克逊语"），这种语言与横跨北海而来的移民的故乡话密切相关。

虽然比德的叙述中存在大量的疑点，尤其是他对移民和征战的叙述［大部分篇幅描述了 6 世纪不列颠僧侣吉尔达斯（Gildas）的一篇布道，这篇布道含糊其辞、鼓动人心又兼具意识形态的动机］，[10] 但英语的影响毋庸置疑。地名和早期方言的文字记载证明，英语很早就成了主流语言，并且应用十分广泛。到比

---

① 低地国家是对欧洲西北沿海地区荷兰、比利时、卢森堡三国的统称。——编者注

德生活的年代，在不列颠低地的大部分地区，这些讲英语的人（无论其祖辈来自哪里）在文化和语言上都是主流，王国数量少了，但是更强大了。这些王国由各部落族群组成，脱胎于原来的罗马行政区。

在这些讲英语的王国中，最北端的是诺森布里亚（Northumbria）——准确地说，是亨伯河以北的地区。8世纪末，诺森布里亚王国占据了不列颠北部的大片区域，横跨亨伯河和福思河（Forth），包括以下几个昔日的不列颠地区：德伊勒（Deira）、伯尼西亚（Bernicia）、高多汀（Gododdin）、雷吉德（Rheged）和艾尔麦特（Elmet）。在一个多世纪中，诺森布里亚都代表着后罗马时代学术和艺术文化成就的巅峰之地。这些文化源于几个主要的学习中心，例如维尔茅斯 – 贾罗修道院［Wearmouth-Jarrow，比德撰写《英吉利教会史》（*Ecclesiastical History of the English People*）的地方之一］和林迪斯法恩（Lindisfarne）的岛上修道院。不列颠、爱尔兰、盎格鲁 – 撒克逊和地中海的影响相互融合，给这朵灿烂的文化之花增添了明艳的色彩。《林迪斯法恩福音书》（*Lindisfarne Gospels*）——泥金写本，外表精美，工艺之精湛令人叹服——彰显了北方文艺复兴的壮丽、精巧和天性，书中著名的"锦页"（carpet pages）把凯尔特、日耳曼和科普特[1]的基督教主题谱写成了色彩与文化交融的动人心弦的交响曲。

然而，纵观8世纪，虽然诺森布里亚文化繁荣、地域辽阔，但贵族之间的累世宿仇和王室的动荡不稳却逐渐削弱了国力。例如，就在北方人刚刚造访波特兰岛的790年，国王奥斯雷德二世（Osred Ⅱ）仅登基一年就被废黜，被逼削发受戒，并被驱逐境外流放。取而代之的是埃塞尔雷德一世（Æthelred Ⅰ），他似乎拥有强大的盟友。这次政变很可能得到了麦西亚王国（Mercia）的支持，麦西亚是诺森布里亚的南部邻国，好战，疆域辽阔。

麦西亚王国覆盖了英格兰中部的大部分地区，西起今天威尔士边境附近，东到东盎格利亚边境，南抵泰晤士河谷，北至亨伯河和威勒尔半岛（Wirral），统治着不列颠南部地区。国王奥法（Offa，757～796年在位）统治时期，其

---

① 科普特（Coptic），埃及的少数民族之一。——编者注

政治影响达到鼎盛。8 世纪的最后 10 年，是奥法权力的巅峰时期。斯塔福德郡（Staffordshire）的腹地周边是塔姆沃思（Tamworth）、利奇菲尔德（Lichfield）和雷普顿（Repton），国王在此坐镇，不仅直接统治麦西亚，还对周边的王国东盎格利亚、埃塞克斯（Essex）、肯特、萨塞克斯（Sussex）和韦塞克斯进行政治和军事控制。他在位期间创造的最历久弥新的里程碑，是麦西亚王国西部边界标志性的巨大土木防御工事：奥法大堤。其规模之大，不仅彰显了国王的权力和雄心，更体现着他强迫臣民以举国之力建造工程的能力。[11] 奥法的治国之道属于"科里昂治理派"①。例如，当东盎格利亚的国王埃塞尔伯特（Æthelberht）试图坚持某种独立权力（他曾在很短的一段时间内铸造自己的货币）时，"奥法下令将埃塞尔伯特国王斩首"。这种黑帮做派树立起的权威与国王的个人领袖气质密不可分，结果，796 年奥法死后不久，麦西亚的霸权地位很快分崩离析。[12]

　　砍掉埃塞尔伯特的脑袋，不足以终结东盎格利亚王国。东盎格利亚的核心地带是诺福克郡（Norfolk）和萨福克郡（Suffolk）两个古郡（古英语中分别对应 *north folk* 和 *south folk*，后文中的古英语均以斜体表示）。自 7 世纪开始，东盎格利亚一直是重要的"权力掮客"。它曾吹嘘与斯堪的纳维亚、欧洲大陆的其他地区以及更远地区都有联系，而最能代表东盎格利亚国际显赫地位的莫过于令人惊叹的萨顿胡（Sutton Hoo）船葬［萨顿胡与萨福克郡的伍德布里奇（Woodbridge）相邻］。在萨顿胡发现的著名的大胡须头盔，在盎格鲁－撒克逊时期随处可见，无论是式样、图像还是制作，都最接近瑞典南部军事将领的陪葬品。但除此之外，陪葬品中还包含拜占庭帝国（即东罗马帝国，首府是君士坦丁堡——今天的伊斯坦布尔）出产的银器、墨洛温王朝（Merovingian）时期高卢（Gaul，包括法国、德国和低地国家的部分地区）的货币以及兵器和珠宝，珠宝上的石榴石饰品来自印度。7 世纪时，东盎格利亚盛极一时，璀璨夺目，后来它再也不能重振当年的雄风，但是它还是在 9 世纪长期保持了自己的独立地位。[13]

　　不过，奥法在位期间那些曾臣服于麦西亚统治之下的小王国，最终不复存

---

① 维托·柯里昂（Vito Corleone）是电影《教父》中美国本部柯里昂家族的首领，被称为"教父"。他极具领袖魅力，敢作敢当、不怒自威。——编者注

在。9 世纪初，东撒克逊（中心位于埃塞克斯）王朝、南撒克逊（萨塞克斯）王朝和肯特王朝，要么消失不见，要么被贬为小贵族阶级。致命的打击并非来自麦西亚，而是来自讲英语的国家中另一个崛起的王国：韦塞克斯——西撒克逊王国。

8 世纪是韦塞克斯的艰难时期。韦塞克斯是不列颠南部的一支力量，果敢自信，其腹地位于汉普郡（Hampshire）和多塞特郡，向北扩展至萨默塞特、威尔特郡（Wiltshire）和伯克郡（Berkshire），向西逐渐吞并了德文郡（Devon）。因尼国王在位期间，即西撒克逊的鼎盛时期，扩大了疆域，把东部的萨里（Surrey）和萨塞克斯纳入版图。但它在北方与麦西亚 60 多年的战火消耗了国力，毁坏了泰晤士河以南的土地，威尔特郡和伯克郡的白垩高地成了交火区，只能眼睁睁地看着萨塞克斯落入奥法统治的麦西亚王国手中。786 年，生性好战的西撒克逊统治者基内伍尔夫（Cynewulf，757 ~ 786 年在位）在权力斗争中丧生，取而代之的是贝奥赫特里克国王，他似乎是奥法的人。这一时期，韦塞克斯给人的印象是一个被击垮的王国，战争耗尽了国力，沦为奥法统治新秩序下的从属国。不过，那个即将从贝奥赫特里克手中接过西撒克逊王权旗帜的人，将谱写截然不同的篇章。国王埃格伯特（Ecgberht，802 ~ 839 年在位）即将带领西撒克逊王国抵达权势巅峰，制服周边小国，恢复王室的骄傲和荣光，而这些最终会给未来的几任国王以自信，帮助其熬过前方的艰难岁月。但是，这一切都是未来之事。当北方人抵达波特兰岛的时候，韦塞克斯还是麦西亚霸权下一个弱不禁风的附庸国。

尽管几个说英语的王国已经占据不列颠的低地并继续维持主导地位，但除它们之外，还有一些王国分布在不列颠其他地区——尤其是今天的苏格兰高地和岛屿、坎布里亚（Cumbria）、克莱德（Clyde）河谷、奥法大堤以西地区以及康沃尔（Cornish）半岛——这些不同种族杂居的王国保留着各自独特的身份特征、语言、宗教活动和文化规范。康沃尔位于韦塞克斯西南边陲的外围，受罗马直接统治的影响很小。因位于顿诺尼亚（Dumnonia）王国的西端（德文郡和康沃尔），康沃尔受不列颠和爱尔兰的双重影响，形成了其独特的文化，并且它与布列塔尼（Brittany）和拜占庭帝国都维系着海上往来。顿诺尼亚东部的德文郡在 8 世纪时归入韦塞克斯统治之下——在这个过程中，彻底英语化——而康沃尔则暂时保持独立。

再往北去，也就是地处今天威尔士的几个王国，呈现出一幅更为复杂的画面，对东部的邻邦麦西亚构成了巨大的威胁。奥法国王——或许还包括他之前的历代国王，励精图治，奋发图强，才终将其囊括在国土之内（通过修建堤坝）。而且一些资料也表明，它们曾频繁地对麦西亚的边陲发动突袭（反之亦然）。[14] 然而，在今天的威尔士境内，说凯尔特语的人们跟他们那些讲英语的对手一样，也已不再团结统一了。四个主要王国最晚建立于 850 年，分别是占据北方和西北的格温内思（Gwynedd）、西南的德维得（Dyfed）、东南的格温特（Gwent）以及占据东部和中部的波伊斯（Powys）。不管怎样，这些王国都是在位于不列颠西部的前罗马城邦的基础之上建立起来的，而这些城邦的前身则是铁器时代的部落。[15] 必须承认，这相当于简化一个复杂多变的部落联盟模式，但很显然，执政的威尔士权贵阶层依然秉承着古罗马精神，即便这一精神已逐渐成为遥远的历史。威尔士随处可见的立石（人们精心竖立的纪念碑），在罗马不列颠时期的其他地区也随处可见，上面刻着的拉丁语和双语的碑文表明，9 世纪及之后，人们对拉丁语系身份产生了一种自觉意识。具有讽刺意味的是，正是这些野蛮的入侵者——盎格鲁 - 撒克逊人——采用了基督教的罗马模式，才最终认同了"拉丁"欧洲的新主流文化；而不列颠人，虽然保持着生机勃勃（即使有些另类）的基督教信仰，并且帝国传统依然存于他们的记忆中，但在不断变化的欧洲版图中，他们逐渐被视为没有文化的野蛮人。[16]

经过盎格鲁 - 撒克逊文化侵略之后，不列颠境内的王国中，幸存下来的布立吞语文化的代表决不仅有威尔士和康沃尔两个王国。尽管几个王国（如雷吉德、高多汀和艾尔麦特）在诺森布里亚王国的扩张中先后灭亡，但阿尔特克莱德（Alt Clud，布立吞语，意为"克莱德岩石"）王国依然屹立在克莱德边境地区。阿尔特克莱德王国起源不详，神秘莫测，首府堡垒在敦巴顿岩石（Dumbarton Rock）。8 世纪的大部分时间里，该王国都在抵御邻国的入侵，780 年被一场大火毁于一旦（何人所为、何种原因所致皆不详）。罪魁之一可能是其东北邻邦，富庶且时而强大的皮克特（Pitcts）王国［有时被称为皮克塔维亚（Pictavia）］，它的中心地带位于苏格兰北部和东部,(至少在文化上)似乎统辖着奥克尼(Orkney)和设得兰诸岛。皮克特文化中,最引人注目、给人留下最深刻印象的历史遗迹莫过于"标志石"——刻有野兽形象和神秘符号的石板,而神秘符号通常被解读为国王和贵族的名字。至 8 世纪,这些物品显然很多都被用来展示基督教神像,而且很明显,那时基督教已经与权力和地位的表现形式密不可分:在伊斯特罗斯(Easter Ross)的塔巴特(Tarbat)半岛上,一座位于波特马霍马克(Portmahomack)的修道院早在 6 世纪就已建成,或许就受到了王室的赞助。[17]

在不列颠北部,皮克特王国的权力绝对无可匹敌,其主要对手是诺森布里亚王国和达尔里阿达(Dál Riata)王国。诺森布里亚王国的边界延伸至福思河,它的军队在 6 世纪上半叶不断反击皮克特王国。达尔里阿达王国是一个讲盖尔语①的政体,其疆土跨越爱尔兰海,囊括了阿盖尔郡(Argyll)、洛哈伯(Lochaber)和阿尔斯特(Ulster)的东北部。达尔里阿达的权力中心位于基尔马丁(Kilmartin)附近的杜纳德(Dunadd)山堡,蔚为壮观,据说国王就是在此登基——印在原生岩石中的一只脚印,有可能在登基仪式中扮演了重要角色。但是,至 8 世纪末,达尔里阿达被纳入皮克特王国的统治之下。736 年,皮克特国王安格斯(Oengus)占领了杜纳德(为了彰显自己的统治,他用锁链困住达尔里阿达国王的儿子们,将他们拖到了皮克塔维亚);811 年,达尔里阿达王国直接由皮克特国王康斯坦丁(Constantine,789 ～ 820 年在位)统治。然而,那时一股新的力量冉冉崛起,维京人在不列颠北部的冲击即将对所有王国产生深远的影响。

故事即将展开。随着北方人的到来,在接下来的一系列事件中,爱尔兰岛、马恩岛以及西部群岛 [艾奥那岛(Iona)是其主要岛屿] 的爱尔兰修道院聚居区都被深深地卷入其中。如果不提及发生在欧洲大陆上的事件,维京人在不列颠岛上的故事亦无从讲起。之后的几章会大略说一说——只讲概略——就在三艘陌生船只停泊于波特兰海滨的同时期,不列颠政治版图最重要的轮廓。虽然那时鲜有人知,但比杜希德的死亡标志着一系列灾难性动乱的开始,而这些动乱

---

① 盖尔语(Gaelic),一般包括苏格兰盖尔语和爱尔兰盖尔语,主要用于苏格兰和爱尔兰等凯尔特文化区,属印欧语系的凯尔特语族。——编者注

永远地改变了不列颠。上面提到的许多地点在后面几章中还会出现；许多王国即将没落。

但在故事开始之前，我们必须要回到波特兰的那片海滩：船帆暗影重重，消失在大海深处。我们眼见他们离去，海岸警卫队的问题也在我们脑海中重现，此时再盼答复，为时已晚："海上来的外客……你们从何而来？为何而来？越早交代对你们越有利。"¹⁸

维京人自己的文字中并没有这些事件的书面记载。多半是因为斯堪的纳维亚人从不书面记录自己的过往，一直到人们通常认为的维京时代终结很久之后。在挪威地区尤其是冰岛地区诞生的萨迦 ① 和历史，是 12 世纪末及之后——有时甚至更晚——的产物。但是，要说维京人大字不识一个，严格来说却是不对的。后面我们会了解到，维京人用他们的如尼文字标注财物所有权，或悼念亡灵。再者，维京时代创作的诗歌经过口头流传，几个世纪后得以记录下来。但是，维京人的话语得以留存下来的却少之又少，当然也就无法解释崇尚暴力的维京先驱们的身份、动机和起源了。面对这种斯堪的纳维亚式的沉默，我们必须转头思考：在中世纪早期的不列颠人看来，这些陌生人究竟是何人，从何处来，是什么驱使他们来到了不列颠海岸。

不列颠境内关于维京时代的书面资料，对于同时期的事件来说，算不得客观资料。它们都是为特定目的书写的，写于不同的时间、不同的地点，每一篇都反映了编写者或创作人的主观看法。从这一点来看，这些资料有以偏概全和带有偏见之嫌，其编写者虽然所知有限，但想象力却丰富得很。目前为止，关于维京时代的最重要的资料是《盎格鲁－撒克逊编年史》（*Anglo-Saxon Chronicle*）的各种手稿。这些手稿中，通常把最早的也是最古老的手稿称作"A 文本"，也有人称其为"温彻斯特编年史"。歌颂韦塞克斯国王阿尔弗雷德大帝智慧的书籍不少，此书只是其中之一，成书于 9 世纪末——或许是在 9 世纪 90

---

① 萨迦（Saga），意为"话语"，是一种北欧故事文体。13 世纪前后冰岛人和挪威人用文字记载的古代民间口传故事，包括神话和历史传奇。——译者注

年代。后来，所有中世纪的史学家和编年史家，包括《盎格鲁－撒克逊编年史》的其他文件的编写者，在某种程度上都仰赖"A 文本"。

人们在"A 文本"中发现了有关维京人到达波特兰岛的最早记录，也就是说，它写于事件发生一个世纪之后。虽然《盎格鲁－撒克逊编年史》中几乎可以肯定包含真实传说和更古老来源的资料，但先前资料无一留存，我们没法进行比较。因此，人们始终怀疑，斯堪的纳维亚的劫掠、征服和殖民所造成的那个暗淡无望的百年，歪曲了《盎格鲁－撒克逊编年史》历史观。尤其，人们可能会合乎情理地怀疑编年史家关于"这些船只是丹麦人到达英格兰（古英语为 *Angelcynnes lond*）的第一批船只"的断言：抛开编年史家口中的"*Angelcynnes lond*"究竟是指什么这个棘手的问题不谈，事件发生一百年后，不列颠最南边王国的人又怎么可能知道这些呢？[19]

"A 文本"十分明确地告诉我们，闯入者是"丹麦人"（*denisc*）。从表面看来这对于解释事件源头很有用，但盎格鲁－撒克逊人眼中的"丹麦人"究竟是不是我们眼中的"丹麦人"呢？这太值得商榷了。后面我们会知道，"*denisc*"这个词（以及整个不列颠使用的其他通用说法），其实是人们不加区别地用在了他们认为起源于北方的人与物上。更有甚者，关于闯入者的描述，认为他们是来自霍达兰（Hordaland，古英语为 *Hereðalande*）的"北方人"，而霍达兰是现在挪威西部的一个郡，首府是卑尔根（Bergen）。不过这种说法具体得令人吃惊，也值得怀疑。这条最早的记录不是在"A 文本"中发现的，而是在所谓的《盎格鲁－撒克逊编年史》的北方修订版中找到的，可以追溯的日期不早于 11 世纪中期——至少比波特兰岛事件晚 250 年。这个引用可能更能阐明 11 世纪诺森布里亚王国的斯堪的纳维亚定居者的起源，而不是 8 世纪晚期发生在韦塞克斯的事件。[20]

换句话说，这些资料乍一看信息量很大，实际上却只告诉我们外来者是外国人，可能来自北海对岸的某个地方。但是，可以确定的是，不列颠人在自家的海滩上遇到那些陌生人时，肯定想了些什么，并且想象过他们的来处。要想理解他们想的到底是什么，而这又意味着什么，我们就得了解中世纪早期的不列颠居民如何看待他们所处的世界，以及他们身处其中所扮演的角色。

第 2 章

心之黑暗处

VIKING BRITAIN

向北是通往地狱的路。

斯诺里·斯图鲁逊
（Snorri Sturluson）

《欺骗古鲁菲》
（*Gylfaginning*，13 世纪初）[1]

从养猪小村出发，沿小溪到"塞奥瓦恩（Ceolwine）的水井那儿……

(*Ærest of swin forda upp andlang broces to ceolnes wyllan ...*) [2]

沿着河边走，你会遇见一个乡下人，赶着几头猪穿过泥泞的浅滩，去往林间的牧场。猪身上长满了毛，发出呼噜噜的声音，迫不及待地在树根（*wyrttruma*）间拱来拱去，找橡子和毛栗吃；猪身上的汗和着猪粪，散发出刺鼻的气味；肚皮上的毛又脏又硬，不断有干泥块从上面掉下来。这里又潮又湿。离开浅滩，往北走，水渗进了鞋子（缝制的皮鞋几乎不防水）。走在溪边的泥路上，或许你会跌一跤，又或者脚指头踢到了石块——本来已经冻得麻木的双脚隐隐作痛起来；好在每年的这个时候，没有蚊虫肆虐。前面有一口泉，溪水从这儿汩汩而出，泉边有块平滑的石头，上面布满了苔藓，你停下脚步，将一颗明亮的玻璃珠放在石头上。从僧侣那儿，你听过一个故事，很久以前，一位名叫塞奥瓦恩的朝圣者走到这儿，用他的梣木手杖敲了敲石头，就有一股凉水喷涌而出，解了他的口渴：他们说这是个奇迹。但村里的一位老人告诉你，这是胡说八道：在他爷爷小时候，这里的人们还都迷信古老的神，献祭时把脑袋插到梣木杆儿上，尸骨投进水里；现在他们的尸首还如鬼魅一样出没在沼泽地边缘："太阳一落山，你就会听到嘀嗒……嘀嗒……嘀嗒……"

或许，最好该留下点儿礼物。

沿灌木树篱走到卢特坑（Lutt's pit），再走到树林边，然后沿林边向大路走去……

　　(*andlang hege raewe to luttes crundele · þanon to grafes owisce · Andlangowisce to wege...*)

　　走到灌木树篱就算是解脱了：这里远离溪水，稍有些坡度，土壤也更加硬实。走在宽阔的野黑莓灌木和黑刺李灌木丛边，你会听到鸟儿在窸窸窣窣地觅食：兴许是一只乌鸫（*ōsle*），或是一只鸟雀（*finc*）。一道棕色——兴许是一只老鼠（*mūs*），或是一只鼩鼱（*screāwa*）——窜过小路，消失在树下的灌木丛中，发出窸窣的声响：所有小动物都在搜寻秋末所剩无几的浆果。[3]时值 11 月（*Blōt-mōnaþ*，'献祭之月'），空气中，潮湿的泥土气息与烂苹果散发出的酸酸的味道弥漫在一起。你快速穿过了卢特坑，这里一半是砂石场，一半是坟墓（*crundel*）：你已经听过有关这个地方的故事，但此时你宁可不要细想，除非已经走出了这片黑黢黢的树林。你也知道这种想法太幼稚了——毕竟这是一片有人管理的林地——但看到大路的时候，你还是很开心。

沿大路走到埃拉（"Æles"或"Ælle"）古冢，一路向下到桤木山谷；出了桤木山谷就看到了埃文河，然后沿埃文河回到养猪小村。

　　(...*Andlang weges to aeles beorge · nyþer on aler cumb · Andlang aler cumbes ut on afene · Andlang afene eft on swin ford.*)

　　世世代代的居民和牲畜已把这片土地踩得很硬实，从这儿起，溜达起来就轻松多了。走路可得当心，你要留意，路上会有积满雨水的小坑。牲畜的硬蹄子踩出来的坑洼，还有牛车压出来的车辙，把小路搅和成了深一脚浅一脚的泥泞之路——你迈开大步跳着走，努力贴着路中间的绿草带。终于到了，你仰头一看，不自觉地吓了一跳：夕阳残照，掩映着古冢，深色的轮廓若隐若现。气氛变得浓重起来。此处是权力之地，无人不知……即便是僧侣，不过他们假装这一切都是迷信：你曾听他们说起过异教徒的愚蠢行为，虽然不是当着地方治安官的面——他会告诉每一个听命于他的人，他的祖先就埋在古冢之下，一直沉睡着，直到有一天他的子民在战场上向他请求支援。此刻你觉得，僧侣所言非虚：逝去久远的圣人会回来解救生者……穿过桤木树林，再途经河谷，来到河边，天色开始暗下来，一路上你陷入了沉思。

　　站在河岸上，你会看见一只天鹅，如白色的幽灵一般滑行而过，脖颈的曲线从胸部逐渐扬起，就像船头从龙骨处抬起，推开平静的水面，宁静而优雅。

　　上面翻译的古英语片段选自人们通称的"边界条款"（boundary clause），即描写一小块土地边界的句子。这几句描述了萨默塞特北斯托克（North Stoke）的一个地方。这些句子被加入到西撒克逊国王基内伍尔夫（下一任国王是贝奥赫特里克）批准土地所有权的法令中。像很多类似小句一样，它的语言形式是英语，即通用语，然后被插进拉丁语起草的文件中，而拉丁语则是教会管理层的官话。其含意非常明显：虽然拉丁语适合用作证人名单等法律用语，也适用于为防止违反法令条款而设的严苛的宗教禁令，但描述土地的用语则直接来自生活经验——从有助于识记地形的约定语到口头描述，都涵盖在内。

　　"边界条款"限定的地方为当地人熟知，包括一大片土地，既有牲畜、植物，也有绵延的丘垄。某些情况下，现代教区所辖方圆内，依然沿用这些边界的划定，而"边界的跳动"——一种公共识记仪式，仪式中参与者不仅要走量边界，还要用身体碰撞路标——在有些地方一直沿用至今。不过，除了让我们简单了解当地的行政区划，这些文字还有别的作用。它让我们知道，要理解这个世界，不是带着看地图的虚假客观角度从上往下看，而是作为行动者和参与者身临其中。路边出现名字和历史遗迹：塞奥瓦恩是谁，再也没人知道，他之于以他的名字命名的小溪意味着什么，也再无从知晓；在盎格鲁－撒克逊人幽暗的梦境里，到底是什么从卢特坑或埃拉古冢里爬出，又是什么样的暗影行者（*scea dugangan*）从中闪现，无人说得出。但毋庸置疑，俯瞰整个英格兰，在乡下百姓讲述的有关他们周围世界的故事中，这样的地方是标点符号式的存在：不止是从一个地方到另一个地方（或者如"边界条款"所述，从一个地方出发，再回到原点）那么简单，更是过往生活织就的画面，其中既有文字纵横交织，还有人类活动及其与周围世界的相互影响。[4]

在现代语境中，地理知识的呈现形式相对静止。我们想到的是从太空中看到的广袤土地和海洋、高山的轮廓、湖泊反射的光线，以及曲折的挪威海岸线——在《银河系漫游指南》（*Hitchhiker's Guide to the Galaxy*）中，因其"可爱的蜿蜒海岸线"而被斯拉提巴法斯特（Slartibartfast）记起。[5]我们还想到了整整齐齐的政治边界、用粉红色和浅蓝色勾画出的国家，又或想到了地图上纵横交错、清晰明了的公路和铁路。本质上说，这类知识都是制图式的，是我们通过抽象的二维图像记住的。不论有没有发挥想象，是手绘的还是从太空中拍摄的，地图都是我们理解与真实世界关系的主要工具。然而，从各个方面来说，地图存在根本性的缺陷——更具误导性的是，它逐渐给人类渗透了一种全知全能的观念：我们感觉地图让我们成了神。稍微用指甲刮一刮，就能发现在制图师柔和的调色板之下掩藏的"血迹"。宗教、语言与政治长久以来的裂痕被掩盖；古老的路径已淡出人们的视野。距离沦为跨越空间的直线，几个大洲也因第三维度的缺失而怪诞地扭曲。感觉功能已变得麻木：地图里的世界仅仅是给眼睛看的世界。我们本能地体会到这种感觉缺失，懊恼沮丧中，一种难以抑制的欲望促使我们的指尖在地图和地球仪的平滑表面上拂过，下意识地去寻找遗失的大地的质感。[6]

比杜希德的同时代人生活的地理环境是个人化的、地区性的、传奇般的，对他们来说，地图中的世界该是多么了无生气，多么没血没肉啊。对中世纪早期的不列颠人来说，地理知识绝不是一系列的路线和路标，而是一系列探测时间、神话与身份的符号和象征——穿过古老的大地就像在时间隧道中往回穿梭，而古老的神话则把人带到遥远的国度。

当时的人并非对地图一无所知，但其流通仅限于少数学者，所要完成的目标与现代地图亦有着天壤之别。T-O 地图①就是一种常见形式，它是一种示意图或表意符号，将世界划分为三个不相等的部分：亚洲（圆圈上半部分）、非洲（圆圈右下角）和欧洲（圆圈左下角）。耶路撒冷坐落在中心。从某种程度上说，

---

①T-O 型地图是中世纪盛期最常见的一种地图范式。圆形的 O 勾勒出地图的边界，T 的三支分叉则标识着当时欧洲人眼中的三大中心水系：尼罗河、顿河与地中海。——编者注

这种图是一种手段，把思想集中在世界的整体性、对称性和统一性之上。通过把字母 T 和 O 叠加在其中，也把两个单词"terra"（世界的球体）、"orbis"（地球）的首字母融入设计中。毋庸讳言，它对迷失方向的旅行客来说用处很有限。像"边界条款"一样，早期地图及其起源的认知基本上是就划界而言的——搜集已知的信息凑成平面图（通常为圆形），形成一个"内部"和一个"外部"。在古希腊和罗马世界中，这象征着文明和野蛮的区别；在基督教时代，"内部"意味着即便不完全属于基督教世界，也是其潜在范围内的地域总称。

在这个概念中，边界之外的东西比单纯的"未知土地"可怕得多。

人们到底对外面的世界有多恐惧，古英语诗歌及其反映的宇宙观可以证明：比如古英语诗歌中对《创世纪》的复述，把地球描绘成一个金色的大厅，但大厅的四周却是一片黑暗之海。其他诗歌中，这种画面感更强烈：《流浪者》和《航海者》（*The Seafarer*）中冷冷的大海，无论从物质上还是精神上，都反映出一种凄凉之相。《贝奥武甫》把这份恐惧描写得淋漓尽致：

> 有个食尸鬼，名叫格伦德尔（Grendel），
> 暴戾无情，恶名昭著，游荡于边缘地带
> 掌控着荒野、沼泽和险固之地……[7]

《贝奥武甫》第一部分讲述了英雄贝奥武甫从家乡耶阿特出发，来到丹麦，听说了妖怪格伦德尔的故事。多年来，格伦德尔一直威胁着丹麦国王赫罗斯加的宫殿——鹿厅（Heorot）。贝奥武甫打败了妖怪，砍下了他的臂膀，而妖怪落荒而逃，死在了沼泽里的老窝中。不过，这首诗第一部分的真正力量和张力都紧随妖怪而来。格伦德尔游荡在边界地带，生活在暗影之中，是嫉妒的化身。他属于世界的"外部"——*fifelcynnes eard*，意即"妖魔鬼怪之地"——令人闻风丧胆。诗人追随他"爬上云遮雾绕的山坡"，在黑暗中匍匐，带着尘雾，用贪婪的双手推开宫殿的大门。[8]

从字面上看，"Heorot"的意思是"雄鹿"，但这个单词也与古英语中的"*heorte*"同源，后者无论是字面意义还是比喻意义，都是"心"的意思。而且

在《贝奥武甫》中，这座宫殿的确是人类文化跳动的脉搏，象征着温暖和阳光、安全和保障、族群和盟约，它是堡垒、酒馆和家融为一体的地方。对这种安全性和神圣性的侵犯，赋予了诗歌一种心理上的边界，在几个世纪里，界线都很明朗——格伦德尔是家乡的入侵者，是羊圈里的狼，撞击着社会深处的命脉。

实际上，在《贝奥武甫》中，诗人如同描述狼之凶残一般细述了格伦德尔和他的同类，而这与盎格鲁-撒克逊世界的其他作恶者有着明显区别。单词"wearg"（源自托尔金笔下的"warg"）有两重含义，即"狼"和"罪恶"，而单词"wulvesheofod"（意为"狼的脑袋"）作为标签语，到11世纪时，通常被用来定义亡命徒的身份。在有关991年马尔登战役（battle of Maldon）的诗歌体文字中，维京人是以"屠夫狼"（waelwulfas）的字眼出现的。这些族群——妖怪、歹徒、亡命徒、维京人——对以鹿厅为代表的有序世界构成了威胁：他们是边界之外的狼、屠杀者，也是掠夺、盗窃财产、牲畜、孩童之人。无怪乎在恶行降临、恐怖突然成真的世界中，国王因尼颁布的法律对外来者如此无情了。[9]

在所有可能滋生恐怖的方位中，其中一个方位达到了恐怖的至高点。这不仅是因为大海从那个方向不断地吞吐出一船又一船的劫匪来劫掠儿童、烧毁宫殿，也不是因为人们观察到那片地区总有最恶劣的天气肆虐，而是因为盎格鲁-撒克逊人早已心知肚明，那儿就是魔鬼称王的地方。

那儿就是中世纪世界黑暗的中心：北方。

边界之内是熟悉的道路和家园，宫殿里歌声朗朗，炉火温暖，琴声绕梁。边界之外就只有黑暗，只有寒冷，只有刺骨的北风呼啸在荒凉的山坡。前方是崎岖的道路，稀疏蜿蜒的小路下面，亡魂从沼泽中投射出黑黝黝的充满怨恨的眼神。雾气逼近，传来了狼的嚎叫……雾气下方，一道光跳动着——幽灵般的、缥缈的、怪异的：原来是一潭黑水的反光，一团巫火在它的表面燃烧着。水的那边，阴森森的森林耸然出现，在阴郁的峭壁上怒目而视。树枝上结满了雾凇和白霜，在严寒的空气中如上翘的瘦骨嶙峋的手指；树根似蛇一般，盘旋在湿乎乎的河岸上，伸向腐烂又污浊的山中小湖。散发着恶臭的水中，叫不出名字的生物蠕动着、爬行着。妖怪就住在这儿——此外，还有"狼坡、风声呼啸的海岬、危险的沼泽区"。[10] 再往深处走，就要挑战心灵和理智了：自然法则到了这儿都混乱颠倒了——燃烧的黑水冲向天空，冰滴和火焰交织在一起。天空落下致命的冰雹，从滚滚的乌云中冲将下来，在黑色的雾气中间，翅膀在黑暗中扇动，就像坚韧的飞蛾云团一样，搜寻着猎物，勇敢地冲入暴风雨肆虐的天空。再往北，继续往深处去，就是深渊本身了：时而在浪花之下看到一个脏臭的洞穴，蛇和其他肮脏的蠕动之物在这里出没；时而在烟雾缭绕中现出一座阴沉的堡垒，"恶魔在黑暗的洞穴和阴郁的深渊里来回乱窜"。[11]

除了 T-O 地图，能追溯到 8 世纪或更早期的地图就很少了，而且北方世界在这些地图上几乎是不存在的。维京时代初期，博学多识的不列颠僧侣掌握的经典学识似乎表明，不列颠本身就坐落在大地的末端：至于再往北的土地，古典学问和基督教知识很是模糊，甚至无法确定不列颠的僧侣对这些知识又能了解多少。或许他们拿到的是一幅画得模糊的岛屿图，这座岛是诸多岛中的一座，漂浮在萧条的大海之上：那里是怪物的居住之所——"图勒岛"① 和 "希柏里尔人之地"（land of the Hyperboreans，希柏里尔人是指 "北风以北" 的居民），那里的人长着兽身，有的长着狗头。[12] 在这一点上，它和地球上其他的未知地区没有什么不同，但是北方作为邪恶领地的主题，还体现在中世纪英格兰文学作品中。这个主题在圣经故事中很容易找到，在其他记述中也有生动怪异的描写。

8 世纪 30 年代，一位名叫费利克斯（Felix）的僧侣在林肯郡的克罗兰修道院（monastery of Crowland）中，写下了圣古斯拉克（St Guthlac）的故事，文中他用生动的语言描写了一个恶魔般的部落对不幸隐士的虐待过程。他们从肉体和精神上残酷折磨他：

> 他们拖拽着他穿过冰冷天空中绵延的云层，他们扇动翅膀发出的可怕声音荼毒着他的耳朵。此时他已到了天空的最高处，恐怖之状无法言说，瞧！北方的那片天空似乎越来越暗，大雾腾空，黑云

---

① isle of Thule，意为极北之地。

压天。眼前，邪恶的灵魂数不胜数，正黑压压地结队朝他袭来。它们合为一体，力量猛增，呈鼎沸之势，冲入稀薄的空气中，裹挟着古斯拉克，将他送入被诅咒的地狱巨口之中。[13]

在北方传统中，以恶魔般的北方为主题的圣经故事不断出现，不止这一个。还有圣保罗的故事，讲述于盎格鲁－撒克逊英格兰晚期，故事中说："圣保罗正看着世界的北方，那里所有的水都顺流而下，他发现水的上方有一块很特别的灰色石头，石头的北边是寒气逼人的树林，弥漫着黑雾，石头下面是水怪和狼的居住之地；他看见在崖壁上的寒冷树林中，倒挂着很多黑色的灵魂，被缚住了双手，还有他们的仇家伪装成水怪，像贪婪的狼一样紧紧抓着他们，水是黑的……"[14]

鬼怪肆虐的北方，以及《贝奥武甫》作者笔下格伦德尔和其母的老窝，诸如这些描述都有惊人的相似之处。由此可见，这些关于北方的心理是深植在人们心中的。两篇文字势必有所关联。

在不列颠岛上，虽然凯尔特语地区没有留下类似的故事，但《圣布伦丹在爱尔兰的生活》（*the Irish life of St Brendan*）——写于 7 世纪——描写了沸腾的北方大海、火焰岛和痛苦的咆哮，并说它是"地狱边界"。[15]即便是斯堪的纳维亚的居民也知道，"向下、朝北，是通向地狱之路"（*niðr ok norðr liggr Helvegr*）。[16]单词"Hell"——地狱，这个单词本身没有拉丁语－基督教的词源。它的年代要更久远，多多少少反映出萦绕在盎格鲁－撒克逊人和同时代人心中共同的黑暗梦境：中世纪早期，人们心中的北方是噩梦般的存在。

在这个北方世界生活的人类，如果当时就为人所知，会被贴上"异教徒"的标签——因其拒绝基督教的教条和价值观，以及其血腥杀戮和怪异的仪式。那么，人们自然就会把他们想象成——借用历史学家埃里克·克里斯蒂安森（Eric Christiansen）那句令人难忘的话——"魔鬼外交政策的机器代理人"，他们是人们无法接受的魔鬼世界中的血肉化身。[17]

北方人再次出现在文字记录中时，全都带着可怕的威势与暴怒，没有"辜负"受害者对他们狂热的想象。793 年，北方发生的骇人听闻的故事，被编年史家用画面感极强的语言记录了下来：

> 今年，可怕的预兆降临到诺森布里亚，吓得人们瑟瑟发抖——天空中出现了巨大的旋风，电闪雷鸣，有人看到火龙飞在高空。征兆过后就出现了大饥荒，不久，在同年 6 月 8 日，暴虐的异教徒卑劣地毁坏了林迪斯法恩的教堂，大肆抢掠与屠杀。[18]

欧洲北部的所有宗教中心，几乎没有哪一处的文化影响力能比得上林迪斯法恩修道院岛。小岛与诺森布里亚王国的海岸之间是一条狭窄的潮汐堤道，它就像脐带一样将两者连在一起，这样的环境掩盖了自 7 世纪初建院以来修道院日益积累的财富和地位。以上描述，很多都源自该修道院最有名的主教卡斯伯特（Cuthbert，约 634～687 年）的故事。卡斯伯特是来自梅尔罗斯（Melrose）的僧侣，后来任林迪斯法恩修道院的院长，685 年 3 月，被提升为主教。在长达 9 年的时间里，卡斯伯特以隐士的身份，从林迪斯法恩自我放逐到内法恩岛（Inner Farne）。内法恩岛上到处是灰色花岗岩，一片荒芜景象，在海上若隐若现。[19] 那种生活饱含艰辛、孤独和克己忘我，其模式是沙漠教父圣安东尼的忏悔态度。卡斯伯特虽升为主教，却丝毫没有改变性情，687 年，他又回到隐居地，决心独自一人度过余生。

在内法恩岛上，他像圣安东尼一样，在荒野中遇到了恶魔。有关打斗的描写很简短——他佩戴着"救赎的头盔、手持信念之盾和精神之剑"，与恶魔战斗。被征服的恶魔是何样，读者只能自己想象。[20] 也许可以把他们想象成费利克斯笔下那群出现在圣古斯拉克生活中的恶魔：

> 他们长相凶残，形状骇人，大脑袋、长脖子、瘦脸、面色蜡黄、胡子肮脏、凌乱的毛耳朵、宽宽的额头、眼睛凶神恶煞、嘴巴又脏又臭、牙齿似马齿、喉咙吐火、下巴扭曲、厚嘴唇、嗓音刺耳、毛发似烧焦状、面颊肥阔、胸部似鸽、大腿结痂、膝盖好几

节、腿呈弯曲状、脚踝肿大、八字脚、嘴巴宽大、叫声粗哑……他们骇人又刺耳的吼叫声，充斥在天地之间的各个角落。[21]

效果是累积的。一开始有些荒谬——甚至搞笑（凌乱的毛耳朵？宽宽的额头？）——但越来越怪异，越来越恐怖，一个又一个怪形象层层叠加，直到沦为一团扭曲的、反常的邪恶模样。假如中世纪早期的人们梦到荒野时看到的就是这样一幅情景，那么他们的梦的确是噩梦。

无论卡斯伯特在内法恩岛上看到了什么，又或没看到什么，他克服了些许荒凉，在自我流放中过完了短暂的余生：吃饭、睡觉、斋戒、祷告。勾勒他的形象很容易，就像画家卡斯帕·大卫·弗里德里希（Caspar David Friedrich）那幅著名作品中的人物，伤感地凝视着那片拥抱着他的冰冷的、灰蒙蒙的大海：在人生最后一个哨站，面对无情的海湾和必死的命运，疲惫地抗争着。

卡斯伯特去世后，人们用船将他的遗体运回了林迪斯法恩。大批民众前来迎候，唱起圣歌，之后又将他运到了圣彼得教堂，放入石棺，埋葬在圣坛旁边。据说发生了奇迹：人们把他推崇为圣人，他的墓地成了朝圣之地，11 年后，人们认为他的安息之处不够好，就把他挖出来，移到更令人尊崇的圣地，然而他的肉身并没有腐坏，依然像他过世那天一样完好。这个故事证实了他的神圣，他的传奇故事被广为传诵。修道院的规模和财富日渐扩大，缮写室创造出泥金本的福音书——如《林迪斯法恩福音书》——都是那个时代了不起的宝藏。

我们或许有理由设想，对于后世僧侣来说，修道生活比起卡斯伯特及其先辈们认同的样子，已变得过于舒服了。到林迪斯法恩遭遇袭击时，当时的人——如我们所见——已经开始议论纷纷，而且卡斯伯特死后的一个世纪中，好像标准真的有所下降；或者，换句话说，僧侣们面临着先辈未曾受到的诱惑。即便如此，这片寒冷的海洋，依然紧随他们的步伐拍打着海岸，而内法恩岛的恶魔故事还是会被一遍又一遍地讲起。对于生活在世界边缘的僧侣来说，这片海一直无处不在——茫茫一片，横无际涯，神秘莫测，一直延伸到永恒。空荡，却鲜活。

当维京人到来时，在僧侣的眼中，他们一定是从长达一个世纪的沉睡中终于醒来的令人恐惧的东西。他们睡意蒙眬的双眼到底看到了什么恐怖的景象，冲上了月光下的海岸？体型庞大的黑色海怪般的船头到底射出了怎样邪恶的目光，在光影交错的水边若隐若现？他们是否看到了暗影里的魔鬼——在燃烧的火把的照映下闪着红光？他们是否"长相凶残"，"震耳欲聋的尖叫声令人不寒而栗"？他们是否"胡子肮脏""眼神凶神恶煞""嘴巴又臭又脏"，并且"嗓音刺耳"？

火光的映照下，血红色的眼睛瞪视着前方，船首的龙头轮廓鲜明，冷冷地看着即将拉开序幕的混乱。如船桨击打水面一般，斧头举起又落下，劈砍着树木和血肉之躯；鲜血飞溅，浸染着毛毯和圣坛的台布，在火光中现出深红色。色彩鲜艳的福音书碎片在燃烧的灰烬中飘动着，就像蝴蝶和萤火虫在热风中翩翩起舞。冷冷的海风抽打着水面，裹挟着金属和血液的浓烈气味，死尸和燃烧的恶臭随风飘入内陆深处。

793 年的林迪斯法恩袭击事件，成为不列颠居民与北海对面的邻居产生交集的标志性事件。著名的基督教研习中心突然遭到海上袭击，这给整个欧洲带来了冲击。英格兰传教士阿尔昆（Alcuin）当时正在海峡对面的查理曼大帝的宫廷，他就这次史无前例的悲剧事件，给身处英格兰的教友写了一系列信件。在他看来，来自北方的恐怖袭击应该能被预见，特别是"我们看到令人惶恐的血雨降落在约克镇的圣彼得教堂的北侧"，"尽管天空平静安详"。因此，大家也不应奇怪，他还说："来自北方的血的报复会降临到我们的国土，可以看出这次袭击就是开始。"[22]

袭击所到之处给民众带来的心理冲击，在那些幸存下来的物品中可以窥见，这些物品令人心绪不宁。例如，一块石刻——底部碎裂，顶部浑圆——被发现于林迪斯法恩，于 20 世纪 20 年代第一次被提及。它是岛上发现的五十多块墓石——其中很多都有盎格鲁－撒克逊语的雕刻，还镌刻着名字——中的一块。但是，这一块很特别。它的其中一面刻了一个人，他用手指着太阳和月亮，太阳和月亮同时挂在空中，分布在十字架两侧。这个图像提醒人们"末日审判"的到来，黑夜终将来临。

另一面画了七个人，他们都面向前方，胳膊抬起。五个人把武器擎在高空——三柄剑和两把斧头，而且他们的穿着并不常见。从整体上看，这块石头似乎是世界末日的象征。正如我们所料，教会的解说人员发现，人们很容易将维京人想象成神圣审判的手段。这块石碑可能刻于9世纪晚期，人们无法知道这些武装人员是否有意被刻画成维京人而不是其他武装团体的样子，但有一种感觉很难消除，那就是林迪斯法恩的创伤给人们留下了心理伤痕，困扰着几代僧侣的内心，不断影响着对末日审判的预测。[23]

林迪斯法恩是这类袭击中被记录下来的第一例，却绝不是最后一例。9世纪初的几年，海上入侵者在不列颠北部和爱尔兰以及欧洲大陆的其他地方，袭击并掠夺防卫松懈的修道院和居民点，对于遭受袭击的人来说，定是可怕的经历，因遭异教徒袭击而引发的原始恐惧使得一切愈发恐怖。

人们经常把阿尔昆的话从上下文中摘录出来，作为维京时代诸多文章的开头："异教徒已经亵渎了至圣所，"他写给林迪斯法恩主教希格伯德（Higbald）的信，悲恸之情溢于言表，"圣徒的鲜血溅洒在圣坛四周，我们的希望之所沦为废墟，而圣徒的尸身则像街上的粪便一样遭到践踏。"人们一定会思索，希格伯德和僧侣们需要提醒吗？我们可以想象，这位好主教读到阿尔昆来信的其他内容时，唇齿间可能会吐出一连串的盎格鲁－撒克逊人的谩骂。确实，对此，我们绝不会怪他，因为在人们的想象中，此种情形下，应当写一封表达悲伤、团结友爱并伸出援助之手的热心公函。可事实并非如此。这是一封列举希格伯德种种渎职和他手下僧侣行为不当的训诫信：控诉他们醉酒、虚荣、淫荡和堕落，以及（最不该的是）缺乏男子汉气概——"活下来的，站着要像个男人"。[24]

在写给诺森布里亚国王埃塞尔雷德类似的信中，阿尔昆的话让很多人认为，异教徒的风暴就像是晴天霹雳一样出现在不列颠的海岸：

瞧！那是最可爱的一片土地，我们祖祖辈辈已经在此居住了近
350 年，之前在不列颠的大地上，我们从未遭受过今日所遭受的外
族的恐怖袭击，也从未想过海上竟然会出现这样的侵略。

看吧！圣卡斯伯特教堂，鲜血四处飞溅，所有的物品被劫掠一
空……[25]

这位身在国外的牧师利用这次机会再次严厉斥责僧侣们，说他们希望把
"须发修剪"得"像那些异教徒一样"。然而，借着对前教友理发习惯的严苛干
预，阿尔昆无意中提醒我们注意：某种比诺森布里亚的流行时尚更重要的东西，
它向那些认为北方是地狱之所、北方的居民是魔王的小妖的观念发起挑战，也
使其更加复杂化。

虽然学界对北方的态度似乎的确强调北方居民恶魔般的品性，然而诸如阿
尔昆的评价，则表明了某种程度的接触，甚至有些情况下还有对斯堪的纳维亚
世界及其居民的钦佩或怀旧：一种深埋在盎格鲁－撒克逊人心底的关于广阔的
北方世界的矛盾。简单地说，要想模仿异教徒的发型，僧侣们必须有机会见到
他们并对其印象深刻——想必不是躲避斧头劈砍的时候。有一点即便尚不能证
明但也极有可能：斯堪的纳维亚商人已经成为 8 世纪英格兰（可能还包括北部
群岛和皮克特人统治的苏格兰）的某些新贸易区的一种特色。[26]

维京时代是在欧洲贸易日益复杂的背景下出现的，情况定然如此。8 世纪
时，北海周边涌现出一种专门的贸易区，开发并促进了长途贸易。历史学家和
考古学家把这些贸易区称为"商业中心"，包括英格兰的南安普敦（Hamwic）、
伦敦（Lundenwic）、伊普斯威奇（Gipeswic）和约克（Eoforwic），以及法兰西
（Quentovic）、尼德兰（Dorestad）、海泽比（Hedeby，位于丹麦）、里贝（Ribe，
位于丹麦）、比尔卡（Birka，位于瑞典）和凯于庞厄尔（Kaupanger，位于挪威）
等地的贸易区。不可思议的是，8 世纪时不列颠和斯堪的纳维亚之间的货物交
易，都是通过欧洲大陆的中间商进行的。

无论在维京人第一次袭击之前的几十年中，直接贸易关系的真实情况如

何，考古学表明，在之前的几个世纪中，北海两岸的交流是密切的。前一章中提到的一个著名案例能够解释这一点。在萨福克郡 1 号土敦墓中的萨顿胡船棺墓中出土的完好面具头盔（古英语对应的词居然是"*grimhelm*"，意为"残酷头盔"），曾在旺代尔（Vendel）墓群中一些非常精致的船棺墓中，以及后来瑞典一座名叫瓦尔斯加德（Valsgarde）的墓地中发现过与之极为相似的葬品；同样的葬品，无论是工艺风格还是埋葬方式，都展现出横贯北海的文化同一性的特征。这一点及大量的证据（尤其是不列颠低地的语言从罗马语－英语转变为日耳曼西部的"古英语"）广泛支持了盎格鲁－撒克逊人对自己起源的说法。[27] 就这一点来说，诺森布里亚僧侣和学者比德于 8 世纪初期在贾罗阐述得相当明确：

> 449 年……应国王沃蒂根（Vortigen）之邀，盎格鲁人或撒克逊人驾驶三艘长船来到不列颠……他们……把成功抵达的消息带回家乡，顺便带回了"不列颠国家富饶但民众胆小"的说法……这些新来者属于日耳曼最强大的三个民族：撒克逊、盎格鲁和朱特。[28]

第一批是撒克逊人，根据比德的说法，他们来自名为"老撒克逊"的地区——今天的德国西北部。盎格鲁人和朱特人则来自日德兰半岛（Jutland），在比德生活的年代，他们占据的土地位于丹麦王国境内。这个说法的真实程度依然未知（但欧洲大陆的确有大量移民到此）。然而，关键是盎格鲁－撒克逊人自己相信这是真的。[29]

在比德生活的时代，盎格鲁－撒克逊人在不列颠岛上已经生活了近 300 年（根据他的估算），而且好几代人中大多数都已皈依了基督教。至 8 世纪晚期，他们已经形成了很多独立的王国，每个王国都有自己的文化和地理特点。然而，他们所声称的族裔血统来自异教徒部落（而且 8 世纪末期依然这样认为），属于更广阔的北欧传承的一部分，超越罗马统治的大陆边境。作为这一传承的继承者，盎格鲁－撒克逊人是一个传奇世界的传统、传说、文字和图像的传递者。那个世界，尽管外形和轮廓越来越模糊，但在诗人和讲故事之人的想象中却明亮夺目。盎格鲁－撒克逊王室最早的宗谱通常把沃登（Woden）、费恩（Finn）以及耶阿特都涵盖在内。沃登是异教神，相当于古老北欧神话中的奥丁（Odin），费恩是弗里西亚富有传奇色彩的国王，而耶阿特则是贝奥武甫本族（斯堪的纳维亚部落）的同名祖先。

即便是长达一个世纪的维京入侵，都没有浇灭盎格鲁 – 撒克逊人对北方传承的热情。至 9 世纪末，皇家谱系中已经囊括了巴尔德（Balder，北欧神）、希尔德（Scyld，丹麦人富有传奇色彩的祖先），或许还包括耶阿特人贝奥武甫本身。[30] 盎格鲁 – 撒克逊人到底是怎样认定这一传承的，考据起来很复杂，有时也令人迷惑不解。很多保留下来的东西都空洞得只剩下国王和英雄的名字——曾几何时，这些名字必定唤起过故事的大框架，配以基督教以前的神话传说，但名字的主人此时却默不作声地守护着大门，而大门通往的道路，此刻无人踏足。

然而，对先祖所在北方的长期迷恋却未受到挑战。公元 800 年左右，我们的朋友阿尔昆奋笔疾书，对这类情结愤怒不已，在写给另一位盎格鲁 – 撒克逊主教的信中，他表示要知道"英盖尔德（Ingeld）和基督有什么关系"。关于英盖尔德，我们只知道一个悲惨的故事。他是希思巴德（Heathobards）的国王，烧毁了赫罗斯加的鹿厅，由此成为丹麦国王的复仇目标。《贝奥武甫》中提到了这个故事，此外古英语诗歌《威德西兹》（Widsith）中也有描述。阿尔昆在一篇文字中怒斥教会人员在晚餐时间听音乐和"不得体"的故事，还在庭院里大笑（由此推测很多派对都没有邀请他），随后突然提及英盖尔德。不过，这段很有意思，因为它表明即便是在完全基督教的环境中，古老的故事依然很受欢迎。[31]

不列颠其他地方对先祖生活的北方持何种态度，我们知道的就更少了。比德记叙的一个传统表明，皮克特人——生活在今苏格兰境内的高地和岛屿——起源于塞西亚（Scythia）。根据古典权威的说法，塞西亚所在区域并不明确，好像是在欧亚大陆北方的某处。究竟皮克特人自己相不相信这个说法——如果他们相信，又是怎么想呢——则不好说。另一方面，威尔士人拥有自己独特的北方传统：对他们来说，"老北方"（Hen Ogledd）指的是不列颠的北方，6 ～ 7 世纪时，盎格鲁 – 撒克逊人把他们的先祖从那儿赶了出来。总之，这是一种北方更加孤立的感觉，这种感觉只能加剧一种想法：大海对面的北方是个永远不会带来好事儿的地方。[32]

然而，在说英语的民族中间，我们留下了一个明显的悖论——对北方的这些态度给它蒙上了一层色彩：既是闪亮的祖先故土，又是魔鬼充斥的地狱般的荒原；那里的居民既是远亲，又是异乡人。结果，维京人就以雅努斯（Janus）——两面人的形象出现了，在我们的脑海里不断地打斗：是诗人还是掠夺者？是商人还是强盗？是狂暴战士还是造船人？是自己的同族还是该隐的同族？从很大程度上说，调和这些主题，辨别这些身份，就是维京不列颠的故事。这是一个讨论的过程，一直持续到今天，并且始于那个基本问题：我们理解的维京人到底是何人？

第 3 章

故土在北方

VIKING BRITAIN

金色的胡须、狠辣的眼神、魁梧的身躯，

战士们在粗糙的长凳上或坐或躺，

或在大厅里大步流星，又或在地上完全舒展开身体。

在泛着酒沫的角型酒杯和皮质盛酒器交错之间，

他们大口喝着酒，大口吃着黑面包，

不时拿匕首切下大块大块的烤肉……

全世界都是他们的猎物，任拿任选，

可带走可分享，满足他们野蛮的幻想。

罗伯特·E. 霍华德
《黑暗人》
(*The Dark Man*，1931)[1]

在我没长大之前，我猜我眼中的"维京人"应该与我的同辈人所想的差不多。

我奶奶住在萨默塞特的格拉斯顿堡（Glastonbury），给一位残疾老先生做全职看护，当他的"老伴"（在幼小的我看来）。我只知道他叫温吉（Venge），我亲爱的温吉。温吉出生于意大利，真名叫波拿文都拉·曼达拉（Bonaventura Mandara），生活曾极其奢华。他待人格外温暖和善，喜欢白兰地、雪茄、打牌和赛马，换句话说，他是个乐天派的好老头。我还是个孩子的时候，他经常鼓励我爬到他残疾的腿上，让我读报纸反面的连载漫画。其中只有一幅给我留下了些许印象。

《恐怖的夏甲》（*Hägar the Horrible*）是美国漫画家狄克·布朗（Dik Browne）创作的连载漫画，那或许是我第一次接触维京人。主人公夏甲满足维京人所有的刻板形象：满脸乱蓬蓬的红胡子、桀骜不驯的角盔、装着起泡麦芽酒的酒壶，以及讨厌洗澡。实际上他保留了"野蛮维京人"的经典形象，与卡通版的穴居人基本没有分别。我看得津津有味。夏甲和他对中世纪大型石头城堡不合时宜的攻击，很快就能与我孩提时期在格拉斯顿堡的游玩经历融为一体。那时我会跑到中世纪修道院的废墟上，在那里横冲直撞，也会紧盯着以亚瑟王为主题的水晶商店的橱窗。

稍大一点，我记得老师教了维京人的知识——那是我在义务教育阶段唯一一次接触这个主题。那时我应该有 8 岁，还不能理解所学内容的重要性，但时过境迁，当所有都随风而逝后，我却依然记得那节课。一条关键信息牢牢印在我的脑海中，始终挥之不去：维京人从来没有戴过、拥有过——甚至都没有想过——角盔。

对那些缺乏心理准备的人来说，维京人的头盔没有角，这无一例外是个打击。事实就像一把特别的刀子，刀已出鞘，我也没有办法，只能迎上去。亲眼见到在完全长大的成年人（事实上尤其是成年人）身上，随着童年时期形成的形象意外破灭，精神也跟着日渐萎靡，这真是一番奇异的经历。很抱歉，随着这枚"现实炸弹"的惊天一爆，本书的读者中，或许真的会有一些此时此刻就体验着一种别样的复杂心情，既愤怒又不敢相信。

而对一个以《恐怖的夏甲》为伴的小男孩来说，这个消息着实恐怖。我始终记得它给我带来的失望——如果维京人根本没有角盔，为什么一直骗我说有呢？幸运的是，我幼小心灵的生命力还足够旺盛，能从这次"精神爆炸"中振作起来。后来，我发现他们的头盔几乎跟角盔一样酷（至少我是努力这样说服自己的），那份打击也就稍稍缓和了。其实，无论何种头盔，都没有什么确切的证据。除了碎片，迄今为止，人们只发现了一顶完好的维京时代的斯堪的纳维亚头盔。它就是著名的"Gjermundbu"头盔（以它的发现地挪威的"Gjermundbu"命名，一同埋葬的还有它的主人），头盔格外引人注目，有些吓人，半遮面的设计应该是为了保护眼睛和鼻子。它的外形像猫头鹰——冷淡、冷漠、具有掠夺性——戴着"战场保护罩"，至少会有一顶挪威战士的表情是这样的吧。[2]

除了斯堪的纳维亚，别的地方的墓地中也发现过头盔，从它们的外形或构件的强度来说，埋葬的地方应该是维京人的领地——或者，至少与斯堪的纳维亚有着密切的文化关联。其中，大多数发现于今天的俄罗斯和乌克兰，但竟没有一顶与当地居民（非维京人）的物质文化有明显差异。这些是维京人的头盔吗？如果唯一的评判标准是出生于斯堪的纳维亚的某个人曾把其中一顶这样的头盔戴在头上，那么答案一定是肯定的。但这些头盔与"Gjermundbu"头盔大相径庭：宽面、圆锥形、明显的东方特色——戴过的人大多都绝对不会是维京人。因此，或许这些头盔只是几个维京人偶尔戴过，根本就不是维京头盔。或许这些头盔根本不是维京头盔，就像他们晚餐吃的伏尔加鲑鱼不是维京鱼一样。当然，这对"Gjermundbu"头盔来说也一样——只是戴过并不意味着戴的那个人就是维京人，而且我们甚至无法确定（不管可能性有多大）它是否由出生并成长于斯堪的纳维亚的人制作，甚至是否戴过也无法确定。大家都知道，在辨别种族方面，物质文化最不可靠。

问题不仅出在语义学（单词"Viking"本身），也出在基本前提上，即"维京人"是一个"民族"，他们的特点能够像"顶级王牌"一样列出，或像角色扮演游戏中的角色分类一样列出。至少从这个意义上可以说，"维京人"从未存在过。

大多数现代学者都不能确定"维京"一词，也不同意把它作为一个民族的标签。它的原始意义是有争议的。它可以指混迹于海湾周边、不为善事（源自古斯堪的纳维亚语中的 vik，意思是"海湾或入海口"）的人，也可能指经常出没在贸易区（源自古英语 wics）的人；还有其他可能性。但是，这个词的原始出处并不重要——关键是，人们在用这个词的时候（及如果用时）想到的究竟是什么。作为普通名词，"Viking"（源自古斯堪的纳维亚语中的 Vikingr 和古英语中的 Wicing）一词在维京时代用得很少，只用来指代少数人，不是指所有的斯堪的纳维亚人。在赞颂维京国王的古斯堪的纳维亚语诗歌中（人们称其为行吟宫廷诗），很多都可以追溯到维京时代，这个词既可以用于斯堪的纳维亚国王的敌人，也可以用于土生土长的强盗。在给大主教伍尔夫斯坦（Wulfstan）的悼词（约 1014 年）中，的确找到了该词的一个很少见的英文用法：奴隶们从英格兰的主人那里逃出来，做了"维京人"。[3] 那么，这些维京人是谁，可能是一个相对的概念。它从未用来指一个民族，多数情况下，这个词里包含着反对的意味，这能够证实一点："维京人"除了对其他地方的受害者构成威胁外，也令斯堪的纳维亚人感到恐怖。[4]

如尼石碑（维京时代为纪念逝者树立的石碑，上面刻有如尼字母，是古代北欧语的书面形式）上，这个词同样出现了很多次。多数情况下，它以人

名的形式出现，维京时代的不列颠同样也出现过这一现象：11 世纪，一个叫
"Wicing"的人为国王克努特（King Cnut，995 ～ 1035）在利德福德（Lydford，
今德文郡）铸造硬币。[5] 这表明" Viking"一词不一定是贬义的，而且虽然我们
不能确定这些人是否一出生就取了这个名字，但这个名字很符合当时的社会情
形，那时人们都喜欢用硬朗的名字。[6] 该名词的抽象形式在冰岛文学后期的确出
现过，意指包括探险、暴力、掠夺和冒险在内的海上活动，在用该词取名的人看
来，它是个正常又光荣的词。

10 世纪冰岛诗人埃吉尔（Egil Skallagrimsson）的诗作——收录在 13 世纪
关于他的生活的长篇传说里——用可能是他自己造的词，概述了维京人在养育
子女方面纵容子女的天性：

> 我妈妈对我说
> 他们会买给我
> 一艘船和可爱的桨，
> 与维京人一同出发，
> 站在船尾，
> 驾驶那艘极好的船，
> 然后停在港口，
> 杀一两个人。[7]

从这方面来看，"维京"基本上是某个人做过的某件事，或者是某件事的
一部分，而且能够证明维京时代这个词这样用的证据非常有限。瑞典西约特兰
（*Vastergotland*）的一位母亲立的如尼石碑表明，参与"维京"活动（此处指西
方，也就是不列颠和爱尔兰）是值得称赞的："托拉（Tóla）为纪念非常英勇的
儿子盖尔（Geirr），特立此碑。他死于西部航线的维京抢劫中。"[8]

然而，当时的人们似乎也有种期待，一个大丈夫（如果不绝对的话，这几
乎是所有男性的职业）在某个时刻会安定下来。在他的维京生涯中积累的财富，
能支持他做一个农场主或地主、族长，在同辈中拥有良好的名声。他可能在合

法集会中承担一些公共职责，用自己的财富资助诗人和手艺人，甚至还可能组织贸易探险。换句话说，他会非常受人敬重。然而，不可避免地，总有些人嗜血成性、被边缘化、焦躁不安、没有责任感、渴望成名、贪婪无比，又或是无家可归，把维京生活方式当作永久的职业——这些局外人本也有可能被归为那些自认维京人之列，正是因为这些人，斯堪的纳维亚吟游诗人对维京人的不满才得以流传开来。"做人"与"做事"之间有着天壤之别，这有点像人们听说年轻人雄心勃勃想要成为"旅行者"，而不仅仅是"去旅行"时给出的截然不同的反应。

其实这些在某种程度上来说都是无关紧要的了，因为人们不用刻意观察就会发现，维京时代反而几乎没人被称作"维京人"。在整个欧洲及其他地区，维京人被称为丹麦人、黑暗异教徒、暗影外来人、一般外来人、外来爱尔兰人、外邦人、北方人、海盗、异教徒、罗斯人（Rus）、塞西亚人、瓦兰吉亚人（Varangians），但在古英语中，几乎从未出现"维京人"的字样。正如我们所见，《盎格鲁 - 撒克逊编年史》大多讲述的是"丹麦人"的历史，尽管有大量的证据表明，住在不列颠的维京人来自北方世界的各个角落：可以证明，不同的维京领袖祖上都是挪威人。不列颠境内纪念瑞典维京人逝者的如尼石碑，甚至维京人骸骨——通过分析逝者牙齿内的氧同位素，能够证明他们生长于爱沙尼亚、白罗斯和北极圈以外的高纬度地区。

当复杂的多元文化融为单一性的"他们"——在不列颠土地上，很多说凯尔特语的地方居住着形形色色的居民，至少自比德生活的年代起，他们就被贴上"外来者"（wealas，源自现代"威尔士语"）的标签，被毫无差别地当成乌合之众来对待，自此，形成了早期英语。同样，"丹麦人"似乎成了一个便利的、兼容的词，用来指那些主要讲古斯堪的纳维亚语的人，不管他们究竟来自何处。[9]

人们或许会满怀期待，认为现代历史学家应该在很久以前就发明了精妙的方法，以解决身份和文化归属等复杂问题。然而，直到相对近期，人们才普遍认为过去的"民族"可以确定为基本不变的种族群，其文化特质稳定、可传承，并能通过语言、行为、头骨大小和物质文化来辨别。这一"文化–历史范式"，伴随着攻击性不同的各类种族主义，同时由两大驱动力驱动着：一是被人滥用的达尔文的进化逻辑，二是德国文字学革命（证明印欧语言和语言学发展机制之间的关联性）。很快，社会、文化和种族的发展被看成像元音突变一样具有可预见性，像进化一样不可阻挡。[10] 到了 20 世纪下半叶，这些观点才开始变化，主流学术界开始批判性地思考过去的种族划分。[11]

在英语语系的学术研究中，这一转变与大英帝国的衰退和在全球范围内力量的消减同时发生，绝非偶然。这种文化–历史模式与种族划分体系有很多相同的特点，学术界和政府人员用它来强化大英帝国那带有歧视性的社会结构——尤其是让英国白人处于他们造就的世界秩序的至高点。含意很明显，不列颠的"伟大"蕴含在基因里。因为，假如文化特质——像 DNA 一样——代代相传，那么这种伟大的种子也必定蕴藏在伟大先祖的血液里。当然，他们也发现伟大俯拾皆是：在罗马人身上，罗马文明预示了罗马帝国的诞生；在盎格鲁–撒克逊人身上，他们的日耳曼血统（在他们自己看来）把法律、自由和独具"英国"特色的基督教带到了不列颠；并且，他们也逐渐发现了维京人的伟大。[12]

正如 19 世纪儿童作家 R. M. 巴兰坦（R. M. Ballantyne）于 1869 年写下的文字："我们的法律和社会风俗中的真与善，英国宪法中的男子气概与朝气蓬勃，我们对自由和平等的热爱，很多都源自古老粗野的挪威海盗身上所蕴藏的果敢、进取的精神精髓和正义感！"对大英帝国的统治者而言，这段话振奋人心。[13]

从实质上说，大英帝国源于海上霸权。从弗朗西斯·德雷克（Francis Drake）到霍雷肖·纳尔逊（Horatio Nelson），伟大的英雄和先觉者都曾是水手。甚至 19 世纪的韦塞克斯国王阿尔弗雷德，也被人们奉为英格兰海军的鼻祖（不过证据少得可怜）。[14] 而维京人作为航海民族，似乎代表并预示了英国人所有伟大的事迹和成就：商业和冒险精神、先进的航海技术、在陆地和海上自我毁灭式的勇气、发现并定居在异国新大陆、面对野蛮土著时挥刀相向——甚至对天主教的欧洲开心掠夺，对于这种兴致勃勃，德雷克若是看到必会引以为傲。这些品质在英国人中重生，不仅领袖如此表率，而且还存在于维京人的血液中——这种想法在 19 世纪末期和 20 世纪早期的学术气氛中是极为令人兴奋的。关于起源的神话，并不依存于地中海的传说，也不依存于自文艺复兴以来古典教育的主题范式。在家乡海水的寒冷盐雾中，古老的北方是真实的、可以感知到的。

就这样，借着半懂半不懂的冰岛传奇故事、瓦格纳风格的旧衣物、关于野蛮人优点的传统思想和一剂浪漫的民族主义良药，维京人的经典形象浮现眼前：金黄色的头发、裸露的上身、健壮勇敢、代表北方欧洲灵魂的高贵的野蛮人。顺带说一句，这也是角盔得以炼就的"熔炉"，正是图书插图传播和普及了有关角盔的想象。1912 年托马斯·希思·罗宾逊（Thomas Heath Robinson）出版的插画书——重述了弗里肖夫（Frithiof）的传奇故事，造成了这种想象，而亚瑟·拉克姆（Arthur Rackham）的绘画作品配着瓦格纳（Wagner）《指环》（Ring）的翻译剧本也没起什么好作用。即使《指环》并不是"关于"维京人的，但是武神、神灵、矮人和许多北欧神话中才会出现的大量物品赋予了它有关维京人的故事氛围。最重要的是，直到 19 世纪后期，人们才普遍用"维京人"这个词来指代这些人，以及他们的文化和年代。[15]

鉴于对大英帝国问题的现代态度，很难不带着怀疑的眼光看待巴兰坦等人的热情。19 世纪的人们拿自己与他们的维京先祖得出的令人满意的比较，现在却带有一种冷冰冰的嘲讽。在都柏林和其他地方，沿着贸易路线抵达中亚的奴隶市场，一路走来，分布着重要的维京商业中心，这些地方已经出土了镣铐和项圈。它们与亚洲奴隶贸易——支撑着不列颠的庞大帝国财富——中使用的东西，无论在功能还是在技术上都非常一致。英国人在全球范围内，周期性地对其他地区的艺术和文化流露出的贪婪、野蛮和无情的漠视，恰恰在维京人对银子、奴隶和贡品的强取豪夺中早有预示。过去人们视为"男子汉气概"的品质，今天看来很可能带有精神病的倾向——包括 11 世纪的挪威国王"无情者"哈拉尔（Harald Hard-ruler）、19 ～ 20 世纪的英国将军霍雷肖·赫伯特·基钦纳（Horatio Herbert Kitchener）等所彰显的气概。而且，随着第二次世界大战后几十年间大英帝国的解体，对北方泪眼蒙眬的民族主义歌颂愈加荒谬，与刚遭到羞辱的北欧国家对比，越来越让人讨厌。

游行者采用了军事训练的实践方式，靴子擦得闪闪发亮，黄铜纽扣也金光熠熠。游行队伍的前方是国家战队（*Rikshird*），衣装为海军蓝色，随后是女军（*Kvinnehird*）和各个青年团体，擎着"民族团结青年阵线"的大旗聚集在一起。随处可见闪亮的眼神和挥舞的旗帜、红色田野中的金色十字架、鹰和剑。他们像一支军队一样，从白色的普通小教堂出发，朝着古冢走去。草地上，驼背似的土堆连绵起伏，就像在奥斯陆峡湾浅水区玩耍的海怪一样，闪闪发光的海水向东绵延而去。

指挥台上站着一个胖家伙，一头沙色的头发，眼睛略微肿胀。他开始讲话了，面前的男女青年聚在他身前，都欣喜若狂地抬头望着他，眼神里流露出金色黎明即将到来的光彩。

> 挪威的男女老少，今天，在我们生活的历史时刻，我们聚集在一个历史悠久的地方……就是在这儿，伊林格（Yngling）王朝的墓地，人们在思想和行动上团结起来，挪威统一了……就是在这儿，维京国王、长眠在此的伊林格先辈，强大的北欧人，一千年前推动着挪威人民的意志向前、向前，不是吗？ [16]

讲话的这个人是维德孔·吉斯林（Vidkun Quisling），于 1942 年至 1945 年间任纳粹德国密切监控下的挪威傀儡政权的领导人，也是挪威法西斯运动"民族团结党"（Nasjonal Samling）的主席。1935 ～ 1944 年，"民族团结运动"在五旬节期间于西福尔（Vestfold，邻近奥斯陆）的博勒（Borre）国家公园召开会议。[17] 公园是为 40 个留存下来的墓穴所设的墓园，其中最大的高 23 英尺①，直径达 150 英尺。1852 年，为开采砂石，其中一个墓穴被挪威公共道路管理局拆除。在拆除过程中，人们发现了维京时代精心制作的船葬遗骸。虽然挖掘工作非常粗糙，船上的大部分遗物也都丢失了，但发现的随葬珍宝却令人震惊。镀金铜制马缰配件，其编结工艺和动物形状的装饰，为新的维京艺术形式赋予了

---

① 1 英尺≈0.305 米。——编者注

定义："博勒"风格。[18] 这些是能让挪威人想象维京时代之辉煌的首批文物，历史学家们急切地把博勒遗址作为民族起源的象征——1905 年前后，挪威终于结束了与丹麦和瑞典长达 500 多年的政治和王朝联盟，正式成为独立的挪威王国，而这是一个强有力的标志。1915 年，安东·威廉·布勒格（Anton Wilhelm Brøgger）教授的话轰动一时，他宣称这个船葬是"黑人"哈夫丹（Halfdan）之墓，即"金发王"哈拉尔（Harald Finehair，约 850～932 年）的父亲，"金发王"哈拉尔是挪威统一后的首位国王。该船葬为中世纪传统，人们认为博勒墓地是传奇伊林格王朝的墓园，就是自伊林格王朝起，哈夫丹和哈拉尔最终崛起。

近几十年来，这些由传说和虚构的传统精心烹制的"蜜饯"，在考证中已经瓦解。但是，在 20 世纪初挪威独立后的政治气候中，这类影响力很大的民族神话并未受到挑战。1932 年，随着布勒格登上舞台，不知疲倦地摇旗呐喊，博勒成为挪威首个国家公园——一个"神圣的"地方，按照他的理解，位于挪威独立国家诞生的地方。[19]

这些都是吉斯林及其同道中人急于拥抱的神话。"民族团结"运动为宣传而抢占的维京遗址，博勒并非唯一一处，他们也在具有标志性的战场遗址史狄克斯达德（Stiklestad）和哈伏斯峡湾（Hafrsfjord）集会，吉斯林告诉他的听众（其实不然），"诸位挪威国王曾登上苏格兰的王位，而且在近乎长达 400 年的历史中，挪威国王一直统治着爱尔兰"；他还指出（其实是言过其实），"国王罗洛（Ganger Rolf）生于挪威（其实不是），建立了诺曼底王国（并没有），王国非常强大并征服了英格兰（150 年后）"。宣扬维京人的原始形象——侵略、扩张主义、男子气概——成为纳粹及其法西斯盟友强有力的招募法宝。大量宣传图片〔大部分由挪威艺术家哈拉尔·戴姆斯莱斯（Harald Damsleth）所创作〕中的人物都具有北欧人特有的长下巴，驾驶着龙首长船，船身上刻着复杂又深奥的如尼文字和神话典故。这些东西在维京时代和国家社会事业之间，培育出一种虚假的延续感。这些符号蕴含的深层根源和由来已久的合法性，赋予种族国家主义的超现代意识形态一种庄严感，使其超越了其固有的新奇和荒谬。[20]

而这一特性，不列颠境内的法西斯运动从未能成功摆脱过：P. G. 伍德豪斯（P. G. Wodehouse）对英国政客奥斯瓦德·莫斯利（Oswald Mosley）和其英国法西斯联盟——也叫"黑衣党"［罗德里克·斯波德（Roderick Spode）的"黑衣党"］——的绝妙讽刺，证明英国人嘲笑任何事的能力，对法西斯一本正经的浮夸煽动行为来说，这是一种有效的障碍。[21] 英国法西斯的最终失败或许也证明了一个事实：至 20 世纪中叶，中世纪（包括维京时代）的过往——整个欧洲都被民族主义运动无情地吞噬着——已经在形式上融入了不列颠的民族文化，很难再屈服于极权主义的形式。然而，纳粹借鉴维京人的形象，用以宣传国家社会主义，其成功性可以通过其对欧洲北部传统的长期和广泛影响来衡量。托尔金对"那个面色红润的无知小个子"阿道夫·希特勒深恶痛绝，很大程度上是因为看清了他造成的破坏。"毁灭、颠倒、滥用并让那北方精神永远被诅咒，这种精神对欧洲做出过至高无上的贡献。我热爱它，也曾试图呈现其真相"。[22]

今天，情况依然如此，对"日耳曼人"的过去，因过于热情，会引起人们对讨人厌的政治活动的怀疑（这通常是合理的）：这个主题为种族主义宣传其形象提供了丰饶的资源。这种玷污是第三帝国最安静、最顽强和最具讽刺意味的后遗症之一。[23]

这类关于维京人和维京世界的"神经兮兮"，最终导致第二次世界大战后几十年内对维京时代的重新审视。以英国考古学家彼得·索耶（Peter Sawyer）为首的修正主义历史学家，试图淡化维京人的血腥暴力和武士伦理，转而强调维京人在艺术、技术和商业上的成就。[24] 毫无疑问，这类修正是必要的，它重新调整了维京人的形象，消除了自中世纪以来无人质疑的过多的神话故事和谎言。然而，新的叙事并没有将维京人从民族主义的囚禁中解放出来，而是提供了一个新鲜的调色板，宗教复兴运动者和民族主义者可以拿来修饰之前相对二维的形象。维京人的祖先是无出其右的开拓者、手艺人、诗人、工程师和政治家——一直且将继续是战士和征服者。当然，至少在某些时候，在不同的地方，某些个人是这样的。但是，揭开维京时代神秘面纱的渴望也随即带来了新的神话：维京人——连同他们讲的故事和持家方式、实用主义、游戏和补鞋匠——基本上与我们一样，但更健康、更强大、目标更清晰，没有被现代化腐蚀。凝视着维京世界，有些人发现了一面镜子，照出他们渴望自己和现代世界成为的样子：简单、纯粹、纯净……

但，正如我们所见，维京人是陌生的。他们对同时代的人来说很陌生，对我们来说应该也很陌生。在他们的世界中，奴隶被强暴、谋杀，与死去主人的腐烂尸首一同焚烧：它并非一个美好新世界的模板，至少我不会选择。因此，对现在的我们和其同时代的人来说，"维京人"代表着某种既熟悉又陌生的东西：他们或许奇怪、年代久远，甚至吓人，但在说英语的民族认为自己是谁、想成为谁的叙述中，永远少不了他们。这个问题复杂又持久，从 8 世纪到今天，维京人及其家园的呈现重点的改变，照亮了维京时代的真相，也阐释了现代精神领域长期以来关注的问题。[25]

所有这一切都表明，有关"维京人"的所有概念都需要谨慎对待。由于该词只能在现代意义（以及本书）中使用，因此为方便起见，主要用作术语。我用它来指一个时期，那个时期拥有最为典型的航海勇士，以及把人们紧密联系在一起并孕育新的身份认同的文化联系、思想和艺术风格（主要源于但不局限于斯堪的纳维亚）。就像所有人类生活的现实一样，重要的是我们要认识到，该词所指代的意义是混乱的、可争论的、不精确的，无法给出确切的定义。那种混乱是如何商定的，是本书讨论的部分内容。而且，思考这个问题很重要，因为刻板印象的危害会很致命。

第 4 章

海岸之烈焰

VIKING BRITAIN

今夜的风是苦涩的，
激起了大海的层层白浪。
我不惧怕奔涌的爱尔兰海
虽然它被凶猛的维京士兵掌控

《爱尔兰僧侣》
(*Irish monk*，创作于 9 世纪) [1]

目光回到 793 年的林迪斯法恩突袭，如果依然把它看作不列颠维京时代检验世界末日的标准，那么它只是掀开了诸多类似袭击的第一页。800 年前后，狂风暴雨般的袭击在不列颠和爱尔兰海岸接踵而至。795 年，维京海盗袭击了西部群岛的艾奥那岛；796 年，袭击了贾罗地区（僧侣学者比德的故乡）；800 年，袭击了哈特尼斯（Hartness）和泰恩茅斯（Tynemouth）；802 年和 806 年，他们再次"光顾"艾奥那岛。[2] 最初对爱尔兰发动的袭击发生在 795 年的拉斯林岛（Rathlin Island）和安特里姆郡（Antrim）近郊——几乎可以确定是当年袭击艾奥那岛的同一伙人所为；798 年，袭击了圣帕特里克岛（都柏林附近）；798 年和 807 年袭击了伊尼什默里岛［Inishmurray，斯来哥（Sligo）附近］。[3] 记录零零碎碎，并不完整。但可以肯定的是，民众死伤惨重，生活在水深火热之中。能证明这些早期维京袭击造成影响的直接证据很少，也没有文字明确表述人类到底损失了多少——被掳走了多少人、多少财产和生命。但是有迹可循——从遗物和遗迹中，可以窥见当时恐慌的程度和掠夺的事实，而这些即便是辞藻最华丽的教会散文也无法传达。就是在维京时代的物质遗迹，也就是遗留下来的石头、骨头和金属中，维京人来不列颠的最初目的和影响可略见一斑。

大英博物馆收藏了一颗头像，神情严肃、长满胡须，[4] 尺寸不大，为青铜制品，可追溯到 8 世纪——是苏格兰、爱尔兰或诺森布里亚的手工艺品。原制作者或许是想描绘一个圣人的面孔（它与利奇菲尔德福音书中对圣马克的描述惊人地相似）。这个头像出土于坎布里亚（后面我们会提到，该地区是斯堪的纳维亚人后来的定居地）弗内斯修道院附近，被改成了秤砣，正是典型的维京商人使用的那种。它的内部灌注了铅，在历任主人的手中，又变作新的用途，拥有者更关心的是让自己的物品具有个人的特点，表示虔诚反而成了次要。小小的头像原本与其身体一体，用来装饰教会的珍宝，后来却被砍下，这给人们一个提示，即维京人袭击造成的物质上的后果——珍贵的财物被破坏、被偷窃；人类的脑袋从身体上"搬家"；人们被带离家园，又在远离故土的地方被弃之不顾。

僧侣作家对暴力行径的直接记录很少，且通常模棱两可。比如，安格尔西岛（Anglesey）上的"Llanbedrgoch"是一处与世隔绝的村落，在那儿的沟渠中挖出了大量骸骨，长期以来，人们一直以为那些是遭维京人袭击的当地受害者，但对骸骨进行化学分析后却发现其中几人生长于斯堪的纳维亚。从本质上说，没有理由不把他们看作是被维京人袭击的受害者，但也足以让叙述大大地复杂化。[5] 不列颠只有一处地方——苏格兰波特马霍马克的修道院——有充分的证据证明维京人袭击的暴力事实；而且，在维京时代现存的所有书面记录中，那个地方都未曾被提及。

"行走在不列颠岛上，越往北，风景越美，山丘越天然，天空越开阔，空气越清新，与大海也越接近。即便你并非生于苏格兰，也会觉得正朝着自己开始的方向迈进。"[6] 这一段是马丁·卡佛（Martin Carver）教授描写波特马霍马克之旅的文字。小小的渔村坐落在塔巴特半岛的东北端：形状像手指，"用力地"指向东北方，将马里（Moray）和多诺赫（Dornoch）两个峡湾从中分开。大峡谷末端的地壳碎片，像一条奇怪的直线裂纹贯穿苏格兰，斜着撕开了一条口子，沿着这条裂缝形成了一条"潮湿的水线"，流入尼斯湖和林尼湖，之后分散，注入罗恩湾。站在这儿，与站在不列颠最北部的任何地方一样，都会有一种感觉：边缘的土地在溶解，就像浮冰的边缘臣服于大海，分裂并漂流成参差不齐的临时形态。到这儿旅行是为了发现一个地方，这儿不是旅行的终点，而是过渡，搭乘渡轮，是向终点站，而非回程。

1994 年至 2007 年间，考古学家在一系列考古调查中，向世人揭开了卡佛在波特马霍马克发现的修道院的面纱。仅仅就它存在这一事实，已经具有非常重要的意义，其大大补充了人们对中世纪早期的北方的认知。关于它，没有任何书面记录，而且理论上它是迄今为止皮克特王国范围内发现的唯一一处修道院；实际上，它紧邻王国腹地。8 世纪时，修道院的财富和生产力达到顶峰，大量出产用于制作手稿的牛皮纸，以及礼拜仪式所用的高质量金属制品，如圣餐杯和圣体容器（圣餐活动中用来盛神圣的面包）。显然，一间教堂需要这类物品（尤其后者）的数量是有限的，因此生产作坊很可能是为皮克特王国及其他地方新修的修道院提供产品。正是这种财富和活动，吸引了人们对波特马霍马克的关注，也因此锁住了它的命运。因为那时、那地，没有谁会想要吸引外人的注意；800 年左右，修道院毁于大火。

离大海最近的地方首当其冲，大火吞噬了牛皮纸工匠、祭祀用木材、稻草和石楠所在的诸多作坊。石块在大火的燃烧中碎裂、烧成红色，由此可见这场大火到底有多猛烈。卡佛一行人发现，这些石头大多数都散落在灰烬之上，它们曾属于一块巨大的十字架石碑（扁平长方形，上面明显刻有十字架）。石碑原本立在修道院墓地边上，被人推倒并摧毁。这是有目的的破坏——是有动机和意图的人所为，他们了解（不管是什么）这类纪念碑的意义。除了它，还有别的：其他十字架石碑（至少一块，也许是三块）也惨遭破坏，碎落一地。[7]

在 5 公里之外的卡德伯尔（Cadboll）希尔顿，有一块闻名遐迩的石碑，与波特马霍马克遭到破坏的石碑同属一类。教堂附近矗立的石头是一块壮丽的纪念碑，近 8 英尺高，4.5 英尺宽，庄重又盛气凌人。表面装饰的图像——与波特马霍马克断壁残垣上能够辨认出的图像类似——质量和做工都令人叹为观止，其雕刻效果与《凯尔经》（*Book of Kells*）泥金写本上的图案非常相像。这座石碑是复制品，原石在 19 世纪中期被移到了别处，最后终于在爱丁堡的苏格兰国家博物馆落脚。[8] 原石碑上幸存下来的图案几乎都在一面上，是一幅贵族生活的场景图——几只猎狗围追一头鹿，几个骑马的男人手持长矛，还有人在吹号角，一个女人偏坐在马鞍上——四周是缠绕的藤蔓和追逐交错的动物。画面之上是另类象形文字，人们称之为 "皮克特符号" ——其中，"新月和 V 形杆" 以及

"双盘和Z形杆"，连同"梳子和镜子"，都嵌入了生动形象的狩猎场景。没人知道这些符号象征着什么，但一定起源于遥远的过去。目前最可信的猜测认为，它们是皮克特贵族的名字，也可能是贵族等级或联盟的名字。[9]

在其制作的年代，原始的卡德伯尔希尔顿石碑遗失的部分应该具有明确的特征：它的东侧曾装饰有巨大而精心制作的十字架［目前在复制品上可以看到复原的十字架，由巴里·格罗夫（Barry Grove）雕刻］。十字架是被人故意损坏的，破坏过程有条不紊、小心仔细，而且是完全损毁，但并不是维京人所为。1667年或稍晚一些，修整后的石碑上雕刻了铭文，以纪念一个叫亚历山大·达夫（Alexander Duff）的人和他的3位妻子（有人认为这3位妻子不是同时娶进门的，而是续娶）。17世纪的苏格兰，空气中弥漫着狂热的宗教气氛，这个十字架如此招摇，或许足以成为反传统者的目标。没人知道最初它上面有没有被钉十字架的基督的形象；如果有，那就更触犯了新教徒的神经。最起码，明显不值得保留这样一件物品，它所蕴含的意义与当时盛行的文化、政治和宗教准则是背道而驰的。[10]

1640年，阿伯丁大会（Aberdeen Assembly，苏格兰教会大会）确定"在金德梅（Kingdome）的部分地区，尤其是萨梅（Same）北部地区中，许多为宗教崇拜设立的偶像崇拜纪念碑仍存于世"，应该"用尽一切办法，将其推倒、拆除并摧毁"。换句话说，17世纪时，这类石碑根本就是在提醒人们一种地区性和当地人的身份，而这种身份从某种程度上说是由宗教归属确定和维持的。阿伯丁大会的成员认为这样的提醒是不能忍受的——当然，也可能是为了纪念贵族的、以家族为中心的、当地的生活方式，但同样令人无法忍受。那种生活方式是游离在公民大会、国家政府及苏格兰教会体系和控制之外的东西，根深蒂固又守旧。然而，在这些石碑制作的年代，这些石头就像广告牌一样，宣告着当地占主导地位的王朝在政治和文化方面的主体性，显然也是有挑衅意味的。公元800年前后，波特马霍马克和卡德伯尔希尔顿的纪念碑刚立起不久，一个新的政权沿皮克特海岸兴起。这个政权建立在强大的军事力量和令人叹服的航海技术之上，自然对不列颠基督教的束缚、禁令和象征不屑一顾。而且，那些石头所代言的皮克特人身份太过扎眼，挑战它们的是一些既得利益者。新的政权决心建造具有自身风格的景观，并不参考当地地标，也不会询问建造地标的权贵。或许维京军事领主们力图巩固其势力范围，而在波特马霍马克境内由皮克特人竖立的纪念碑，对他们在北部海域的掌控构成了不可容忍的挑战。也许这就是它们遭受如此重创的原因。[11]

当然，遭受重创的不只是石头。纵然考古记录中留下了对建筑物和物品的破坏，纵然对文化遗产造成了不可挽回的损失，历史学家们为此悲痛不已，但对于那日在场的僧侣来说，面对火光冲天的修道院，摆在他们面前的是生存与死亡的问题。修道院的墓地中出土了三具男性骸骨，三人临死前都遭受了极端的暴力伤害。其中一具（挖掘报告编号为 158 号）被剑击中了脸部，皮肉割裂，伤口一直深入到头骨。不知怎的，他活了下来，当天没死。编号为 152 号的僧侣被重刃武器重击了三次而亡，他没有他的兄弟幸运。卡佛介绍道："两处伤口均位于头部后侧，所以很可能是从身后被袭击的。鉴于头盖骨有裂缝，可以说，这个人在某个时刻比袭击者要低（比如跪着）。由于较大武器造成的伤害更易产生头部破裂，因此这些断裂可能是遭大型剑之类的武器袭击所致。"[12]

这就是我们自认为了解的维京人——朝着逃跑的僧侣的脑袋砍去，在他跪倒在地的刹那，又把他的头盖骨劈碎。大海喷出的强烈的恐惧令他惊慌而逃，逃跑中他是否跌过跤？又或者，他有没有双膝跪地祈祷，以殉道者的身份面对死亡，口中不住念着帕特·诺斯特（Pater Noster）？我们无从得知。不过，可以肯定的是，曾有人非常在意他的身故，把他血淋淋的尸身搬离浓烟滚滚的废墟，庄重地葬在修道院的墓地内。凶手断不会这么做。大概他们早已驾船离去，船上满载着银色圣杯和镀金的神圣手稿封皮，而珍贵的牛皮纸内页则被丢弃在继续闷烧的废墟里，或者在下一处海滩上撕下来点火。并不是说维京人不再叨扰不列颠的这个角落了，而是还有别的岛屿和财富等着他们去掠夺。[13]

因奇马诺克岛（Inchmarnock）隶属克莱德群岛，与苏格兰海岸隔海相望，没什么显眼之处，至少现在是这样：就是比特岛（Bute）和琴泰半岛（Kintyre peninsula）

之间的一丁点树木茂密的小山坡，如果潮水来得太快，几块田地就会被水淹没。目前，这个小岛归凯尔文勋爵（Lord Smith of Kelvin）私人所有，他在岛上饲养高地牛；除此，再无其他居民。[14] 不过，一千两百年前，因奇马诺克岛可是非常兴旺发达。通过挖掘圣马诺克教堂（St Marnock's church）的中世纪遗址及其周边，找到了中世纪早期金属制造的证物，而且，最重要的是，找到了圣马诺克教堂曾作为修道院校舍的证据。人们在几十块石板碎片上发现了涂鸦、图案和文字的痕迹，似乎是出自学生之手，在抄写或练习写字和雕刻：小小孤岛上的长段拉丁文字，或许是一段劝谕性故事——分发过来是为了让学生抄写，而十字架石板纪念碑则正表明了在这儿教授的艺术技能最终呈现出的样子。

大家可以想象一群小男孩儿，盘腿坐在硬地面上，强忍着哈欠，而一位年长的僧侣试着耐心讲解，确保半安色尔体（half-uncials）书写高度都一样的重要性。一个小男孩儿落落寡合，没有加入伙伴中间。或许伙伴们正偷偷地把练习石板变成游戏板，但他没有加入，[15] 也不是趁机起身去小解，朝着兄弟后背扔石子。他在那儿默默地做自己的事，左手紧紧抓着一块灰色片岩，肌肉紧绷着用力往下按。他来岛上时间不长，是跟几个年长的僧侣从艾奥那岛来到这儿的；很显然，那儿出事儿了，但其他男孩子并不知情。新来的男孩儿不会说，僧侣们也不会告诉他们。"只要紧盯着大海，"他们说，"看着大海。"

在因奇马诺克岛上发现的石板中，有一块与众不同。[16] 上面描绘了四个人，都是侧面，面向右方，似乎是在朝着同一个方向坚定地走去。其中三人——只有一人完整（画像的右上部分是残缺的，大概已经遗失，或者还埋在因奇马诺克岛的某个地方，又或者还在断壁残垣之下）——像是战士，穿着铁链衣，腿部交叉的影线可能是用来绑紧宽松的裤腿。四个人围着一艘船，因船桨过多，它看起来像一只讨人厌的、疾步走的无脊椎动物。中间那个人很特别，是构图的主要部分——个头很大，居高临下，大脑袋毛发浓密，散开的长发垂下来。他身子稍向前倾，像是在指挥部署，神情坚定，与身后的那个可怜人形成鲜明对比。可怜人身材矮小，画得不全，他的头只是个轮廓——仅是一堆杂乱的线条；他没有确定的身份：小人物，什么都不是。他存在的目的是他身上的物件赋予他的，实际上是他身上的镣铐，挂在他向前伸出的手臂上。这个人看起来非常可怜，画得如此清晰，手是张开的，手指都画上了，却没有脸。然而，就在这个物件身上，人们找到了解读，它可能是锁，或是手铐；爱尔兰和波罗的海周边曾发现过几个这样的物件。似乎是用链子把它绑到了可怜人身上，而且可能也绑在了好战的中心人物的腰上。从中心人物的肩膀上延展出来的线条似乎也表明，俘虏被拖走之后，就成了奴役——他被拖拽着，好像前方有船只和漫长的东向航行等待着他。[17]

假如这个东西不是手铐，那很可能是一个手提式的圣骨箱。这些房屋形状的小物件在爱尔兰海周边的教会文化中很是常见，里面盛着圣人的遗物，也可能用作放置圣物的容器，以及方便携带的供人们虔诚瞻仰的物体。因此，这些东西往往装饰得非常精美，价值不菲。留存下来的如苏格兰人莫尼马斯克（Monymusk）圣物箱，可就此窥见人们为了制作这类珍宝而投入的工艺和珍贵材料。正因如此，它们对强盗而言极具诱惑力——尤其是不怎么尊重基督教信仰的强盗。斯堪的纳维亚的坟墓和村落中出土了大量的教会金属制品，包括室内神龛，尤其是来自不列颠和爱尔兰的金属制品。到了这儿，这些金属制品往往另作他用。挪威出土了一个盒子，正属此类，产于 8 世纪的爱尔兰或苏格兰西部，最终成为丹麦 – 挪威的皇家藏品，后来成了丹麦国家博物馆的藏品。盒内空空荡荡，原本贮存的遗物早已不见，但盒子底部刻了一段古斯堪的纳维亚语的题字，字母与挪威西南部和后来挪威殖民地马恩岛所用的独具特色的如尼字母如出一辙："此盒系蓝维格（Rannveig）所有。"[18]

吵闹声震耳欲聋。帆布拍打着发出隆隆的响声，就像炮筒迫击着海崖；船上的木头在风浪的撕扯中吱呀呀地尖叫着；头顶上，大风呼啸而作，如同上千个嗓音一同嚎叫，充满了复仇的暴怒，从黑压压的空中无休无止地倾泻而出，漂浮在暴风雨激起的海水箭林里。他努力摆正船帆，堵住船桨的洞口，以护好食物。他觉得他听得到吼叫声——狼即将吞下太阳；他觉得他能感觉到圈状物的鞭打——蛇缠绕着大地。[19] 他抬起右手，紧紧握住挂在他脖子上的锤子。他强迫自己想家，去想明亮的炉火和牛棚里的奶牛。他想到自己的儿子在山坡上玩耍，还有屋门口附近的雕刻品；他想到妻子坐在火边，低着头哭泣。突然，暴风雨停了，大颗大颗的雨珠打在身上虽重，却不再那样肆虐；风耗尽了愤怒，此时由呼啸变成低声叹息。东边，一道阳光打破乌云的壁垒，金灿灿地铺在深色的水面上。苍穹中慢慢显现出一座彩虹桥，把大地和天空连接起来。他笑道："好兆头。"他弯下腰，打开用作划船凳的箱子，开始翻找里面叮当作响的金属物品。最终，他拿出了一个房屋形状的盒子，很小但很精致，闪着鎏金的光芒。他抬起斗篷的一角，擦掉盖子上一块红褐色的污渍，打开往里一看，嘟哝了几句，然后起身挪到船边，把盒子里的东西倒进了汹涌的海水里，晃动盒子，里面的东西随风而逝。几块碎布片、几块褐色的骨头、一块木片，就这样跌入了瓦灰色的大海中，被黑暗吞没。他把盒子盖上，用他满是疤痕的大手把玩着，金边时不时发出耀眼的光芒。他想到了妻子：坐在炉火边，腿上放着这个盒子，抬起头冲他微笑。

蓝维格是一个女人的名字，这个盒子本是她所有，八成是在西部的一次成功袭击中被带回来的，里面的东西被随意地倒掉，转而成为父亲、丈夫或求婚者给某个女性的珍贵礼物。爱尔兰编年史中对 824 年的记载描述了曾经属于圣坎戈尔（St Comgall）的那些零零碎碎的东西的命运："异教徒洗劫了艾美特（Airte）的班格尔（Bangor）；祈祷室被毁，神龛中的坎戈尔遗物被倾倒一空。"[20]

当然，蓝维格很可能是通过别的途径，获得了这样一件物品，然后写上归她所有的字样；维京女人的地位和财产是依附于男人的。[21] 但是很难想象，假如没有要求或是暴力威胁，这样一个物件怎会离开它的主人，而且里面的圣物被倾倒一空，况且绝大多数情况下，这样的物件是男人专属的。

因此，因奇马诺克的石头很有可能描绘了对重要人物及其贵重物品的绑架，神龛和守护者一起被拖进奴役的命运。基于历史背景和字体的风格，可以判断，石头上的这幅画作于 800 年前后，也就是波特马霍马克修道院毁于大火期间。鉴于我们对那个地方、那些年发生的事件的了解，看起来特别像是这种情形：维京人袭击了艾奥那岛和爱尔兰岛海岸，远至西部，这些事件在画画的人心里留下了意象，促使他把这幅奇怪的图乱刻在石头上。夸张的、巨怪一样的维京人驾驶着可怕的船只，不禁让人想起从战争和苦难中幸存下来的孩子们勾勒出的令人心碎的画面——那些画面是残酷的，维京人、他们的武器和船只，若隐若现，巨大而充满力量，是无法愈合的心灵创伤的视觉呈现。当然，总会存在不同的解读（正如林迪斯法恩岛上世界末日的墓碑，关于它，人们永远无法确定墓碑上的画面是在表达什么），但很容易看出凶残的海上强盗对受害者造成了怎样的惊吓，并由此激发出了怎样新奇的创造力。[22]

由此我们想起或许是维京人瞄准的获利最大、最丰盛的财产——劫掠品。它们在考古记录中几乎没留下什么痕迹，但却见证着这群北方来客对当地人的所作所为。10 世纪初，阿拉伯旅行家艾哈迈德·伊本·鲁斯塔（Ahmad ibn Rusta）描述了维京人在东欧（罗斯）的活动。他记录了维京人袭击邻邦的景象："一直乘船航行，直到遇到他们。维京人把他们当作俘虏，然后拉到克拉赞（Kharazān）和布勒加尔（Bulkār）去卖……他们对奴隶很好，给他们穿得很得体，对维京人来说，他们毕竟是用作交易的商品。"[23] 不过，说对奴隶好，也只是相对而言。对妇人和小姑娘来说，可以想象她们的经历会有多么可怕，而且往往会比想象的更糟。另一位阿拉伯作家艾哈迈德·伊本·法德兰（Ahmad ibn Fadlan）记录了自己的经历。他遇到了一群罗斯旅行者，当时从北方出发，沿伏尔加河前往中亚和中东的市场。在对东欧酋长葬礼的详细描述中，伊本·法德兰记录了一个奴隶姑娘——终生归这位死者所有——如何"自愿"死去，为他陪葬。在冗长的仪式后，小姑娘被灌醉，目光呆滞，刀子插入她的身体后，再拿一根绳子将其勒死。断气后，她的尸首与死者以及死者的马和猎狗放在柴堆上一起火葬。[24]

这些记录都来自东方。在东方，维京人的贸易路线与阿拔斯王朝（Abbasid Caliphate）、拜占庭帝国以及使财富流动的丝绸之路相互连通。[25] 但他们带来的货物却是从遥远的地方所获；凡是在海上捕获的人，无一例外，都会被绑起来运走。关于抓人的描述比较常见——尤其在爱尔兰编年史中。例如，821 年，"异教徒抢劫了伊塔尔（Etar，都柏林霍斯地区），他们从那儿带走了很多女人"。

10 年后，即 831 年，"异教徒在艾格奈查（Aignecha）击败了阿尔马（Armagh）居民，很多人成了囚徒"。836 年，"异教徒第一次洗劫了南布瑞加（Southern Brega）……他们大肆屠杀，带走了很多俘虏"。[26]

僧侣主要以劳动力来估价，往往被带回斯堪的纳维亚，卖到地主的农场里，和女奴一起干最重最脏的活儿。近来的研究甚至提出，在斯堪的纳维亚部分地区存在奴隶"种植园"制度，在这些地方，买来的劳力住得拥挤不堪，还被迫大量生产纺织品，以出口到别国市场。[27] 在那儿，他们被唤作古斯堪的纳维亚语中的 *brælar*（"thrall"，意为"奴役"），现代英语中保留着这个单词，与它的原始意思很接近（例如，"to be in thrall to sth"是"被……抓住"之意）。有一首诗，从唯一留存下来的版本中，可以看出他们对这些倒霉的平民百姓的不尊重。这首诗写于 13 或 14 世纪，但有可能保留着比之古老的文字和思想。[28] 诗中描述了在斯堪的纳维亚土地上关于社会阶层的神话起源，还给"奴役"（奴隶，古斯堪的纳维亚语为 *prœll*）出身的儿童或女奴（古斯堪的纳维亚语为 *pir*）列出了带侮辱色彩的称呼，并给他们分配卑微的活计：

> 我觉得他们该叫大嘴巴、牛棚小子
> 踩脚儿、拐棍儿小子，杂毛、恶臭
> 矮胖、胖子，落后、白毛
> 驼背、四肢发达。他们种田，
> 在地里锄屎，跟猪猡待在一块干活，
> 看羊，挖草皮
>
> 他们的闺女是矮胖墩儿、傻大妞
> 肿胀的小腿、歪鼻子
> 大嗓门儿、干活儿妞儿、话匣子
> 邋遢大王、鹤腿。
> 他们世世代代都为奴。[29]

奴隶制遍布整个欧洲，罗马帝国时期就已存在，一直沿用到诺曼时期。1086年，英格兰百分之十的人口都不是自由民，而盎格鲁 – 撒克逊奴隶主直到 9 世纪后期，都掌握着自家奴隶的生杀大权。[30] 维京时代之前与期间，不列颠和爱尔兰都存在一种现象：王国之间交战，被击败的一方是获胜方的战利品。836 年（与维京人在布瑞加抓获俘虏是同一年），芒斯特（Munster）的国王"手拿武器，暴力"袭击了启尔达（Kildare）的祈祷室，修道院院长福林丹（Forindan）和其会众都成了他的俘虏：根据编年史记载，"不假思索"地就把他们带走了。[31]

不同的是，维京人的奴隶贸易与远距离的贸易网络融合在一起，这些贸易网把爱尔兰海和北海与波罗的海、黑海、里海和地中海连接起来。因此，在不列颠和爱尔兰被抓获的奴隶，想留在家乡方圆几十里之内——人们语言和习俗与自己差不多，能相互理解社会和文化规范，彼此尊重——皆不可能了。就算不直接被运到斯堪的纳维亚或当地的维京殖民地，他们也要像牲畜一样，被运到遥远的地方，在撒马尔罕或巴格达市场上被卖掉，又或者在伏尔加河岸可怕地死去。经过长途跋涉，如果他们能活下来，终于来到市场上，也会面临被戳刺、推搡的境遇，眼看着自己被估价成银子，小心翼翼地称重——秤杆儿随重量不同而上下晃动着，而秤盘内那些从泥金书和珍宝上扯下来的金银饰品，曾几何时，曾装饰着他们的家园和教堂。

第 5 章

北方风浪之外

VIKING BRITAIN

那么好的女人你却放弃，
还有那温暖的炉火和丰饶的耕地，
就为了追随头发灰白的杀手吗？

鲁德亚德·吉卜林
（Rudyard Kipling）
《丹麦妇人的竖琴之歌》
（*Harp Song of the Dane Woman*，创作于 1906 年）[1]

维京时代起源于何时，解释起来很困难，也颇具争议。从文字记录中，我们可以了解维京人的到来，窥见他们想要什么，又是怎样得到的。但是，北欧来客为何冒着生命危险开始闯荡辽阔的大海且不顾他国领地上的未知风险呢？这就是另一回事了。要搞明白这个问题，就要考虑维京人来自何处——不仅是地域上，虽然这对理解他们在经济和政治上面临的压力很重要，还包括文化上。北方异教徒的社会结构，其价值观和信仰，都是推动他们走向"维京"之路的关键因素。然而，这些问题都没有确切的答案，我们只是把种种暗示、情景重现和各种想法放在了那些我们根本无从了解的人们的脑海里，但这样做，我们或许能够一步步了解维京人怎样走向了"维京"之路。

虽然文字记录提供的信息很有限，但有一点非常明确，8世纪前后袭击不列颠的人来自东北方某个"讲丹麦语"（即古斯堪的纳维亚语）的地方，而且还是"异教徒"——从信仰基督教的作家们的角度看，这点至为关键。公元800年，波罗的海是异教徒的水域。将注意力转向不列颠的人就来自波罗的海西部——今天的丹麦、挪威和瑞典——不过，在所有毗邻东部的土地上生活的也都是异教徒，也就是波罗的海部落和斯拉夫（Slavs）部落，（沿波罗的海海岸顺时针转动）居住在现在的芬兰、俄罗斯、爱沙尼亚、拉脱维亚、立陶宛、波兰和德国。在这些族群之间画出非常明确的分界线有失偏颇——就像在不列颠，我们知道历史的暴风雨在地图上留下了潮痕，但最好试着全部忘掉。现代东北欧的构成——其政治地理和宗教及民族语言学裂痕——是一千多年中灾难性动乱不断，一直持续到20世纪后半叶的结果。在这片更广阔的土地上，或许（后来几个世纪中得到了论证）来自四面八方的人构成了维京袭击的大军。[2]

南部和西部都与加洛林帝国（Carolingian Empire）接壤，加洛林帝国占据欧洲大面积土地——包括今天法国的大部分地区、意大利北部、德国西部和低地国家——由一位法兰克国王统一（法兰克人属于一个日耳曼部落，5世纪时开始定居在罗马行省高卢，今天的法国即得名于此）。同年，教皇利奥九世（Leo Ⅸ）加冕其为"罗马人的皇帝"，这个头衔确认他正式拥护基督教，也确定他成为灭亡已久的西罗马帝国的继承人（与之相对的东罗马帝国）。这位国王后来被称作卡洛勒斯·马格努斯（Karolus Magnus），即"查理大帝"（Charles the Great），也叫"查理曼"（Charlemagne）。查理曼大帝被加冕为皇帝时，已经重新勾画了西欧境内基督教世界的版图。尤其是针对德国北部异教徒的撒克逊人发动了一系列血腥的战争——实际上战争于797年已经结束，但叛乱一直持续到804年——由此，法兰克人统治下的基督教欧洲的边界与异教的斯堪的纳维亚和日德兰半岛上的斯拉夫部落以及波罗的海西部沿岸国家连接起来。由于宗教狂热，这些战争极其残暴，与别的战争不同。772年，查理曼大帝下令摧毁了撒克逊人最为崇拜的圣树或纪念柱——伊尔明苏尔（Irminsul）。

10年后，在费尔登（Verden）小镇附近的威悉河（River Weser）岸边，他下令将4500名撒克逊囚犯全部砍头，明显是为了报复他们参与反抗法兰克统治的活动，这件事臭名昭著。随后，他又颁布了法律，谁拒绝洗礼就会被判死刑。[3]查理曼的暴行，预示了之后长达三个世纪的十字军东征。

撒克逊人的宗教信仰，其确切本质无论是什么，好像——后面我们会看到——至少在某种程度上，或大体上看来，是与其北方邻居（现在的丹麦）共通的。诚然，不一致但互相联系的信仰、传说和仪式，从法兰克世界边境延伸到整个波罗的海世界，通过彼此非常相容的世界观和社会阶层体系，把语言和文化背景明显不同的居民联系在了一起。可以肯定的是，查理曼大帝尚武的基督教外交政策在整个波罗的海地区敲响警钟，荡起了层层涟漪。国王、酋长、男女神职人员都会忍不住想，在法兰克骑兵的铁蹄下，他们传统的生活方式和政治独立性还能存活多久，他们用木材建造的教堂以及神圣的树林，还有多久就会倒在传教士的斧头下。[4]

恐惧和不安唤起了一系列反应。例如，斯拉夫的奥博德里特诸地（Slavic Obodrites）与西边的超级强权达成了协议，接受查理曼大帝为名义上的最高统治者，为帝国提供军事援助，以换得一定程度的政治和宗教自由。不可否认，他们这样做也是迫不得已：查理曼入侵了他们的国土，还劫持了人质。而丹麦人，为查理曼的敌军提供庇护，并采取措施，如加固壕沟和防御壁垒——丹麦边墙［Danevirke，字面意义为"丹麦工事"（Dane work）］，以保卫与撒克逊接壤的近陆边界。丹麦边墙将日耳曼尼亚（Germania）从日德兰半岛划分出来。[5] 随着查理曼大帝征服了撒克逊，在地缘政治上成为事实，丹麦各个国王逐渐发现，他们不得不直接与法兰克政权交涉。

804 年，丹麦国王戈德弗雷德（Godfred）带领舰队和"王国内的所有骑兵"抵达丹麦边境的海泽比［Hedeby，位于石勒苏益格（Schleswig）］。[6] 这是在展示军事实力，但与查理曼大帝外交交涉后，他离开了——大概是觉得，他吼的嗓门儿已经足够大，足以让这位法兰克邻居清楚丹麦人是不好惹的。然而，808 年，很显然他改变了主意，这次带着军队挺进东南方的奥博德里特境内，洗劫了几个斯拉夫村落，烧掉了在莱里克（Reric）的沿海贸易区。小镇位于日德兰半岛东部的波罗的海沿海［紧邻今天的德国小镇维斯马（Wismar）］，镇上的奥博德里特居民或许已经习惯了向丹麦国王纳贡。如果是这样的话，与查理曼大帝结盟就能结束这种局面，还要在波罗的海给法兰克帝国提供一个友好港口。或许是出于这两个原因，戈德弗雷德捣毁小镇之后，把小镇的商人都驱逐到了海泽比，把他们——连带税收——牢牢地掌控在自己的统治范围之内。[7]

查理曼大帝差点没逃过盟军的防守。《法兰克皇家编年史》（*Frankish Royal Annals*）中描述了他如何派遣儿子查尔斯驻扎在易北河（Elbe）河岸，以确保无人进入撒克逊境内；而奥博德里特诸地的命运则任由天定。丹麦军队一撤离，法兰克－撒克逊军队便跨过易北河，烧掉了与丹麦人同盟的斯拉夫部落的农田（为避免丹麦国王同样如此对待他们，可能他们已经这么做了。这一向是小部落百姓的命运——最弱者，往往最遭罪）。809 年出现了一些相对空洞的外交活动——这些外交活动的进行看似都是为了给双方一种借口，以巩固各自的斯拉夫同盟的忠诚。然而，戈德弗雷德尚未结束对帝国的引诱。

亚琛（Aachen，位于今天的德国境内）是查理曼大帝登基的地方，也是他辛苦打下的王国的首都，810年夏天，他正在亚琛的大宫殿群内。亚琛的大教堂还包含一座建筑——帕拉提那礼拜堂（Palatine Chapel），是建筑师梅斯的奥多（Odo of Metz）于8世纪90年代最初建造的宫殿的一部分。宫殿气势非凡且细节讲究，大理石地板颜色多样，且拥有多层圆形门——中间前厅的八面分别由十六面的外围环绕——彰显着加洛林王权鼎盛时期令人惊愕的财富和帝国的辉煌。闪闪发光的白色石头、绿色斑岩和血红色的埃及花岗岩、壁画、马赛克、大理石和青铜——逝去的伟大文明的遗物济济一堂，简直形成了一个新王国。[8]

787年，教皇哈德良一世（Hadrian I）写信给查理曼大帝，同意让他带走拉文纳（Ravenna）"地板与墙壁上的马赛克和大理石及其他材料"。根据查理曼的传记作者艾因哈德（Einhard）的记录，他从罗马和拉文纳拿走了大理石和雕塑作品，用于装饰亚琛的宫殿。[9]不过，帕拉提那礼拜堂所有留存至今的文物中，最惊艳的当属王座。6级台阶的台子上安放着朴实无华的座椅，在穹顶的掩映下，散发出生命的存在感。虽然自查理曼大帝以来，已有31位日耳曼国王坐过这个宝座，但却始终摆脱不了人们对它的第一任主人、神圣罗马帝国第一任皇帝的记忆。人们很容易就能打开一幅想象的画面：这位伟大的统治者身处自己创造的繁荣辉煌中，坐在这把王座上思索，手抵着下巴，眼睛凝视着东边的圣坛，思考着权力的代价和对救赎的承诺。

810年6月，查理曼大帝的大女儿离开人世，皇帝或许沉浸在悲伤和回忆之中无法自拔；他到底是从王座上暴跳如雷，还是坐回王座寻求神圣的指引，人们无从得知，但随后而来的事件也没能让他的情绪有所好转：

> 据军情来报，来自丹麦的两百只船组成的舰队登陆弗里西亚（Frisia），弗里西亚海岸沿线的所有岛屿均遭蹂躏，丹麦军队登陆

后，与弗里西亚人大战三次，均告捷，胜利的丹麦人迫使败敌纳贡，弗里西亚人已经给他们纳贡了一百磅白银，而国王戈德弗雷德当时驻守在王国内。[10]

这位编年史家显然是担心法兰克人阅读时会感到晦涩难懂，所以觉得有必要用"事实上，事情是这样的"之类的话加以明确。好像这还不够糟，巴格达哈里发哈伦·拉希德（Harun al-Rashid）送给查理曼的大象不久后突然死亡：那年夏天的确难熬。

当然，查理曼大帝不打算让戈德弗雷德的好战势头站住脚。他开始筹备军队，毫无疑问，他会像以往那样拿出所有的激情追击敌军，如果不是丹麦国王像那头大象一样暴毙——很显然，是他自己手下所为（可以理解，他们担心这位尚武到近乎变态的国王会把他们带到查理曼大帝那战争机器的利牙之下；在死之前，据说他曾叫嚣期待与查理曼在战斗中公开较量一番）。然而，《法兰克皇家编年史》却没有记录法兰克帝国被搅扰的程度。有人可能会说，戈德弗雷德甚至让卡洛勒斯·马格努斯都惊魂不安。

看起来似乎有些跑题了：有人可能会问，法兰克国王的边境战争与维京时期的不列颠有什么关系呢？但戈德弗雷德的经历与他和国王的交往带来了许多需要关注的问题。首先，它突出了一个关键点，维京人首次突袭不列颠的时候，恰逢鼎盛时期的超级大国统治着欧洲大陆。查理曼帝国在经济和军事上都优于其他地区性大国，而且它的存在从根本上影响了在它阴影笼罩之下的统治者（包括盎格鲁 - 撒克逊的诸位国王）的统治方式。比起以前，新的突袭途径明显更具吸引力。其次，它突显了城镇、贸易以及航海技术在政治和经济上的重要性，有了这些，开拓、防卫和反复袭击得以实现。莱里克、海泽比和弗里西亚的沿海居民区等地构成了一个相当大的联络网。这样的联络网以及由此带来的远程贸易的机会，为最残酷且最有创业精神的个人，尤其是那些能够接触到高效航海技术的人，打开了新的领域。[11]

最终，戈德弗雷德的好战生涯表明，至 8 世纪末和 9 世纪初，斯堪的纳维亚某些地区涌现了一些有能力运用资源和军事力量的个人，最起码，这些力量有可能破坏他们最强大的邻国，令其惊慌失措。除此，他们是人（而不仅仅是神职人员心中的恶魔），是真正参与中世纪早期政治和贸易的人。他们对贵族权力和政权的野心日益膨胀；而且，要获得并维持权力地位，他们必须得到社会要求其具有的身份标志：财富、忠诚和声望。

　　位于西沃格岛（Vestvågøy）的博格（Borg）的建筑长度超过 260 英尺，无论根据何种标准，它都算得上是一间大房子。暗色、扁宽、线条强硬有力，大厅牢牢地钉在挪威的土地上，房檐几乎触到了地面。它是地球上的一处住宅，深植在土壤中，在地面上，仿似某个巨大沉睡的野兽轻轻拱起了后背。冬天，即便是在这个纬度，墨西哥湾流也使得罗弗敦群岛（Lofoten Islands）相对暖和些，雪花降落后，它又淹没在大地的景致之中：像是白色波浪中多了一个更加柔和的土墩儿，只是，屋顶上的烟囱冒出的缕缕炊烟，暴露了它的本来面貌。虽然体型魁伟，但它所呈现出来的力量与查理曼大帝的亚琛宫殿全然不同。帕拉提那礼拜堂像是在腾飞，一排排的圆柱和拱门直插云霄，而坐落在博格的长屋则在水平面上伸展开来，拥抱地平线，又长又低又窄（只有约 30 英尺宽）。亚琛呈现出一种世界文化的景致，风格源自罗马和拜占庭的建筑，里面的装饰实际上是从别处移过来的——用来建造它的石头都是进口的。亚琛本身即是泛大陆帝国主义的代表。而博格则是本地化的产物，其外形——长且弧形面的设计和稍微弯曲的屋顶轮廓——是早期斯堪的纳维亚建筑所特有的，有可能是由象征北方生活的船的弧形龙骨所激发的灵感设计而成。更为根本的是，房屋本身取材于大地：伐木以架起框架，然后铺上整齐堆叠的草皮，房屋紧紧地固定在地面上。周围的环境塑造了它，形成了一种新的样子，紧贴着受庇护的潮汐河口的海岸（Inner Pollen），西梅尔廷登（Himmeltinden）和里斯廷登（Ristinden）闪闪发光的山峰，在西边若隐若现。

　　旅行者从湖边登船，一路往上，路过外屋和农田，到达蹲坐在落雪之中的大屋子，它就位于山前低矮的山丘顶上。东侧有四个入口，不过最南边那个要比其余三个大很多，柱子和过梁上刻有扭曲动物的画像，它们互相啃咬，扭动着，缠绕着，四肢弯曲，张着大口。旅行者下船，从另一个门口出来一位小仆人，他跑去牵马缰，拉着马儿朝房子的东北角走去。旅行者跟着走了几步，追上了男孩儿，男孩儿拖着沉重的脚步轻轻走着，马发出低声嘶鸣。马身暖和和的，马粪散发出热乎乎的臭味。牛和马，刺鼻又抚慰人心：一种家的味道。他笑了一下，低下头朝饰有雕刻的门走去，随后穿门而过。

罗弗敦冷紫色的黄昏被关在了门外，屋内的炉火发出深橘黄色，火光照在挂毯和棕色的木墙上。火焰投出的光影使得刻在柱子上的野兽好似扭动起来，柱子沿着两个长长的侧廊排列，一直到屋内。两个侧廊之间，是沉陷在地上的长壁炉，跳动的火焰似要把房梁点燃，热气溢满了大门右侧的整个厅堂。厅内四周坐满了年长的男人，他一进来，大家都站了起来，他抖落衣服上寒冬的气息，把外面的广阔世界带了进来。

今天游览的长屋是重建的一栋建筑，建造时间看起来介于 8 世纪早期至 9 世纪中期，8 世纪早期它刚刚建成（其原址上的建筑建于 6 世纪），9 世纪中期则被毁掉。原来的厅堂位置要往东走几百码[①]；早就腐烂的木柱的位置上用现代柱子做有标记，从空中能清晰看到它的轮廓。长度为 270 英尺，比西敏寺大厅长 30 英尺。不过，有别于那间阴森的 11 世纪的房屋，博格的长屋是整个农业社区的社交中心，见证了来来回回穿梭于它的大门的所有生命。对该遗址的考古调查表明，这栋建筑分为 5 个房间。最大的一间位于东北角，是一间牛棚和马厩，寒冷黑暗的冬季岁月，贵重的牲口在这里过冬，也是居民取暖的来源。或许原因很明显，这栋建筑所在的斜坡向东北方向倾斜，这就意味着东北角要比住人的区域低 5 英尺左右——谁都不想让自己的房间在整个冬天里不断有排泄物流过。[12]

建筑物内其他地方明显是公共空间，它们的不同用途是什么呢？人们发现

---

① 1 码 =0.914 米。——编者注

的物品提供了线索：磨刀石和纺锤的螺纹、剑的碎片、铁质工具和箭头，表明屋檐下的男女老少进行的活动——纺织、打猎，种地的同时，还为袭击抢掠做准备。除此之外，还存在大量考古界人士称为"古尔古博"（gull gubber，类似护身符或祭品）的东西——薄薄的金箔上印着画像，最常见的说法是上面描绘着神话的场面——人们由此猜测，这儿进行的公共活动包括宗教或仪式，还有社交和劳作。[13] 这些证据似乎表明，与基督教会的等级和权威结构不同，维京人的宗教——至少是维京时代初期——具有专门的神职人员和专门而建的寺庙，具有个人和本国的特点。或许，在博格及其他地方［如丹麦的莱尔（Lejre）或瑞典的老乌普萨拉（Gamla Uppsala）］，一个家族的族长除了平常繁复的职责之外，也担任祭祀活动的角色，也许在动物祭祀（*blót*）中担任主祭，掌管在土地和海上发现的财宝。"古尔古博"是非常宝贵的，已然具有神话的象征意义，是适当的祭品。[14]

有人提出（强调程度有所不同），在对教堂、修道院和基督教居民区的暴力行为中，宗教起了一定作用——维京人意识到基督教国家构成的威胁，以先发制人的攻击姿态，突然袭击了基督教最常见也是最易接近的标志（有人或许持不同意见，认为如果人们把查理曼大帝对撒克逊发动的战争看成是所有异教邻国首次直面的战争，那么维京人并没有先发制人）。在这类文化自我保护的战争中，教堂和修道院到底坐落在法兰克还是不列颠，已经不重要了。标志相同，因此有人称，标志创造者必会被认为是属于同一政治阵营，这一阵营威胁着部落文化及其独立性。的确如此，这就是查理曼大帝的权力，包括不列颠在内的整个基督教的欧洲，从某种程度上可以说都处于法兰克的势力范围之内。[15] 难以想象，8 世纪末及 9 世纪初的历史事件竟没有给波罗的海周边的居民留下深刻而消极的影响。

从这个角度来说，可以把破坏波特马霍马克十字架石板看成是维京袭击意识形态形成的证据。就像为强迫敌军出战，突袭军队会骚扰敌军国王的土地和侍从一样，可以说，维京人直接且故意将矛头对准了"上帝"和其臣民的"房舍"。不得不说，人们很容易被"维京时代始于异教徒的宗教之战"的说法带偏。拥护这一论点的人中，最常被提到的是比约恩·米勒（Bjørn Myhre），但他也指出，基督教不仅要放在精神层面考虑，也要在它确立的政治立场中考虑。[16]对查理曼大帝以及众多欧洲君主来说，基督教包含象征、阶层和仪式，借助它，他能效仿君士坦丁大帝，取得政治和军事上的成就，进而还能效仿罗马帝国的大一统。由此，异教徒对那些同样的象征的破坏（如果那就是卡佛在波特马霍马克揭示的），就最好解释为是对日益蔓延的法兰克帝国主义的反抗——而不是严格宗教意义上的"反基督教"。

不过，相较起来，更为重要的是"获取财富"。"财富"有点抽象，因为在现代文化中，这个词通常用相当粗略的标准来衡量：账户中的数额、股票价格的相对价值、预计税收、财产、土地、资产的数量和质量等。[17]但是，维京时代早期的"财富"一词概念更为宽泛。奢侈商品——诸如英格兰和法兰克的玻璃制品在博格也有发现，因其内在品质和用途，具有相当高的价值，拥有它们代表着某种成就，这点与当今如出一辙。此类资产还具有重要的社会功能，拥有它们即表示拥有广阔的人脉资源和巨大的潜力。中世纪早期，领主和家臣之间（以及统治者之间）的礼尚往来是社会凝聚力的基本手段，可以衡量出相对政治资本；作为对获得的武器、珠宝和奢侈品的回报（也为了获得更多财富），男人们以武士的身份宣誓效忠领主。这种关系是战争同盟的基础，纽带由此形成，随后会注入庄严的宣誓和英雄道德的规范，反过来进一步巩固这种纽带。

不列颠的情形与之非常相似，且已延续了几个世纪：举个例子，古威尔士语诗歌《高多汀》（*Y Gododdin*，虽然描写的是 5 世纪的事件，但写于 6 世纪至 13 世纪之间），描述了这类战争同盟的运作——提前支付钱财给民众，战时民众效忠领主，并提供大量食物和酒来支持作战。[18]然而，在古英语和古斯堪的纳维亚语的诗歌中，这种关系演变成了一种物质交换，原因之一是对法兰克出产的物品的渴望，缩小一下范围，则是对盎格鲁–撒克逊人作坊里出产的物品的渴望。至维京时代，这已成为对君主角色的广泛期待，在古英语箴言中表达得最为简明扼要（"国王归入厅堂，恩典均分四方"），[19]但行吟宫廷诗中也有多到令人难以想象的"比喻辞"不断重复——无论任何统治者，其优点总结起来就

是：“崇高恩典的散播者”“扔金子的人”“急切地、慷慨仁慈地赠送着象征友好的礼物”……[20]

因此，拥有珍贵的物品就是一个人社交关系品质的象征——不仅是个人财富，还是强大的君主施恩于自己的物质象征，甚至能表明自己是否有能力给自己的追随者赏赐礼物。所以，重要人物获取久负盛名的珍宝的能力是行使权力的绝对先决条件，而且慷慨大方被视为是支撑起模范统治的两大支柱之一。不过，在现代人看来，或许另一个支柱没那么大吸引力，那种能力是指能够无休止地提供人类尸体以满足狼、乌鸦和鹰的嗜血渴求。[21]国王或军事领主能向世人展示自己不仅大方，而且双手沾满了鲜血，便能巩固自己的名声——最好的情形是以诗写就——而拥有便于携带的财富，能够证明自己拥有这两种品质。

幸运的是，这两大品质彼此非常吻合。显而易见，一名维京军事首领既想提高自己的声望，又想扩大战争同盟的规模，于是以暴力手段从外国沿海掠夺财富，并赏赐给自己的追随者，是一石二鸟的做法。不过，这类社会经济体系也有其缺点。因其机制简单，需求必然会成倍增长：不断增加的战争同盟需要更多的资源，增加的资源需求需要规模更大、更频繁的突袭，而这种突袭则需要更大规模的战争同盟，周而复始。[22]

当然，获取金银财宝还有其他方式，似乎斯堪的纳维亚商人是 8 世纪在北海周边开发贸易网的先驱。前面我们已经了解了戈德弗雷德对能够参与波罗的海和北海贸易的热切兴趣，但并没有理由把贸易所获与在别处的暴力所获区分开来。书籍、展览和教科书通常以大量的篇幅介绍维京人是“强盗”还是“商人”的特征，鼓励大家通过这两个视角之一抑或其他视角审视维京人。这种模式很令人气愤。从根本上说，它是 20 世纪 70 年代和 80 年代学术争论的产物，这类争论虽然当时很重要，却有保留错误问题的趋向。当然，很明显，袭击和贸易从来不是彼此独立的现象，维京人的奴隶贸易就是这种“错误的二分法”最明显的表现。维京人在不列颠和爱尔兰海岸的活动，伴随着烧杀抢掠，几周后，人们可能会看到，实施这些暴行的人在海泽比奴隶市场叫卖他们的俘虏，又或是在中亚的集市上兜售抢掠来的教堂物品。不过，也有大量和平贸易的证据。斯堪的纳维亚商人在伊普斯威奇（Ipswich）、约克和南安普敦的商业中心一定非常活跃。的确，或许正是由于类似贸易探险，斯堪的纳维亚人开始发现盎格鲁－撒克逊王国的财富、不列颠沿海地区的地理环境、修道院的地点及其拥有的财富。或许还能一窥当地的政治分界线，那正是野心勃勃的人想要开拓的领域。[23]

但这些都不能真正抵消一种可能性，即早期袭击是由个人动机驱动的。后来在斯堪的纳维亚航海者中流传着一个说法，抢劫修道院的财宝容易得手，而且获利颇丰。这与维多利亚女王时代的观点相近，认为维京人敢作敢为，倾向于把维京时代解释成是由北欧人热血的"精神和勇气"推动他们冒险而开创的时代。但不可否认，在人口相对较少的时代，从海上归来的青年人，船上满载着奇珍异宝和奴隶，他们的故事会不胫而走，传播四方，此种情形下，人力的确拥有太大的影响。而挪威从事农业的人，一直在一亩三分地上耕作，他们渴求社会和经济的资本，以抵抗来自南方的政治压力，而这种唾手可得的财富似乎给他们提供了机遇，机遇之大、数量之多是之前从未想到过的。未来再次征战，不可能会缺人手，也少不了野心勃勃、计划新的探险征程的首领。或许博格的领主便是其中之一。

第 6 章

暴风雨将至

VIKING BRITAIN

……鸟在哭泣，

灰色衣衫尖叫着，战林发出回响，

盾牌回击着长矛。月光照亮了夜空，

飘进昏暗之中。此时灾难迸发而出，

即将激起这个民族的怨恨。

我的战士们，醒来吧，

握紧手中的椴木盾，鼓起勇气，

战斗在前线，要凶猛要勇敢！

《芬兹堡之战》

（*The Fight at Finnsburg*）[1]

虽然维京人对爱尔兰的侵袭贯穿了 8 世纪 20 年代和 30 年代，其频率之高令人咋舌，不过，在 806 年对艾奥那岛第三次袭击过去 29 年之后，才出现了维京人再次袭击不列颠的记录。[2]

历史学家们了解后来发生的一切，对他们而言，这段时间并不长，只是"重锤最终全力落地之前"的短暂间歇。但在当时的人看来，情况却判若云泥。他们不知道自己活在"维京时代"。而许多知道林迪斯法恩、贾罗和艾奥那袭击事件的人，包括部分幸存者，余生都会有种感觉：这场恶魔般的屠戮就此结束了——或许是过去了，就像当初预言它到来时如火的龙卷风和血红腥雨一样。的确，文字记录中第一次出现"维京人"之后，对不止一代人而言，那种恐惧令人惶惶不可终日——至少在不列颠南部——如果发生暴力侵犯，那么暴徒应是操着熟悉语言（也可能是同一种语言）的人，居住在熟悉的环境中，过着与自己类似的生活，以大体相同的方式崇拜着同一个神。

例如，796 年，麦西亚国王奥法去世；798 年，新继位的国王西奥武夫（Ceolwulf）洗劫了肯特并掳走了国王爱德伯特（Eadberht）。爱德伯特被戴上镣铐一路拖到了麦西亚，眼睛被挖，手也被砍掉。[3] 815 年，韦塞克斯的国王埃格伯特"自东向西"袭击了"西威尔士"（即康沃尔郡）。[4] 10 年后，这位国王又在名叫艾兰敦［Ellendun，位于今天史云顿（Swindon）西郊某处］的地方击败了麦西亚的军队，"在那儿进行了大肆屠戮"。[5] 同年，麦西亚国王伯恩武夫（Beornwulf）被东盎格鲁人灭口（麦西亚人糟糕的一年）。这些暴力动乱均发生在同一时期，当时不列颠南部的政治漩涡中心正在平稳转移，力量都集中在韦塞克斯王国周边，代价就是麦西亚和几个南部小王国。这次重新定位的后续影响非常大，不过，维京人在其中的影响甚小。9世纪早期的"暴力同盟"即将迎来最后的决战。

　　然而，最终这种事态没有维持多久。835年，先前的乌云再次笼罩上空，"异教徒"袭击了谢佩岛（Isle of Sheppey），但更黑暗的日子还在后头。836年，一支由35艘船组成的舰队（《盎格鲁－撒克逊编年史》记录的是25艘）在萨默塞特沿海的卡汉普顿（Carhampton）登陆，气势汹汹的国王埃格伯特——麦西亚人和康沃尔人的灾星——在那里迎战。接下来的战斗是（我们所知道的）第一场精心排兵布阵的战斗，维京军队对垒不列颠敌军。《盎格鲁－撒克逊编年史》再一次（但不是最后一次）让我们看到了令人悲伤的情景，"就地发生了大屠戮"，再无其他记载，似乎的确是令人毛骨悚然的一天。从船只数量来看，维京军队大约有1500人，迎战同样数量且整装待战的军队，似乎也很公平。3000人手拿斧头、刀剑，面对面地残酷肉搏，场面应该说是很恐怖了。[6]

　　虽然盎格鲁－撒克逊的编年史家鲜少留下中世纪早期的战场画面，但诗人们并没有缄默不语：

> 　　战场的恐怖被描绘得栩栩如生。盾与盾撞击着，士兵们激战正酣，刀光剑影，血肉横飞，齐刷刷的箭雨袭面而来，战士们迅速蹲下躲避。箭雨落入劫数难逃的人群，穿透黄色的圆盾，直入敌军腹地，凶猛血腥的敌军以手指之力，投出阵雨般的飞镖、长矛，好似战场上的毒蛇。他们迫不及待地一路向前，坚定，无情，不顾一切。攻破了盾墙，拔出刀剑，奋力前行，冲向敌军。战场上，人心硬如石。[7]

　　敌方军队阵型严密，彼此靠近，紧紧抱团，这样每个人都能得到右侧士兵手持的圆形大木盾的保护。防御屏障由此形成——有点像手持木头的人形成的蹩脚栅栏——古英语和古斯堪的纳维亚语诗歌中将此描述为"盾墙"。现代历史学家或许高估了它在军事上的重要性——它是恐惧和需求的产物，顶多就是个形式化的战场战术，诗歌中对它的描述只是传统语义上的功能（就像其他能唤起记忆的概念，如 *wihagen*，即"战场树篱"之意）——但这种排兵布阵无疑能对敌军起到威慑作用。盾牌上应该涂了明亮的颜色，或许带有宗教符号，或者野兽画像，以震慑敌军，并给手持盾牌的人以勇气。挪威出土了留存下来的 9 世纪的木盾，直径约为 3 英尺，为黑色或黄色。这些盾牌都是用铁片封边，中间固定着半圆形金属装饰。这样能够保护手（后面固定有把手），而且在武器攻击不当时能够弄钝对方的锋利武器，或是当盾墙分散为各自肉搏和残酷混战时，能够猛击敌人的脸部，毕竟战争最后免不了这样的情形。[8]

当然，一定要避免伤到自己的脸。头盔，如在" Gjermundbu "发现的那顶，虽然考古记录很少，但在当时或许是平常之物；基于自我保护的简单心理，士兵需要能保护头部和脸部的装备。20 世纪 70 年代，在挖掘约克的科珀盖特（Coppergate）期间，人们发现了盎格鲁–撒克逊人的头盔，表明这类东西可能只有最富有的战士才能佩戴。尽管在 9 世纪 30 年代，这顶头盔已然过时（可能产于 8 世后半叶），但似乎一直用到 9 世纪上半叶。尽管很老式，但制作工艺和质量却很高超——尤其要说的是铜制护鼻的装饰，在精致的网格上绣上了动物，而眉毛的位置则是张着獠牙大口的蛇形动物的头。这个时期，战士的装备远未统一，而军队的奖励和传家宝是宗系、从属关系和宗教信仰的珍贵象征。科珀盖特头盔顶部是黄铜制的冠，上面刻有祷文，用来庇佑佩戴者——名叫奥希尔（Oshere）——得到圣人的关照。[9]祷文赋予头盔保护的能力，使其具有魔力，不仅有实际的保护功能，还充满神秘色彩。[10]

其他头盔碎片，如眼罩，发现于西兰岛（丹麦）的盖弗宁格（Gevninge），可追溯至维京时代的变革时期，表明最优质的头盔仍与旺代尔、瓦尔斯加德（Valsgarde）和萨顿胡墓地中出土的头盔类似。这些东西的表面都有面具或保护层覆盖，上面的龙呈俯冲状，蛇呈盘旋状，还有骑士和持矛人的画像，唤起人们敬畏心的同时，也令人毛骨悚然。它们从一个充满传奇的时代，从黑暗处现身，重现诸位英雄和国王的形象，流淌着远古的气息，彰显着伟大先祖的魅力。如果这类头盔确实在维京时代的战场上出现过，那对当时的人来说，就像是雄伟的逝者仍在他们中间大步流星，在一片鲜血和混乱之中，时间消逝了，永生的渡鸦在头顶盘桓。[11]

几位地位很高的西撒克逊人在卡汉普顿打了起来：郡长杜达（Duda）和奥斯莫德（Osmod）（郡长是上层贵族，臣属于国王，通常负责一个郡，后来负责几个郡），还有主教赫里弗里斯（Herefrith）和威格斯根（Wigthegn）。贵族的确只相当于用鲜血浇筑的冰山的一角，不过《盎格鲁－撒克逊编年史》中确实很少提及普通战士的死亡（或生命）。至于他们的敌人，我们更是知之甚少。简言之，我们从《盎格鲁－撒克逊编年史》的羊皮纸上唯一读到的话是"þa Deniscan ahton wælstowe geweald"，意为"丹麦人掌控着生杀大权"。换句话说，他们是王者。[12]

对卡汉普顿的进攻是一个重大事件，它象征着一场翻天覆地的变化，即维京袭击者与不列颠人关系的变化。维京人不再满足于小规模的打砸抢掠，那是他们在9世纪早期的活动（之后自9世纪20年代起，在爱尔兰岛和法兰克又重拾此类活动），袭击卡汉普顿的维京人似乎非常清楚通过暴力能够得到什么。卡汉普顿作为重要的居民区，考古遗迹可追溯到5世纪到8世纪，除此之外，它似乎还是早期修道院教堂的遗址，教堂与凯尔特圣人卡兰托克（Carantoc）有关。因此，它可能是朝圣之地，也是重要的财富中心，从这点上说，它刚好是早期维京人在不列颠及其他各地的袭击目标。[13]

不过，卡汉普顿还是王室庄园的遗址（60年后，埃格伯特的孙子阿尔弗雷德的遗嘱中曾提及它），后来成为百户区的执政中心——所有迹象都表明，它是重要的政治中心。或许这从某种程度上解释了为何国王埃格伯特会在卡汉普顿亲自坐镇，应对维京人的威胁——因为如果国王自己都坚持不住，百姓们又如何期待他保护整个王国呢？然而，他失败了，令那些曾与之作对的人勇气大增。战胜令人闻风丧胆的韦塞克斯国王，必然激励维京军事领主们从倒霉的沿海居民手中夺取财富，而且他们还能通过纯武力赢得荣誉、盛名，甚至还有属于自己的权力和领土。

838年，埃格伯特国王带领军队到达位于康沃尔境内的亨吉斯顿（Hengestdun），即今天著名的基特山（Kit Hill）。随着霸权日益增强，埃格伯特国王来此是为了阻止新的威胁——康沃尔人组成的军队及其"丹麦"同盟。康沃尔人及其同盟向东进发，与西撒克逊国王抗争，以控制边界，同时抵抗埃格伯特向西南方向日益扩张的统治范围。随后发生的战争具有重要意义，不单单因为战争的结果，还因为——我们所知的第一次——一支维京军队决定参与不列颠的内部政治活动，这样就与康沃尔人开始了合力对抗西撒克逊国王的大业。

维京人为何要趟这摊浑水，目前还不得而知。或许他们以雇佣兵的身份参与战争，好在战利品中分一杯羹，又或许对方已许给他们土地或贸易权，能在英格兰国王手中获得新的协定。无论出于何种原因，这都是一个标志性事件：在整个9 世纪，维京战争联盟逐渐利用自己的军事实力重新编排不列颠的版图。这一次，他们白忙活了。我们之前说过，埃格伯特并非一个可等闲视之的国王（9 世纪 20 年代他对康沃尔的严厉打压或许是 838 年几个事件的导火索）。"听到维京人和康沃尔人组成同盟后，国王就带军前来，在亨吉斯顿与之大战，不列颠人和丹麦人皆溃不成军"。[14]

基特山很高，海拔达 1096 英尺，耸立于他玛（Tamar）山谷之上，在博德明高地（Bodmin Moor）的群山环抱之中，傲视四野。登上山顶，目及方圆几英里的土地。从博德明到达特姆尔高原（Dartmoor）再到普利茅斯湾（Plymouth Sound），是不列颠西南半岛的一大片土地，视野开阔：雾凇洗涤的卵石和古代田野边界，粗蛮地开荒和弯曲的树干，天然任性的地貌和人类挑战者之间的"厮打"，已经持续了千年，留下了累累疤痕。往南看，可见裂口处的大海波光粼粼，宽阔的"银色水带"逶迤着穿过绿色的牧场，直到山脚下。无疑，这里占据险要位置，加上与大海、大河相通，在 9 世纪赋予了此地战略上的重要地位；无论谁掌控此地，都会有充足的理由认为自己是康沃尔边界的主人。

此处发生的那场关键战争，其重要性在早期英语的古书中有所记载。在基特山麓和山峰诸多土木防御工事和遗迹中，最突出的莫过于五面封闭的低墙，五个交汇处，其中四处都修建了堡垒。看起来像是某处要塞的断壁残垣。由于结构奇特，而且与英格兰各地保存完好的要塞在设计上有着惊人的相似之处，因此很长时间内，人们都把它看作是英格兰内战时期（1642～1651年）的堡垒。然而，表象具有欺骗性。1800年6月27日，在怀特福德（Whiteford）毗邻该遗址处拥有房产和庄园的约翰·考尔爵士（Sir John Call），在遗嘱中表示渴望在"Hingsdon Down"山顶或基特山上"我已修建的'城堡围墙'内或紧邻它的地方"，修建"一座康沃尔式石榴石（原文如此）的坟墓"。[15]

根据威廉·贝瑟姆（William Betham）《英格兰的准男爵》（*Baronetage of England*，写于1801～1805年）第四卷的记述，"约翰爵士在山顶修建了一处类似撒克逊城堡的建筑，在那儿发现了大量的大块花岗岩"。他如此大费周章（不过他的同辈贵族也都奢靡浪费修建荒唐的建筑，这倒没什么可奇怪的），似乎意在唤起人们对838年发生在当地的一场战争的回忆，但他好像并不是多么了解："毫无疑问，公元7世纪和8世纪之间的某时，就在那座山的山脚下发生了一场战争（事实上是838年，既不是7世纪也不是8世纪）。"或许人们会奇怪，约翰爵士怎么了解得如此粗枝大叶呢——毕竟自1785年始，他就是古文物协会的一员，协会成立于1707年，专门研究古文物，当时某些富有的绅士对逝去岁月的有形证物的兴趣日渐浓厚，协会的成立也是为了迎合这一点。成立初期，协会就像是专门为某类志趣相投的人举办的大型饮酒俱乐部，没有正式的入会门槛。拿约翰爵士来说，他在印度拿到一些有意思的石版画，仅凭这些就入了会。他曾在印度担任军事工程师，规划马德拉斯（Madras）的防御工事，这也就是为何他的"撒克逊堡垒"看起来更像是典型的中世纪后期的多面堡，而非他原本要建的盎格鲁－撒克逊要塞。[16]

我曾带着妻子和父母游览基特山，当时很困惑。厚厚的雾团笼罩着整个地形，四面八方的可见距离仅有20英尺，令人颇觉沉闷。我感觉倒不像是站在前寒武纪的巨大气孔的顶端而气孔就在沉积的岩床之上，倒像是我们被冲上了某个岛的海岸，而这个岛笼罩在雾气之中，非常怪异，它崖顶上的植被隐藏着数不清的沟沟壑壑，说不定在哪个时辰就会有康沃尔的"卡利班"①冒出来。氛

---

① 卡利班（Caliban），莎士比亚戏剧《暴风雨》（*the Tempest*）中半人半兽形怪物。——译者注

围确实陌生得很——景观脱去了所有熟悉的样子；即便是身着连帽雨衣的人在这走着，也带有某种邪恶的色彩。最高处，一座巨大的砖塔穿过白色密不透风的天幕，似占星塔一般耸立着，不时有"普洛斯彼罗"①出没，用马温·皮克（Mervyn Peake）的话说就是："好似一根残缺的手指……不敬地指着天堂。"[17]或许，又像是一艘虚构的蒸汽轮船的烟囱，向前行驶着，穿过浓雾笼罩的海面，驶向一个失落的世界。

这座塔的确是根烟囱，但却独树一帜，极具装饰性。它是 19 世纪下半叶工业化采矿的废旧遗址，蒸汽引擎从下面的地底深处抽水，而它则呼出蒸汽引擎产生的"副产品"。基特山地区的采矿业兴起于中世纪，结束于 20 世纪早期，上坡上看似随意凿出的痕迹，其实是最初露天采矿留下的"纪念物"。随后的几个世纪中，采矿业逐渐深入地下，也越来越复杂，在一些难以想象的古老地质中，矿工开始勘探出渗透在花岗岩裂缝中的锡矿脉和铜矿脉，如今山上满是矿井和隧道，洞口被金雀花和蕨莱掩映着，一不小心就会掉下去丧生。19 世纪 80 年代，随着埃克塞尔西奥隧道（Excelsior Tunnel）的竣工，钻探活动达到高潮，长达 800 码的地道水平着钻进山体一侧，就像通向某个巨大无比的墓穴。实际上，最初修建隧道是为了开采最深的矿脉，20 世纪早期曾有几次对它加以延长。不过，在 1959 年至 1960 年之间，隧道被英国原子能管理局接管，用于炸弹试验。与坊间传闻不同的是，这些试验并没有涉及任何核材料，但是——尽管现代辐射测试证实了国防部的断言——坊间传闻却免不了一直存在着。[18]

但 9 世纪时基特山为人所知则是因为别的原因。前面我们提到了一个名字——亨吉斯顿，也就是"亨吉斯特（Hengest）之山"，在东坡的低处还残存着关于它的一丝记忆，残存在它冗赘的地名——Hingsdon Down（"don"和"down"都源于古英语"dun"，为"山丘"之意）。[19]这个名字很重要。而"Hengest"在古英语中有着双重含义：一意为"种马"；一意为人名，即讲英语民族的传奇开创之父亨吉斯特的名字——根据比德的记述，他们在 5 世纪中期乘三艘船穿过

---

① 普洛斯彼罗（Prospero），莎士比亚戏剧《暴风雨》中的人物，是一种毫不贪恋权位、完全投身于超脱世俗的事业中的贤者的形象。——编者注

北海而来。亨吉斯特和他的兄弟霍萨（Horsa）（以及之后他的儿子 Æsc）在肯特登陆，打败了倒霉的沃蒂根及其子，开始清理落后的罗马不列颠秩序，期间建立了肯特皇家官邸。

这种说法遭到了各种形式的反对。有种观点是，有两个名为"种马"和"马"的人，借由强大的军事力量，为成立一系列全新的国家开辟了道路。许多"开国神话"正是基于这一说法创作而成（尽管在某些地方，人们是把它当作事实看待的）。很可能是这样的，最初"亨吉斯特"和"霍萨"是基督教创立之前的一对神祇，信仰基督教的作家将他俩的身份从神变成了人类祖先，在关于英格兰人起源的权威版本中，赋予了他们至关重要的角色。无论事实究竟怎样，这个名字在 9 世纪的巨大影响是显而易见的。[20]

中世纪的早期战争多发生在与神祇和英雄名字相关的地方，有些选在古坟所在地，还有一些——如亨吉斯特——则发生在大山上，人们曾想象这样的地方能够埋葬块头很大的超人的遗骸。这些地方是先人居住之所，而且人们觉得，在这些地方，有关伟大战士的记忆能赋予在他们身影下战斗的战士们一种感觉，觉得自己一方是正当的、牢不可破和英勇无畏的。反过来，这里也是古英格兰人对土地的所有权遭受质疑的地方，也是新（旧）景观产生或复兴的地方——是在争取霸权的过程中，遭到重创的地方。[21] 当康沃尔人想挑战西撒克逊王朝权威的时候，他们会选在这儿与埃格伯特国王会战，从一定程度上说，必然是出于这些原因（当然还由于它的战略重要性）。

击败康沃尔人巩固了西撒克逊对西南边陲的统治，但对于遏制之后维京战略联盟攻入不列颠，则没什么用。随后的日子，愈演愈烈的暴行袭向盎格鲁 – 撒克逊诸国。有些是突袭，就像他们之前的所作所为一样，是直接冲着财富去的。然而，埃格伯特统辖范围内的战斗，在类似卡汉普顿和亨吉斯特等具有象征性意义的地方开战，则标志着维京人面对敌手时，其参与程度发生了转变。从这个时间点开始，维京军队对不列颠境内各个王国的军事力量的分布有了更为详细的了解，他们利用、破坏以及侵吞不列颠的政治和地理版图，成为版图中不可分割的一部分。

第 7 章

屠龙者之战

VIKING BRITAIN

这是个古老的传说：阿尔弗雷德大帝统治时期，
曾与英格兰人交战的丹麦人听说过这个故事。
丹麦人将故事里的一些画面刻在岩石上，
而那些壁画或许依然可见。
如今再被人讲起，故事发生的年代那样久远，
故事那样动人，却有着令人悲伤的结局——
故事的确令人悲伤，全都是打打杀杀，
试想丹麦人可不就是打打杀杀么。

安德鲁·朗格
（Andrew Lang）

《西格德传说》
（*The Story of Sigurd*，1890）[1]

据《盎格鲁－撒克逊编年史》记载，公元850年，"异教徒第一次度过了寒冬"。虽然在《盎格鲁－撒克逊编年史》中，这句话没有任何评注，但给人的感觉就像是"事后临时想起来才加上的"。异教徒过冬像是风的气息，吹进古老的盎格鲁－撒克逊诸国，吹落了秋天的第一批落叶。这是一场暴风雨的前兆，而这场暴风雨不只是把古老橡树上的叶子全部吹落，还将很多棵老橡树连根拔起。[2]

自9世纪30年代开始，维京袭击日益密集，也越来越凶残，尤其是在韦塞克斯和东南部。840年至853年之间，不列颠的这一地区至少遭受了15次袭击，据历史记载，844年在诺森布里亚也发生了一次袭击——造成了灾难性的后果，国王及其子嗣均丧命。[3]对伦敦的最早袭击，发生在842年和851年，[4]此外，还袭击了南安普敦和波特兰（840年）、罗姆尼沼地（Romney Marshes）（841年）、罗切斯特（Rochester）（842年），并再次袭击了卡汉普顿（843年）以及坎特伯雷（Canterbury）（851年）。[5]据推测，这些袭击中很多都是出于经济动机，而且大多数袭击都没有遭遇认真的抵抗。不过，维京军队偶尔也会被当地首领或国王征募起来的当地军队拦截，在激战中伤亡惨重。

848年，多塞特和萨默塞特的百姓在各自郡长奥斯里克（Osric）和伊恩武夫（Eanwulf）以及伊尔斯坦［Ealhstan，舍伯恩（Sherborne）主教］的带领下，于帕雷特（Parrett）河口对一支维京军团"大开杀戒"。[6]850年，维京人在一个名为"维卡古冢"（Wicga's Barrow）的地方再次败北，输给了德文郡的郡长和当地百姓，[7]次年，韦塞克斯国王埃塞尔伍尔夫（Æthelwulf）和儿子埃塞尔巴德（Æthelbald）在名为阿克列亚（Aclea）的地方击溃了维京军队，"对异教徒进行了史无前例的大规模的屠杀"。[8] 战胜异教徒敌军，取得压倒性的胜利，国王应该对自己很满意吧。843 年，他曾带兵到卡汉普顿，意图在此地击败维京军队，而就在这儿，他的父亲埃格伯特曾于 836 年遭受奇耻大辱。但是，在卡汉普顿打响的第二场战役，埃塞尔伍尔夫依然难逃败北的境遇。因此，851 年在阿克列亚的胜利，既是为自己复仇，也是为父亲复仇，用的是盎格鲁－撒克逊宿怨长期以来的解决办法：血战。[9]

维京军事同盟遭遇西撒克逊强有力的反击后，似乎对直接袭击韦塞克斯谨慎起来，接下来的 9 年，袭击仅限于肯特境内的不列颠南部。但维京人对 850 年的"冬季训练营"——至少是这类冬季训练营的想法——从未放弃过。因为这样一来，维京军队可以全年准备突袭，就像是 9 世纪 50 年代早期的那样，在沿海生活能保证永远拥有大批武士。别国援军可自由加入，因此，人数不断增加，船只体积肆意增大。不同于盎格鲁－撒克逊士兵，收获季节他们不用非得回家收粮食，也没必要像斯堪的纳维亚同胞一样，在北海风暴来临的时候泊船过冬。[10]

从某种程度上说，盎格鲁－撒克逊各个王国之间的争斗一直以来是种仪式性的活动。"仪式化战争"这种说法并不恰当，它隐含着战争并不激烈的意思（一位人类学家曾将其比成"过度狂热的足球比赛"）。[11] 事实上没有理由认为盎格鲁－撒克逊人的战争不残忍、不严肃。但这些战争都不会导致持久的政治变化。一般来说，战争遵循着彼此都了解的传统模式，战场通常选在对双方都具有重要意义的地方。除此之外，战争还会受到农业生产的限制。战事都选在夏季，此时收割为时尚早，而天气情况则最佳，道路也最好走；很少用到堡垒，盎格鲁－撒克逊人似乎偏爱露天应对敌军，这样不论胜利与否，都有机会塑造一个值得人们记起的传奇。[12]

然而，维京人似乎打破了所有这些规矩，至少一开始是这样。[13] 他们对传统的臣道、忠诚、古代边界以及战争惯例统统不屑一顾。维京人特别热衷于在主要河流沿岸筑有防御工事的港口地区巩固自己的势力，他们目标明确，就是方便运送食物和财富，而这意味着他们的多数进攻会瞄向居民区、修道院和皇室官邸。他们避免与敌军酣战，得益于其船只可以悄然快速进入不列颠腹地，不用顾忌道路状况。离边界甚远的地区，因其沿海或沿河的地理位置，竟史无前例地暴露于战争之中。[14]

同时代的一位伊斯兰作家评论曾游历东欧和中亚的罗斯人："他们没有耕田，靠抢劫斯拉夫人的土地为生。"[15] 这些人（罗斯人）选了另一条路来发家致富，收获就在眼前，正在战场上等待着被收割。这位作家写得很细致："男孩儿出生时，父亲会在他褓襁前扔一把剑，并告诉他：'我不会给你留遗产。你的一切财富，都要靠这把剑获得。'"[16]

在高度崇尚由暴力和勇敢带来的战果的社会中，会出现这种具有开创精神的价值观，并由此滋生出危险的人群，这类人一心一意地追求快速发财，至死方休。他们不会回老家码草喂猪，至少不会空手而回。这对盎格鲁 – 撒克逊时期的英格兰各个王国来说，是前所未遇的威胁。

866 年，一支军队出现在东盎格利亚，《盎格鲁 – 撒克逊编年史》将其记述为"大队异教徒团伙"——*micel hæðen here*。"*here*"一词很难译。显而易见，一般来说，该词意指军队——英格兰地名中，存在大量"赫里帕斯"（herepaths）和"赫里福德"（herefords）等字眼，证明它常常被用来描述军事基础设施。不过在这个时期，盎格鲁 – 撒克逊军队通常用"*fyrd*"一词来指代，据推测，"*here*"的本义不是军队。本义究竟为何，在因尼国王颁布的法律中有迹可循，其中解释了"*þeofas*"（盗贼）恰指 7 人组成的团队，而"*hloð*"（队）是指大于 7 人而小于 35 人的团队。根据法律，所有超过该数的强盗团伙都应被称作"*here*"。因此，在此语境中，"*here*"只是指一大群合伙偷盗的人——用来指在盎格鲁 – 撒克逊王国境内置生命、财产和法律于不顾而胡作非为的维京军团再合适不过了。[17]

有一点争议比较小，此处这个具体的"*here*"是指异教的（*hæðen*），而且是大军（*micel*）。虽然在数字上存在疑义［因尼颁布的法律中明确规定，"*here*"要小于 36——挪威奥斯陆附近发现的科克斯塔德（Gokstad）维京船，其大小能够容纳 36 人］，但维京军队两次袭击卡汉普顿的人数可能多达 1500 人，足以在两次战争中击败西撒克逊皇家军队。很有可能"大队异教徒团伙"在数目上还要大得多。之后我们会提到，考古发现，此时期在不列颠扎营的维京军队人数是相当可观的。[18]

没人清楚随后发生了什么，但貌似"大队异教徒团伙"从东盎格利亚抢来战马，朝北方飞驰而去。出了东盎格利亚，他们可能会走埃尔迈恩大道（Ermine Street），即"北方大道"——奔宁山脉（Pennines）和沼泽地（the Fens）之间的大路，连接伦敦和约克。虽然文献中没有记述，但维京船队似乎与陆上跋山涉水向北进发的军队步调一致，船队负责运送物资和增援人员，一旦不妙，可以让军队登船迅速逃离。的确，相比其他方式，这样一来，陆上军队可快速且轻装行军，与此同时，还能消除对人员的限制，人力是展开真正的两栖进攻所必须保证的。

在乡下，村庄和农场掩映在树木浓荫之中，村民如果"幸运"的话，黑夜里、睡梦中，会被维京人已策马扬鞭到北方大道的消息吵醒：维京军队见什么掠什么，掠走就跑，他们横扫荒凉的村庄，带走小麦，抢走牲口，洗劫教堂，烧毁民房。大队人马涌入诺森布里亚王国，突如其来的袭击让整个王国陷入慌乱。他们还没来得及集结抵抗，维京人已然进入约克境内，即诺森布里亚王国权力中心，也是不列颠境内第二重要的基督教主教教区。

至9世纪中期，诺森布里亚已不复过去的荣光，不再是基督教徒和被封为圣徒的国王们的圣地；林迪斯法恩和贾罗遭到突袭时，它那黄金时代的光辉已近乎荡然无存。内战和长期的地方冲突削弱了王国的力量，而维京人的袭击则敲响了统治者的丧钟。843年，维京人杀死国王，中断了国王继位。王国虽非强弩之末，但集世界各地财富、研习和生产于一身的修道院遭到洗劫，无疑导致了诺森布里亚王国在文化、经济上的衰退，贸易混乱，社会动荡，政治分裂几乎势在必然。[20]

诺森布里亚的对手似乎嗅到了它的衰弱气息。828年，韦塞克斯的埃格伯特曾率领大军进军多尔（Dore，字面意思是"门"或"狭窄通道"）。多尔地处交界，集合了麦西亚北部边境各地的诸多特点。[21]两军交战的结果是诺森布里亚人向埃格伯特"投降并求和"，承认埃格伯特（至少在韦塞克斯人编著的《盎格鲁－撒克逊编年史》中有记载）为不列颠的最高领主（Bretwalda）。[22]40 年过去了，情形依旧；诺森布里亚国王奥斯伯特（Osberht）被对手埃拉罢黜。人们对埃拉所知甚少，只知道——在后来的编年史家看来——他是一位"有违情理的国王"（也就是说，人们认为他是没有王位合法继承权的僭主）。[23]鉴于诺森布里亚王国在 8 世纪的政治惯例，那不可能是一次和平的权力交接，有可能发生了谋杀或内战，大大损害了贵族统治，同时削弱了王国的战斗力。至少从某些方面说，诺森布里亚国力衰颓，面对乘虚而入来占便宜的、冷酷无情的敌军，毫无准备。[24]

866 年，维京人占领约克，似乎一开始就把诺森布里亚人惊得毫无招架之力，几个月后才组织起军队反击。延迟反击或许是种策略，因为当盎格鲁－撒克逊军队最终集结时，出现了两位诺森布里亚王位的竞争者。据推测，最终意见是搁置分歧，先解决生死存亡的问题。然而，对埃拉和奥斯伯特来说，令他们安心又熟悉的前仇旧恨已荡然无存。

盎格鲁－撒克逊人对约克的反击一开始非常成功。古老的罗马城墙虽然不如以前高了，但很大程度上依然是完整的，9 世纪时，人们又用木质壁垒将其加固。即便如此，诺森布里亚的军队似乎也能轻而易举地攻下这座城池。但是，兴致勃勃的正面进攻，反而为诺森布里亚人带来了毁灭；他们长驱直入，却发现落入了城内的陷阱。先锋部队被包抄，人少势寡，毫无撤退的可能，最后全军覆没。

867 年的约克城墙内究竟发生了什么，无人得知。但是，当维京人从绝对控制下的城里冒出来时，诺森布里亚的残军必是惊慌失措的。或许维京人曾嘲笑幸存者，又或许恶言辱骂；或许扒下他们的裤子，又或许割下倒地的诺森布里亚人的脑袋，插在矛上示众。[25]不管怎样，总之诺森布里亚的抵抗被瓦解了。战斗在继续，但天黑时，诺森布里亚的军队惨遭"大屠杀"，埃拉和奥斯伯特均丧命。[26]

攻取约克，给人们留下了无法磨灭的印象。几个世纪里，人们不断提起约克失守的故事，不断提及导致其失守的事件以及失守后发生的一切。中世纪古斯堪的纳维亚的传奇文学中的描述，影响了人们对这一系列历史事件——以及维京人总体上的所作所为——的理解。通过讲述攻取约克的背景故事，萨迦文学勾勒了朗纳尔·洛德布罗克（Ragnar Loðbrók）的人物形象，即所谓的"异教徒大军"（micel here）的众将领之父。朗纳尔·洛德布罗克——也就是朗纳尔·毛马裤［Ragnar Hairy-pants，古斯堪的纳维亚语"brók"与英语单词"breeches"（马裤）是同一个日耳曼语词根］的功绩在几部萨迦文学中有所记述，在丹麦教士萨克索·格拉玛提库斯（Saxo Grammaticus）编著的 12 世纪史书中也有记述，但可信度都不高。[27] 他的事迹及其离世，被写在了一部史诗故事里，故事讲的是复仇和超乎常人的英勇无畏，来源于神话传说。

故事开头说的是朗纳尔的绰号是怎么来的。下面是我自己的版本，是将几个版本的内容理顺、略加修饰而成的，但依然存在情节上的漏洞。

高特兰（Gautland，耶阿特人的领地，位于瑞典南部）首领赫鲁斯（Herruð）[28] 有个漂亮的女儿，名叫索拉（Þóra），有着举世无双的美貌。父亲为她修了一个用篱笆隔起来的隐秘之所。一天，父亲送给她一条小蛇——蛇宝宝——她把它养在一个盒子里，盒子最下面是一堆金子，金子上面铺着一层灰。但宝宝会越长越大，蛇自然也是一样。[29] 蛇的身躯越来越大，它身下的金子也成倍地增长，最后大到盘旋在索拉的屋子里，头尾碰在一起，身下是一大堆财宝。它凶残至极，谁都无法接近它，否则就会丢掉性命。它每天都能吞下一头牛——不消说，周围的村民苦恼至极，日渐穷困。首领赫鲁斯明白不能再这样继续下去了，于是广而告之，无论是谁，只要能除去这个大患，就可以娶他女儿为妻，蛇身下的所有金子也都归其所有。朗纳尔是丹麦和瑞典的国王耶林（Hring）的儿子，消息传到他的耳朵里，他决定手刃怪物，一石三鸟，为自己赚得名声、财富和美妻。准备过程中，他为自己量身做了一套皮毛制成的战衣。他先把衣服放在开水里煮沸，然后浸在沥青里，下一步再埋在沙子里让其变得坚硬（不过也有说法称，他把衣服用水浸透，之后放在雪地里，直到全结冰：一身闪闪发亮的水晶般的铠甲便制成了，其表面凹凸不平，可致敌丧命）。全副武装后，朗纳尔便带上盾、矛和剑，去找怪兽了。

朗纳尔刚到蛇的老窝边，它就迅速醒来准备应战。蛇暴跳而起，高得吓人，在挑战者上方晃动着，邪恶地左摇右摆，露着毒牙，滴着毒液。突然间，它吐出毒液，但这脏乎乎的胆汁在朗纳尔的奇异战甲面前毫无效力。蛇被激怒了，猛地向前攻进，绿色的身影飘忽不定，血盆大口已然张开，随时准备将人撕裂。但朗纳尔在它面前，手持盾牌，稳如泰山。忽然他向前冲去，迎击这个怪物，顺势掷出长矛。巨蛇绕着铁质包边的盾，无从下口，只能紧闭下颚。它试图撕扯木板部分，猛击着金属盾牌。但郎纳尔手中的矛却直中要害，刺入蛇的颈部，力气之大，穿透了它的脊骨，直接把它钉在了地上。将死的剧痛令它猛烈地晃动着身体，大地随之颤动，索拉屋内的柱子如同暴风雨来临时丛林中的大树，剧烈摇晃着。朗纳尔毫无惧色，他抽出宝剑，高高举起，用尽所有气力冲着蛇结实的颈部砍去，霎时间，蛇头离身。蜷缩的无头蛇身左右摆动着，蛇尾击打着地面，黑色血液如注，倾泻一地。终于，它一动不动了，朗纳尔确定它断气后，方才离去。但是，他走的时候只抽走了矛的杆，矛头则留在原地，把蛇头直直钉在地上。

第二天，蛇已被屠的消息传到首领那里，他万分震惊，前来听女儿讲述发生的一切。索拉建议召集大会，即"大事会"（thing），要求所有男性都要参加。她想，可以把男人们的矛杆与留在原地的矛头比对，对得上的就是屠蛇人，"多毛"屠蛇人的谜团也就解开了。首领下了令。到了指定的日期，朗纳尔出现在"大事会"上，像之前一样穿着他那身奇怪的铠甲。"大事会"人头攒动，他站在一边，看着每一个有希望的求婚者——众多都是伯爵和有权势的军事领主，身披精致刺绣、色泽亮丽的斗篷，胳臂上戴着银环，叮当作响——他们走上前去，试图把自己的矛杆插进矛头。当然，他们的矛杆都与矛头对不上。最后，轮到了朗纳尔，他从熙攘的人影中迈出，身上还散发着蛇的黑血和毒液的刺鼻味道。众多失望的求婚者都小声嘀咕：一个臭气熏天的流浪汉也胆敢来认领这等美事？朗纳尔并不在意：他适时亮出了自己的矛杆。索拉拿起矛头，矛杆一下就插到了底：对上了——当然对得上——拥挤的人群发出了啧啧的惊叹声。此时，朗纳尔摘下皮披风，众人一下就认出他就是国王耶林之子，他就是屠蛇人。人们长久沉默着，气氛尴尬，还是首领反应过来，发出了一声振聋发聩的欢呼："我的金龟婿就是你，朗纳尔，耶林之子，但从今往后所有人都应该叫你'毛马裤'！"听到这儿，所有人都忍不住大笑起来，首领下令"大事会"随即成为婚宴。朗纳尔和索拉结为夫妇，很快，朗纳尔带着妻子荣归故里，登基为王，统治父王的江山。

自然，情节漏洞在所难免，因为所有留存下来的版本均有内容前后不一致的问题，而且所有版本都对不上。例如，萨克索的版本中，索拉收到了一窝蛇宝宝，长大后在周围的村落中横行肆虐，到处破坏。但故事发生的时间应该很早，因为 12 世纪时，故事似乎已经很完整了，不仅出现在萨克索的《丹麦人的业绩》（*Gesta Danorum*）中，而且也出现在一首名为"*Krákumál*"的诗里——据说是写朗纳尔死亡的一首诗，在他死后很久才出现。前几行是这么写的：

> 我们手持长剑，披荆斩棘！
> 很久以前，生活如是：
> 我们到过高特兰
> 只为屠杀地头狼。
> 随后赢得了美丽的索拉：
> 于是战士们喊我
> 洛德布罗克，我把
> "石楠丛中的鳗鱼"击倒在地，
> 终结了"地头盘圈"的生命
> 闪闪发亮的钢矛直入它的身躯。[30]

《丹麦人的业绩》中描述蛇时，使用了大量的比喻："地头狼""石楠丛中的鳗鱼""地头盘圈"。这些词都描述一样东西：像蛇一样盘绕的野兽，身形巨大——古英语中是"*wyrm*"，古斯堪的纳维亚语中是"*ormr*"——一种住在土里和地面上的东西。虽然这些诗句在语言上含蓄隐晦，但凭直觉，我们可以理解这个怪物到底是什么。它是自人类文明能够表达自己的那一刻起就萦绕在人类心头的东西：最古老的恐惧——龙。

高特兰的耶阿特人已然在北欧的文学作品中感受过龙的恐怖。众所周知，《贝奥武甫》概括了主人公耶阿特人的国王的战斗事迹，他所面对的怪兽要比朗纳尔面前那个不能飞的"*wyrm*"恐怖得多。《贝奥武甫》中的龙不仅会飞，还会喷火，就像预见维京人来到林迪斯法恩的那些龙，预示着末日灾难即将来临：

> 恶龙开始喷出火焰
>
> 烧毁农庄，火光冲天；热浪升腾
>
> 吓坏了每一个人，毕竟邪恶的"空中之翼"
>
> 一旦醒来，一切将没有活路
>
> 各处的浩劫就是明证
>
> 抬眼望去，耶阿特人的国度
>
> 首当其冲，他下手残忍
>
> 狂怒暴虐然后飞回宝库
>
> 破晓之前，他要疾驰回到老窝躲起来。[31]

然而，与它的同类一样，这条龙本质上还是住在地面上的："黑暗中的耙土机……寻找古冢……寻找地下宝库……常年不眠不休地守卫异教徒的金子。"[32]恶龙储存金子的习惯是个常见的主题，人们认为这在盎格鲁－撒克逊人的诗句中是不证自明的——格言诗《格言Ⅱ》（*Maxims Ⅱ*）中提出，"恶龙必然住在古冢内，狡猾，为自己的财宝感到骄傲"，这就相当于"鱼必然活在水中"。

龙对贮藏的财宝持戒备和占有的态度，在古英语和古斯堪的纳维亚语文学中都用来象征贪财的危害性和破坏性，与"国王居于宫殿，分配财宝"的格言形成鲜明对比（正如在《格言Ⅱ》中一样）。就这样，这条囤聚金子的蛇——同样也象征着战火四起的"末日善恶大决战"（Armageddon）——是有条不紊的生活中不易察觉的天敌，是啃噬社会根基的毒药，破坏人们之间的纽带；而英雄和国王们有责任与之战斗，即使他们代表的力量从未被真正打败过。[34]

巨蛇的这些特点，在北欧的史诗神话中体现得淋漓尽致。"恶魔魂影"（Niðhöggr）和"耶梦加得"（Jörmungandr，又名"Midgarðsormr"，字面意思即"中土之蛇"）完全是另一种量级的生物。"恶魔魂影"啃噬世界之树的根，实际上就是在破坏天地万物的支柱。人们预言，最终，它会揭开世界末日的大幕：

> 届时，黑色的恶龙在空中盘桓
> 在残月凄凄的山头，它亮闪闪地出现，蜿蜒穿行
> 翅翼上下扇动着——飞行在平地上空——
> 遍地死尸："恶魔魂影"；此时她必须沉没。[35]

"耶梦加得"——世界之蛇，它的存在更具深远的宇宙意义：它是威力巨大的恶龙，身体环绕着凡间，将人类世界与混沌的宇宙分开。它最终也会打破纽带，届时，外部世界（Utgarð）的栖息者在"诸神末日"（Ragnarök）将世界打入荒芜之地。与这样的威胁抗争，凡人是没有资格的：雷神托尔（Thor）——诸神和凡人的守护者——就是终结这些白费心力的恶魔的神；他与世界之蛇有过多次较量，都被记载下来，在维京人的世界里广为传诵。

虽然在古斯堪的纳维亚语文学中，"普通"的龙出现的频率很高，但气势如《贝奥武甫》描写的大蛇却不然，再引用托尔金的话说就是，"极其可怕而罕见"。[36] 但是，所有这些恶龙的原型，也就是原龙，都是法夫纳龙（Fáfnir），源自北欧英雄传奇中最重要的故事，被西格德沃尔松格（Sigurd the Völsung）杀掉，而西格德也由此成为"屠龙者教父"。故事的开头是这样的：

奥托尔（Otr）变身水獭（不足为奇），游泳的时候，被火神洛基（Loki）杀掉，他父亲赫瑞德玛（Hreidmar）及其兄弟雷金（Regin）和法夫纳龙获得一笔财宝作为赔偿。此类故事中，财宝带来的通常是魔咒，这笔财宝也不例外，原因是奥丁在最后时刻往这笔财宝里加了一只被诅咒过的指环。兄弟俩合谋杀死了父亲，法夫纳龙却又背叛了兄弟，把财宝窃为己有。他带着财宝逃到了一个

叫"Gnitaheiðr"的地方，在那儿，他变身成了一条恐怖的巨蛇，小心翼翼地守护着财宝。与此同时，雷金也谋划着复仇大计，熟练掌握了打铁技术，并收了一个叫西格德的年轻人当门徒。雷金打造出一柄死亡之剑，取名为"格拉姆"（Gram），并派西格德踏上了寻找法夫纳龙之路。西格德来到"Gnitaheiðr"，挖了一个藏身之洞，等待法夫纳龙从头顶爬过。法夫纳龙按时回来，西格德从洞中努力举起利剑，刺穿了恶龙的身体。

法夫纳龙当时没死，与西格德说了好长时间的话，但最终还是死了。西格德按照雷金的指引，割下了恶龙的心脏，插在棍上用火烤，以献给主人享用。西格德怕心脏没烤熟，就用手指去试，结果却烫伤了大拇指。他把大拇指含在嘴里，尝到沾在上面的龙血。刹那间，西格德掌握了听懂鸟语的能力。于是他听到树上的七只鸟在跟他说话，笑话他简直蠢到了家，说雷金只不过是施计，利用他为自己复仇，而且还打算把恶龙的所有珍宝据为己有。听到这，西格德立刻找到雷金，用雷金亲手锻造的格拉姆剑砍掉了他的脑袋。[37]

屠龙部分的结尾就是这样的，但绝不是西格德传奇的结尾。中世纪时，这一部分，也就是亲人之间纠葛的爱恨情仇被人们一传再传，体现在 13 世纪的古高地德语《尼白龙根之歌》（Nibelungenlied）以及古斯堪的纳维亚语《沃尔松格萨迦》（Völsunga saga）中。中世纪的诗歌最终赋予理查德·瓦格纳（Richard Wagner）以灵感，创作出系列歌剧《尼白龙根的指环》（Der Ring des Nibelungen）——《莱茵的黄金》（Das Rheingold）、《女武神》（Die Walküre）、《齐格弗里德》（Siegfried）和《诸神的黄昏》（Götterdämmerung）——1876 年开始巡回首演。由卡尔·埃米尔·多普勒（Carl Emil Doepler）设计的最初服装造型，还有亚瑟·拉克姆（Arthur Rackham）为瓦格纳英文剧本所作的插图，都对维多利亚时期人们对北欧神话主题的想象产生了深远影响；托马（Thoma）的带翼头盔和铜质紧身战袍为主神沃旦（即奥丁）及瓦尔基里（Valkyrie）该如何呈现提供了参考模板，事实证明其具有很强的可塑性。[38]

不过，沃尔松格传说同样也渗入不列颠（及其他地方）人的精神深处，虽然比较隐晦，却具有同样的影响力。19 世纪的最后几年，伯明翰正处于工业化进程中，在距离郊区很近的一个村子里，有个小男孩与母亲相依为命。某一天，他发现了什么。小小年纪的 J. R. R. 托尔金快读完《红皮童话书》[（*Red Fairy Tale*），是英国作家和评论家安德鲁·朗格（Andrew Lang）编写的第二本童话故事]的时候，看到了《西格德传说》。那个故事深深地影响了他。1939 年，他回忆说："我痴迷龙到了骨子里……即便仅仅是对法夫纳龙的想象，不管多么令人恐惧，也使那个世界显得那么丰富，那么美妙。"这给他的想象力带来了巨大的影响，他一生都痴迷其中。[39]

1914 年，托尔金在牛津大学埃克塞特学院读本科时，获得本科英文斯基特奖（Skeat Prize），他用奖金购买了《沃尔松格萨迦》。[40] 这本书是伟大的艺术家、作家、工艺开拓者、中世纪研究家威廉·莫里斯（19 世纪维京复兴的重要人物）与朋友冰岛学者艾瑞珂·马格努松（Eirikr Magnusson）于 1870 年合译的。西格德的传奇故事在风格、情节和主题上都在很大程度上直接或间接影响了托尔金的创作。受到直接影响的如以传统的英语头韵格律创作的诗歌[在他去世后出版，名为《西格德和古德龙传奇》(*The Legend of Sigurd and Gudrún*)]，间接影响体现在他笔下有关中土世界故事的大量元素：从《精灵宝钻》(*The Silmarillion*)英雄图林·图伦拔（Turin Turambar）屠灭格劳龙（Glaurung），到《霍比特人》中痴迷金子的索林·橡木盾（Thorin Oakenshield），当然，正是那只被诅咒的戒指成就了《指环王》三部曲。[41]

对威廉·莫里斯来说，他也创作了重讲西格德传说的史诗级作品，与和艾瑞珂·马格努松合作翻译的作品是不同的。《西格德沃尔松格传说和雾童矮人族的衰落》(*The Story of Sigurd the Volsung and the Fall of the Niblungs*，1876，后简称《西格德传说》)是六步格押韵体诗歌，有一万多行，多数已被人遗忘。长诗曾得到人们的高度赞扬，而且其作者视它为自己最优秀的诗歌创作。例如乔治·萧伯纳（George Bernard Shaw）就曾满怀激情地称赞它：莫里斯创作的《西格德传说》"堪称自荷马以来最伟大的史诗作品，他也借此作品达到了职业的巅峰"。根据萧伯纳的说法，莫里斯"深知这部作品的伟大之处，常常吟诵其中的段落，情绪激动时像只大象一样来回摆动，从一只脚摆到另一只脚。吟诵完之后，他在我旁边坐下。我说：'这正合我的胃口；别的都及不上'"。[42]

关于同一个主题，理查德·瓦格纳也创作了一部里程碑式的作品，从长远来看，《西格德传说》不可避免地总被人拿来与之对比。1876 年，《魔戒》四幕歌剧巡演首次在拜罗伊特（Bayreuth）亮相，同年，莫里斯的诗歌发表，在欧洲引起了轰动。莫里斯并不希望看到这样的对比。他对瓦格纳的作品——当然总体上是对歌剧，评价起来不留情面。"在我看来，把一个如此宏大、世界知名的主题放在歌剧里惨淡的煤气灯下，无异于一种亵渎；是所有艺术形式中最低级、最陈旧的——西格德的悲痛之情无以言说，即便是最简单的词语也无以表达，却要让一个长着棕色头发的德国男高音纵声歌唱出来！"[43]这对瓦格纳来说似乎并不公平，毕竟他手中握有利斧，用以打磨歌剧的形态。但只要稍有理智，就能判断莫里斯要比这位伟大的德国音乐名家更招人喜欢，所以我犹疑着没有为后者辩护。

这样一来，西格德的叙述就大大影响了人们对北方神话传说以及现代幻想的基调和结构的理解，并且这种影响还将持续下去。不过，之所以能产生这样的影响力，是因为该传说很早之前就对北方居民的世界观起了决定性的影响。像许多人类屠龙英雄的原型一样，包括贝奥武甫和朗纳尔，西格德创作了中世纪早期民间文化中一个很重要和流行的人物形象。[44]英雄剑刺入龙的软肋的情景——与故事中的其他画面一道——在远至鞑靼斯坦（Tatarstan）的地方，都为人所知。[45]最有名的描述当属瑞典东部的立石石刻，尤以南曼兰地区（Södermanland）的莱姆桑德（Ramsund）和戈克（Gök）的石刻最为震撼。这些石刻中，蛇身绕石盘成椭圆形，细长的带子上镌有如尼文字——悼念亡灵的文字。在斯堪的纳维亚维京时代的如尼石碑中，这很常见——这些如尼文字表达的名字仿佛能闪着微光进入蛇的生命，在龙背上被带进永恒。但这些例子中，在如尼文字的下方，潜藏着一个讨厌的人，他手里的剑伸向上方，刺入龙的身躯：他是法夫纳龙的灾星——这怯怯而又英勇的一刺成就了他的形象。[46]

西格德的形象也出现在维京时代的不列颠：马恩岛上矗立着四块基督教的如尼石碑，是早期维京人所立，展示出传说中西格德的形象，除此之外，兰开夏郡（Lancashire）的霍尔顿（Halton）立着一块十字架，上面刻有一幅图，描绘了法夫纳龙被烧烤的心脏以及西格德吮吸拇指的画面。[47] 马恩岛上的石刻，其中一块包含一个细节，不多见，仅在该故事的其他少数绘图中出现过。画中贡纳尔（Gunnar）身处蛇坑之中；是故事中后来出现的场景——在 13 世纪的《沃尔松格萨迦》中有简洁的描述。为把财富据为己有，贡纳尔伙同他的哥哥胡格尼（Hogni）谋杀了西格德，却与邀请他俩吃晚饭的姐夫匈奴王阿提拉（Attila the Hun）发生冲突，阿提拉挖掉了胡格尼的心脏，后又把贡纳尔扔进了蛇坑。贡纳尔不想死，做最后的挣扎，他用脚弹奏竖琴：所有蛇都被催眠，只剩一条还醒着，给了他致命一击。

从很多方面看，朗纳尔·洛德布罗克是屠龙先驱西格德的再现。有的（毫无时间概念）甚至说朗纳尔的第二任妻子亚丝拉琪（Aslaug）就是西格德的女儿（与奥丁神婢女之一瓦尔基里所生）。更有甚者，朗纳尔和亚丝拉琪还有个叫"西格德"的儿子，据说，这位年轻人的瞳孔中有幅图，一条蛇盘着身子咬自己尾巴：显然，他就是著名的"眼中有蛇人"（*ormr í auga*）西格德。[48]

或许，从未出现朗纳尔这么个人，如果有，萨迦中关于他一生的故事，也几乎没一件是真的。萨迦和《丹麦人的业绩》中记述的他的死，纯属虚构。据说，他是在蛇坑底忧郁而死——拜埃拉所赐。这种说法听上去够荒唐。867 年，"异教徒大军"屠杀了诺森布里亚王国的两个国王，埃拉便是其中之一。（这跟《沃尔松格萨迦》中对贡纳尔的处理如出一辙，很可能是故意为之。）不过，有一点很清楚，中世纪后期的斯堪的纳维亚人开始记叙朗纳尔和他几个儿子的事迹时，认为他们是最伟岸的英雄形象：屠龙者西格德本尊。单凭这点我们就能知道，那些在 867 年攻下约克的人们获得了多么高的尊敬和多么广泛的赞誉。但同样清楚的是，人们认为有必要为 8 世纪 60 年代维京人入侵不列颠找个说法，找个令人信服的故事来解释发生了什么，来为所有的暴力和流血事件辩解，解释一群个体（至少有些是这样）令世人惊愕的所作所为。这个群体远比他们所谓的父辈更具历史真实性。

第 8 章

嗜血的雄鹰

VIKING BRITAIN

你知道怎么劈砍吗？你知道怎么读书吗？
你知道怎么染色吗？你知道怎么考验吗？
你知道怎么祈求吗？你知道怎么献祭吗？
你知道怎么调兵遣将吗？你知道怎么杀伐屠戮吗？

《哈维默》
(*Hávamál*) [1]

"勇士"比约恩（Björn Ironside）、"白衣"哈夫丹（Halfdan Whiteshirt）、[2] 乌比（Ubbe）、"眼中有蛇人"西格德（Sigurd Snake-in-the-Eye）和"无骨者"伊瓦尔（Ivar the Boneless）。

有一首诗是与复述他们的名字有关的，就像维京亡魂的召唤仪式一样。与他们传说中的"父亲"不同，这些人，不能说全部，但大多数都是真实的人。这五个人中，其中三个——乌比、哈夫丹和伊瓦尔——在 9 世纪时期的不列颠扮演着重要角色。在随后几个世纪人们撰写的有关他们的故事中，他们与父亲朗纳尔·洛德布罗克的关系至关重要——是朗纳尔激励他们武力侵入英格兰的。

几个世纪以来，他们以父亲被扔进蛇坑为名向国王埃拉发起的复仇行动，一直被看成是维京人野蛮和异教徒暴行的缩影。于是，就有了《朗纳尔之子的传说》（*Ragnarssona þáttr*，作于约 1300 年）中的记述："伊瓦尔和他的兄弟让鹰啄开埃拉的后背，之后用剑把他的所有肋骨从脊骨上剔除，再扯出他的肺。"[3]

这种怪诞的做法来自有名的"血鹰"（blood-eagle）。早在这篇叙述至少 100 年前（不过依然是事件发生的 300 年后），萨克索·格拉玛提库斯就记述过类似的情形，但他的记述"比较温和"，只是大体上写了一只鹰啄食埃拉的后背；没有描写剔肋骨和肺叶扇动的画面。（但萨克索的描述中确实有往伤口上撒盐的句子："在他身上留下伤口，他们还不满足，还在模糊的血肉上撒盐。"）[4] 不过，相比这些不一致的记载，更重要的问题是，当时唯一记录埃拉死亡的史料表明，埃拉死于 867 年，正值诺森布里亚王国试图重新占领约克期间。纵使我们认为胜利一结束就发生了这桩令人不快的景象，但总感觉如此荒诞的事，即便是像以简洁著称的《盎格鲁－撒克逊编年史》这样的史料也该顺带提一下才对。

古斯堪的纳维亚语中最早涉及埃拉之死的文字是诗歌的形式。11 世纪出现了几首赞颂国王克努特的行吟宫廷诗［统称为《克努特赞歌》（*Knútsdrápur*）］，其中一首的一节，诗人 Sigvatr Þórðarson 是这样写的：

> Ok Ellu bak,
>
> At let hinn's sat,
>
> ivarr, ara,
>
> Iorvi, skorit.[5]

字面翻译过来就是：

> 埃拉的后背，
>
> 有个人住着，
>
> 伊瓦尔，和他的鹰，
>
> 约克，割开。[6]

若说行吟宫廷诗是一种"惜字如金"的艺术形式，多少有些低调了，而《克努特赞歌》采用的特殊形式（其韵律叫作"*tøglag*"）尤其精简。最中肯的说法是，古斯堪的纳维亚语中诗节内单词之间的关系与现代英语一样模糊。这一节可以翻译成："住在约克的伊瓦尔，把一只鹰刻入埃拉的后背。"——含意是伊瓦尔在埃拉的后背刻了一只鹰的形象。似乎中世纪的文人是这么理解的，而现代历史学家倾向于接受萨克索和萨迦作者的阐释。

但是，这一诗节同样也可翻译为："住在约克的伊瓦尔让一只鹰啄开了埃拉的后背。"[7]或者，潜台词是这样的："伊瓦尔攻占了约克，打败并处死了埃拉。也就是说，令所有人普遍满意的是，由于他被扒掉了衣服，脸朝下倒在泥地里，这样鹰可以大快朵颐他的尸首。"读者或许能够想象这个场景，它是维京贵族非常崇尚的。能把敌军变为猛禽和食腐肉动物（尤其是狼、渡鸦和鹰）的美餐的国王，才是能宣示功成名就的好国王。换句话说，这是完全符合传统的，而且绝对是那种人们期待吟唱诗人创作的东西。[8]

从这个角度看，萨克索的史料和萨迦传奇中对血腥仪式详细又不一致的描写，似乎是中世纪人们的误解导致的，而现代译者翻译的是增加了许多夸张渲染的成分的版本，使得这种误解越来越深。

因此，所谓的"血鹰仪式"，似乎是后世的古文物研究家杜撰的，他们深深着迷于具有异域风情的祖先，那些怪诞的行为又令他们兴奋难耐，于是虚构了维京人的野蛮暴行。已故的伟大日耳曼语言和文学大师罗伯塔·弗兰克（Roberta Frank）曾说："中世纪的文人，与现代文人一样，面对异教徒祖先的花里胡哨的仪式和枝繁叶茂的民间信仰，总是过于热切地想去恢复它们。"[9]但这不应该用来掩盖北欧异教徒真正的所做所为——在我们看来——恐怖又血腥。

在他的《汉堡－不莱梅教堂主教轶事》（*Gesta Hammaburgensis ecclesie pontificum*）中，有一段著名的文字，11 世纪德国编年史家不莱梅的亚当（Adam of Bremen）决定记录下所谓的"瑞典人的迷信"。他先是不吝辞藻（实话说并不怎么令人信服）地描写了乌普萨拉的一处庙宇，之后写道：

> 每一个神都任命祭祀提供活人献祭……人祭的过程如下：上祭时供奉 9 名男性，按照传统，要用他们的鲜血抚慰众神，将 9 个尸身挂在庙宇旁边的树林里。对异教徒来说，那个树林非常庄严，由于死者或人祭腐烂的肉身，每棵树都很神圣；他们会在人身旁挂上狗和马。[10]

亚当的记述中，很多细节都需要审慎推敲——特别是规模宏大的庙宇及与之相关的仪式，还有作者很明显的基督教日程。[11]即使细节存疑——的确，乌普萨拉从未有过庙宇[12]——但维京世界中其他的证据表明，祭祀（可能包括人祭）是基督教之前北方宗教的一部分。1984 年，瑞典耶姆特兰省（Jämtland）弗勒瑟教堂（Frösö Church）的改建引发了对圣坛的考古研究。开凿机在祭坛下发现了桦树树桩，是在教堂修建之前就被砍掉的。在树周围的黑土里，散落着数量众多的动物骨头——牛、山羊、绵羊、猪、马、狗、鸡、松鸡、松鼠、鹿、麋鹿和熊——都是些关节脱落的、破碎的、断了的。同样也发现了人类骸骨：两具（可能不止）成年和两具儿童——一个介于三到五岁之间，另一个则连六个月都不到。所有尸骨，无论人类的还是动物的，都能大体追溯到维京时代。弗勒瑟教堂的证据强有力地表明，树是祭祀品呈贡的主要地点，而且人和动物（或动物身体的某部分）可能是挂在树枝上的——与不莱梅的亚当的描述相似——直到被割下、埋葬，或者腐烂并掉落在地。[13]

维京时代的其他画像和文本似乎也证实了，至少是部分证实了不莱梅的亚当笔下的故事。伊本·法德兰解释说，人们为了感激超自然力量的干预和帮助，会屠杀动物，并将动物的尸身献给所崇拜的人。献祭者"把绵羊或奶牛的头挂在垂到地面的树枝上"。[14]一个来自伊斯兰西班牙①的犹太商人记述说，在海泽比，"人们杀死祭祀牲畜，不管是公牛、公羊、山羊还是猪，都会把它挂在屋外的杆上，这样其他人就会知道他已献祭，表达了对神的敬意"。[15]这个画面必然让整条街看起来异常恐怖。

挪威境内奥斯陆附近的奥塞贝格（Oseberg）有一处船葬，船葬中有一块织于9世纪的挂毯碎片。看似上面描绘了一棵怪树，树上挂满了"尸体—水果"，一队车马、女人和士兵正从树下经过。最终，出自哥特兰岛（Gotland）的著名的斯托拉·哈马斯（Stora Hammars）图画石好像展现了某些更精细的东西：一个小人儿脸朝下趴在一个小东西上。右后方站着一个满脸胡须的男人，向前倾着身子，手里拿着一根矛。他的身后和上方，画有两只大鸟——可能是渡鸦。画面左侧是一个身穿铠甲的人，吊死在树上，右侧的人群则挥舞着手里的兵器。[16]没人知道这幅图到底要传达什么（是神话场景、传奇故事还是对同时代活动的描绘？），但仪式给人的血腥感是不会错的，与对主神奥丁的崇拜联系起来，是完全说得通的。

那幅把血鹰仪式从残虐报复的行为变成宗教仪式的装饰画最能唤起人们对中世纪的记忆。这种祭祀的概念起源于对此类活动有所描述的另一本萨迦——

①8世纪时，伊斯兰教在西班牙占主导地位。——译者注

13 世纪的《奥克尼萨迦》(*Orkneyinga saga*)，里面提到 "长腿" 哈夫丹 (Halfdan Long-leg，9 世纪挪威国王 "金发王" 哈拉尔之子)，被奥克尼伯爵艾纳 (Einar) "用剑把肋骨从后背的脊骨上割下，然后在裂口处把肺叶扯出来"，艾纳 "把战俘作为胜利的祭品献给奥丁"。[17] 这本萨迦对历史事件的描述是有很多漏洞的，其中的恐怖细节很不可靠，就如上面曾提到的出处一样。不过，有一个细节倒是保留了真实的一面，即维京时代死亡与仪式之间的关系：与 "吊死之神" [Lord of the Hanged (Hangadrottinn)] 奥丁的传说与崇拜有关。

古斯堪的纳维亚诗歌以及中世纪后期的作品中，奥丁是个爱惹麻烦的邪神，这是个无法回避的事实。他数量众多的称谓中，最不详的是 Valföðr ("杀戮之父")、Skollvaldr ("背信弃义之王")、Hjarrandi ("尖叫者")、Grímnir ("风帽者")、Hildolfr ("斗狼")、Bölverkr ("邪恶工人")、Draugadróttinn ("亡灵之主")、Hengikeptr ("长下巴")……[18] 他管辖的领域很广：魔法、战争、神符、命运、诗歌、预言、虚伪、权力及死亡，似乎都被看作是他感兴趣的主要领域。奥丁的多面性，使他成为一个很难刻画其性格的神。但他所有的形象里都隐藏着一系列的黑暗面，他与死亡亲密无间，死神在他身边像个悠悠荡荡的影子，幽暗而又模糊——披着又黑又破的斗篷。

奥丁追求隐蔽或禁忌的智慧，不惜一次次自我牺牲，将他与血腥仪式相联系正是由此而来。他的一只眼睛没有眼球——这是奥丁独有的明显特征——因渴望从米密尔 (Mímir) 井中饮一口水而落得此结果。这口智慧和知识之泉由与之同名的守护神护佑着。为了喝上这口井中之水，奥丁挖出自己的眼睛，献给泉水——用视力交换洞察力。[19] 守护神米密尔在与诸神的战争中被斩首，奥丁便把他的头颅占为己有。他在上面刻上了符文，念了咒语。这就是熟悉死尸的巫师奥丁。

对符文和咒语的掌握，源自更大的献祭——奥丁神把自己献给自己：

> 我知道我挂在风中的那棵树上，
> 被矛刺伤，九个整夜，
> 献给奥丁，我把自己献给自己，

在那棵拔根而起的树上，

无人知道的树上。

他们既没给我面包，也没有角杯盛着的美酒，

我向下凝视着。

我抓起了符文，大叫着，我抓住了它们，

之后向后仰去。[20]

奥丁挂在上面的那棵树可能就是"宇宙树"①。刺伤他的那柄矛或许就是他自己那柄小小的矛——"永恒之枪"②。与失去眼睛不同，这次献祭是更深刻的献祭——它赋予奥丁本人以无比崇高的权力，可以接受把自己献给自己，要经历超凡的煎熬——是用痛苦换取能力的最原始的交换。

维京人一开始攻占约克是在 866 年年底，而灾难性的诺森布里亚人的反击直到 876 年 3 月才组织起来。[21] 这么晚才反击意味着维京人在庆祝胜利的同时，还可以庆祝"中冬节"（mid-winter festival），这段欢饮、享宴、祭祀的时光，古斯堪的纳维亚语用"*jol*"（作乐）来表示，也就是我们所说的"Yule"（"圣诞节"旧时用法）。照例，我们只有在后世作家的记叙里才能了解这个节日到底意味着什么。而且，正如预料的那样，冰岛人斯诺里·斯图鲁逊在其大型历史巡演剧《挪威王列传》（*Heimskringla*）中对其有详细的描述。最初是出现在《伊林格传奇》（*Ynglinga saga*）中，书中表示中冬节的献祭是为了庆祝丰收［想象仲冬标志着太阳的重生——太阳年（solar year，亦译为"回归年"）的起始，即新一轮生长的开始，这样就说得通了］。[22] 第二次则出现在《好人哈康传奇》（*Hakonar saga goda*）中。哈康（Hákon，挪威国王，934 ～ 961 年在位）之所以名留青史，主要是因为他在挪威推动基督教的过程中做出的贡献，很明显，采取的措施之一就是将"Yule"与圣诞节的日期调整到一起。斯诺里是这样解释的："先

---

① 宇宙树（Yggdrasil），北欧神话中连接天、地和地狱的巨树。——译者注
② Gungnir，音译为"昆古尼尔"。——译者注

前，'Yule'节仪式始于中冬日晚上（12 月 12 日），持续三夜"。他接着说：

> 这是一种古老的风俗，仪式盛宴开始，所有农民都要到庙宇参加，因为宴会将一直进行，所以他们要带着他们日常用度的东西。宴会上，所有人都要参与"饮麦芽酒"环节。人们宰杀包括马在内的各类家畜，宰杀时流出的鲜血统统叫作"赫劳特"（*hlaut*），而盛鲜血的器皿叫作"赫劳特碗"和"赫劳特细枝"，形似圣水喷杖。人们用这些容器把圣坛全部撒上鲜血，变成红色，还有庙宇的内墙和外墙，以及与会的人也都会被喷上血。而这些家畜的肉则会被烹制成盛宴。庙宇中间是火坑，火坑上架着大锅。人们围着火坑传杯祝酒，操办宴会的人是这儿的首领，得负责祝酒并提供所有仪式所用的食物；第一杯要敬奥丁神，饮这杯是敬胜利和国王权力，之后是敬尼约德（Njǫrð）和弗雷（Freyr），以求丰饶与和平。接下来，一般很多人会饮 "*bragafull*"（为酋长敬酒）。除此，人们会敬亲人，即那些在古冢中长眠的人，这些敬酒叫作 "*minni*"（缅怀酒）。[23]

虽然描述得没什么特别——所有节日大都如此——但与斯诺里提到的"圣诞节"一致，表明他希望把这段描述放在那个场景中解读。它唤起了人们对熟悉的"圣诞季节"场景的回忆——家人围坐在火边，摆着好多酒和烤肉，举起愉悦的杯盏敬家人，敬不在现场的朋友，敬和平，敬好运。但是，从现代角度来看，这种温馨欢快的愉悦场面，在涂满墙壁、地板和宾客身上的血渍面前，总有种打了折扣的感觉。不过，如果我们相信斯诺里（并认为他的描述朴实无华、不加评判、令人心安），那么我们可以想象这类场景正是伊瓦尔、乌比和哈夫丹在 866 年至 867 年之交冬天的约克庆祝节日的场景。

为巩固最初的胜利，维京军队击败并杀死了奥斯伯特和埃拉，很快就准备好了下一步的行动。867 年年底，麦西亚的异教徒大部队正舒舒服服地享受又一个冬天，或许是又一次圣诞节祭祀。不难理解，麦西亚国王伯赫莱德（Burhred）可不喜欢他们这样，但不喜欢也没辙。他只得向南方，即韦塞克斯求助，请求内弟埃塞尔雷德国王［伯赫莱德于 853 年娶前西撒克逊国王埃塞尔伍尔夫的女儿埃塞尔斯威斯（Æthelswith）为妻］的援助。次年，即 868 年，埃塞尔雷德和兄弟阿尔弗雷德亲自挂帅，率领西撒克逊军队与麦西亚军队会师，向诺丁汉（Nottingham）进发，维京军队在诺丁汉"有堡垒防御，不会出兵迎战"。[24] 这或许是英格兰人不曾料想到的；激战——而非围城战——向来是盎格鲁 – 撒克逊人青睐的战争方式。这种新奇怪异的堡垒战他们还是头回遇到，着实令人反感。

对于中世纪早期的攻城战的史实，我们知道得不是很多，确切了解的内容通常都源于欧洲大陆的史料，可以说，受后罗马时期的军事战略及技术的影响更深一些。即便如此，用一位中世纪早期的杰出军事历史学家的话来说：针对防御要塞的进攻战略"通常战略技巧用得最少"。[25] 在古代，围城战术令人印象深刻。公元前 7 世纪早期，一幅伟大的亚述浮花雕饰问世，图中描绘了公元前 701 年，希伯来拉吉城（Lachish）被亚述王西拿基立（Sennacherib）攻下的场景。那场围城战早于维京时代一千五百年，用到了集群弓箭手、云梯、攻城塔和攻城锤——攻城锤嵌入一个精巧装置中，与坦克多有相似之处。[26] 大英博物馆中收藏着一副残缺不全的"法兰克人"棺椁［只有一块板藏于佛罗伦萨的巴杰罗美术馆（Bargello Museum）］，可追溯到公元 8 世纪早期，上面刻有浮雕，可将两者的画面做比较。棺盖上，一名弓箭手在要塞城墙上守卫着，从唯一的出口——大概是门口——往外射箭。他的敌手则是一群乌合之众，与强大的西拿基立军队比起来，似乎并未对眼前一役做好充分准备，很是可悲（但是，公平地说，人数上也几乎没有可比性）。

围城战的战术充其量达到了基本要求。由于不列颠没有任何攻城车存在的证据，因此只能假设进攻是典型的"直接进攻"；少数仅存的迹象表明情形大抵如下。[27] 757 年，韦塞克斯境内的长期内讧，终于在梅里屯（Meretun，未经证实）皇宫的乱哄哄的闹剧中自行结束。这一幕的结尾是发生在"大门周围"的打斗，一直效忠于（被弒）国王基内伍尔夫的一派"强行攻入"，杀掉了企图篡位的基内赫德（Cyneheard）。917 年，"麦西亚夫人"埃塞尔弗莱德（Æthelflæd）从维京人手中攻下德比（Derby），"她的 4 个亲信乡绅（地位较低的盎格鲁 – 撒克逊贵族）被屠于城门之内"，这表明——150 年后——从前门攻入仍是进入防御要塞的主要方法。[28] 运用类似策略就会发生这样的结果：一旦失败，摆在他们面前的就是灭顶之灾，如 867 年的约克。然而，根据《盎格鲁 - 撒克逊编年史》的记述，多数情况下，攻城战的结局稀松平常。这类攻击似乎与《巨蟒与圣杯》（*Monty Python and the Holy Grail*）中首次试图攻击法国城堡的情景相似：徒劳的进攻、投掷一大堆令人生恶的东西，然后颜面扫地而撤退。

诚然，我们无法确知诺丁汉围城战是否也如此悲惨。不管怎样，这的确有点白费心机。《盎格鲁 - 撒克逊编年史》中的记载轻描淡写："未发生激烈打斗。"伍斯特的约翰勉强补充道："基督教徒无法攻破城墙。"[29] 最后，麦西亚人与维京军"讲和"；换句话说，没有对峙，士兵们嘟囔着农田和家人，牢骚满腹，英格兰人花钱摆脱了维京人。

大家各自散场——维京人退回约克，埃塞尔雷德和阿尔弗雷德退回韦塞克斯（据推测）。整件事看起来，如果不说是一团糟的话，也的确令人扫兴。无论如何，这段插曲很重要，原因如下：第一，表明麦西亚自百年前的巅峰之后，如今已经衰弱不堪。伯赫莱德应对不了维京人的威胁，还被逼无奈求助内弟（可能只是名义上的领主）把他从火坑里救出来——后来事败。[30] 其次，正如我们所见，它凸显了维京人喜欢利用堡垒扰乱敌军，使他们不得不绞尽脑汁思索军事策略。最后，与上一条相关，关乎策略选择，即盎格鲁 - 撒克逊的国王遇到维京人的此类攻击时，会一而再再而三地诉诸所谓的"支票"，而不是手里的剑。可以预见，这势必会频频遭遇灾难性后果。

伯赫莱德不是第一个用金钱把维京人送走的。866 年，异教徒大军出现在东盎格利亚国王埃德蒙家门口的时候，他似乎也是如此应对的；异教徒于 865 年在王国境内夺得的战马和粮草，几乎完全是被东盎格利亚人放弃的，这些坏消息并没有传递给北方的邻居，为的是不再起其他争执。但是尽管埃德蒙如此期望，也只能说这个希望太渺茫了。

《盎格鲁 - 撒克逊编年史》中记载如下："870 年：在这一年，异教徒大军策马穿越麦西亚，进入东盎格利亚，在塞特福德（Thetford）安营过冬。时值寒冬，埃德蒙国王与他们交战，丹麦人胜利，杀死国王并占领了所有土地。"[31]记述虽简，仅有 35 个单词，却有力概括了维京人征服东盎格利亚的过程：无交战、无英雄事迹或残忍行为、无殊死抵抗、无惩罚性报复，没有留给我们任何相关记录。我们只知道，450 年前，盎格利亚人在英格兰东部定居；300 年前，南部和北部融合，共认一主；250 年前，一号古丘的占领者已经长眠在萨顿胡的一艘满载珠宝的船里；40 年前，东盎格利亚国王埃塞尔斯坦（Æthelstan）在战场上手刃两任麦西亚国王；[32]此时，盎格鲁－撒克逊人的东盎格利亚已沦丧新主手中。

然而，正如约克被攻占和国王埃拉之死一样，征服东盎格利亚，尤其是国王埃德蒙的被杀，即将在中世纪早期的人们心头留下长久的印迹，最终，其意义会在历史岁月里不断回响。而且，与埃拉一样，这几乎完全取决于后世人如何记录埃德蒙被处死的方式。

第一部完整记录埃德蒙之死的作品是《圣埃德蒙受难记》（*Passio Sancti Eadmundi*），是 10 世纪下半叶由一个名叫埃伯（Abbo）的人用拉丁文写就的，埃伯是弗洛瑞修道院（Abbey of Fleury，在今法国境内）的法兰克本笃会僧侣。或许埃伯意识到，长达一世纪之后再记录埃德蒙的死，会有人怀疑其可信度，因此特别注意明确故事的出处。他声明自己是从大主教邓斯坦（Dunstan）那儿听到的，而邓斯坦则是在国王埃塞尔斯坦（韦塞克斯国王）那儿听一位老人讲的，而这位老人曾担任国王埃德蒙的扈从。信则有，毕竟无论如何也辨不了真伪。但是，无须多言，埃德蒙之死（以及后来之不死）在很多方面造成了难以解决的难题。

开头，埃伯以由来已久的方式，用了一些熟悉的修辞（我详细引用一下，读者可以一品他特有的铺陈）。他让我们想起：

> 自北方来者皆邪恶，恰有正当理由可信服，命运捉弄，加之死神降临，遭受北方蛮夷的残暴。确信无疑，这些人骨子里就心狠手辣，好似无法感知人类病痛之痛楚；事实已明，他们中有些部落

用人血做食，希腊语中有"食人族"（Anthropophagists）一词，即为此类人。临近极北山地（Hyperborean Mountains），有处名曰塞西亚，此类民族在此大量繁衍，书中有言，其数量多于其他民族之和，注定要追随反基督教者，凡是拒绝接受者，会在其头部毫不留情地刻上野兽标记。[33]

埃伯就是要让人们知道，维京人是很坏的。

他继续用奇妙的迂回表述方式详述了伊瓦尔（"暴君，噬爱暴虐，曾下令屠杀无辜者"）和乌比（"伊瓦尔的暴虐同伙"）攻入东盎格利亚，以及在那儿做出的丑恶又恐怖的暴行。所有这些只是埃伯讲述的真正重点，即国王埃德蒙被令人毛骨悚然又荒谬的酷刑折磨致死的开场白，对国王之死的描述冗长而又充满色欲。埃德蒙坚忍地拒绝出战，被缚上锁链，被嘲弄、鞭笞、绑在树上。面对鞭打和折磨，"他不停地用撕裂的嗓音呼喊基督"。被这一幕激怒的维京人"犹如练习射靶一样"，如雨的箭射进不幸国王的身躯，直到他满身箭矢，犹如"刺猬"一般。不知为何，即使这样，不屈的国王还没有死去，更有甚者，他还有话要说（他的子民或许很希望他在战场上也展现出这样的骨气）。这显然是伊瓦尔的最后一根稻草：埃德蒙，几乎站立不住，"伤口无数，肋骨暴露"，迎接致命一击；"而他的唇依然在祈祷，行刑者，剑在手上，取了国王的性命，一剑下去，脑袋落地"。[34]

过去，有些历史学家试图力证一点：埃伯耸人听闻的描述，从本质上说是精确描述了一种仪式化的杀戮，是对"血鹰"祭祀仪式的一种篡改。这样说显然很荒谬。首先，评价《圣埃德蒙受难记》，要看它的题目。题目中有个词是Passio（"受难"之意），明显意在唤起读者对主角痛苦的共情和同情心理——读者或听众沉入间接的痛苦之中，是一种过度的劝勉，以施加精神上的苛责，目的是让读者能够更好地理解。当然，此处很明确，是在描写基督和圣塞巴斯蒂安（St Sebastian）的受难。埃伯并没有要欺骗读者。他缓缓道来，"极度痛苦之中"，埃德蒙像极了"杰出的殉道者塞巴斯蒂安"。把《圣埃德蒙受难记》解读为由伊瓦尔担任狂热的异教徒牧师司祭、[35] 向奥丁献祭皇室鲜血的仪式，是一种对传统殉教文学的严重误读，而且未能合理地质疑该故事的可疑出处。

别的细节，则从根本上毁掉了《圣埃德蒙受难记》的可信度。咽气后，埃德蒙的脑袋被带到树林，扔进了荆棘丛中。国王死后，他的亲信悲愤交加，决心找到他的头颅，带回来与残尸（关于这点，埃伯乐于提醒我们："布满箭矢，因酷刑折磨，骨髓都暴露在外"）葬在一起。然而，即便是砍头后，埃德蒙也没有停止喃喃自语：

> 圣王的脑袋，虽与躯体分家且相距甚远，却在没有声带以及心脏动脉的情形下，说出了话。像搜索尸身的人一样，几个人开始搜罗林中的偏僻角落，慢慢地，他们走到了能听到人声的地方，国王的脑袋回应着搜罗队的呼喊，他们彼此鼓励着，就像朋友之间用母语互相呼唤一样，一个问："你在哪儿呢？"另一个答："在这儿！在这儿！在这儿！"国王的脑袋不停地重复叫喊着，直到大家都听到它在哪儿。

搜罗队在荆棘丛中适时找到了不停说话的头颅，它的旁边有一只体型巨大的狼守护着。"就这样，他们同心协力抬起了苦苦寻找的价值无法估量的珍宝，开心的泪水如泄洪般涌出，随后把国王的头颅带回，与残躯相聚。"[36] 守护狼一直跟着他们，目睹国王的头颅安然下葬之后，才平静地回到林中。

显然，《圣埃德蒙受难记》是精心写就的宣传文字——是对无能国王的吹捧，因其死于亵渎上帝的异教徒之手而被提升到圣徒的位置。圣埃德蒙死后不久，对他的崇拜就在东盎格利亚兴起，但是，是埃伯的文字让这份崇拜真正开始的。成文后不久，便被多产作家和瑟尼（Cerne）修道院院长翻译成古英语（幸运的是删减版，辞藻并不华丽）。东盎格利亚之外的人们也燃起了兴趣。神话是很吸引人的卖点，于是对他的崇拜从 10 世纪下半叶后期一直发展到 11 世纪。及至克努特统治时期，圣王的神龛得到大量的资金投入和皇家赞助。对圣王埃德蒙的热情，一直持续到诺曼征服之后，贯穿整个中世纪。爱德华一世

（1272～1307 年在位）的弟弟（1245～1296）即以他的名字命名，圣埃德蒙还出现在"威尔顿折合式双联画"中，天使面庞的理查二世（1377～1399 年在位）和施洗者约翰及"忏悔者"爱德华（Edward the Confessor）担当他的守护者。1348 年，圣乔治被选为爱德华三世嘉德勋章的守护者，埃德蒙首屈一指的地位开始下降，而亨利三世在位时期，即 1539 年，他的陵寝圣地遭到毁坏，之后也不再是主要朝圣地。无论如何，埋葬他的那个小镇和修道院依然以他的名字命名——埃德蒙埋葬之处：圣埃德蒙"大本营"（burh）。[37]

　　埃德蒙的故事提醒我们，基督教化的盎格鲁 – 撒克逊人拥有自己对祭祀的理解，以及对"圣血"力量的理解。然而，可以确定的是，维京人和与之打交道的基督教化的盎格鲁 – 撒克逊人，具有一系列从根本上来说相同的宗教、道德、超自然的思想，不只关乎自我牺牲的超自然的价值观。他们在"上帝"的故事中见证这一点，也在人类自我实现的过程中发现了这一点。

第 9 章

韦兰的尸骨

VIKING BRITAIN

从这儿，小乔司（Chawsey）看到了，

飞奔去费尔雷丁镇（Faire Reading），

这是个地名，织造衣物之地。

这里见证了阿尔弗雷德的胜利，同一时间，

巴克赛格（Begsceg）和那些丹麦人被杀戮，

尸首在地上被践踏……

威廉·卡姆登
(William Camden)

《不列颠尼亚》
(*Britannia*，1607）[1]

我们踏在英雄暴尸的土地上。

这里是英格兰人的圣地，

仅有一两处白骨森森之地比其更具神圣意义。

因为这正是阿尔弗雷德赢得伟大战争——

"阿什顿战役"（Ashdown，编年史家记为"Æscendum"）的地方，

就是这场战役，击垮了丹麦军队，

使英格兰成为信仰基督教的土地。

托马斯·休斯
(Thomas Hughes)

《汤姆·布朗的求学时代》
(*Tom Brown's School Days*，1857）[2]

诺森布里亚和东盎格利亚已经沦陷，麦西亚明显软弱得不堪一击。只剩韦塞克斯还未试探，而维京大军此时正跃跃欲试地伸出刺刀。

870年，一支维京军突然袭击泰晤士河谷，占领了泰晤士河和肯尼特河（Kennet river）交汇处名为"雷丁"（Readingum，即Reading）的地区。时值仲冬，雷丁应该是个很诱人的目标，或许可以用作仓库，储备搜刮到的过冬粮草。然而，当地人并没有完全放弃抵抗。攻陷雷丁后不久，一支维京袭击军团——大概是在劫掠物资——与伯克郡郡长埃塞尔伍尔夫所征赋税起了冲突。打斗中，维京首领斯德洛克（Sidroc）身亡。交战就发生在雷丁西边的恩格拉菲尔德［Englafeld，距伯克郡恩格尔菲尔德（Englefield）小村很近，位于M4区南部约一英里处］。十有八九是地方民兵和一小支维京军团（或许他们以为农民都被吓坏了，不会有抵抗）之间起了小规模冲突。不管怎样，就我们目前所知，这是自866年维京大军进入英格兰后，第一次遭遇挫败。这也是刺刀第一次刺到了类似钢铁的东西。

维京人撤回到雷丁的据点，开始准备应对必然到来的西撒克逊人的反击。他们建造了一座壁垒，将两条河连起来，形成了一个只能从西面进攻的堡垒，等待盎格鲁－撒克逊军队的到来。[3]

西撒克逊国王埃塞尔雷德和他的兄弟阿尔弗雷德有过应对维京战壕军的经验，他们未能驱逐那支军事力量，导致维京军于868年攻占了诺丁汉。但是，此时非彼时，他们这次是在保卫自己的王国。抵达雷丁后，他们决定再次用直接进攻的战术，"城外遇到维京人，一律砍杀，一个不剩"，直打到要塞城门为止。

假如维京人指望所修筑的壁垒，坐守不前，静观其变，直待西撒克逊人像在诺丁汉一样提出交涉，达成协议，那对韦塞克斯的进攻结局或许就要改写了。然而，不知何故，维京人决定出击。或许他们没有充足的粮草，应对围城战，是撑不了多久的（埃塞尔伍尔夫在恩格尔菲尔德的胜利或许削弱了维京人获取充足粮草供给的能力），又或许是因为壁垒，必定是建得太过仓促，不足以给他们万无一失的感觉。无论原因为何，被困的维京人没办法撤退，决定继续进攻："他们像狼群一样，从所有的城门一冲而出，拼命厮杀。"[4] 战斗很激烈，"双方相互大肆杀戮"，[5] 但最终，"基督徒丢盔卸甲，维京人获胜"。[6]

在西撒克逊人看来，雷丁之战是一场惨败。郡长埃塞尔伍尔夫——恩格尔菲尔德的英雄——在战斗中牺牲，皇室遭遇战败，蒙受耻辱。乌云笼罩在韦塞克斯上空，然而三条微弱的亮光冲破了乌云。只是，不知当时是否有人感受得到。首先，国王和他的兄弟扛过了灭顶之灾。假若没有，那么王国就会像东盎格利亚和诺森布里亚一样，迅速崩塌。第二，埃塞尔伍尔夫证明维京军团是可以被击败的。它提醒人们记住，西撒克逊军队曾于九世纪中期重创维京入侵者。最后，异教徒军团不再是先前的"大军"。

在 9 世纪 60 年代轻松而又傲慢地席卷诺森布里亚、麦西亚和东盎格利亚的强悍力量，此时，无疑开始瓦解了。即便那些极具进取精神的同伴已向西进发，在诺森布里亚和东盎格利亚境内，仍有大批维京人留守，以维持对当地人的控制——毕竟，补给线需要建立和维持，船只需要保护，粮草需要征集，要纳新兵、修装备、建造营地和堡垒。虽然书面史料中，这些过程记录甚少，但考古学初步提供了大量关于维京军团如何在英格兰行动的全新数据；然而，关于入侵韦塞克斯的军队，其人力和构成，我们依然不甚清楚。朗纳尔的儿子中，貌似只有哈夫丹随着从雷丁出发的军队一同前进。他是两个"国王"之一，另一个首领名叫巴克赛格，英语史料中是按名称引用的。

而这些，对国王埃塞尔雷德来说，不是什么安慰，毕竟他正带着士气低落的残军败将离开肯尼特河和泰晤士河的交界处。维京军队紧追不舍，他们只好沿河行进，进入沿河岸延伸的沼泽地。12 世纪 30 年代，用诺曼时期法语写作

的盎格鲁 – 诺曼诗人兼编年史家杰弗里·盖马尔（Geoffrey Gaimar）提供了大量——即使有些令人费解——有关西撒克逊军队逃亡方向的细节。根据杰弗里的记叙，他们往东逃去（有些出人意料），离西撒克逊中心地带越来越远。他写道："埃塞尔雷德和阿尔弗雷德被赶回威斯特雷［Whistley（*Wiscelet*）］，威斯特雷是温莎［Windsor（*Windesoures*）］方向的一处浅滩，要穿过沼泽地中一片水域方能抵达。一支丹麦军勒马返回此处，但他们并不知道河对岸还有一个浅滩。丹麦军撤回的浅滩是特怀福德［Twyford（*Thuiforde*）］，历来是这个名字。英格兰人就是这样逃跑的，但伤亡非常惨重。"[7]

时值深冬。穿着铠甲的士兵不得不选择了最艰难的路，跋涉在冰凉的沼泽地。冰冷的雾气，加上羊毛衣服和皮鞋都浸满了咸咸的冷水，他们只好将手里的盾和武器丢掉。身体最虚弱的士兵很快就悲哀了——甩在队伍后面的士兵，伤痕累累，筋疲力尽，有的在泥地里活活溺死，有的像浅滩中蠕动的鳗鱼一样被刺死。对狼狈不堪的幸存者来说，虽然向北跨过河流意味着暂时摆脱围追堵截的死亡威胁，但也几乎没有喘息的机会。从雷丁逃跑仅四天后，阿尔弗雷德和埃塞尔雷德在一个名为阿什顿的地方被迫再次与维京军交战。

记述这场战役——同时也是阿尔弗雷德的生平主要事迹——的主要资料源自《盎格鲁 – 撒克逊国王阿尔弗雷德生平》（*Vita Ælfredi regis Angul Saxonum*）一书，作者是舍伯恩主教阿塞（Asser），威尔士僧侣，最初来自德维得（威尔士）的圣大卫社区，曾于 9 世纪 80 年代被邀加入围绕阿尔弗雷德大帝的"文人圈"。阿尔弗雷德的生平事迹写于 893 年，与《盎格鲁 – 撒克逊编年史》中的很多细节相符，而其最初版本（又名"温彻斯特编年史"）也成书于 9 世纪 90 年代，就在阿尔弗雷德大帝的皇宫。因此，两本书成书于同一时间、地点，由同一个人资助：阿尔弗雷德（阿尔弗雷德大帝，编写时人们已这样称呼他）。由此，我们会猜想两本书在编写阿尔弗雷德的生平大事时，是以第一手资料为基础的，援引地名时准确又具体，对阿尔弗雷德所持的偏见和好评与西撒克逊人一样，而且对最基本的细节，两书是一致的。大体上说，两本书都符合下面这些想法。首先，战场位置均是一个叫阿什顿的地方。根据《盎格鲁 – 撒克逊编年史》记载，战斗发生在"Æscesdune"，阿塞记录的是同一个英文名，并加了注解"quod Latine 'mons fraxini' interpretatur"（拉丁语中意为"灰树山"）。这位优秀的主教在这方面以及许多别的方面，都相当博学。[8]

他对战斗本身的描述非常精彩——是 1066 年之前对中世纪早期战争同时代描述中最全面的：

> 维京人，兵分两个阵营，组成相同规模的盾墙（当时有两个国王，还有一众伯爵），士兵中的精英分配给两个国王，其他则分给诸位伯爵。基督教徒组成的军队见此情景，也以同样的方式分为两个阵营，并同样敏锐地组成了盾墙。但据我从目击现场的可靠官员那儿了解，阿尔弗雷德和士兵很快就到达战场，并严阵以待：他的兄弟，国王埃塞尔雷德，依旧待在营帐里做祷告，听弥撒，语气坚定地宣称，牧师在完成弥撒之前，他不会离开营帐，不会因为凡人的事而弃神圣礼拜于不顾；他说到做到。基督教国王的信仰与上帝关系重大，后文中体现得更为清晰。

但阿尔弗雷德等不了那么久，最终——当埃塞尔雷德"依旧在慢慢悠悠地祈祷"——他不得不一肩挑重担："像头野猪一样，勇往直前，在圣明的指引下，得圣明的帮助，整饬军队形成盾墙，指挥军队毫不犹豫地攻向敌军。"

战斗在"一棵孤独的小荆棘树"周围展开（阿塞就这点备注："我是亲眼所见"）：

> 对阵两军发生猛烈冲突，四面八方，呼声震天，一方是非正义之战，另一方则是为生命、爱人和祖国而战。双方短兵相接，刀光剑影，下手凶狠，战事惨烈，持续了很长时间，维京人再也无法抵御基督教徒的屠杀；大队人马相继倒地，随后不知廉耻地逃跑了。一个维京国王和五个伯爵在战场上惨遭砍死，数千维京军也亡命战场——整个宽阔的阿什顿尸横遍野：巴克赛格国王、老伯爵斯德洛

克和小伯爵斯德洛克、奥斯本（Osbern）伯爵、弗拉纳（Frana）伯
爵和哈罗德（Harold）伯爵丧命于战场；维京军尽皆溃逃，一直逃
到天黑，逃到天亮，逃回到出发的要塞。基督徒军紧追不舍，直追
到天黑，四面八方地将溃军砍倒在地。[9]

这是有关阿尔弗雷德赫赫威名的最早记载，编写得巧妙又细腻。但是，虽
然阿塞的记述字数很多，细节到位，但有一点与其他重要文献存在很大分歧：
国王的角色。

阅读阿塞的记述，读者会想埃塞尔雷德根本就没在战场上露面，整场战
斗中，他一直在虔诚又无用地念他的祈祷文，这样想确实情有可原。不过《盎
格鲁 – 撒克逊编年史》里写得很明确："埃塞尔雷德与国王军酣战，就是在那
儿，巴克赛格国王被杀。"后来，12 世纪的历史学家提供了更多细节。马姆斯
伯里的威廉（William of Malmesbury，1143 年去世）肯定地说，正因为埃塞尔
雷德迟迟加入战斗，才使得西撒克逊转危为安。阿塞对埃塞尔雷德在战斗中
的作用轻描淡写，意在衬托出阿尔弗雷德卓绝的军事才能、坚韧刚毅和非凡
的勇气，埃塞尔雷德的声名只能被抛到一边了；不过，即便如此，埃塞尔雷
德的虔诚还是被夸赞的——阿塞认为，这点也是制胜的关键（"与上帝关系重
大"），因为这使阿尔弗雷德的作战有了"上帝"的裁决、指引和支持——"上
帝"借此，对异教徒进行了严厉审判。掌握这种平衡不容易，而且要有政治敏
锐性。

阿塞在 9 世纪 90 年代编写此篇时，阿尔弗雷德已是韦塞克斯的国王。阿什
顿战役几个月后，埃塞尔雷德过世，阿尔弗雷德于 871 年继位。他像其兄弟一
样，登上西撒克逊的王位承袭于他的父亲——国王埃塞尔伍尔夫，他还曾是他
兄弟即国王埃塞尔雷德的左膀右臂，这更使得他成为继承王位的不二人选。因
此，阿尔弗雷德有意维护西撒克逊王朝和之前在位者的合法性。所以，阿塞在
强调国王埃塞尔雷德灵验的宗教虔诚和由此赋予西撒克逊王位的神圣光环时，
非常小心。战斗在那棵"孤独的小荆棘树"周边展开，或许意亦在此。在盎格

鲁–撒克逊人心中，树是十字架的代表，而荆棘树尤其重要（"荆棘王冠"即是来源于此）；无论阿什顿是否真有这棵树，阿塞的援引明显是有意加倍强调战场上注入了适当的"神圣力量"。

但是，"劳烦上帝"只是中世纪早期国王职责的一部分，不过也是很重要的一部分。除此，或许最重要的是，国王还得具有卓绝的战场指挥能力；他们是土地、财富和人民的刚毅不屈的守护者。因此，阿塞叙述的弦外之音，虽含蓄却清晰：埃塞尔雷德或许倾听到了"上帝"的声音，但阿尔弗雷德才是他强大的左膀右臂；而这，才是胜利的关键。

阿什顿战役究竟发生在何处，无人确知。大家都知道大体位置在哪儿——伯克郡白垩山丘高地某处——但具体位置无考。[10]

直到 20 世纪早期，人们通常认为战役发生在阿什伯里（Ashbury）村子附近，原来属于伯克郡，如今属于牛津郡（1974 年城镇边界调整）。村子附近一座土垒在 1738 年就已被称为"阿尔弗雷德城堡"，可以想象，渊源就更早了。[11]此片开阔的丘陵地和阿尔弗雷德击败维京人的战场之间的关系，与人们的想法刚好契合：乌飞顿白马（White Horse of Uffington）、刻在阿什伯里往东大约两英里处的白垩石壁上的巨幅马像，可能成画于铁器时代，起初是盎格鲁–撒克逊人为纪念胜利而作。[12]尽管这种说法充满谬误，但却随着托马斯·休斯 1857年大热的小说《汤姆·布朗的求学时代》而为人熟知。休斯猜想，大胜之后，"虔诚的国王（指阿尔弗雷德，埃塞尔雷德则在故事中被悄悄隐去），乡间的标志和纪念物绝不会少，在陡峭的白垩山体的北坡上，营地的下方，雕刻着巨大的撒克逊白马，人们坐火车经过时能够看到，而山谷也以此命名。白马俯瞰着山谷，已逾数千年。"[13]

今天，坐在火车上依然能够看到"白马"，沿着"白马山谷"的南侧呈飞奔的姿势。经常"搭乘大西部铁路（Great Western Railway）来往史云顿"的人（我是一个，显然，托马斯·休斯也是其中之一），如果"用眼睛观察，就会发现，火车驶离迪德科特（Didcot）后不久，左手边的白垩纪山丘与铁轨平行，一直绵延差不多两到三英里"。[14] 白马在白垩山丘上疾驰而过，很久很久之后，才有维京人或盎格鲁－撒克逊人仔细审视它那映衬在高地草原下令人不解的轮廓。

阿什伯里之所以"失宠"，被认为并非阿什顿战役的所在地，主要是因为著名的地名学家玛格丽特·盖灵（Margaret Gelling）的研究，她证明把阿什顿看作某个地方，是没有说服力的。她让人们关注到一个无可争议的事实：至少从 10 世纪开始，"阿什顿"这个词就被用来指代整片伯克郡白垩山丘。[15] 这极为罕见：盖灵承认，还没有用"树—山复合地名"描述这么大面积的先例。无论如何，该词的此种用法，证据凿凿。不过，在我看来，在描述阿什顿战役的文本中，好像阿塞和《盎格鲁－撒克逊编年史》都认为地名应该具有特定的地理意义。

首先，阿塞或匿名的盎格鲁－撒克逊编年史家都无法确定阿尔弗雷德大战的具体地点，这种情况仅此一次。其次，他们提到阿尔弗雷德的每次战役，总与皇室宫邸联系起来。有诸多原因，比如，皇宫很可能用作集合地点和补给站，而战役的实际情形往往使得战场就在皇宫或皇宫附近。[16] 阿尔弗雷德着力于提高人们的识字能力（毕竟，若没有读者，也就算不得好的传记和编年史），但同时对于那些记录他的统治但极尽讨好奉承的文字，他乐于鼓励。这影射出国王有意创造可以一代代传承下去的遗产——有意通过阿塞和编年史家的文字，宣扬自己的传奇过往。或许是这样，面对大部分没文化的民众，阿尔弗雷德的"文人圈"有意将国王最令人难忘的成就和众所周知的地方联系起来——尤其是那些已经与王室有关联的地方。如此一来，阿尔弗雷德的传奇故事就能融入王国的脉络，这些地名记录着他一桩桩军事功绩，与王国的处处景致交织在一起。

由此可见，倘若一个叫作阿什顿的具体地方，在战争前后就已在皇室掌握之中，距雷丁也就四天的行军路程，那么便可以初步认定，它接近这场著名战役的所在地。根据这些标准判断，人们通常认为的阿什伯里作为战争所在地是令人信服的。

840 年的一份特许状中提到了这个村子，其中记述了国王埃塞尔伍尔夫（阿尔弗雷德和埃塞尔雷德的父亲）把阿什顿批租给一个名叫杜达的人。特许状的抬头是阿什伯里（Aysheburi），表明阿什伯里应是阿什顿所在地区的中心。[17]一百多年后，即947年，西撒克逊国王再次将阿什顿的土地奉送出去；在此份特许状中，国王埃德雷德（Eadred）将土地给了一个叫埃德里克（Edric）的小伙子，这次包含一处庄园，"quod nunc vocatur Aysshebury"（"今天叫阿什伯里"）。该特许状中包含一条古英语写的"边界条款"，描述了阿什伯里教区的周界，至少是其西半部的边界。[18]放在一起看，两份文件告诉我们，在法律意义上讲，人们认为阿什顿这个词指的是阿什伯里庄园周边、伯克郡乡间那一片具体地区（后来的现代教区也以之命名）；自840年起，阿什伯里为西撒克逊王室所有，一直到947年，才转到了名叫埃德里克的贵族名下。鉴于阿尔弗雷德时期的作家们具有西撒克逊地名研究方面的知识，鉴于他们的具体化倾向，同时鉴于他们有意用人们容易理解的地理术语精心撰写阿尔弗雷德的传奇，因此，他们使用阿什顿一词时，很有可能指的是阿什伯里这个地方。

中世纪早期的战场遗址通常具有其他几个常见的特点。一是既定的集会地点，"希尔德斯劳（Hildeslaw）百人大会"便是一处，后弃之不用，阿什伯里与其相邻。[19]二是靠近要道，很多战场沿韦塞克斯山脊路（Wessex Ridgeway）分布，这条要道通过村子的西南侧。[20]但中世纪早期的不列颠战士们浴血奋战的地方（不管怎么说都是在韦塞克斯境内），其最具标志性的特点是：都存在史前遗迹。前面提到的阿尔弗雷德的城堡，是青铜器时代的单层防护土墙结构的山堡，位于山脊路的西北侧。不过此处还存在其他年代更久远的遗迹，尤其有一处，它坐落在高高的白垩山上，阴森逼人——对西撒克逊人来说，该是黑暗咒语般的存在。

黄昏时分，我与妻子来到阿什伯里，太阳已然开始慢慢西落。驾驶的尼桑玛驰与画面很是违和，我俩在车里坐了几分钟，吃着奶酪卷，啜着咖啡。若在谷歌上搜索阿什伯里，会给你呈现典型英格兰村落的图片：完美圣诞卡形象的诺曼教堂、16世纪的酒吧和半木质的建筑、掩映在绿色村庄中的一座座茅草屋。这种地方很容易让人想起如下画面：约翰·内特尔斯（John Nettles）在其中游走着，在教区牧师的盆栽棚中调查一位牧师的死因。当然，英格兰的乡村住宅并非都是这样的——也有例外，或许就是沿泰晤士河谷走廊遍布各处的沼泽地，从东部的里士满（Richmond）绵延到西部的赛伦塞斯特（Cirencester）。不列颠南部这一带很吸引人，这里是影响力的托利党选区，有通往帕丁顿（Paddington）的便捷通勤路线，一车接一车的日本游客来此游览，人们享有丰厚的退休金，所有这些加在一起构成了条件和诱因，使得像威特尼（Witney）和拜伯里（Bibury）这样的地方草木修剪得整齐划一、在镜头里呈现出惊人的美轮美奂。不过，大多数英格兰村庄都离村庄的绿地很远，并非都如此整洁干净：塑料公交候车亭，配很小又生锈的垃圾箱以及绝对野兽派的路灯，生锈的破烂铁制坡棚和废弃的防水布，令人生厌的战后建筑散落在附近的乡下——英国的多数乡村和小镇都有各自破败的区域，在那些靠近边界的地方，一直延伸到远处的树林和农田里，凌乱地散落着一户户人家。历来如此，长期使用的应急地带模糊了私人、公共和野外空间的界线。

我们在村边的路边停车带停好车，手里拿着膳魔师保温瓶坐一会：眼前一个黄色砂砾筒仓、一根路桩、一座座花园和水泥房屋，零零散散地一直延伸到远处的农田。我们下了车，朝上沿小径向东走，爬上白垩山脊。当时吵了些什么，想不起来了——当时我俩都很累；好像是关于秃鹰起了误会，又或是跟绵羊有关的什么事……或许都有吧。只记得当时我一怒之下，把伞弄坏了——我一脚踢向雨伞，伞头钉进土里，伞柄弯折，没法修了。接下来的一个小时，我还得拿着这个无用的东西，就像拿着一个羞耻的徽章。不过，后来就忘了，到达白垩山顶后，我们开始沿山脊路走。天色越来越浓。离天黑虽还有一段时间，但空气变得浓重；树与树之间的影子越来越深，距离也有些失真了。忽然之间，我们就到了古迹面前，沉默如同沉重的百叶窗一样唰地降落；低斜的日光穿过山毛榉树，如丝带般洒落在黑黝黝的立石碑上。一团雾气从我们身后的山谷中升起。

这座新石器时代的分室坟墓建于大约 5500 年前，阿尔弗雷德眼中的它，与此时我们眼中的它应该是不同的。其重建后的布局，与它原始的（或者，不如说最终的）样子有些接近。四块巨大的砂岩砾石耸立在这座长长古冢的南端，20 世纪 60 年代早期经考古学家斯图尔特·皮戈特（Stuart Piggott）和理查德·阿特金森（Richard Atkinson）发掘出土后，它们便竖立在那儿；最初有六块，沉默地立守在黑暗入口的两侧——此入口必是通往另一个世界。[21] 从 20 世纪初期拍摄的照片可以一窥重建之前的样子：巨石散落，杂乱不堪，显得愈发荒凉、奇诡，较之现在的样子，少了一些浮夸。这多多少少，也许就是中世纪早期不列颠人如何与古迹邂逅的。[22] 罗马时期的不列颠人称其为什么，我们不得而知。不过，10 世纪中期开始，或许还要早很多，讲英语的人称它为"welandes smiddan"，即"韦兰的铁匠铺"（Wayland's Smithy）。[23]

这座古墓与传奇铁匠的手艺之间的关系，流传了相当长的一段时间。1738 年，牛津大学档案管理员弗朗西斯·怀斯（Francis Wise）给米德博士（Dr Mead）写了一封奇怪的信，重提"韦兰的铁匠铺"的传奇故事，而故事是从"乡下人"那儿听来的："这儿曾住过一位隐形的铁匠，如果旅者的坐骑在路上掉了马掌，没得选择，只能带点钱，把马牵到这儿，把马和钱都留下，过一段时间回来，就会发现钱不见了，而马有了新马掌。"[24] 如果怀斯的记述确实真切保留了与长长的古冢相关的民间传说（而不是弗朗西斯那种公认的过度夸张的遐想），那就能表明韦兰的传说在伯克郡山地至少继续流传了八个世纪。[25]

阿尔弗雷德知道韦兰是何许人。波伊提乌（Boethius）的《哲学的慰藉》（*De consolatione philosophiae*），其古英语翻译版（通常要归功于阿尔弗雷德朝臣，也可能归功于阿尔弗雷德本人）中，"*Ubi nunc fidelis ossa Fabricii manent?*"［"忠诚的法布里修斯（Fabricius）的尸骨如今憩在何处？"］一句被译为"*Hwaet synt nu þæs foremeran* ['and'] *þæs wisan goldsmiðes ban Welondes?*"（"智慧与名声共存的金匠韦兰的尸骨如今在何处？"）。[26] 尽管考古学家的确在发掘古冢时发现了大量骸骨，但确定的是，骸骨不在阿什伯里。[27] 不过，盎格鲁－撒克逊人从未称其为"*welandes beorg or welandes hlaaewe*"（韦兰之冢）——他们称其为铁匠铺，而这样推测起来——在他们的想象中——这里是一位声名远播、聪明睿智的工匠的铺子："我之所以用'聪明睿智'一词，是因为工匠永远丢不了手艺（craft），而且其手艺也不会轻易被学去——就像太阳不会从其所处的位置被移走。韦兰的尸骨今在何处，或者，有谁知道在哪儿吗？"

有趣的是，波伊提乌的译者在翻译《哲学的慰藉》时，在这个地方踌躇了一下，理解偏了手艺的重要性。插入韦兰的这段文字，是对凡俗生活稍纵即逝和面对死亡时世俗名声一无是处的一种深思——正如我们现在所见，这些主题似乎对盎格鲁－撒克逊人的思想影响很大。但似乎阿尔弗雷德因他留下的"遗产"而令人念念不忘，因为他虽已逝去，但却创造了一个比他"长寿"的王国。的确，在阿尔弗雷德时期的文学作品中，人们把"craft"（古英语为 cræft）一词视为最重要的词之一，赋予它的含意不仅指技能，也指美德，而阿尔弗雷德的其他作品则充斥着建设和劳动的意象：比如，在他的版本中，奥古斯汀（Augustine）独白把知识的积累比喻为建造一座巨大的建筑，详细描述如何收集建设一个更好的新世界所需的木材和材料，所用技术也有详述。[28] 这一比喻与城镇和船舶的实际建造相符。阿尔弗雷德晚年及其后世子孙一直致力于城镇的建设和船舶的建造。换句话说，阿尔弗雷德似乎决心通过手艺、借由名声与智慧来挑战波伊提乌宿命式的悲观情绪。

然而，韦兰——这位工匠的技艺如太阳一样永恒不衰，作为手工艺的典范，提及他往往会令人不安。古英语诗歌有几处提到了他。《贝奥武甫》以赞许的口吻提及一件韦兰打造的铁链衣，而题为"Deor"的诗歌（经典诗歌中最古老的诗歌之一）讲述了韦兰的故事，尽管高度节略且颇多暗指，但形式相对完整。[29] 不过，人们在古斯堪的纳维亚语中找到了最完整的记述，诗题为《韦兰之歌》（Völundarkvida），证明韦兰其人是真实存在的，像许多其他故事一样，韦兰的故事在整个北海地区为人熟知。故事读来令人相当不快，写到英雄韦兰时，诗歌达到高潮——邪恶的国王尼杜德（Nídud，古英语为 Nithhad）活捉韦兰，并将其弄残，韦兰侮辱了国王的女儿并致其怀孕，谋杀了众王子，用他们的头骨做成杯子，眼珠做成珠宝，牙齿做成胸针（再将其献给他们毫不知情的父母），然后像复仇的北欧狄德勒斯 ① 一样逃离。至少传说中有一幕场景装饰了法兰克人的

---

① 狄德勒斯（Daedalus），在克里特岛（Crete Island）建造迷宫的雅典名匠，后造出翅膀与其子伊卡洛斯（Icarus）飞离该岛。——译者注

珠宝箱：一个满脸胡子的人伸出手，手里拿着他锻造好的杯子，另一只手紧握着一把钳子。台下躺着一具无头尸体。《韦兰之歌》中，韦兰对可怕的尼杜德说：

> 去你开立的铁匠铺：
> 在那儿你会发现风箱上溅满了鲜血；
> 我割下了那些小幼崽的头，
> 把四肢放在了铁砧下面的泥巴里。[30]

这可不是18世纪伯克郡百姓心目中乐善好施又精灵般的铁匠的作坊。或许是因为看到地面突出来的新石器时代的骨头，盎格鲁-撒克逊人便把长长的古冢与韦兰联系起来。那是个暗黑之地、血腥之地——种下尸体，结出骨头。

韦兰的传说令盎格鲁-撒克逊人心头一紧。这倒提醒我们，虽然阿塞把维京人的战争渲染成不敬神的异教徒和韦塞克斯信仰基督教的战士之间的二元打斗，但古老又黑暗的东西仍然潜藏在盎格鲁-撒克逊人的心头——密室中的骸骨。阿尔弗雷德和他的臣属欲留下一个他们正在建设新世界的印象，那是个充满创造（craft）、学习和基督教启蒙的新世界。但铁砧下的泥土中、阿尔弗雷德新英格兰的根基中的某个地方，依然沉睡着韦兰的尸骨——关于这个异教徒的生平，英格兰人从未达成一致意见：他的生平根植在古老的北方，根植在有关掠夺和毁坏、蜕变和超自然飞行、复仇和暴力的故事中。

考古学家尼尔·普赖斯（Neil Price）指出，盎格鲁-撒克逊人对异教维京人突然出现在他们之中本能地做出如此反应，不仅因为维京人的暴力和异教信仰，还因为一种可怕的似曾相识的感觉——源自古老的亲属关系、共享的交织在一起的各种故事以及同样的看待事物的方式：

> 盎格鲁-撒克逊人……知道维京人的世界观与不久前他们自己的世界观并无太大差别，或许，从根本上来说，他们的世界观并未发生多大改变……人们不仅约定俗成地认为维京人恐怖，维京人是一面黑暗的镜子，镜子里映出的是英格兰人心目中自己先前的形象。[31]

　　盎格鲁－撒克逊人看着镜子里面，看到了不愿意面对的东西——感觉自己仍战战兢兢地站在万丈深渊的边缘，悬崖下便是刚刚摆脱的异教的野蛮与凶残。因此，用弗洛伊德的话说，维京人"神秘诡异"（*unheimlich*）。他们"本应神秘又隐蔽，却突然出现在光天化日之下"，这种情形"似曾相识，早已存于心里，却已与实际相去甚远"。[32] 弗洛伊德的"神秘诡异"概念被有效地用在此处，解释出熟悉感与世俗的错位所引起的超自然的恐怖力量——椅子在空屋子里移动，出神地喃喃低语的孩童。同样，这个词还被拿来解释考古学的恐慌感：挖掘出了本应一直深埋地下的东西。怪异文学作家 M. R. 詹姆斯（M. R. James）、H. P. 洛夫克拉夫特（H. P. Lovecraft）、罗伯特·E. 霍华德（Robert E. Howard）、克拉克·阿什顿·史密斯（Clark Ashton Smith）、亚瑟·梅琴（Arthur Machen）、阿尔杰农·布莱克伍德（Algernon Blackwood）不断在考古主题中寻找写作灵感，这正证明了人们对揭开那些不可言状的深藏的知识、地方和事物所怀有的兴奋与恐惧。但是，对盎格鲁－撒克逊人来说，这种"神秘诡异"带着恐怖且凶残的真实：手拿斧头和火把，满乡下地掠夺。英格兰人丧失的国土——如比德的观点，在传说中的盎格鲁－撒克逊移民时期，"原来的百姓都不见了"——远未废弃。这一迷失的世界，在火堆旁讲述的故事里充满了传奇色彩，在这个世界里，魔鬼很遥远，异教徒的众神闪耀着基督教伦理的光辉。而此时，这个世界却喷涌出一个幽灵之国，伸出腐烂的手，要把尖叫的英格兰人拽回泥潭。

　　或许盎格鲁－撒克逊人认为自己已摆脱掉过去。但此时，本已分离的亲族、众神和信仰，从来自另外一个世界的黑色浪潮所带来的黑暗中一涌而出。

　　对西撒克逊人来说，阿什顿或许是一场重大胜利，但却很难说是决定性的——那是一场例外而不是法则。或许这就是阿塞如此小题大做的原因：之后的几年，标志着阿尔弗雷德统治时期的开始，孤注一掷，不惜一切。

　　871 年，埃塞尔雷德和阿尔弗雷德在贝森古姆［Basengum，可能是指汉普郡的旧贝辛（Old Basing）］与维京军交战，惨败而归。同年，在梅里屯（未考证）再次开战；虽然打了一场硬仗，最终却伤亡惨重，再次败北（舍伯恩主教丧命于此）。同年，埃塞尔雷德死后不久，阿尔弗雷德在威尔特郡再次与维京人交锋，维京人再一次"拥有了屠杀之地"。[33] 西撒克逊人因战争耗尽国力（《盎格鲁－撒克逊编年史》中注明发生了九次" *folcgefeoht* "——字面意思是"民间战争"，可能是指涉及韦塞克斯境内各个郡军的混战，而非单个当地民兵组织——以及数不清的袭击和小规模冲突），加之不断的失败使士气大挫，西撒克逊于871年向对方求和。哈夫丹率领的维京军团，先是撤军到雷丁，后撤到伦敦。[34]

　　受害人收买维京人的戏码，再次上演。

第 10 章

真正男子汉

VIKING BRITAIN

一个耶阿特女人也在悲伤地歌唱；
她的发挽起，卸去最深的恐惧，
不断袭来的噩梦与苦痛：
她的祖国被侵犯，
敌人暴虐，尸体堆山，
为奴为役。上天吞没了弥漫黑烟。

《贝奥武甫》

太阳低低的，映照着地面上的垄沟，垄沟像黑如泥炭的峡谷，夹在大地金黄色的肋骨之间。几头耕牛停在河边的草地上，无精打采地盯着前方，鼻孔喷出一团团的白色水汽，鬼魅般地融进冰凉的空气。热气从耕牛宽大的红色脊背上升腾着。农夫站在犁边，准备牵牛过来，给它们重新上套，好回去犁下一趟地，然后回村，回家烤火。正值冬天，河水淹没了河边的草地，草地上全是积水，野蛮生长的驴蹄草和老鹤草没有留下丝毫痕迹，而到了春天，它们还是会绿了这一方田野。此时，银色的河水在枯藤老树之下苍白地流过，树根撑破了大地，形如触手一般。桤木和山羊柳倒映在水中。再冷一点，村民们就会砍柳条做杆儿、做篮子，然而，此时的河边却是柳树的残肢，树身扭曲，柳条荒凉地下垂着：像一大群怪物聚集在河岸上。远处，太阳正升起魔鬼般的雾气。突然，扑通一声，可能是一只水獭跳进了水中，接着突然冲出一些翅膀——惊起一只画眉，一只笨笨的林鸽不知撞到了哪儿。远处，还有别的什么，出现在河上。农夫眯起眼睛，想穿过柳条的掩映，看清在树木之间的银色暮光中有些什么。他什么都没看到，只有不断聚集的雾气。然而，一个声音传了过来，是船桨柔和摆动的声音，还夹杂着低沉的脉搏，像是低沉的心跳。农夫感觉后脑勺的汗珠开始滑落，他的上嘴唇感到刺痛，发根上如同有昆虫在爬行。什么东西来了——巨大的——真实有形的，溜进了11月的阳光之中：失明的眼，不动的下巴裂开着，一头橡树般的怪物正冲破大地而来。接着，它又消失了，消失回雾气之中。

维京人的船只在开阔的海面上全速前进的画面，黑幽幽地出现在开阔的视野中，这画面很是熟悉。不怎么熟悉的是，刻有野兽的船头正穿过寂静河岸上的树木投来一瞥。轻便、吃水又浅的船只使得探索英格兰河道成为可能，正是这种探索让维京军团能够敏捷高效地穿梭在不列颠内陆，大大扩大了 9 世纪下半叶维京人攻击的范围，并愈加深入地威胁盎格鲁－撒克逊王国的安定。

除了德比郡的雷普顿，不列颠境内鲜有离海更远的地方，雷普顿村静谧又漂亮，拥有乔治亚和维多利亚时期的精致房舍和店面，一带红砖建筑从特伦托河（River Trent）南岸一直延绵到很远的地方。一千年前，雷普顿位于麦西亚王国的腹地，今天，它离河远了很多，但特伦托河依然可以在村民面前显示自己的实力。2012 年，洪水淹没了村子北边的田地，这片田地位于老河床和新河道之间的平原上，而新河道则绕过比邻而居的威灵顿（Willington）南部。英格兰的这一带乡间，总长约 0.75 英里，被改建成了阴郁的、反乌托邦式的景观，褐色且微咸的水面之上立着细长又光秃秃的树木以及又湿又脏的灌木树篱，荒凉的混凝土堡垒（威灵顿发电站的巨大冷却塔）注视着这一切。

洪水仁慈地停止上涨，没有淹到雷普顿；虽然淹到了雷普顿学校的操场，但上涨的河水在圣威斯坦（St Wystan）教堂墓地周围，被依然顺着 9 世纪的河道流淌着的老特伦托河岸阻挡，不再继续蔓延。7 世纪时，人们把雷普顿修道院修建成了"双修道院"（修道院中包含两个教区的僧侣），尽管险峻的河水就在旁边流过，但只要不是最猛烈的洪水，南边高出来的地面就有可能保证教区民众的安全。正是在这儿，年轻好战的贵族古斯拉克（Guthlac）于 7 世纪末立下僧侣的誓言，随后开启了新的征程，成为一个不屈不挠、反抗魔鬼的沼泽地隐士。不言而喻，这儿的环境安全又友善，使得该修道院成为随后几个世纪中人们投入大量钱财的地方。今天的圣威斯坦教堂，大部分是 13 世纪和 14 世纪的产物，但在高高的中世纪哥特式尖顶的隐藏之下，人们依然能够发现建于 8 世纪初的麦西亚时期教堂的地下墓室。

这间地下室又小又脏，但置身其中，能感受到一种非常特别的氛围。约翰·贝杰曼（John Betjeman）把这个空间描述为"石头中藏着神圣的气息"，这个表述完美概括了一个人下到这间黑暗、阴沉的地下室时产生的那种对"实体"

的奇特感受，地下室由四根"旋转糖果式"的柱子支撑，柱子样式与乡村风格的都铎式烟囱管帽如出一辙。此处充满了宗教气息，空气在古老的遗迹和祷文那无法言说的质感中凝重下来，仿佛有什么困在这里，被埋葬了几个世纪。因知道这间地下室曾埋葬麦西亚诸位国王的尸骨——也可能地下室正是为此而修建，人们才感到气氛凝重而又复杂。第一个埋葬在此的国王是埃塞尔巴德（或许该室就是为他所建），于 757 年下葬。之后，国王维格拉夫（Wiglaf，约 839 年过世）、维格拉夫的孙子威斯坦相继埋葬于此，虽然威斯坦追求宗教生涯，拒绝登基为王，但还是在 849 年被其亲属杀害。

据伍斯特的约翰记载，威斯坦或圣威斯坦死后，"被运到当时闻名遐迩的雷普顿修道院，与祖辈维格拉夫葬在一起。上天降下奇迹，见证了他的殉难；从无辜的圣教徒被杀害的地方射出一根光柱，直指上天，当地的居民一连 30 天都能看到那根光柱"。[1]

24 年后，教堂依然以其名字命名，辖区内的男女老少或许非常希望威斯坦的遗骨能够创造出一个令人惊叹的新奇迹——最好是更有实用价值的奇迹。原因是这条河最终还是给教区民众和圣人及国王的遗骸带来了威胁；不过，873 年至 874 年冬天，并不是河水泛滥差点将雷普顿冲走，而是河里那些致命的漂浮物。

872 年，维京人与阿尔弗雷德和谈后离开韦塞克斯，他们先转道去了伦敦，据《盎格鲁－撒克逊编年史》记载，麦西亚人在那儿"与他们讲和"。[2] 维京军团在那儿又过了一个冬天，之后继续前进，于 873 年到了林德赛（Lindsey，位于今天的林肯郡境内），并在位于林肯西北部十英里处的托克西（Torksey）建立了新营地。麦西亚人再次"讲和"。[3] 春天来临，异教徒大军继续行军。特伦托河是一条极有吸引力的干线，由它可以从托克西长驱直入麦西亚王国腹地。文献记载很少，但给人的印象是侵袭行动迅捷，稳、准、狠，曾经辉煌的王国立刻就屈服了："维京军从林德赛进驻雷普顿，建立冬季营地，把国王伯赫莱德驱逐海外……并占领了土地"。[4]

《盎格鲁–撒克逊编年史》中，伯赫莱德的形象就是一个倒霉的国王：他三次向维京军团妥协（868 年、871 年和 872 年），猛然间发现被逐出了自己的王国，百姓轻易被征服，倍感耻辱（他死在罗马，被葬在英格兰区的圣玛丽教堂）。[5] 而维京人在韦塞克斯的遭遇，则与所描述的情形形成鲜明对比：据记载，维京军队在韦塞克斯每前进一步皆遇顽强抵抗，在恩格尔菲尔德和阿什顿遭遇战败，在别处也是拼尽全力才艰难取胜（不过我们不要忘了 871 年阿尔弗雷德也曾给维京人重金才使其撤退）。

人们很容易只读到这些文献的表面，把西撒克逊人看成典型的斗牛犬心态的挑衅者，与麦西亚人软弱无能的绥靖主义形成天壤之别：阿尔弗雷德是丘吉尔，而伯赫莱德则相当于张伯伦。然而，这样一来，就恰恰掉入阿尔弗雷德麾下的宣传者们所挖的思想沟渠之中，根本无从知道麦西亚人为保护自己的王国、驱除维京暴行付出了多少艰辛。后面我们会了解到，至少有一名维京士兵在麦西亚土地上惨遭横死。

我们在西撒克逊文献中解读出来的对他们麦西亚邻居的微妙的轻视与贬低，是为了满足阿尔弗雷德政治目的。在阿尔弗雷德统治后期，也就是这些文献编纂时期，他越来越关心霸权的问题，而非远征韦塞克斯之外的土地。与他同时代的君主，都被贴上"逃避战争的弱者"的标签，如此一来，便增强了他自己的军事声誉（9 世纪 70 时代晚期之前顶多是偶尔有之）。更重要的是，把麦西亚最后几位独立自主的国王说成软弱、无能、缺乏可信度，阿尔弗雷德及后世子孙在麦西亚的统治看起来就正当多了。

雷普顿陷入新的统治格局后不久，人们挖掘了壕沟和防御墙，隔绝了教堂北边的地区，倚靠河岸形成了一个 D 型——此处船舶靠岸畅通无阻，但也能保护来自陆地方向的攻击，而来自陆地方向的危险，可能性最大。教堂本身是与整个防御圈融合在一起的，防御圈是个石制城门楼，可以控制出入。此时，维京军团——而非麦西亚王室、僧侣和虔诚的朝圣者，嗅到了圣威斯坦地下墓室的神圣气息。大约同时，教堂周围挖掘了第一批坟墓，很显然，其中有很多墓穴与 9 世纪麦西亚的惯例不符。[6]埋葬的一位男士手指上戴着金指环，还有五个银便士，这些都能追溯到 9 世纪 70 年代中期；他的墓紧挨教堂墙根，周围满是火烧石和木炭——表明教堂曾遭受严重破坏，教堂上部烧毁后，碎石和烧毁的木料散落了一地。与波特马霍马克的情况类似，一块宏伟的石制十字架遭人破坏后丢弃，其碎片埋在圣坛东边的坑中。

这些坟墓中，最有名的当属 511 号墓。与其他几个墓穴一样，墓中男性死者有武器陪葬——一把剑和刀。看得出来，他死得很痛苦。头部被击，左侧连接骨盆的大腿骨处有一道很深的伤痕——可能是被剑或斧头所伤。这一击发生时，他已瘫软在地，应是伤及了骨动脉，导致大失血；曾悬垂在两腿之间的柔软器官也被人割了下来。埋葬他的人在适当位置处放了一副野猪的獠牙，显然是为了不让那个位置空着。关于死者的文化归属，如果尚存疑问的话，可以看到，他的陪葬品中，除了其他物件和金属制品，在他脖颈处放了一把雷神托尔之锤。

在北欧诸神中，奥丁和托尔是最为人熟知、最强大的两位，但在许多方面，他们的性格迥然不同。奥丁狡猾又险恶，但托尔作为诗人、术士和国王的庇护者，性格则没那么复杂。他代表那类或许被我们称作"直截了当"的人——少说多做；少动脑，多动手。他多半有点头脑简单（从留存的关于他的故事中可见）。有关他的故事中，大多数都描写托尔砸碎东西、大叫、大醉、损坏东西和打人。他是个充满"男子气"的神——农民、渔民和斗士之神［正如如尼文字学家 R. I. 佩奇（R. I. Page）所言："就是人们日常所见的维京人……峡湾中的男人"］。[7]他恰恰是那种我们认为对"性别特征模糊"会尤其尴尬的神，而他的信徒或许觉得自己的战友暂时失去了"男性气概"，需要给他华丽的补偿。

《散文埃达》（*Prose Edda*）是中世纪北欧神话的识字读本，也是研究斯堪的纳维亚基督教之前信仰的最有价值的文献之一，斯诺里在书中对托尔的主要特征做了简略描写：

> 诸神和所有人类中，托尔……最为强壮……他有两只公山羊，

一只叫"Tannigost"（意为"咬牙切齿"），一只叫"Tannigrisnir"（意为"咆哮的牙齿"）。他还有一辆两只公羊拉的战车，因此他也被称作"战车御者托尔"（Thor the Charioteer）。他……拥有三件上好的宝物。一是雷神之锤，"姆乔尔尼尔"（Mjollnir）。把其提到空中时，很多冰霜巨人和山峰巨人认出了它，这不奇怪，因为它曾击碎过这两类巨人众多先人和亲戚的头骨。他的第二大宝物是"力量腰带"，叫"Megingjard"。系上此腰带，托尔的神力加倍。第三件是铁手套，也是一大宝物。握紧锤柄时，铁手套是缺不得的。[8]

对托尔的性格总结最到位的，当属古冰岛诗集《索列姆之歌》（*Prymskvida*）中记述的故事。不同于"史诗"（Codex Regius）——如《女预言者的预言》（*Völuspá*）和《格林尼尔之言》（*Grímnismál*）中模糊难懂的文字，《索列姆之歌》读来相对轻松有趣。但是，像所有优秀的讽刺作品一样，它鞭辟入里，触及本质（此处指托尔的性格）。文字如下：一天清晨，托尔醒来，发现他的神奇之锤"姆乔尔尼尔"不见了。他委托恶作剧之神洛基去找，洛基飞往巨人索列姆（Thrym）的大殿。索列姆承认是他偷了，声称把它藏在了"地下八里格①处"，还说"除非把弗雷娅②带来给他做新娘，否则谁也拿不回去"。[9]听到这个消息后，托尔很想去会一会这位巨人（托尔第一句话是这么说的："弗雷娅，披上你的婚纱。"）。不出所料，弗雷娅没那么好兴致〔弗雷娅很是生气，轻蔑地哼了一声，于是神殿摇晃起来，她巨大的布莱辛（Brisings）项圈跌落在地："你应该想到，如果我随你去'巨人的领地'（Jotunheimr），我会对男人彻底疯狂。"〕。

最终，海姆达尔③想出了一个诡计：

> "我们让托尔披上婚纱，
>
> 给他戴上巨大的布莱辛项圈！

---

① 一里格相当于三英里。——译者注
② 弗雷娅（Freyja），诸神中最美的女神，掌管生育及爱情。——译者注
③ 海姆达尔（Heimdall），破晓之神，天界的守卫者。——译者注

　　在他身下放上叮当作响的钥匙，

　　给他穿上女人的衣服，一直垂到膝盖，

　　胸前戴上大大的宝石，

　　再给他拾掇拾掇脑袋。"

　　然后魁梧的神托尔发话了：

　　"如果我真的给自己穿上婚纱，

　　诸神以后会喊我'娘娘腔'。" [10]

　　尽管托尔抗议，海姆达尔的计策最终还是派上用场。索列姆明显不是聪明人，轻易就被巧妙的伪装欺骗了；不过，"准新娘"的吃相最终还是让他起了疑心："弗雷娅"（托尔）吃掉了一整头牛、八条大马哈鱼，吃掉了为女眷准备的所有食物，还喝掉了三大桶蜂蜜酒。洛基（装扮成女仆）只好说，新娘因为婚期临近，已经八天没吃东西了（洛基不像托尔，明显不担心男扮女装的问题）。终于迎来了婚礼，索列姆命人把神锤"姆乔尔尼尔"拿上前来，给新婚眷侣增添神圣的色彩。再没有比这更能激励托尔的了：握住神锤的那一刻，他的心"在胸腔中大笑"，开始发泄心中的怒火和羞辱：

　　食人魔之王索列姆，是第一个被放倒的，

　　之后朝所有的巨人族一阵猛打。[11]

　　《索列姆之歌》（至少人们普遍接受的版本）成书于维京时代之后——或许时间上有些偏差（包括《索列姆之歌》在内的"史诗"的手稿编纂于 13 世纪后期）。这首诗或许意在戏仿过去信仰的荒诞；异教徒的影响尚未消散，也许把强大的托尔变身为狂怒的寡妇屯婢 ① 是为了驯服不稳定的残余势力。[12] 无论如何，该诗中的几个主题，与我们了解到的其他很多信息是相符的，这些主题暗含着维京人对性别的态度，也暗示了托尔在诸神中的地位。

　　这种对娘娘腔的惧怕（或者毋宁说"害怕被视为娘娘腔"）正是托尔在《索

---

　　① 寡妇屯婢（Widow Twanky），哑剧《阿拉丁》中的女性角色。——译者注

列姆之歌》中所说的。最终，他不得不消除对他男子汉气概的威胁，用了一个智商有限的神唯一能用的方法：把所有人狠狠揍一顿。托尔的这一形象与我们对这个战神和工匠之神的理解不谋而合：顽固守旧的男性形象，用蛮力应对危险、恼怒和羞辱——用锤子解决问题。诚然，对托尔的崇拜似乎在维京时代后期愈演愈烈。到不莱梅的亚当描述乌普萨拉庙宇时，从基督教的角度来看，托尔已被视为主神。数百种雷神之锤的吊饰和指环（悬挂小锤和其他护身符）在维京世界随处可见，从冰岛和爱尔兰岛到波兰和俄罗斯，坟墓中发现很多，不过不全是在坟墓中发现的。[13]

尽管如此，当我们开始探知雷神的细节时，一幅令人咋舌的复杂图景开始显现。首先，个人的雷神之锤吊饰大多数都发现于女性墓葬[14]（与指环和其他不相关的发现物相反）。这一点就足以表明人们对神的求助相比对"将死大脑的肌肉崇拜"要多，而后者是阅读诸如《索列姆之歌》那样的文献给我们留下的印象。其次，如尼文字中有祈求托尔庇佑纪念碑的铭文，表明人们认为他的责任更宽泛，能够保存和保护人们珍视的东西。[15] 他的锤子甚至可以用来象征性地证明一桩婚礼（如果《索列姆之歌》可信的话）。[16]

因此，陪葬品中有雷神之锤吊饰的雷普顿 511 号墓穴，让人联想到维京人（包含异教徒军团）的异教教义，让我们开始设想 873 ～ 874 年冬季在这过冬的人们的社会习俗和态度。但陪葬品中又有野猪牙和寒鸦肱骨，表明维京人充满大男子气概的生活方式中，交织着一些我们完全陌生的思想和态度，其意义我们已不得而知了。在雷普顿的部分出土文物中，另一座墓穴——这次是座群葬墓，非常显著地体现了这一点。自 1686 年初次暴露于世人面前，它一直显得陌生、独特，而又引人注目。1727 年，一个名叫托马斯·沃克（Thomas Walker）的人交给古文物研究员西蒙·戴格（Simon Degge）一份文字，描述了他挖掘圣威斯坦西边大墓的过程。

　　　　挖掘小丘将近 40 年后，在靠近广场空地处，他看到一面古石墙，深挖时，发现是一个 15 英尺的方形围场：原来上面有顶，但顶部腐烂，陷了下去，只剩下了木制的托梁支撑着。他在这儿发现一口石棺，费劲把棺盖移开后，看到一具人身骸骼，有 9 英尺长，周围躺着一百具人身骸骼，这些骸骼的脚都朝向石棺。看起来都是正常体格的人。[17]

沃克接着承认"他把大个骸骼的头骨给了免费学校的校长鲍尔斯（Bowers）先生"。戴格博士追问了前面提到的鲍尔斯先生的儿子，他说当时"他记得那个头骨放在父亲的衣柜里，而且他经常听父亲提起这具巨大的骸骨"。[18]

尽管很动听，但我们免不了会起疑心，着迷其中的后世古文物专家下决心要证明这件事。随后，1789 年和 1914 年相继进行挖掘，前者证实存在"大量人骨"[19]（尽管没发现巨大骸骨）。然而，直到 20 世纪 80 年代，才进行了系统性的挖掘。那次挖掘活动揭开了不列颠岛上有史以来最令人震惊、最为神秘的埋葬。

古墓建在双室石屋之上，时间追溯到 7 世纪或 8 世纪，无疑是遗址上宗教建筑群的一部分。起初，它可能是一座小教堂或停尸间，后来又被用作作坊，最后才改成墓地。为建造墓地，要把房屋的墙拆到地面位置，只在原地保留地下部分。东间房屋的地面铺上了一层红色泥灰，中间立一个石制圣品匣。戴格博士获悉的那些埋葬的尸身的痕迹，丝毫不见，有关圣品匣的多数证据也都消失了（这倒不奇怪，毕竟之前有过多次且大多是非专业的挖掘）。不过，幸存下来的有别的尸骨：确切地说，有 1686 具遗骸，264 具零落尸骨，散乱着，阴森恐怖，一派混乱的死亡景象。在尸骨之间，人们发现了一些物品——斯堪的纳维亚风格的斧头、断剑、两根长长的单刃刀、一把钥匙和一些金属装饰品，时间可追溯至 7 到 8 世纪。其中，有五枚银币，四枚追溯至 872 年，一枚可追溯到 873 ～ 874 年。最后这些文物的发现非常关键，也是令人震惊的意外发现，借助它们可非常精确地把这座令人惊奇的墓穴的建造时间追溯到雷普顿被维京异教徒军团占领时期。

虽然挖掘者揭开的墓穴混乱不堪，令人毛骨悚然，但这都是托马斯·沃克之流粗暴对待墓穴的结果。很快人们发现，这些尸骨最初是被人按长度绕中心坟墓整齐堆放的。大多数小骨头（手、脚、椎骨）都没了，表明尸骨被动过，先前曾被埋到了别处，后来又被迁回此墓——看得出来，时间够长，迁回时遗骸上的血肉已腐烂消失。人们对带回来的小样本进行碳测定年代后，得出时间在 7 世纪到 9 世纪之间，而尸骨上通常找不到创伤，这样一来，就无法简单地把这些骸骨解读为战斗中受伤的维京异教徒军团士兵或受害者的遗骸。

他们是谁？为什么以此种方式埋葬？争论从未停止。接下来的分析试图弄清楚他们的出身。或许正如挖掘者所想，有些尸骨是斯堪的纳维亚人，是某个大贵族的追随者的遗骸被集中埋在了他的身侧。另外，有些支离破碎的尸骨可能是麦西亚僧侣、修女和贵族的遗骸，挖掘战壕及清理陵墓时，他们的尸骨被弄乱了。[20] 还有一种可能，麦西亚国王——埃塞尔巴德和维格拉夫——的尸骨也被乱丢在里面，甚至连圣威斯坦的遗骸都可能掺杂其中：[21] 一个骄傲的国家精心保存的遗骸，沦落为病态的战利品，被丢弃在令人毛骨悚然的异教徒茔窟中。

那么，那位消失不见、"身长 9 英尺"、如此阴森凄凉而又辉煌显赫地躺在墓地中心的人，又是谁呢？虽然我们非常确定，他 / 她的身高言过其实，但有一点很明显，这是个重要人物的墓穴，他 / 她担得起罕见又壮观的墓葬。比起他是谁，我们更有把握的是他 / 她不是谁。前面提到了维京首领哈夫丹和乌比在雷普顿过冬后几年中的活动；其他首领——古斯鲁姆（Guthrum）、奥斯赛特尔（Oscetel）和安文德（Anwend）——带着一支军队于 874 年进军剑桥，很显然他们那时都还活着。871 年，巴克赛格死于阿什顿战役，即便是最忠诚的追随者，也不太可能准备带着一具臭气熏天的尸体在英格兰走上三年。在英格兰活动的维京军事领主中，只剩一位是我们知道名字的，但对于他的命运以及 870 年之后的活动，我们并不清楚。证据是矛盾的，但挖掘者自圆其说：雷普顿的古墓是为"无骨者"伊瓦尔所建。[22]

873 年之后几年，在雷普顿以西偏南两英里半处，在俯瞰着特伦托山谷的

高地上，又为逝者建了更多的墓地。位于希思伍德（Heath Wood）的墓地包含
59 座坟墓，一个个土丘曾立在开阔的石楠丛生的荒野中——倒像是一队大型鼹
鼠的作品。这些墓地是逝者的灰白遗骨所埋之地的纪念，也代表了 59 次挖掘活
动，德比郡的大地被挖开，用以埋葬火化后的人类和动物的骨灰、剑、盾、带
扣和马刺、钉子、针和融化后的财宝。这些都是异教徒的坟墓，他们在举行一
场被基督教教化后的英格兰人早已遗忘的葬礼仪式：把死者放在火葬柴之上，
身上披上珠宝或佩上武器，周围是用来火祭的祭品。

　　斯诺里解释说："奥丁……下令，所有死者必须火化，死者的财产也应与死
者一道放在火葬柴堆上焚烧。他说，所有人都会带着柴堆上的财富来到瓦尔哈
拉殿堂（Valhǫll），每个人也都应享受他死后埋在地下的所有宝贝。但是骨灰会
被撒到海里或埋到地下，而坟墓则是建给大人物的纪念物。"[23] 尽管我们有正当
理由怀疑斯诺里描述的早他数百年前人们的思想和动机是否确切，但不管怎样，
他的文字不仅与考古学一致，与其他同时代的记述也一致。再举伊本·法德兰
的例子，他描述了一位罗斯首领的葬礼：

> 　　他们给死者穿上裤、袜、靴、束腰外衣和饰有金扣的锦缎长
> 衣，戴上一顶貂皮锦帽，然后将他放进船上的帐篷里，让其靠着垫
> 子，坐在坐垫上。之后把酒（nabidh）、水果和罗勒置于他身侧，接
> 下来把面包、肉和洋葱置于他面前，然后把一条狗，一切为二，丢
> 进船中，再把武器放在他身旁。接下来他们牵来两匹马，并让它们
> 跑到大汗淋漓，之后用剑把它们砍成碎块，扔在船上。再牵来两头
> 牛，同样切成碎块，扔在船上。最后拿来一对公鸡和母鸡，杀掉之
> 后，同样扔在船上。[24]

冗长的仪式之后，再把女奴杀掉，把她的尸身放在死者身侧：

> 　　然后人们带着木头和木块前来，每个人都带一片木头，点燃一
> 头，扔进船身下方的木头堆上。火点燃了柴堆，船身燃烧，然后是

帐篷、死者、女奴和船上的所有东西。一阵可怕的狂风吹起，火焰增强，热度增加。[25]

这是大人物的盛大葬礼。像他们这种烧船的葬礼可能并不常见[26]，但排场和祭祀的大致轮廓——以及他们的解释——在维京人的世界中应该并不陌生。他们站在河岸上，看着燃烧的画面，一个罗斯人对伊本·法德兰的翻译说着什么。他不以为然地大声喊道："你们都是蠢货！"伊本·法德兰通过翻译礼貌地问道："何出此言？""因为你们把挚爱的人和最尊贵的人埋入土中，而泥土、蠕虫和昆虫会吃掉他们的肉身。但我们用一把火瞬间就把他们烧了，这样他们就能立刻进入天堂，半点都不耽搁。"[27]

在希思伍德举行的仪式应该与伊本·法德兰在伏尔加目睹的仪式相同——不过规模没这么大；而维京时代的斯堪的纳维亚（尤其挪威和瑞典）也举行类似的葬礼。[28]但显然，在英格兰，维京式葬礼很罕见。虽然9世纪70年代之后的几十年里，斯堪的纳维亚人的身份和社会经济发生了变化，但要证明所有斯堪的纳维亚人的行为方式与众不同、显然是异教徒，仅有希思伍德和雷普顿两处坟墓可以作为确凿的证据。他们属于异教徒军团，而在这里，他们第一次把自己的根埋进了英格兰的土地上。这些根会深深扎入英格兰的土地：虽然葬礼不再那么具有特色——鲜少出现在考古记录中，但在雷普顿发现的维京雕塑，证明在不列颠的这片地区内，斯堪的纳维亚人不只是昙花一现。而且，附近的村落适时（或者说立刻）就采用了古斯堪的纳维亚语的名字，足以证明维京人在此定居的最初阶段，就带来了明显的种族差异。至今，这些村落依然沿用这些名字：英格尔比（Ingleby）——"英格兰人的农场"；布列特比（Bretby）——"不列颠人的农场"。

据《盎格鲁–撒克逊编年史》记载，874年，于865年到达英格兰的第一支维京军团分崩离析，再也没有在英格兰结成统一力量。（或许长眠在雷普顿古墓的那个人的死，扯断了统一权力的最后一线希望，再也无法把组成异教徒军团的酋长和军事首领绑在一起。或许为逝去的首领建造墓地，是有关胜利和追忆的最后一次象征性的活动——在英格兰境内曾盛极一时的王国那具有象征核心地带，埋葬一位维京英雄，让他长眠在被征服的国王的头骨堆中。）古斯鲁姆和其他人往东进发。但是，哈夫丹回到诺森布里亚，在王国北部采取措施维护自己的权威。他屡次侵扰分布在其北部和西部边陲的皮克特人和斯特拉斯克莱德（Strathclyde）的不列颠人，争分夺秒地继续从事诺森布里亚历代统治者的传统营生。然而，876 年记录的内容则更为重要。《盎格鲁－撒克逊编年史》在不列颠中世纪早期有文字可考的记录中，有一处最轻描淡写却很重要的评论，其中注明"哈夫丹将诺森布里亚一分为二"，而他的子民"自己耕作，自力更生"。[29]

至 875 年，土地发生了变化——彻底且不可挽回的变化。不仅是在古老王国最终崩塌之际；维京人也缓缓融入到英格兰的骨髓里。维京人耕作土地，把死去的人埋葬在地下。他们在这片土地上耕作，建起坟墓；即便是英格兰人的尸骨，甚至他们的国王，也被葬在丹麦、挪威及其他异乡战士的坟墓中。在这些岛屿的每一片土地上，维京人与当地人结合，繁衍子孙。除此之外，最深刻的影响是物品的名称开始变化：英语名称已经用了四百年甚至更久，但维京人在这些地方定居之后，新的"词典"——斯堪的纳维亚词语、维京词语应运而生，旧名则弃之不用。这不再是掠夺，也不是简单的征服，或统治王朝的更迭。这是殖民。文化、语言、地理和政治皆发生着剧变，殖民已准备就绪。其影响延绵至今。

第 11 章

国王归来

VIKING BRITAIN

阿尔弗雷德大帝失了所有
只剩恼羞成怒的泪水，
流淌在河洲之上，
流淌在迟暮之年。

在河洲之上，
他被迫屈膝投了降：
铁笔令状，一句一伤，
上帝已经厌倦了韦塞克斯人
把他们的国家、田地和沼泽，
给了海上的恶魔。

G. K. 切斯特顿
（G. K. Chesterton）

《白马歌》
（*The Ballad of the White Horse*，1911）[1]

878 年 3 月，为了寻求庇护，阿尔弗雷德国王来到阿特尔尼（Athelney），此处为偏僻之所，缓缓隆起在荒凉广袤的萨默塞特平原区。

1 月和 2 月，日子短暂又黑暗，他率领着饱受摧残的王室人员来此偏僻之处，"在萨默塞特的丛林和沼泽中，过着颠沛流离、苦不堪言的生活"。[2]《盎格鲁 – 撒克逊编年史》中的描述，加之这里的丛林（wuda）和沼泽要塞（mór-faestenas），让人想起生活在怪兽出没的荒野中的贝奥武甫和圣古斯拉克。《盎格鲁 – 撒克逊编年史》惜墨如金，用典故描绘了一个人类尚未踏足的世界，疏远冷漠，如幽魅般黯淡。阿塞告诉我们，阿尔弗雷德国王"无以为继，只能时常搞突袭掠夺，有时悄悄为之，有时甚至公然袭击，不仅袭击过维京人，还袭击过归顺维京人统治的基督徒"。阿尔弗雷德是一个具有狼性的国王，他在荒野中的那段统治期彻底颠覆了盎格鲁 – 撒克逊人的生活秩序。和格伦德尔一样，他已经变成了剑齿猛兽——"暗影行者"——一只越过边界的狼，"占据着荒野，沼泽和要塞……"[3]

如今，阿特尔尼是一块毫不起眼的土地，方圆四周都是萨默塞特的乡下平原。一旦潮水涨得像 2012 和 2014 年那样洪水肆虐一般，阿尔弗雷德曾看到的景象就会浮现在我们眼前：水天相连，一片白茫茫，犹如一块白色纱布，手指般的黑树枝将其撕开，奔涌的水花将其扯裂，令人作呕的绿色轻触着柳树的大树枝，柳絮则如上千个细碎的祭品，飞扬在空中。远处，一只苍鹭张开宽大的黑色翅翼飞向天空，它刚刚击败了一头在这片平原上慵懒爬行的蜥蜴。别的鸟也在忙着各自的营生，沙锥鸟和麻鹬像外科大夫似的，正在浅滩上挖穴。一只青蛙扑通跳进水里，为伙伴们那嘶哑的合唱增添一声打击乐，健壮的小公牛从冬天的窝里睡眼蒙眬地醒来，寻觅能在泥地里扭作一团的配偶。

阿尔弗雷德晚年为阿特尔尼投资，修建了一座修道院，或许是为了感谢和纪念阿尔特尼在他的政治生涯中扮演的角色，又或许这只是他为了将自己抬上神坛而采取的种种方式之一。虽然在《盎格鲁－撒克逊编年史》手稿中，阿特尔尼有各种拼法，但阿塞还是把它拼写为"Æthelingaeg"，意为"王子之岛"［即"王子"（Æðeling）＋"岛"（eig）］，是因阿特尔尼作为王室的避难所，特意取了这么一个吉祥的名字。我们猜测，阿特尔尼在阿尔弗雷德的生命中起了重要作用，才被授予此名。他还在阿特尔尼建立了要塞据点，一个"令人生畏又鬼斧神工的堡垒"，一条长堤将其与岛屿连接，是东林格（East Lyng）现代村落的发源地。[4] 但在878年他刚来阿特尔尼的时候，那里还非常闭塞——隆起的水湾把阿特尔尼与外界隔绝开来，如阿塞所描述的那样"周围尽是沼泽，湿地和地表水，四面八方延绵不绝，无法逾越"。[5]

878年的阿特尔尼是阿尔弗雷德躲避维京劲敌并计划反击的地方——他计划对维京人发起"不懈且无情"[6]的攻击。这里暂被当作逃亡期间游击政府所在地，一个失去了王国的国王的流离之所，一个国王在此路过并在此重生的"阿瓦隆"①。

经过数年，当时的韦塞克斯才发展到这般田地。至875年，诺森布里亚和东盎格利亚已被维京军队攻陷，内讧和战争使得麦西亚四分五裂，先祖的坟墓也被洗劫一空。只有韦塞克斯遭受了维京人暴风雨般的袭击后依然安然无恙：阿尔弗雷德及其子民的军事决定带来了四年的和平。现在，四年和平生活已经结束，875年，阿尔弗雷德国王的战士们与一支突袭舰队在海上发生一起冲突（并取得胜利）。他们劫持了一艘维京船只，击退了六艘（阿塞说五艘）。然而，这只是西撒克逊王国另一场战争的开端。

---

① 阿瓦隆（Avalon），凯尔特神话里的圣地，"天佑之岛"。——译者注

876 年，由古斯鲁姆、奥斯赛特尔和安文德率领的军队，从雷普顿来到剑桥，突然进入韦塞克斯，占领了多塞特一所戒备森严的修道院——韦勒姆（Wareham）。起初，他们似乎是想通过谈判来化解危机——交换了人质，维京军队发了神圣且具有法律约束力的誓言——但事实很清楚，这支维京军根本不想离开韦塞克斯。晚上，军队从韦勒姆悄悄溜走，处决了阿尔弗雷德交予的人质（可以想象，反过来，西撒克逊军队扣押的维京人质也遭受了同样的命运），之后进军占领了德文郡的埃克塞特。阿尔弗雷德紧追不舍，但中世纪早期围攻战术的局限性再次搞砸了作战的所有势头：国王"未能战胜维京军，后维京军退入堡垒，更是无计可施"。[8] 若不是天气原因，韦塞克斯可能就不会这么幸运——120 艘维京船只因为暴风雨在斯沃尼奇（Swanage）附近迷失方向，无法与埃克塞特的友军取得联系。[9] 结果战争再次陷入僵局，再次交换人质（没有哪个人质对自己的未来心存多少乐观）并宣誓；这一次，维京军队计划的夹击战失败了，也因此丧失信心，随后便真的撤军了。事实上，维京军去了麦西亚，正式瓜分了西奥武夫的王国，只给他留下一小部分，然后在格罗斯特（Gloucester）度过了冬天。[10]

此次事件发生在 877 年，我们对西奥武夫及其子民在那段时期（或许很是绝望）的遭遇一无所知。对维京军队来说，他们倒很有可能利用在麦西亚的这段时间，继续占领更多土地，并且集结增援部队。878 年初，正值深冬，主显节（Twelfth Night，1 月 7 日）后不久，维京军向南进入韦塞克斯，来到位于威尔特郡切本哈姆（Chippenham）的皇家庄园。他们可能是经赛伦塞斯特，来到福斯路（Fosse way），然后如短剑般，直刺入格罗斯特郡南部，之后向东南方进军。阿尔弗雷德本人是否出现在切本哈姆，无早期资料记载，也无法确定他是否曾与那里的维京人作战。我们只知道（据阿塞说），"他们用武力迫使许多那个种族的人（西撒克逊人）驶向海外，这些西撒克逊人一贫如洗、惶惶不安，几乎都屈服于维京人的统治"。[11]

切本哈姆被古斯鲁姆的军队占领，阿尔弗雷德开始了他在荒野中的流亡生涯。那时，距离有据可考的维京人首次袭击英格兰已经过去了大约九十年；在这么短的时间里，所有的盎格鲁－撒克逊王国都被打败，无一幸免。

据说后来阿尔弗雷德在阿特尔尼得到"神示"，看到了圣卡斯伯特。圣人对他讲了一番话，让任何王朝统治者都会燃起满满的希望："上帝会将敌人和他们所有的疆土呈现在你的面前，还会将世袭制带给你和你的子子孙孙。忠诚于我和我的民吧，因为你和你子孙后代会得到整个阿尔比恩①。你要正义，因为你是整个不列颠的王。"[12]阿尔弗雷德去世后，在10世纪中期或11世纪中期，该故事被添进有关他的神话中，但阿塞并未提及。很有可能故事是在阿尔弗雷德的孙子执掌大权时被杜撰出来的，目的是为其政治野心撑起坚实的后盾，巩固对圣卡斯伯特的个人崇拜。尽管如此，如果卡斯伯特在9世纪70年代能从云端往下看，他会看到许多足以让他有理由去看到的维京人的毁灭——尤其是如何打扰了他永远的睡眠。793年，他之前在林迪斯法恩修建的修道院被洗劫一空，那已经是另一个时代的事了，但是异教徒军团来到诺森布里亚的故事则全然不同。异教军事领主此时在北方各地掌权，人们在当地定居，并瓜分土地。875年，哈夫丹再次出现在泰恩河（Tyne）上，"摧毁了一切，且冷酷地羞辱圣卡斯伯特"，[14]这似乎是促使众僧侣把卡斯伯特的珍贵遗骨从林迪斯法恩的安息之所移走的原因。据《圣卡斯伯特轶事》（*Historia de Sancto Cuthberto*）记载，为了保护卡斯伯特的遗骨，他们开始了七年的漂泊生活，在不列颠北方艰苦跋涉，或许是为了不让这些遗物遭受降临在雷普顿死者身上的厄运。他们最终来到切斯特勒斯特里特（Chester-le-Street），但到995年，他们又一次遭到袭击。

若不是卡斯伯特的精神劝诫，那定是有别的原因促使阿尔弗雷德采取了行动。乌达（Odda）是萨默塞特的郡长，他在德文郡击溃了一支由23艘船只组成的维京军队，可能是乌达大获全胜的消息激励了他，阿尔弗雷德终于在一个叫做"辛威"（Cynwit）[15]的不知名的山丘堡垒取得了胜利。在这场战斗中，曾杀死国王埃德蒙的维京领袖乌比丧命[16]，他是朗纳尔·洛德布罗克之子，哈夫丹

---

① 阿尔比恩（Albion），古时用以指不列颠或英格兰。——译者注

和"无骨者"伊瓦尔的兄弟。此外,《盎格鲁－撒克逊编年史》中记载着"ðær wæs se guðfana genumen þe hie hræfn heton"("他们在那缴获了被称为'渡鸦'的旗子")。[17] 后来,这篇文章的注释补充说,这面旗是朗纳尔·洛德布罗克的女儿,即三姐妹在一天里织就的:当它被风吹起、渡鸦的翅膀扇动之时,战争必胜无疑;若旗子毫无生气地低垂,则失败近在眼前。[18] 关于渡鸦和旗帜、奇怪的三姐妹和编织,以及它们在维京时代战场上的重要性,还有很多传说。然而,我们目前只要知道一点足矣:夺取这样一面旗,可以极大地鼓舞西撒克逊人的士气。虽然在辛威击败乌比可能将古斯鲁姆的军队置于了更为危险的境地,他或他的敌人都未曾料到这点,但这一战最重要的结果是让西撒克逊人和阿尔弗雷德意识到维京人并非无往不胜——无论通过圣卡斯伯特还是别的什么,得神助比任何异教徒的战斗魔法都要厉害。

无论被什么触发,总之阿尔弗雷德开始准备战斗了。信使一定已经将国王准备战斗的消息从阿特尔尼传到了忠于国王的郡长和乡绅那里,随之传到了各个郡。我们知道,每个郡都拥有完善的集会场所,能容纳上百人,很多在阿尔弗雷德执政期间就已在用,且之前已用了很长时间。这些地方很可能成为军事集会的中心。在整个韦塞克斯,只要接到某个长官、郡长或者国王的召唤,那些配有武器的士兵便会前来集会。但是,我们对西撒克逊军队到底是如何集结的所知甚少,更不消说在 878 年那特殊的历史环境下了——因此,除了阿塞和《盎格鲁－撒克逊编年史》中记录的情形,任何试图重现阿尔弗雷德军队构成和活动的努力,都只能是基于推测。确实,在盎格鲁撒克逊时期的英格兰,军队是如何招募的?这是长期以来学术界一直热切关注和争论的话题。[19]

但我们可以想象一下最开始的点点滴滴,女人焦虑地看着长官的信使骑马扬长而去,积满春雨的水坑里溅起泥浆;她走回屋子的时候,丈夫的表情一脸严肃;他把一把古老的剑交给还是个孩子的大儿子,让他在自己走后保卫农场。可以想象有多少泪水与别离,他孤独地跋涉过熟悉的田野,肩膀一侧扛着矛,一侧挎着包袱。他朝往乡绅大厅走去,去与村里其他的自由人会合;他熟悉这些人,一起喝醉过,是孩提时一起玩游戏的伙伴,其中一个还是他的姐夫。他们彼此拥抱，共叙旧谊，问问彼此孩子怎样，土地和牲畜好不好，讲讲荤段子，猜些下流的谜语；[20] 但他们不会待太久。他们惶恐不安，尽管彼此的陪伴让他们成功地把焦虑掩饰了起来。人数已经是一个小分队了，他们一边行进一边唱韦兰、爱尔兰巨人和亨吉斯特的老歌。[21]

路上还有一些人，三三两两的，有的骑着马，有的步行，有的穿着祖辈传下来的精良盔甲，剑带上的石榴石熠熠发光，马笼头上金光闪闪，另一些人则只穿着一件带衬垫的夹克，拿一把生锈的长矛。他们翻山越岭，穿过森林和荒原，经过奔流的小溪和静静的池塘，来到山冈和树林，来到布满岩石的泥泞渡口，这里是韦塞克斯古老的聚会地。先是百户区里的村民们集合，清点人数，把国王的召集令解释清楚。然后他们再次上路，现在已经是一支作战部队，前往郡集会地，加入地方官或者郡长的队伍，组成征募军（fyrd）。他们继续行进，离家越来越远，看到了火舌从山边逐渐蔓延，就像黑夜里的巨龙喷出的火一样：一开始他们想到的是村庄着火了，丹麦人来抢劫了，还没意识到这是发出的烽火信号，要召集壮士去打仗了。[22]

到了早晨，他们看见营帐在面前展开，郡长的战旗在飘扬，上面的金线在阳光下闪闪发光。但是，没有时间休息、讲故事和叙旧了，他们得到消息说国王已经开始行动。

不久，复活节后的第七周，阿尔弗雷德骑马来到位于塞尔伍德森林（Selwood Forest，用拉丁语说是 "*sylva magna*"，在威尔士语中是 "*Coit Maur*"）的埃格伯特石头镇（Egbert's Stone）东部；在那里，萨默塞特郡、威尔特郡以及汉普郡的百姓，那些因为惧怕维京人而没有逃离的人们，全都加入了阿尔弗雷德的军队。如同遭受磨难的人重新焕发了生机，人们迎接国王（不出所料），满心喜悦。军队在那扎营，住了一晚。第二天黎明破晓时分，国王带领着部队，去到一个叫伊雷（Iley，意为"岛屿森林"）的地方，又在那扎营住了一晚。

第二日天一亮，他带领部队来到一个叫埃丁顿（Edington）的地方，手持结实的盾牌与整个维京军队进行了激烈的战斗。他英勇，不屈不挠，禀上帝的旨意，终获胜利。[23]

走在索尔斯伯里平原（Salisbury Plain）的北部边缘地带，感觉就像贴着世界的边缘——这片土地坐落在堡垒的土筑边墙下 300 英尺深处，像一圈被青草覆盖的花环，环绕在山腰处。这些堡垒隶属布拉顿营地（Bratton Camp），是铁器时代巨大的山地要塞，环绕着长长的陡峻山脊，其中心是新石器时代的古冢。沿着边界行走，风在人工峡谷中呼啸，气息不等呼出，就被逼回了喉咙。迎着狂风前行，我的身体几乎呈四十五度前倾，猛然间意识到右手边几米外便是无垠的空旷，立刻便心神不定起来。平原向北延伸，是一片一望无际的荒芜原野。我仿佛看到自己犹如一片被抛到空中的树叶，飘飘摇摇地打着旋儿，刹那间被湮没，只是微风中的一片有机物而已。一阵脆弱感突然向我袭来，于是我转身走向长长的古冢；羊粪的浓烈气味扑面而来。靠近坟墩的时候，一个满脸愁容的老公羊用嗔怨的目光盯着我。我没理它，和它一起的一群母羊从长长的古冢上方那小块草皮上跳下来，惊慌失措地四处散开。

从此处望去，这个地方的战略意义一目了然，布拉顿营地很可能曾经是一个哨所。山间堡垒的南边山坡名为"护城山"（Warden Hill），是一片隆起的高地，紧靠着围绕着堡垒的堤岸。"Warden"这个名字很可能是由古英语中的"weard"和"dun"演变而来。从这里向东看，沿着白垩山脊大约二英里就到了托特纳姆森林（Tottenham Wood），那里坐落着另一个新石器时代的长长的古冢。很多英文地名中都有"tut""toot"或"totten"这样的部分；虽然大多难以解释，不过很多都可能起源于古英语构词中的"tote-ham"和"toten-ham"，意思是"靠近瞭望台的房子"或"巡夜者之家"。[24] 布拉顿营地和托特纳姆伍德都能将北部低洼处的乡村尽收眼底，人们可从高原的边缘地带警惕地向外注视；从两个公认的哨所往下两到三英里处，正是克罗斯威尔顿（Crosswelldown）农场的沃维尔斯顿百户区（Whorwellsdown Hundred）集会地。[25]

从农场往南望去，索尔斯伯里平原高高耸起，就像一块巨大的绿色悬崖边缘，人造梯田和垄地在斜阳照耀下，一条条，一带带，起起伏伏，色彩不一，看上去就像一场巨大的绿色海啸向北涌去，吞噬着整个平原。爬上山峰，从古老的百户区集会地可以清楚地看到布拉顿营地和托特纳姆森林——这是三个地标，从每一处都可以看到另两个，呈三角形将整个地带纳入警戒范围。三地之间，紧贴悬崖底部的是布拉顿和埃丁顿的村落，后者之所以叫"埃丁顿"，是因为一片荒凉的山坡耸立其上："Eþandun"为"荒山"之意。

阿尔弗雷德率领军队来此之前的几个世纪，或者说西撒克逊人成为基督徒之前的几个世纪，他们把死者带到布拉顿营地，在这片古冢挖坟安葬，与这片土地上的那些古老的灵魂埋在一起。19世纪，挖掘者发现了三个早期的盎格鲁－撒克逊人的古冢，均是长古冢，更早之前的挖掘还发现一名武士的遗骸，旁边有斧头和剑，同他一起埋在南入口处青铜时期建成的一个圆形古冢顶上。最耐人寻味的是在长古冢发现了火葬平台存在的证据——一座西撒克逊异教徒曾经用来火葬的柴堆遗迹。在这里，在这样的高地，几英里之外都可以看到燃烧的烟雾和火焰。

此种场景出现在民间传说里，令人印象深刻，永远难忘。常常，木炭和燃烧后的铁碎片无法让人们联想到仪式的威严和壮观，但《贝奥武甫》通常可以：

> 耶阿特人为贝奥武甫建造了一个火葬柴堆，
>
> 木柴分层堆放，形成一个四方形，
>
> 悬挂着头盔和沉重的盾牌
>
> 还有闪亮的盔甲，全应了贝奥武甫的要求。
>
> 战士们把他放在柴堆中间，
>
> 一起为一位远近闻名、深受爱戴的君主哀悼。
>
> 他们在一片高地上点燃了所有的
>
> 葬礼柴堆；木材燃烧的烟雾
>
> 在黑暗中翻腾而上，发出噼里啪啦的响声
>
> 将哭泣声淹没，风儿渐渐平息，
>
> 火焰在灼热的骨屋中燃烧着遗体，

把遗骨烧得只剩灰烬。人们黯然神伤，

为领主的逝去衰号。[28]

在这里焚烧和埋葬的祖先会在人们记忆中停留多久？这片土地与阿尔弗雷德和他的同代人有什么联系？无据可查，只能猜测。但我们相信，即使古老的葬礼被遗忘，布拉顿营地的纪念碑遗迹和白垩山脊的一座座古冢也会唤起人们对西撒克逊人的种种想象。布拉顿营地和托特纳姆森林那些名字，曾让人倍感自豪，现在已踪迹全无。但是，考虑到其他地方有盎格鲁–撒克逊边界条款的证据，很有可能在 9 世纪晚期，这些纪念碑上就已经记载了一些名字或传奇故事。人们有意将这样的地方选作战争或军事集会的场所当然是经过深思熟虑的，例如，阿尔弗雷德在前往伊莱奥克（Iley Oak）和埃丁顿之前，在埃格伯特石头镇集合他的军队，必是深思熟虑后的决定。是阿尔弗雷德的祖父埃格伯特重新赋予韦塞克斯在盎格鲁–撒克逊王国至高无上的地位——在这场决定王朝命运和英国历史未来走向的战争中，人们必会想起这位战争英雄。

埃丁顿对阿尔弗雷德之所以重要，以及他为什么率军来到这里，还有些别的原因。他的父亲埃塞尔伍尔夫，在 9 世纪 50 年代来到此地。埃丁顿是一份特许状批准生效的地方，特许状将德文郡批准给了一个叫爱德伯特的执事。[30] 后来阿尔弗雷德把自己在埃丁顿、旺蒂奇（Wantage）和兰伯恩（Lambourn）的土地遗赠给妻子埃尔斯威斯（Ealhswith）。（从这场遗赠中，可以看出埃丁顿对阿尔弗雷德的重要性——旺蒂奇是他出生的地方，埃丁顿则是他取得最大成就的地方。）后来很长一段时间，该地方都归王室所有。10 世纪期间，埃丁顿的皇室土地准予修建拉姆西修道院（Romsey Abbey）[31]。因此，可以肯定的是，无论在这场战争之前还是之后，埃丁顿都是王室的核心财产。虽然仍未发现实物证实其为王室住所，但在村落周围发现了一个中世纪早期的纺轮[32]，这至少表示其为某种居所，而在现代住所下面有可能埋藏着王室大厅的遗迹。这本身就足以解释为什么选这个地方为战场；这里作为王室的权威象征，无论哪方占领了它，都会对韦塞克斯的其他地方发出明确的信号。然而，结合来自更深更广处的回响——古老的坟墓、更古老的纪念碑、军事集结和战略监督以及这片土地上的巨大的地质裂缝，显然，埃丁顿是一个强大而令人生畏的地方。

《警报与漫谈》（*Alarms and Discursions*）是 G. K. 切斯特顿于 1910 年出版的短篇小说集，他既是作者，也是评论家，描述了自己探索这片土地的经历：

> 有一天，太阳下山，月亮冉冉升起，我经过一个叫"Ethandune"的地方，那是一片高耸而荒凉的高地，一部分光秃秃的，一部分乱草丛生；像极了那些有关恶魔情人和残月的诗句中所描绘的野蛮而神圣之地。黑暗、落日余晖、血红之月、梦幻般拉长的阴影，交织起来营造出一种氛围，让人感觉这样的情景下必会发生什么诡异之事。光秃秃的灰色斜坡如溃不成军的军队直冲而下，乌云像撕裂的旗帜一样在天空飘荡；月亮如一条韦塞克斯的金龙般悬于夜空。
>
> 穿过像被什么撕裂了的荒野时，我突然看到在我和月亮之间有一堆黑色的不成样子的东西，比房子还高。气氛骇人，令我不由把它想象成一堆丹麦人的尸骨，最上面是某个征服者的幽灵。这是一座比阿尔弗雷德、比罗马人甚至可能比布立吞人年代还要久远的古冢；没有人知道这是一堵墙，一件战利品，还是一座坟墓。想到当丹麦人血洒切本哈姆涌进来的时候，伟大的国王手持宝剑，也可能抬头凝视着这令人倍感压抑的东西，它似乎暗示着什么，又让人脑中一片空白。国王可能也像我们现在这样看着它，像我们一样对它一无所知。想到这，一种奇怪的感觉不禁涌上心头。[33]

我认为切斯特顿对阿尔弗雷德的看法是不对的。我认为阿尔弗雷德国王非常清楚埃丁顿及其周边环境的重要性：它的青铜时代和新石器时代的坟墓被国王的祖先再次用作墓地，他自己的王室大厅就坐落在其阴影下。但是切斯特顿很清楚而且能够有力地表达出来那跌宕起伏的情节，真实存在的人物，以及环境对想象力那强大到几乎无法抗拒的影响。他的文字提醒我们，风景具有召唤幻象、使死者复活的力量，能将超自然的力量带到现实世界里来，让历史与现实对话。我们在一个特定的环境中所感受到的——雨落下的角度，天空的颜色，"被撕裂开的荒野的倾斜角度"——它们可以通过一种共通的感觉和体验将我们与远古的过去联系起来。此外，这样的感觉和情绪在阿尔弗雷德时代，比在切斯特顿时代，甚至比在我们的时代更强烈、更有力。

维多利亚时代的人们热爱阿尔弗雷德。整个 19 世纪，至少直到第一次世界大战爆发，英语世界（尤其是讲英语的白人男性）热衷于把所有在那段日子里人们觉得特牛的事情都归功于西撒克逊国王——从牛津大学到皇家海军，从英国议会（及其在英属殖民地的影响）到大英帝国本身。[34] 国王是骑士精神的典范，是学识与智慧的象征，是所罗门般睿智的人物，充满能量，勇猛无比——他改革法律，同时也支持保守的古老传统；他捍卫信仰，克制自我；他是学者、建设者受难者、救赎者；他体恤子民，是一名强大的战士，更是一位"完美的英国人……他是我们的文明的化身"。[35] 用研究诺曼征服的历史学家 E. A. 弗里曼（E. A. Freeman）的话来说，他就是"历史上最完美的人物"。[36]

所有荒诞的曲解、夸大、歪曲、误解、轻信、夸张、政治上的权宜之计和恶作剧交织在一起，相互碰撞，使人们对王权夸大到了荒谬的程度。试图解释清楚这些会让我们偏离既定的方向。[37] 尽管阿尔弗雷德最伟大的成就可能就是他自我宣传个人成就的技巧，但像大多数神话一样，他的伟大是有一定的事实依据的：毕竟，如若不是在故事中描述的 878 年春天的那场困境中，背水一战，向死而生，那么所有的一切，不管是其应得的盛名还是对其狂热的英雄崇拜，都不会涌向阿尔弗雷德。虽然我们知道，我们对阿尔弗雷德的认识来自于对他的"权威"记录，但有关其复活的神话般的叙事，却使国王的回归如史诗般壮阔，带给人电影般的情感体验。

阿尔弗雷德在埃丁顿战胜古斯鲁姆，托尔金称之为"否极泰来"：恐惧与绝望中，竟出乎意料地获得了胜利，不禁尽情宣泄喜悦。在他看来，历史和童话交织成一系列事实，这些事实占据人类经验的核心。[38] 正是这一点使他坚持认为各种神话（尤其是"北方"神话）都不是谎言，它们是一种回音，体现了人类对某个真实神话的理解，人类是基于真实的神话展开创造的。最著名的论战是与C. S. 刘易斯（C. S. Lewis）展开的，后者最终放弃了他年轻时坚持的无神论。在某种程度上，以下论点可以自证：托尔金一直渴望将他对神话和童话的热爱，以及他毕生对神话和童话的创作，与一种根深蒂固的天主教信仰调和起来。[39]

虽然托尔金教授的表述让这些思想获得了一种罕见的力量，但从本质上说，这些思想并非其原创。1904 年，切斯特顿亲自与无神论者兼政治活动家罗伯特·布拉奇福德（Robert Blatchford）展开了一场公开的争论。[40] 切斯特顿也认识到阿尔弗雷德神话般的影响力，1911 年，也就是在他对漂浮的 "Ethandune" 阴影进行专题讨论一年之后，他创作了怪诞但非凡的《白马歌》。《白马歌》共 2684 行，讲述了从国王阿特尔尼归来到决胜埃丁顿的故事。[41] 这本书被誉为维多利亚时代阿尔弗雷德主义的巅峰之作，也是其动人的祭文。不难看出，其景观和神话原型极具感染力，从中可以窥见托尔金全部作品的特点——这位教授虽赞叹着语言的 "支离破碎但精彩绝伦、熠熠生辉"，但仍对作品的总体价值做出了尖刻的批评。（这再次表明，他喜欢严厉抨击那些让他失望之处，而对那些他根本不感兴趣的，则宽容得多："不及我预料的那样好……结局太荒谬了……切斯特顿对 '北方' '异教徒' 和 '基督徒' 都一无所知。"）[43]

在《白马歌》中，战争的场景转移到乌飞顿白马镇周围——正如我们所知，这里很有可能是阿尔弗雷德在阿什顿战役的地点。但是，《白马歌》并非记录史实，而是充满了虚构的细节和奇异的象征，旨在强调阿尔弗雷德如基督那样从流亡的 "死亡" 到复活再到神化的历程。它记录下——或者更确切地说，试图恢复和重塑 878 年这几周以来的故事，不仅要将其创作成关于阿尔弗雷德的个人神话，而且是国家的神话，"英格兰民族" 的神话，再往大了说，盎格鲁－撒克逊统治时代下的 "不列颠" 神话，其诞生于一场伟大的战斗，血流成河，将几个世纪以来的地区差异和民族敌意冲洗殆尽。除了阿尔弗雷德，切斯特顿的三个核心人物，一个盎格鲁－撒克逊人、一个布立吞（不列颠）人，还有一个最不合时代的罗马人——切斯特顿认为这三种人是生活在不列颠（南部）的人们的英勇的祖先。在他看来，维京人并不是这个血统的一部分：

北方人来到我们的土地上
他们是一堆不信奉基督的骑士：
连拱门和笔都没见过，
高大英俊，却很愚笨
从日出的地方漂洋过海而来。

乘着奇形怪状的船，
载满奇怪的金子和火焰。
船上的人毛发旺盛，体型巨大，
头长犄角，
穿过漫长的浅水泥滩，涉水而来。

高大的将领们撼动了城镇，
他们的胡子红如血：
走过的地方变得空荡荡，
他们带走了仁慈上帝的十字架
砍了当柴火。

切斯特顿笔下的"北方人"是一群目光呆滞、头脑迟钝的野蛮人，但又充满活力且力量强大，像暴风一样无情。他们是没有人性的原始人，衬托出阿尔弗雷德人性化的魅力，犹如无声的铁砧，可以在上面锻造出他的伟大，打造出英格兰民族的形象。民族神话就是这样建立起来的，而阿尔弗雷德和他的子孙后代也确信 878 年的事件会这样被铭记。

可是，事情当然不会如此简单。

第 12 章

和平协议

VIKING BRITAIN

所有远方的领主，
在那里接受了洗礼，
朝西北方向画了一条线，
埃格伯特国王的帝国获得了自由，
北海附近所有的土地，
给了北极星的子孙们。

切斯特顿
《白马歌》
(1911)[1]

神父离得太近了，跪拜着的战士们看得到他皮肤上的毛孔和鼻孔里伸出的硬毛。呼吸雾时变得短促而急剧，夹杂着低低的有节奏感的陌生话语，就像火炉边的奴隶，发出呼哧呼哧的喘息声；热乎乎的气息发出难闻的气味，身上弥漫着隔夜酒的味道。跪着的战士向后退了退，伸出疤痕累累的手去触摸剑柄，但忽地意识到剑已不在身后，这让他感觉很不习惯。他突然转向一边，眉毛向上微扬。他右边的年轻人用挪威语对他窃窃低语："他在驱赶邪恶，好迎耶稣进来。"武士有点紧张，微微眯起眼睛。他低声咕哝着，但神父没有理会，不管不顾地继续着自己的事情。跪着的人手里放着盐，突然，牧师抓住他的鼻孔（翻译小声告诉他，这是为了提醒他，只要还有一口气，就要始终坚持不渝）。

神父不断地咕哝拉丁语，让人昏昏欲睡。翻译提醒时，武士不时会点点头，抑或咕哝着表示同意，但是大部分时间他都盯着主教杖顶的那条蛇，想象它蠕动着，盘绕着醒过来，分着叉伸出的舌头发出嘶嘶的声音……他心想也许这神父是个巫师（seiðmaðr），赤裸的身体不禁打了个寒战，"阿嚏"，他低声打了个喷嚏，更加敌意地瞪着主教。突然主教在他身上涂油，在他乳头上画了个十字架，油顺着胸骨往下流，肩膀上也涂了些油，而后，没等回过神来，他已经站了起来，阿尔弗雷德大帝就在身边，把他领向一个巨大的石盆，四周雕刻着螺旋状图案和卷起的树叶，色彩鲜艳。[2]古斯鲁姆凝视着石盆里的水，一脸茫然。主教把手放在他头上，把他推向一面映着烛光的黑色镜子面前。镜中的人影子般盯着自己，眼睛凹陷，像两个小坑。他恐惧不安，胆战心惊，抗拒着转向国王，发现国王欣慰地点了点头。

头没进水里的一刻，所有的吟唱声和拉丁语的嘟噜声都隐隐退去——耳朵里只剩下空洞的漩涡声，随即陷入一片黑暗。他迅速挣脱出来，水流进眼睛，甩了甩头，他像一条从水池里跳出来的狗，水花从胡子上向外飞溅，不等停下来，又立即被推回水中。有那么一刻，他觉得自己会被淹死。随后他再次抬起头来，被蜡烛的烟雾和熏香呛得喘不过气来。古斯鲁姆几乎没注意到挂在他身上的白色长袍和涂在头顶上的油，他的额头上缠着一块白布。阿尔弗雷德和主教正在用英语说着什么。他没全听懂，但听到了一个名字，他们盯着他时，这个名字重复了好几次：埃塞尔斯坦。

埃丁顿战役之后，维京军队奔逃中被赶往营地（可能在切本哈姆），被迫与阿尔弗雷德讲和，交换人质并"宣誓"撤离西撒克逊的领地。也许是因为这次阿尔弗雷德大获全胜，所以达成的和平协议不像以前有如此多的条件。阿塞特别指出："大帝可以随意从维京军队中选人质，但他不必给维京人任何东西。"阿尔弗雷德可随意选择人质，表明西撒克逊人可以从维京军队中自由地选择高级将领或其他重要人员。显然，这史无前例："事实上，维京人从没以这样的条件与人讲和过。"[3]

所有的举动中最具戏剧性的是，古斯鲁姆——这个往昔的韦塞克斯侵略者，居然宣布放弃他的异教信仰，皈依成基督徒。这是一个非常激进的提议，因为这之前，在不列颠的维京首领从未在谈判桌上改变过自己的宗教信仰，当时肯定有很多人怀疑过维京首领的意图。在此之前，他们曾庄严立誓，但誓言被打破，人质被献上。因此，三个星期后，古斯鲁姆和军队其他 29 名高级将领到阿勒尔（Aller，阿特尔尼以东三英里）参见阿尔弗雷德，并接受洗礼时，让人深感意外。

古斯鲁姆对洗礼礼拜仪式及其象征意义有多深的理解，不得而知。上述情形是基于阿尔昆在八世纪晚期所写的一封信里对这种仪式的阐释想象出来的。或许与我想象中的不同，古斯鲁姆已经准备入教很久了。[4]他确实与基督徒有过接触，他的军队里可能已经有几个基督徒。但是，更深层的宗教象征主义对他来说意义不大，我们不知道他懂多少英语，更不用说拉丁语了。

　　然而，当时的政治形势十分明朗。据阿塞和《盎格鲁－撒克逊编年史》的记录，阿尔弗雷德成了古斯鲁姆的教父，用阿塞的话说，是他"把古斯鲁姆从受洗的圣池中托了起来"。在此过程中，古斯鲁姆被赋予了一个新名字，一个完美的盎格鲁－撒克逊语名字：埃塞尔斯坦。之所以选择这个名字，背后有很多原因。9 世纪上半叶，东盎格鲁曾经有一个国王，名叫埃塞尔斯坦，考虑到这片领土以后将由古斯鲁姆管理，这个名字意义重大。同时，埃塞尔斯坦也是阿尔弗雷德大哥的名字，他的这位大哥是韦塞克斯埃塞尔伍尔夫国王的长子。埃塞尔伍尔夫超级幸运，因为他的第一任妻子奥斯伯赫（Osburh）特别能生儿子。罕见的是，埃塞尔伍尔夫和奥斯伯赫总共有五个儿子，每一个都是国王（他们唯一的女儿埃塞尔斯威斯是麦西亚不幸的伯赫莱德的王后）：埃塞尔巴德是韦塞克斯的国王（858 ～ 860 年在位）；埃塞尔伯特是韦塞克斯国王（860 ～ 865 年在位），也是肯特的国王（在 855 ～ 866 年在位）；埃塞尔雷德是韦塞克斯和肯特的国王（865 ～ 871 年在位），当然还有阿尔弗雷德本人，也是国王（871 ～ 899 年在位）。在他的父亲担任韦塞克斯国王期间，最年长的埃塞尔斯坦一直是肯特的国王，但仅是个次要角色，自他父亲 839 年当政，直至 9 世纪 50 年代初去世。

　　自埃格伯特成为肯特的国王以来，肯特的国王一直由西撒克逊王室的成员担任，这已经成为传统。有时，会是同一个人同时统治韦塞克斯和肯特，有时他们会把权力交给自己的儿子或者弟弟。到阿尔弗雷德统治时期，这种做法逐渐消失，肯特郡开始归于西撒克逊国王的统治之下。[5] 毕竟，阿尔弗雷德没有适龄的儿子或弟弟需要通过赐予附属领地王权的方式来照拂或提拔。（当然，我们知道，侄子们就完全是另一码事了）。然而，他仍然很清楚，让一位心怀感激的年轻亲王登上附属领地的王位，会对自己大有助益。

　　显然，古斯鲁姆与阿尔弗雷德没有血缘关系，但亲属关系可以通过其他方式建立。作为教父，阿尔弗雷德授予了古斯鲁姆新的基督教名字，从而确立了名义上的父子关系。古斯鲁姆成为埃塞尔斯坦时，也就成了阿尔弗雷德的儿子。两人之间建立了一种关系，将亲属间的忠诚与家庭等级制度下的权力流动结合了起来。假设是阿尔弗雷德选择了埃塞尔斯坦这一名字（很有可能是他选的），可能是故意用其父亲埃塞尔伍尔夫和大哥埃塞尔斯坦之间的关系，来映射自己与古斯鲁姆的关系：后者只是附属领地名义上的王，前者才是统治西撒克逊的霸主，有权将附属地的统治权分封给后者。

如果说古斯鲁姆受洗后的政治舞台不足以突显埃丁顿之战以后阿尔弗雷德试图实现权力流动的意图，古斯鲁姆还通过其他方式承认了阿尔弗雷德高高在上的统治权。洗礼庆典最后，阿尔弗雷德赐予古斯鲁姆和他的手下"许多珍宝"。[6] 根据约定俗成的社会礼仪，接受礼物一方如无法回赠价值对等的物品，那他便处于从属地位。不管怎么说，从西撒克逊方面看，古斯鲁姆从接受阿尔弗雷德礼物的那一刻起，就成了阿尔弗雷德的属下了。

我们可能会问，阿尔弗雷德和古斯鲁姆所做的这一切究竟为何？也许阿尔弗雷德曾设想过，在某个阶段，他会像古斯鲁姆——埃塞尔斯坦的"父亲"和领主——一样，想把这位新基督教维京人统治的一切领土都收归自己的统治之下。照此逻辑，阿尔弗雷德有理由期待这样的结果。西撒克逊国王向古斯鲁姆许诺了些什么？是什么竟使他接受了洗礼？是什么诺言说服他接受了这样单方面的和平协议？又是什么能让他如此忠诚地遵守协议？

879 年，维京军队从切本哈姆来到了赛伦塞斯特，在那里驻扎了大约一年的时间。在此期间，一支新的维京军队跨海而来，据阿塞的说法，他们打算沿泰晤士河溯流而上与古斯鲁姆的部队会合。新的维京军在富勒姆（Fulham）安营扎寨，挖壕备战。对于阿尔弗雷德和西撒克逊人来说，这几个月的日子必是令人紧张不安的，因为他们被两支在泰晤士河上巡弋的维京军队夹在中间。冬天来了又走，所有人都按兵不动。古斯鲁姆似乎一直不忘他与阿尔弗雷德之间的协定，想着他的恩赐可能会带来的好处。不管怎样，理智都足以让他克服任何与这些新来的维京人结盟的诱惑。880 年，新维京军队离开富勒姆，穿过英吉利海峡，在法兰西和低地国家掀起了一连串的劫掠。与此同时，古斯鲁姆的军队从赛伦塞斯特撤军，向东盎格利亚进军。

他们到达那里后，就如哈夫丹和子民之前在诺森布里亚所做的那样，"在那块土地上定居，并分割了土地"。[7]后来再提起古斯鲁姆，即埃塞尔斯坦，他已被称为大帝。或许这正是阿尔弗雷德在 878 年赐予的奖赏，正是这样的奖赏引诱异教徒维京人接受了洗礼；也许阿尔弗雷德，不列颠大地最强大的盎格鲁－撒克逊国王，已经为古斯鲁姆夺取东盎格利亚王位提供了支持和祝福。

我们对古斯鲁姆在东盎格利亚的统治所知甚少。他统治这个王国长达十年，直到 890 年去世。但真正引人注目的是，他很快就接受并适应了新生活。9 世纪 80 年代早期，东盎格利亚出现了新的钱币。和那个时期的大多数英格兰钱币一样，正面刻着国王的名字，反面刻着铸币厂和铸币者的名字。尽管有证据表明这些硬币是在韦塞克斯城外铸造的，但其中许多硬币都刻有阿尔弗雷德大帝的名字。[8]在新政权建立自身合法性的过程中，古斯鲁姆采取这种方法建立起自己的钱币制度，并使其运行（他的铸币者也复制了一些欧洲大陆的硬币类型），这一点都不奇怪。然而，这些硬币的确向我们展示了从古斯鲁姆臣民的角度来看世界是怎样的，以及新国王是如何开始满足他们的期望的：阿尔弗雷德的名字可以使臣民确信这些钱币是合法的，并且阿尔弗雷德的钱币作为一种经济交换手段已经得到了认可和尊重。同样显而易见的是，当古斯鲁姆的名字真正出现在东盎格利亚钱币上时，钱币上刻的是"EDELSTAN REX"，意思是"埃塞尔斯坦国王"（当时钱币制度依然复制了西撒克逊的制度）。

金钱就是力量。尽管金钱只是（几乎只是）抽象地、象征性地代表价值，无论是成堆的钞票，还是与钱相关的时涨时落的数字指标，我们仅凭直觉也明白，金钱与权力和地位紧紧绑在一起，密不可分。货币上的图案，能体现并促进货币与国家权利的关系，能代表国家的安定，是民族骄傲和身份的象征，能反映出经济实力和钱币制造者至高无上的权力。定期对现代钱币上印哪位人物的图案展开论战，也体现出我们对其重视的程度。

维京时期的人，尤其是维京人，用金条的重量而不是钱币的面值衡量钱币价值。而钱币的象征意义，彼时同此时，人们一清二楚。制造钱币的权力本身就表明了一种意愿和能力，即干预人们之间的交易手段，调节贵金属的流通。

它还代表着一种渴望，渴望参与到体现提升了的政治力量的活动中：中世纪早期的钱币在某种程度上都是仿制罗马钱币，后来这些钱币又被西罗马帝国灭亡后出现的那些伟大王国的统治者们采纳和借鉴。将自己的名字铸造在新生产的钱币上，就等于宣称自己和恺撒一样，拥有传奇且崇高的地位。铸造钱币相当于采纳了那个权贵圈的外在标志，圈子里的人认为自己是罗马人的后裔，是西欧信奉基督教的国王。对于古斯鲁姆这样的维京军事领主来说，这可能是非常令人兴奋的。

877 年末，古斯鲁姆已经是众多战争领主中的一员，但不过是又一个维京投机者，在不列颠大大小小的王国里忙着自己的营生。到 879 年，他成为一片古老王国公认的国王，由教皇指定的接受过洗礼的国王。当然，要成为这个圈子的成员，还必须是一名公开的基督徒，通过使用受洗名（印在刻着十字架的钱币上），古斯鲁姆（被称为埃塞尔斯坦）将自己已经受洗成为基督教徒这一信息广而告之。在这方面，钱币是极有效的宣传工具：没有人会忘记国王是谁，尤其是当他的名字被印在每一枚新发行的银币上时。[9]

作为臣民大多是基督徒和盎格鲁 – 撒克逊人的王国的统治者，不需要成为维京版的马基雅维利[①]，古斯鲁姆也能明白：让自己同时具有基督徒身份和盎格鲁撒克逊人的身份才是明智之举：想让人们接受他为合法的信奉基督教的东盎格利亚人的国王，那他必须先成为一个信奉基督教的东盎格利亚人。在古斯鲁姆死后的 10 年里，新维京统治者完全沿用了之前王国的钱币，实在是莫大的讽刺。在 9 世纪 90 年代中后期，新的钱币设计并铸造出来，上面刻有 " SC EADMVND REX A "（*Sanctus Eadmund Rex Anglorum*），意为 "圣埃德蒙，（东）盎格鲁国王"。继伊瓦尔和乌比这两个维京军团领袖将东盎格利亚最后一位本族国王那絮絮叨叨的脑袋砍掉后，不到 30 年的时间，人们便开始举行宗教仪式纪念他，他的信仰也被新的盎格鲁 – 维京政权大力宣扬。

这种现象不仅局限于东盎格利亚地区。维京人统治下的所有地区，人们都

① 马基雅维利（Machiavelli），意大利政治家和历史学家，主张为达目的不择手段地利用权术。——译者注

在努力建立权力模式，不同文化之间相互妥协，即代表盎格鲁－撒克逊的传统文化，也体现维京人的新文化。这是一个新世界，经过 20 年的战争，被摧毁的世界重新建立起来。但新的世界并不是被整整齐齐分为两个部分的英格兰，南边是盎格鲁－撒克逊人，北边是维京人。现实情况复杂得多，身份不明确、政治交织，未来一片茫然。

这就是阿尔弗雷德大帝、古斯鲁姆国王和英格兰各个种族（*ealles Angelcynnes witan*）的议员以及生活在东盎格利亚地区的人民一致同意并宣誓达成的和平协议，和平是为他们自己也是为了他们的臣民，是为活着的人也为后世子孙，是为那些愿蒙上帝恩惠也愿互相照拂的人们。

首先是边界问题：沿泰晤士河开始，沿着里亚河（Lea）直到其源头，然后直线到贝德福德（Bedford），最后沿着乌斯河（Ouse）到瓦特灵街（Watling Street）。[10]

这就是阿尔弗雷德和古斯鲁姆的条约的开头。条约并不是在埃丁顿战役之后立即签订的，很有可能是在 886 年阿尔弗雷德控制伦敦之后到 890 年古斯鲁姆去世后中间的某个时间签订的。[11] 它的第一个条款最早定义了后来被称为"丹麦律法区"（Dane law）的南部边界。丹麦律法区是不列颠的一个地区，从 9 世纪末起，丹麦的法律和习俗就盛行于在该地区。维京人聚居区的老地图利用这句倍受吹捧的"边界条款"在不列颠地图上画出了边界，从伦敦到罗克斯特（Wroxeter）附近绘制了一条长长的歪歪扭扭的斜线。尽管学术界对此存有异议，这些地图的整体含义却十分明了：这是一条边界，而且不列颠讲英语的人早已经越过边界，进入外族人的魔掌，在丹麦的枷锁下艰难喘息，直到南边传来自由的消息。

但至少从这个意义上说，"丹麦律法区"从来就不曾存在，根本没有从泰晤士河到泰恩河所谓的伟大的维京王国地盘。首先，阿尔弗雷德和古斯鲁姆的条约没有提及这一地区。并且，"丹麦律法区"这个词直到 11 世纪初才有记载。[12] 条约主要关注的是划定阿尔弗雷德而不是古斯鲁姆的实际权力范围。首先，它间接地承认阿尔弗雷德是真正的统治者，管辖着所有维京军队未能永久占领的土地，而现在被称为"大帝"的古斯鲁姆（埃塞尔斯坦）只与他曾于880年率军到达的东盎格利亚有关。

不列颠的其他大部分地区势力范围都不明确，唯一确定的是它们不属于阿尔弗雷德大帝的势力范围。这不新鲜：东盎格利亚、麦西亚和诺森布里亚（更不用说西部或北部地区了）一直都不属于韦塞克斯，只短暂属于过西撒克逊。然而，维京军队入侵过这些地区并取得过一定的政治控制权。另一方面，在条约边界以南的大部分土地（但不是全部），西撒克逊人的统治地位已经被承认了几十年。

整个9世纪70年代，麦西亚的当地统治者被打败并剥夺了财产，整片土地生灵涂炭。现在，根据阿尔弗雷德和古斯鲁姆的条约条款，麦西亚被明目张胆地瓜分，沿对角线分割，西南部的领土归范围不断扩大的"伟大的"韦塞克斯管辖。当时麦西亚剩下的一部分实际是由一个名叫埃塞尔雷德的人统治。他似乎接替西奥武夫成为了麦西亚（未被占领部分）的统治者，但是与他的前任不同的是，很少有人会称他为国王。（西部边境的威尔士人在9世纪80年代曾遭到埃塞尔雷德的残忍袭扰。他们倒是承认他是国王，但他们的意见在韦塞克斯无足轻重。）

相反，在西撒克逊人的资料中，埃塞尔雷德一般被称作"郡长"，或者曾被含糊地称为"麦西亚勋爵"，这个称呼倒是比较合适。到了883年，埃塞尔雷德公开承认臣服于阿尔弗雷德，并于886年在伦敦被授权。伦敦曾隶属于麦西亚国王，刚刚归于西撒克逊人的管辖之下（一个人被授予对某事物的管理权，实际上是剥夺和降低地位的表现，这有点像邻居强占了你花园的一部分，然后把照顾花园的工作交给你）。随后，埃塞尔雷德和阿尔弗雷德的女儿埃塞尔弗莱德结了婚（与古斯鲁姆的情况遥相呼应，他成为了阿尔弗雷德的"儿子"和政治上的下属）。无论埃塞尔雷德曾经多么盼望恢复麦西亚的自治，他的雄心壮志立刻被西撒克逊政权浇灭，随后陷入纷繁的王朝纠葛：成了阿尔弗雷德集团的一员。

因此，我们应该认识到，条约从来没有打算划定维京人的势力范围："丹麦律法区"的每一寸土地都是阿尔弗雷德赐予的，就算埃塞尔雷德想，他也不可能夺走这儿的任何一块土地。确切地说，这是一项条约，要求阿尔弗雷德的教子古斯鲁姆协助西撒克逊人正式提出领土主张。现在来看，包括麦西亚一半的土地以及泰晤士河以南的所有土地，是一个旨在成就一个"大"韦塞克斯的契约。阿尔弗雷德将用其剩下的统治时间致力于让那里焕发新的面貌——种族包容。这种种族包容性最明显的体现就是形成一种前所未有的王室风格。阿尔弗雷德不再像他的前任国王一样，被称为韦塞克斯 – 撒克逊国王（*rex Westsaxonum*）或西撒克逊国王（*rex Occidentalium Saxonum*，"西撒克逊之王"），而是从 9 世纪 80 年代开始，被称为盎格鲁 – 撒克逊国王（*rex Anglorum et Saxonum*），或者，如阿塞所言，被称为：盎格鲁 – 撒克逊国王阿尔弗雷德（*Ælfred Angul-Saxonum rex*）。

阿尔弗雷德想要表达的意思在《盎格鲁 – 撒克逊编年史》中有所阐述，里面详述了阿尔弗雷德在 886 年占领伦敦的情况："对他来说，要让所有的英格兰人都不再受丹麦人的束缚。"[13] 显然，阿尔弗雷德如今认为自己是所有"英格兰人"的国王。这种想法也出现在了阿尔弗雷德——古斯鲁姆条约的第一行上，原话是：所有英格兰族的议员（*ealles Angelcynnes witan*）。盎格鲁人——"英格兰人的同族"——是一个灵活的表述，可以让他和他的王朝更有理由宣称，对那些生活在前不列颠说英语的王国里的、被认为不是"丹麦人"的所有人享有固有的统治权。事实上，从更广义上来说，其包括"所有不列颠岛屿上的基督徒"。[14] 这种提法在政治上只是权宜之计，在阿尔弗雷德宣称统治的人民中创造了一种人为的同一性，掩盖了对西麦西亚的吞并，并且也为未来的领土扩张提供了充足的余地。但其也创造了一种既虚幻又强大的概念，一经提出便不会消失：它创造了统一的英格兰人的概念，并且加以延伸，创造了一个自然而又毗连的家园的概念，这个家园可能——也应该——隶属于一个独一的国王的统治。维京战争和随后的阿尔弗雷德和古斯鲁姆之间的协议远不只是建立了"丹麦律法区"这么简单，而是创造了一种更为永恒的东西。阿尔弗雷德和维京人创造了英格兰。[15]

不过，当时的英格兰国土很小。9 世纪 90 年代，英格兰只包括麦西亚剩下的一小部分和泰晤士河以南的土地。但是，在这个重新塑造形象的过程中，阿尔弗雷德创造了一个持久、灵活的身份。这种身份使得阿尔弗雷德的后代也能够宣称（也许他们自己也相信这一点）：任何向北的侵略和领土扩张行为都是对英格兰人的"解放"，而非征服。大约在同一时间，比德的《英吉利教会史》被翻译成古英语，也是为了宣扬这一思想。西撒克逊法院强调共同的历史，而不是地区间的差异。当然，为了达到这个目的，必须得让"英格兰性"能够轻而易举且直截了当地被辨识出来。正是在这种背景下，我们应该将"丹麦人"这个词看作包罗万象的类别，因为在《盎格鲁－撒克逊编年史》[16]里，它指的是"老外"，用起来广泛而随意，没有具体明确的所指。

切斯特顿把埃丁顿之战看作是为英格兰精神而战，是高贵的不列颠本地人民和视死如归的维京外族人之间的战争。显然，这也是阿尔弗雷德、阿塞和盎格鲁－撒克逊编年史家们希望我们看到的——它是一个分水岭。从此，统一的英格兰共同体开始形成。但可以肯定地说，参战的人们对这场战争的看法并非如此。阿尔弗雷德的军队由西撒克逊诸郡的郡长们率领，但是为国王而战的人们来自哪里并不清楚。关于古斯鲁姆的军队，就更难以知晓了，很有可能一部分军队（甚至大部分）不是由海外出生的人组成，而是由麦西亚人、东盎格利亚人和其他出生于不列颠的人组成。从西撒克逊人的角度来看，这些人仍然是维京人——《盎格鲁－撒克逊编年史》认为他们有"丹麦"血统，虽然一样是"不列颠人"。

事实上在整个不列颠，这种情况从相对较早时候就出现过。虽然我们知道异教徒军团确实得到了外部增援，"伟大的夏日舰队"（*micel sumorlida*）在 870 年才从海外抵达，并加入到与韦塞克斯的阿尔弗雷德和埃塞尔雷德的战斗中，这是活生生的例子。[17]但这些援军肯定不足以补充长期战争所造成的伤亡，也无法补充因维京人离开而造成的减员。这些维京人不愿继续冒生命危险而选择回家，去种地，去跟家人在一起。因此，有可能某些"维京军"是有更多的本地血统的，[18] 不难想象会采取某些机制以使军队吸引更多自愿入伍的新兵。首先，总是会有些流民、逃犯、被流放的人、逃跑的奴隶和被剥夺继承权的王室子弟，他们巴不得加入旗开得胜的军队，分得战利品。一个半世纪后，这一问题仍然存在，约克郡的伍尔夫斯坦大主教哀叹"一个奴隶逃离了主人，放弃基督教信仰成为维京人（维京人的古英语是 *wicing*，在当代很少使用）"。[19] 如果这种事在 11 世纪仍然发生，那么没有理由相信其不会发生在 9 世纪。[20]

我们也要记住，长期以来，盎格鲁－撒克逊王国和他们的邻国之间进行的战争都是地方性的。虽然战争的性质可能已经改变，但是对于一个渴望财富和冒险的年轻盎格鲁－撒克逊战士来说，在不列颠的某个地方加入维京侵略军，与父辈们和祖父辈的人参加远征探险没什么不同。此外，在那些维京部队首领建立了更为正规的政治统治的地方，那些一直在服兵役的人会觉得他们效忠的是地区，而不是种族。这些人不会因为追随一位外族国王劫掠自己的邻居而忧心忡忡，不会延续数百年来狭隘的仇恨情绪。如果新的统治者答应把劫掠所得分给他们，答应提拔他们，许诺保证农场和家人的安全，那么这种趋势必将继续；如若领主们认识到取个英文名并接受臣民的宗教信仰的意义，则更是如此。

但是，并不仅仅是"丹麦律法区"的英格兰人可能成为西撒克逊眼中的维京军。阿尔弗雷德与古斯鲁姆条约的第五条（也是最后一条）明确指出，阿尔弗雷德的新盎格鲁士兵们可能会悄悄溜走加入"丹麦军"，这是个大问题："我们在宣誓的那一天就达成了一致，奴隶或自由人未经允许，不能加入丹麦军。同样，丹麦军队成员也不能未经允许来我们这边。"[21] 阿尔弗雷德的臣民若不效忠西撒克逊，那么会面临威尔特郡族长乌尔夫尔（Wulfhere）所遭到的处置。他"未经允许而离开"，[22] 因此被剥夺了土地。并非只是身处社会底层的人们早上还是盎格鲁－撒克逊人，下午便成了"丹麦人"。如果需要进一步证明这些种族标签是多么脆弱，那西撒克逊的王朝政治会在阿尔弗雷德大帝死去之时，以异常精彩的方式呈现在我们眼前。

第 13 章

恶棍商人

VIKING BRITAIN

这景象很奇怪，极不协调，

这些野蛮人歌声和呐喊十分粗鲁，

而墙上却挂满了罕见的体现着文明工艺的战利品，

包括诺曼妇女制作的精美挂毯，

法国和西班牙的王子们使用过的武器，

来自拜占庭和东方的盔甲和丝绸服装——

因为他们的龙船去过的地方疆域广袤。

罗伯特·E. 霍华德
《黑暗人》
(1931)[1]

在对阿尔弗雷德晚年的评价中，主教阿塞极力强调，当时的阿尔弗雷德倾尽全力激励臣民为国家的利益而奋斗。然而，从传记中这一部分的语气可以清楚地看出，阿尔弗雷德在说服臣民（或他们的奴隶）在下午从事挖沟、建高栅栏等当地长官下派的苦力活时困难重重。事实上，当我们听到国王要求他的人民做的事情时（"城镇要重建……要在之前一片荒芜的地方建起城镇"；"在他的鼓动下，设计制作了前所未有的时髦的金银珠宝"；"用石头和木头建造起辉煌的皇家府邸会议大厅"；"尊其谕旨，把砖砌的皇家府邸从原来的位置搬到更合适的地方重建起华丽的皇宫"），就不难明白为什么"柔和的指示"和"哄骗"很快就被"命令"代替，并且（最终，当耐心耗尽时），"他会严厉惩罚那些不听话的人"，并"对大众那些五花八门的愚蠢和顽固投以强烈的鄙视"。[2]

然而，显然这些惩罚和鄙视还不够，国王有时需要采取外在的干预手段，让臣民相信他的修建项目是明智的决定。据阿塞说，阿尔弗雷德的努力没有达到预期的效果，"敌军突然从陆地或海上入侵（或经常陆海同时入侵）"，[3]这给了韦塞克斯民众一个宝贵的教训，那就是国王的智慧并非无懈可击。他可怜的臣民"失去了父亲、配偶、子女、仆人、奴隶、女仆、劳动成果和所有的财产"，如果想从他们的宗教和政治领袖那里得到同情，几乎是痴心妄想：阿塞很清楚谁该为此负责。在主教看来，是民众的懒惰、固执、无能和忘恩负义，让他们自作自受。[4]他曾赞许地说起，至少那些"蔑视王室命令"的人现在"高声赞扬国王的远见，并承诺去做他们以前拒绝做的事情，比如建造堡垒以及其他对王国有利的事情"。[5]

不过，这些只是官方记载，服务于国王的利益。现实情况是，阿尔弗雷德确实对王国的防御做了长期且可行的改变，并努力克服了革新的阻力；但有时也遭到了失败，这点我们很清楚。（对一个政权及其辩护者来说，往往不自觉地会将行政命令的错误归咎于别人。）然而，无论阿尔弗雷德的计划取得多大的成功，也无论遭遇了多大的障碍，我们从阿塞的记录中最强烈感受到的是阿尔弗雷德的野心：他看到了一个以学识和识字为荣的王国，其上坐落着石筑的城镇和宫殿，金银财宝闪耀着灿灿光芒。他希望自己因为这些而被世人铭记：阿塞的传记，向我们描绘出这样一个阿尔弗雷德，他知晓自身承担的命运的重任，期望流芳百世。

还是一个小男孩时，阿尔弗雷德曾作为外交使团的一员前往罗马，可能有父亲或他人陪伴。[6]据《盎格鲁－撒克逊编年史》记载，他见到了教皇，教皇"尊他为王，视他为圣子"。问题是，阿尔弗雷德何时去的罗马？究竟有谁陪同？遇到了哪位教皇（利奥还是本尼迪克特？）以及究竟发生了什么？长期以来，学术界一直在讨论这些问题。显而易见的是，从9世纪90年代西撒克逊作家的角度来看，阿尔弗雷德在这么小的时候就被圣彼得的继承人指定为未来的伟大国王，这一点很重要。但是，把它看得太认真就错了——毕竟，当时阿尔弗雷德还有三个哥哥呢。然而，无论他的记忆有多么糟糕，无论在他与教皇会面后的几年里，脑子里被灌输了什么思想，阿尔弗雷德自己也相信有一些超凡且神秘的东西在圣城触动了他，这是必定无疑的。事实上，他在罗马的经历很可能对他产生了深刻的影响。

阿尔弗雷德对皇室宗教威严的认识，始于也终于父亲那饱经风霜的木制大厅和结实的撒克逊教堂，比如温彻斯特的老敏寺教堂（Old Minster）——毫无疑问，在当时，这些建筑给他留下了极深刻的印象。但与万神殿（Pantheon，装得下好几个老敏寺教堂）或以马赛克装饰的圣巴西德圣殿（Basilica of Santa Prassede，建于9世纪20年代初）相比，它们简直就是牛棚。可以想象，这样的反差会给一个五岁（抑或是八岁）的小男孩儿留下怎样深刻的印象。还有斗兽场，白色大理石墙体在地中海的阳光下闪耀着残败的光辉。再加上礼拜仪式的神秘感，物质的辉煌，教宗所特有的内在"神性"，精心灌输的有关王位传承的意识，可以想象，这一切将会彻底且永久地改变任何一个敏感又聪慧的年轻人。在阿尔弗雷德的成长过程中，他一直感觉自己命运高贵，蒙上帝垂爱，这使他在教育、建造以及行政和军事组织方面野心勃勃：他亲眼看到帝国可以留给他的遗产，目睹了神灵在实现帝国复兴大业中所起到的作用。[8] 无论如何，这一切必然在他心里留下了深刻的印记——童年时亲眼看见的那些奇妙景象，萦绕在心，难以忘怀，不朽之城在无边无际的蔚蓝天空下闪耀着白色和金色的光芒。

阿尔弗雷德对古罗马精神的热情主要体现在对"要重建的城镇"的选择以及在"以前没有城镇的地方建造城镇"的决心。长期以来，罗马不列颠的乌尔比斯（urbes）和奥必达① 一直被遗弃和毁坏，如今在撒克逊王国重获新生。巴斯（Bath）、埃克塞特、温彻斯特和伦敦城，慢慢恢复成为政治、经济和社会生活的中心，修复了城墙，重建了市中心。在其他地方——例如沃灵福德（Wallingford），新的城市街道呈网格状分布，让人联想起罗马城镇常见的十字形街道。有些被定为发展目标的城市在此强化巩固时期之前已经是非常重要的地方：自 7 世纪以来，马姆斯伯里一直是一座修道院，韦勒姆是一座主要教堂（一所大教堂）所在地，也是韦塞克斯国王贝奥赫特里克的安息之地，不列颠的维京时代正是始于其统治时期。

但无论阿尔弗雷德是怎样被"文明之梦"（实际上就是"城市生活"）激励着，毫无疑问的是，旺盛的精力直接催化了一种需求，那便是必须加强防御。我们已经看到，原始的攻城大战中，驱逐一意孤行的敌人是多么困难——阿尔弗雷德在诺丁汉、雷丁和埃克塞特曾吃尽苦头。从 8 世纪末开始，保护过冬用品、人、牲畜、财产和生产的必要性一次又一次凸显出来。阿尔弗雷德看上去可不是个不吸取教训的人：他的王国必须组织严密、戒备森严，能够随时应对任何威胁。

9 世纪 80 年代到 10 世纪初，出现了一份文件，现在被称为"市镇税收表"（burghal Hidage）[10]。里面列出了大约 30 个具有防御功能的居民点——即

---

① 奥必达（oppida），考古学术语，指设防寨堡，与欧洲青铜时代较为简单的山堡相区别。——译者注

古英语中的"Burhs"（"borough"一词的词源，许多英格兰城镇名称中带有"bury"）——这些居民点起源各不相同。其中一些地方，比如沃灵福德，是从一片荒芜上建造起来的；另一些地方则是利用残破的罗马城镇的砖石结构，或铁器时代山堡的土木防御工事。几个世纪以来，这些地方作为居住地早已被遗忘、但在盎格鲁–撒克逊人的脑海里却占据着重要的位置，他们把这些地点想象成聚会地和战场，是诗歌与传奇故事的主题。市政税收表的目的，是为了根据防御线的长度以及可以从中抽取人力的土地数量，来估算驻守和维持每个山丘堡垒所需的人力。[11] 这些堡垒已经不仅仅是防御要塞，但也还不是真正的城镇。在阿尔弗雷德统治后期以及他的儿子爱德华［"长者"爱德华（Edward the Elder），899～924年在位］统治早期，它们是零零散散的，意在应对来自不列颠内外维京军团的袭击。当时的人们对异教徒军团带来的威胁记忆犹新。这些堡垒最初是作为特定情形下的军事手段，在阿尔弗雷德统治后期是很奏效的，在他儿子爱德华和女儿埃塞尔弗莱德（麦西亚人的女首领）的统治时期，这一手段仍被继续采用。[12]

事实也证明，在那些布设和重建山丘堡垒的地方，堡垒为组织、实施和维护国家治理（例如铸币）提供了一种持久耐用的形式，同时，它们成为制造和商业中心——分散在农村腹地的居民可以在此将农产品换成制成品。这样说来，它们承担了曾经只能由修道院、皇室或贵族承担的职能。因此，9世纪末和10世纪初的山丘堡垒迅速成为了真正意义上的城镇。尽管有些未能发展起来（如"Eashing""Chisbury""Sashes"，和未经确认的"Eorpeburnan"），[13] 但另外一些发展成了（其中许多现在依然是）英格兰的主要城市中心。

实际上，与盎格鲁–撒克逊时代的英格兰的其他地区相比，阿尔弗雷德及其后世在城市规划方面得到了过多的赞誉：麦西亚在温奇科姆（Winchcombe）、赫里福德和塔姆沃思有自己的山区堡垒。[15] 约克在865年就有了防御点（且成效显著）；至于塞特福德、林肯、东盎格利亚的其他定居点和英格兰中东部的许多地方，不等发展起来就在9世纪70年代落入了维京海盗之手。自8世纪以来，伦敦、南安普敦、伊普斯威奇、坎特伯雷和约克等交易区的贸易活动已经开始。西撒克逊防御堡垒网一直是自罗马时代以来英格兰最广泛、最连贯、最雄心勃勃的有计划的城镇发展体系。毫无疑问，主要是维京人的侵略加速了行政、教会、经济和军事职能的集中。

无可辩驳，维京人不仅创造了英格兰作为一个国家萌芽时期的各项条件，而且促进了城市和城镇的诞生，甚至（尤其是）在从未被他们征服和殖民过的英格兰南部地区。他们并非化学反应中的催化剂，糊里糊涂中引起变化而自己却稳若泰山，丝毫不曾改变。相反，从一开始他们就深深卷入这些变化中，促成了自他们到来之后所发生的一系列社会和经济变革。同时维京人的身份也在不断变化和融合。维京人带来的航海技术和国际贸易对不列颠的影响是根深蒂固的。同样，他们为城镇发展所做的一切也为不列颠带来深刻改变。阿尔弗雷德和爱德华极力寻找堡垒发展模式时，激励他们的不仅仅是罗马梦：更近、更实用且更熟悉的模式就在眼前。自从维京人第一次在这片土地上过冬，他们就已经成为了开拓者，建起人口稠密、边界广阔、具备防御功能的商业和行政中心。

自 9 世纪中期维京劫掠军首次在英格兰越冬以来，维京人的营地便为居民提供了一种生活方式。至少在初期，这些营地是暂时的，一般直接采用现成的结构和防御工事（雷普顿围场和雷丁营地便是著名的例子）。但考古学意义上最明显的证据来自英格兰的其他地方，即林肯郡的托克西和约克郡北部一处尚未公开的地区。[16] 在爱尔兰，这些维京人越冬的营地称为 "longphuirt"（单数为 "long-phort"），其中几个营地随着时间的推移演变为真正意义上的城市居住区，至今仍是爱尔兰人口最集中的城镇：都柏林、沃特福德（Waterford），韦克斯福德（Wexford）、利默里克（Limerick）和科克（Cork）。[17] 在英格兰，几乎没有证据表明有营地以这种方式发展起来，当维京军队开始选择永久定居地时，地点选在了那些已经存在一些基础设施的地方。然而，在这样的地方养成的习惯，比如人口密集、粮食和资源主要依赖当地农村（而不是靠自己耕种土地）、自给自足的手工品和制成品、航运、市场经济，让人们很容易就能融入到城市生活中。

例如，在托克西，872 年到 873 年的冬天，维京军团驻扎在特伦托河旁的一个低矮的悬崖上。经过业余金属探测者和专业考古学家的共同努力，发现了一个占地约 65 英亩的遗址，那是一个空旷的营地，一支庞大的军队曾经在此居住，且忙于生产。"生产"一词很恰当，因为除了在木质游戏板上"驰骋"的棋子之外，还发现了手工、制造和贸易工具。酒后精神萎靡的武士们游戏时爆发激烈争吵时，这些棋子被扔得不见踪影。编织和冶炼、缝纫和皮革加工、捕鱼和木工，甚至是生产仿制硬币，这些构成了原始城镇居民自给自足的生活。他们忙于修修补补，忙于生产武器、衣服、食物和工具等必需品，忙于船只修缮，忙于生产厚蓬帆布。而且，还发现了砝码和天平，硬币和金块。

考古人员在托克西发现了 350 多枚硬币，其中包括 9 世纪 60 年代和 70 年代的英格兰的银币，以及大量的铜合金"stycas"——一种前维京时期普普通通不值钱的诺森布里亚硬币。在很大程度上，考古学家凭着这些硬币把这里确定为维京军团 872 年到 873 年在托克西的营地。然而，关键的是不仅发现了英格兰硬币，还挖掘出了 123 个阿拉伯迪拉姆币（dirham），其中许多被切成小块。迪拉姆币是在梅尔夫（Merv，土库曼斯坦）或瓦西特（Wasit，伊拉克）的大街小巷流通过的硬币，被埋在了林肯郡的土地上。这些硬币的日期，最早可追溯到 9 世纪 60 年代后期，正是维京军团安营扎寨的时间。但是，迪拉姆币碎片还有其他一些有趣之处。9 世纪，伊斯兰银币大量流入斯堪的纳维亚地区，沿着俄罗斯的河网流向波罗的海，换回了大量奴隶、毛皮和琥珀。伊本·法德兰这样的阿拉伯旅行者，在记录其在伏尔托河岸等地遇到异国野蛮人的故事时，看到的就是这种贸易。事实上，维京军团携带了大量这种钱币，有些出现的时间比维京军团来到英格兰的时间要晚一些，这表明来到英格兰的维京军队仍然与出产这些银币的地方有联系，即使是在特伦托河岸上行进时。对于维京时代的这些风险资本家来说，英格兰和俄罗斯的河流，北海和里海的海路，构成了相互关联的交通网，是交换奴隶和银币的万维网。

然而，事实上，硬币被切成小块有另一个重要意义。在维京时代的大部分时间里，甚至维京统治者铸造着自己的钱币时，在维京人的影响下，一种经济体系盛行于各个地区，即仅用重量衡量贵金属的价值（主要是白银，但也包括黄金和铜合金）。在这样的体系中，银币之所以有价值，并不是因为它们是"货币"，而是因为它们是一种便携式的贵金属，很容易就能将其熔化并重塑成其他形状和尺寸（例如，臂环或锭），需要时能分解成小块。而且，放进熔炉里的不只有钱币。无论工人和工匠是盎格鲁－撒克逊人、爱尔兰人还是斯堪的纳维亚人，只要金属的价值按重量算，无论金属工艺品设计得有多好、无论是金银丝等镶嵌物、珐琅等装饰物还是线制成的串珠，无一漏网，都会被熔化或切成碎片。"海盗银"和罕见的"海盗金"① 在维京人的宝库里和聚居点很常见；两者都是在托克西发现的。这些碎块代表零钱，除了大块的金或银以外，需要大量的碎银或碎金交换价值较低的商品。同时出现在托克西的是锭，是将硬币和其他物体熔化并重塑成贵金属条，便于运输和储存。这些金属条可以当作原材料制成其他饰物，也便于在交易时称重。

托克西还发现了交易技术的证据。发现了数十种砝码，"立方八面体"和"扁球体"的样式是复制了伊斯兰世界的设计和重量标准。"扁球体"通常被称为"坠块"，而"立方八面体"有六个正方形和八个三角形面（想象一下一个立方体，每个角向下对应一个三角形），每面刻着不同数量的点，所以，显而易见，其通常被称为"骰子砝码"。显然，这样的设计使得其可靠性肉眼可见，另外，其雕刻和装饰独特的形状令其很难被篡改。[18] 最后，当然，需要用天平称银的重量、校准砝码、称重散件商品，如琥珀、黑玉、珠子或谷物。考古人员在托克西找到了一个简易天平的残片，在北欧的维京商业中心出土了保存完好的天平。[19]

细想一下，这一贸易证据——出乎预料地在林肯郡农村的临时军事营地出土——表明了维京军队和当地民众之间怎样的联系呢？当然，这表明当地人愿意与维京军团建立贸易关系——维京军队无法与其他人交易，所以与当地人交往可能很频繁，合作也越来越紧密。然而，这些关系未必是互惠的，也未必是

---

① 维京海盗按照一定重量制成的金、银装饰物或金属币。——译者注

建立在相互尊重的基础上的：通过贸易交换商品和服务并非一直令人愉快，也并非一直是文化交流中互利双方的做法。不可否认的是，从历史上看，贸易是创新技术、提高生活水平、促进知识和思想传播的最强大的驱动因素之一。但这远远不是全部的生活图景：疾病传播得比知识还快，新技术让人们受益的同时，灾难也随之而来。并非所有的思想都值得分享。此外，商业冒险的历史呈现出一种极其腐败和血腥的景象：从比属刚果（刚果的旧称）地狱般的恐怖事件到鸦片战争的道德沦丧，从东印度公司的商业暴政到亚马逊橡胶大亨的野蛮行为，贸易往往与贪婪、暴力和不公正牵手而来。

正是这种矛盾引发了维京研究最具标志性的"争辩"——"维京人是掠夺者还是商人"——这让人感觉既乏味又恼火。当地人想从驻扎在特伦托河上的维京军队买什么呢？是想买他们从当地教堂掠夺的宝物，还是从田地掠夺来的牲畜？又或者是冬天储存的谷物？他们的朋友，还是家人？据一篇关于维京军队在法国（也是在 9 世纪后期）行动的史料记载，他们袭击了卢瓦尔（Loire）岛上的一个营地："用铁链囚禁着成群的囚犯"，并发动突袭，摧毁了周围的乡村。《盎格鲁－撒克逊编年史》明确记载着在不列颠的维京人营地发起的许多次类似袭击（870 年郡长埃塞尔伍尔夫和伯克郡民兵遭遇的正是此类袭击）。要在冬季供应一支大军，搞这种袭击是很有必要的；对当地人实施残酷暴行，以谋取利益，这种可能性是一直存在的。可以想象当地人经历着怎样的痛苦。他们被迫拿自己准备越冬的食物，交换战败后被敌人虐待的丈夫、妻子和孩子，一脸茫然地看着这些野蛮人用谷物衡量亲属的生命——天平上堆满了玉米，鲜血换取大麦，猪换人：用阿塞的话说，不惜一切，只为"救赎那些被恶意囚禁的亲人"。[20]

也不是只有人的生命以这种方式被交换着。

郡长阿尔弗雷德和他的妻子走在营地里凹凸不平的地面上，斗篷上溅满了泥巴，他们绕开营火，险些被帐篷的木桩绊倒。空气中弥漫着打铁和劈木头的声音。远处，囚犯被关在木头围栏里，戴着镣铐，忍受着鞭打，两眼木然地盯着不知何处。阿尔弗雷德和妻子沃伯格（Werburg）尽量不去看他们，害怕遇见熟悉的人。他们走过时，浑身脆弱无力，这种感觉慢慢弥漫进周围的空气里，每一个外来词听起来都像是侮辱，远处传来的笑声也仿佛是残酷的嘲笑。两个大个子突然将木制游戏板上的鲸鱼骨做的圆顶形棋子一把推开，从矮桌旁站起身来，挡在了他们面前。在沃伯格看来，他们毫不掩饰地睨视着她，心里在想些什么龌龊事不用脱裤子也一目了然。阿尔弗雷德举起手支支吾吾地打了个招呼，大个子指了指旁边的帐篷。

帐篷内有个胖子，身前的桌子上摆满了银币和金条。阿尔弗雷德有点迟疑，结结巴巴地说了几句话，翻译笑了一声，用古斯堪的纳维亚语重复他说的话，从其口音听得出是诺森布里亚人。一只胖手伸过来，抓住阿尔弗雷德的那袋硬币，倒在了桌上。这些金币是很久以前肯特的主教和老国王时期铸造的。维京人很是吃惊，拿起一个金币咬了一口，竟然咬弯了。维京人疼得龇牙咧嘴，阿尔弗雷德看到了他牙齿上的黑色凹纹，是自残落下的印记，让他感到不寒而栗。[21] 维京人拔出刀，拿起更多硬币，动作很是灵巧。[22] 他哼了一声，把它们铲到天平上，慢慢将小桶形状的砝码放在另一侧。过了一会儿，他抬起头，用斯堪的纳维亚语嘟囔了几句。"还不够。"翻译冷笑着说。

帐篷里的气氛愈发紧张。维京人眯起眼睛，使劲地盯着沃伯格，挺直身子，伸手去摸她的胸。沃伯格躲避着，阿尔弗雷德本能地将手伸向剑柄。在帐篷门附近拔出武器的声音让两个人都停了下来，停在半空中的那只手继续朝着郡长妻子伸去，在她胸前的圆形银色胸针上停了下来，突然，他一把把胸针从衣服上扯下来，并翻过来看着背面。背面是银色的圆盘，刻着奔跑的鹿和猎犬的图案，细节用黑色勾画。他把胸针扔到桌上，用刀猛地一敲，银制的胸针像硬奶酪一样一分为二。维京人将一半胸针放到另一台天平上，然后一侧加砝码，直到满意地咕哝了一声。他弯下腰，在地板上的一堆东西里翻来翻去，找到一堆用绳子捆起来的手稿，随后站起身来，脸憋得通红，把手稿扔给了阿尔弗雷德，阿尔弗雷德笨手笨脚地接住，和妻子转身离开。"等等，"翻译说道，"这位女士不想要她的胸针了吗？"

他们转过身来，只见维京人咧嘴一笑，手里捏着弄坏了的胸针剩下的一半。

《斯德哥尔摩奥里斯法典》（*Stockholm Codex Aureus*，"黄金书"）是拉丁语福音书的副本。手稿是一件艺术品，很可能于8世纪在坎特伯雷制作而成。闪闪发光的镀金字母和螺旋形彩饰让人联想起早期盎格鲁－撒克逊教堂的那些珍贵珠宝。[23] 然而，在9世纪中期，塞尔哈德（Ceolhard）、伊尔亨（Ealhhun）、尼克拉斯（Niclas）和伍尔夫尔姆（Wulfhelm）等金匠镌刻铭文大约一个世纪以后，增加了一条新的铭文：

> 我，阿尔弗雷德，和妻子沃伯格，用我们自己的钱从异教徒劫掠军那里买了这些书；是用纯金交换来的。我们这样做，既是出于对上帝的爱，也是为了自己的灵魂，因为我们都不希望这些神圣的作品落到异教徒的手中。现在我们希望将它们呈现给基督教会（坎特伯雷），供信众每天赞美上帝时使用。而且，我，郡长阿尔弗雷德和沃伯格以上帝和所有的圣徒的名义恳求，任何人都不能专横地将这些圣物从教堂移出或抛弃。

> 阿尔弗雷德
> 沃伯格
> 他们的女儿阿尔斯雷耶斯（Alhthryth）[24]

《斯德哥尔摩奥里斯法典》被阿尔弗雷德在维京人首次扎营时买了回来，不过"首次"是指《盎格鲁－撒克逊编年史》中记录的首次。[他们扎的第一个营是850年在萨尼特（Thanet）建立的——我们可能会注意到，此处离阿尔弗雷德的萨里郡和坎特伯雷不是很远——坎特伯雷既是本书成书之地，也是回归之地。]当然，到底是如何交易的我们并不了解，但此次交易足以证明以下两点：首先，维京人攫取了神圣的宝藏（肯定是通过暴力或恐吓）；其次，从维京军在不列颠长期扎营时起（也或许在这之前），他们与当地人的交易就开始了。

　　像托克西这样的维京冬季营地，表面上是城镇，但事实证明，它们不会成为英格兰长久存在的城镇。或许，这些营地已经形成了一些城市生活习惯，甚至都可能向西撒克逊国王建议有必要建设防御性的多用途居住地，但却注定不会长存。然而，在不到一代人的时间里，斯堪的纳维亚定居者——主要来自广大的农村地区，已经参与到当地事务的管理中来，这些地方发展成了"真正的"城镇，其中许多几乎没有或者根本没有了之前被盎格鲁－撒克逊占领过的痕迹，当然，当时的城镇规模或人口密度，与之后来形成的真正的城市是无法相提并论的。[25] 在塞特福德、剑桥、汉廷顿（Huntingdon）、贝德福德、北安普敦、斯坦福德（Stamford）、莱斯特（Leicester）、德比、诺丁汉、林肯和约克，都市生活突然从废弃的罗马驻军堡垒和旧麦西亚中心涌现出来。

　　维京入侵后，经济发展的诱因与结果相互交织，难以理清：西撒克逊人与维京人的创业精神相对来说各自起到多大作用？是坚决实施计划发展和自上而下的货币改革、法律改革和行政改革更重要，还是让商人武士阶级自由经营不加管制？在某种程度上说，这是偏好问题，专业问题，也可能取决于个人政见。我们不能忽视维京军队带来的新的贸易关系，也不应忽视他们的活动所引起的财富再分配：想象一下，随着货船往东航行，所有伊斯兰白银从波罗的海运了出来；从教堂宝库中"解放"出来的"圣餐杯"和游行用的十字架，融化成了锭料。这肯定促进了经济增长。

　　维京人在英格兰定居后的一段时间里，阿尔弗雷德和沃伯格经历过的那些令人反感的事情很可能继续成为英格兰生活的一个侧面。然而，在"丹麦律法区"，很可能随着人们逐渐融合，随着维京军队长期定居下来，交易关系变得越来越平等，新移民和当地人之间的差异也不再被反复强调。这一时期起决定作用的是区域身份，随着流行风尚和语言不断融合，以及文化活动的同质化，区域认同将迅速取代种族差异。毫无疑问，以前认为自己是东盎格利亚人或诺森布里亚人的会继续这样想。但在麦西亚东部，没有了明确的皇家权威，更狭隘的忠诚必会显得更加重要。斯堪的纳维亚人和盎格鲁－撒克逊人将主要把混居点选在经济发达的地方，并不断寻求对这些地方的政治、宗教和军事统治。东盎格利亚和诺森布里亚的部分地区情况大抵也是如此。[26] 这只是某种程度上的推测，而且证据少得可怜。但是，仅有的证据表明，情况的确如此，而且尤为明显的是，南边出现了政治上统一的王国，在其齐心协力的军事行动面前，"丹麦人"的统治最终迅速瓦解。

第 14 章

丹麦律法区

VIKING BRITAIN

"我再给你说一个法律途径，
在'大事会'上格斗，谁赢了，财物就归谁。"
那也是埃吉尔所说的法律，也是一种老风俗，
即每个男人，不管他是保护自己还是追究对手，
都有权通过格斗赛挑战对手。

斯诺里·斯图鲁逊
《埃吉尔萨迦》
（*Egils Saga*，13 世纪）[1]

890 年，古斯鲁姆－埃塞尔斯坦过世，关于他，《盎格鲁－撒克逊编年史》记述了一些类似"嗜好"的内容。[2] 虽然维京人对韦塞克斯的袭击贯穿整个 9 世纪 80 年代，且东盎格利亚的边界局势也时不时地骤然紧张，但这一切对阿尔弗雷德来说并不难应付。[3] 然而古斯鲁姆死后，一切都随之改变。阿尔弗雷德生命的最后 10 年中，有好几年在成年儿子爱德华的从旁相伴下，抵御新一轮的维京袭击，其中最危险的当属军事领主哈斯滕（Hæsten）指挥的军队。892 年，他率部前来——刚刚结束对法兰克诸国的骚扰，还从东盎格利亚和诺森布里亚招募了士兵。随着维京军队从埃塞克斯"游荡"至塞汶河（Severn），从萨塞克斯至切斯特（Chester）[4]，阿尔弗雷德的王国再次陷入极度危险的境地。但 9 世纪 90 年代的他，在军事上早已老练，最终没有重蹈 878 年耻辱的覆辙。至 896 年，新一轮暴力浪潮最棘手的时段已过，一部分要归功于国王的堡垒修筑和军事改革的规划。哈斯滕的军队也由此溃散——一部分逃到东盎格利亚和诺森布里亚，其他则穿过英吉利海峡回国——盎格鲁－撒克逊的编年史家可以庆祝这一消息了："感谢上帝，入侵大军没能完全地、彻底地击垮英格兰人。"（不过，编年史家好像担心这样说有点太激昂了，于是加了一句："在那三年里，令他们更受打击的是家畜和人群中暴发的瘟疫。"）[5]

899 年，阿尔弗雷德过世。在他的一生中，他见证了不列颠不可逆转的变化，临终之际，他所治下的王国，是历代国王永远无法想象的。《盎格鲁－撒克逊编年史》所载的他的讣文，称他为"除丹麦人掌控下的所有英格兰民族之王"，简洁概括了他统治期间发生的转变——之前，王权的界定，主要依据民族而非领土。然而，国王一死，那些民族结构的不稳定性及争议性，便明显暴露了出来。

正如我们所料，阿尔弗雷德的儿子爱德华继承了王位，后辈称他为"长者"。[7] 然而，并非所有人都乐于见到爱德华登基。阿尔弗雷德的侄子埃塞沃尔德（Æthelwold），做事总是违背阿尔弗雷德的意愿，在传王位这件事上，自己如此轻易地就被忽略掉，明显心生怨怼。[8] 他是阿尔弗雷德的哥哥即国王埃塞尔雷德（在871年阿什顿战役中曾拼命祈祷的那位）的小儿子，埃塞沃尔德理应有资格继承西撒克逊的王位。然而，他却只得到了位于萨里的三处地产，远离西撒克逊的权力中心——甚至远比阿尔弗雷德默默无闻的亲戚奥斯弗思（Osferth）得到的还要少得多。[9] 不管怎样，无论他的愤懑是对还是错，他都用行动毫不含糊地发泄了自己的愤懑。阿尔弗雷德尸骨未寒，他便夺取了位于特温南姆（Twynham，今属多塞特郡）的皇室宫邸，随后奔袭至父王埃塞尔雷德墓葬所在地温伯恩（Wimborne，亦属多塞特郡），在那儿——意识到爱德华构成的威胁——他"堵上了面前的所有城门，并称在那儿要么生，要么死"。[10]

爱德华则率军至巴德伯里环（Badbury Rings）——新石器时代的山丘堡垒，鸟瞰着多塞特东部的风景。作为政治舞台，这些地方都是引人注目的选地。尽管埃塞沃尔德宣示父亲长眠之地的所有权，无疑是在试图发出信号，强调他是王位的合法继承者，但爱德华选择巴德伯里环，其政治正统性更悠久，也更深沉。不论盎格鲁－撒克逊人是否认为此地便是（后世人持肯定观点）巴顿山（Mount Badon）——6世纪时，不列颠人曾在此地大败撒克逊人，取得传奇胜利[11]——但巨大的土木工事显示着来自另一个时代的力量，宏伟的土制堡垒是神奇的建造者和强大的历代国王的杰作。不仅如此，巴德伯里还是它所在地区的集会所在地：爱德华把它作为堡垒，不仅提升了自己继承王位的合理性，而且提高了古老的、根植在心中的群体意识、领土意识和古迹意识。

不管是出于此还是更实际的问题，总之埃塞沃尔德的决心被击垮了，人们很快就发现，他的勇气远比不上他的巧言令色。埃塞沃尔德在温伯恩的女修道院中选了一位修女（她是否心甘情愿做了帮凶，人们永远无从得知），"趁着夜色骑马疾驰而去，在诺森布里亚找到劫掠军"[12]，在那儿"人们拥立他为王，并归顺于他"。[13]《圣尼茨纪事》（*Annals of St Neots*）是后人（可能）根据《盎格鲁－撒克逊编年史》的一份遗失手稿编写而成的，书中对这个特别时刻的描写，用词甚是令人惊讶。书中竟把埃塞沃尔德，即埃塞尔雷德之子、埃塞尔伍尔夫之孙、埃格伯特之重孙、韦塞克斯王朝的子孙，描述为"异教徒之王"（*rex paganorum*）和"丹麦人之王"（*rex danorum*）。[14]

埃塞沃尔德被描述为欧洲中世纪早期"近乎人类"（Nearly Men）中的一员。[15] 自他 899 年夜间逃离韦塞克斯之后的五年内，这位"太子"的火焰如烈火烹油，热烈却短暂。在那摇曳的红光中，我们看见未图大业和未竟使命的梦想——西撒克逊国王的三代嫡传"太子"一统"维京英格兰"，他率领着一大群盎格鲁－维京人，在父王国土的废墟上恣意践踏着。这一切不会成真；埃塞沃尔德的火焰终将在东盎格利亚沼泽地那满是水蛭的泥淖中熄灭。

902 年，埃塞沃尔德率大军攻入埃塞克斯，迫使东撒克逊王国投降。他自哪儿出兵、又说服了谁承认自己的帝王身份、为何他们如此爽快地归顺，全都未知，但或许他曾试图说服"丹麦律法区"的一众派系相信，他享有继承西撒克逊王位的权利，而且有些贵族们对他忠心不二，征服韦塞克斯再次有可能成为现实。埃塞克斯若投降，必令爱德华备受打击：长期以来，埃塞克斯已然成了介于西撒克逊和东盎格利亚之间的缓冲地带。随后在 902 年，埃塞沃尔德在克里克莱德（Cricklade）又采取了行动，率军离开东盎格利亚，直入英格兰人统治的麦西亚，所到之处，烧杀抢掠，无恶不作，之后在韦尔特郡的克里克莱德跨过泰晤士河，抢掠布雷顿（Braydon）周边地区。这是一次突袭，意不在征服，埃塞沃尔德又迅速率军（满载"一切能拿走的东西"）[16] 回到东盎格利亚。但事实上，他如入无人之境般地侵入韦塞克斯内地，给他的堂兄爱德华传递了一个明确无误的信号。双方迅速展开了相互袭击。爱德华起兵，一直把埃塞沃尔德追入东盎格利亚，期间大肆破坏从"魔鬼堤"（Devil's Dyke，剑桥郡）至威斯河（River Wissey）和沼泽地（诺福克郡）的地区。然而，爱德华跟埃塞沃尔德一样，似乎对战争兴趣索然，并下令撤兵。但不知出于什么原因，肯特郡分遣队违逆国王旨意，留在了东盎格利亚。

爱德华的恐慌与日俱增（又或许他坚决要向分遣队解释清楚，避免他们犯下愚蠢至极的错误），《盎格鲁－撒克逊编年史》强调，他派了不下 7 个信使，试图召回肯特郡分遣队。然而于事无补。埃塞沃尔德的军队在名叫"霍尔姆"（Holm）的地方包围了肯特郡分遣队，战事惨烈。10 世纪末的某个时刻，西撒克逊郡长埃塞威尔德（Æthelweard）在用拉丁文写的编年史中给出了最生动的描述：

> 盾牌相撞，剑光森森，手中长矛舞动。郡长西格伍尔夫（Sigewulf）倒下了，接着西格赫尔姆（Sigehelm）倒下了，肯特郡的贵族几乎都倒下了；而野蛮人的国王哈鲁克（Haruc）也被送入阴间。胡须飘逸的两位英格兰王子，呼出最后一口气，走进冥河（Acheron）波涛下的陌生所在，两军的多数贵族命运也都如此。最后，野蛮人得胜，守住了战场，欢欣鼓舞。[17]

对肯特郡的人来说，这无疑是场灾难，虽然野蛮人得胜，但考虑到令人瞠目结舌的死亡人数，以及国王战死的事实，他们究竟有多欢欣鼓舞，尚且存疑。埃塞威尔德提到的"哈鲁克"（通常被认为）是东盎格利亚的国王埃欧赫里克（Eohric）。不过，《盎格鲁－撒克逊编年史》对这场战争的描述较为严肃（时间上也更接近），更重要的也许是其中的细节：混战中，埃塞沃尔德被杀。[18]

沼泽地——天空广阔，视野平坦，满是堤坝、水道、泥沼和小湖——对不熟悉的人来说，此处环境充满敌意：令人迷失方向，与之格格不入。最荒凉之处，给人的感觉就像是某个被遗忘的世界的遗迹，当时猛犸象和欧洲野牛还在多格兰（Doggerland）广阔的平原上漫步，这片遗失的大地曾把东盎格利亚和欧洲大陆连接在一起——那里恰如沉入北海的石器时代的亚特兰蒂斯（Atlantis）。沼泽地长着一望无际的莎草，还分布着一望无际的泥炭地——正如萨默塞特平原区（Somerset Levels）一样，这里曾经是昆虫、涉水鸟类、两栖动物和水下哺乳动物的天堂。与萨默塞特平原区一样，很久之前沼泽地就已排干，尚存的原始湿地仅剩百分之一，分布在莱肯希思（Lakenheath，萨福克郡）和威肯沼泽（Wicken Fen，剑桥郡）等地。[19] 不过，这足以让我们想象一千年前，这片区域在那些在此战斗、战死的人面前呈现的样子。对一场战斗来说，此处的环境极为恶劣，而对那些不了解地形的人尤甚；防线一旦攻破，绝望的士兵们就会失去干燥地面的保护，在空旷的沼泽地上乱作一团，挣扎着陷入泥潭，在"吃人"的泥炭沼泽中窒息而亡。

据说战场所在地名为"霍尔姆"，起源于古斯堪的纳维亚语中的"*holmr*"（意为"小岛"或"湿地中的干燥地带"）。地处沼泽之中，意义显而易见：任何凸起的干燥地带都像是芦苇河滩中凸起的小岛。尽管在英格兰"*holmr*"是一个相对常见的地形学术语（全英格兰约有 50 个），但多数术语指小而孤立的地方，且在中世纪早期的英格兰，能与该地名对号入座的没有别的战场。[20] 不过，该术语在古斯堪的纳维亚文学中具有特殊含义，是指进行名为"*hólmgang*"（字面意思为"island-going"，即"去岛上"）的"准公正格斗"的理想场所，"*hólmgang*"是一种通过格斗仲裁的形式，即通过正式且有约束的暴力形式来解决分歧。

几处史料中描述了发生在不列颠的"决斗"和"格斗"（即"*hólmgang*"）。如《弗洛曼纳萨迦》（*Flóamanna saga*）讲述了冰岛人托吉尔斯（Thorgils）代表当地首领奥拉夫在凯思内斯（Caithness）的"格斗"。对"格斗"仪式描述最为详尽的当属《科马克萨迦》（*Kormáks saga*），成书于 13 世纪，记述的是爱尔兰 – 冰岛吟唱诗人科马克·欧格曼达尔森（Kormákr Ögmundarson）的生平。该书描述了一个怪诞又高度仪式化的事件，揭示了"格斗"的规则：地上铺一张兽皮，"四个角上装上环。每个环要用特制的大头钉固定，这种钉叫作"*tjosnur*"。做好准备的选手把头夹在双腿之间，看着蓝天，走向每个钉子，双手捏住耳垂，说出仪式使用的赛前宣言：'奉献 *tjosnur*'"。接下来，"绕兽皮画三个边长为一英尺的正方形。正方形最外围的角是四根杆，叫作'榛树'（hazel）。完成之后，场地就成了'榛树场'"。

这些令人眼花缭乱的准备工作都做完后，格斗才正式开始：

> 以兽皮为界，每个选手有三张盾，所有盾损坏后，若之前已出
> 界，那他必须重新走上兽皮，独自用武器来保护自己。被挑战者要
> 率先出击。一旦选手受伤，鲜血滴到兽皮上，他就失去了比赛资格。
> 如果一方的一只脚踏到榛树柱外，那么"他继续比赛"；但如果两只
> 脚都踏在柱外，则"出局"。他自己的人要在每个斗士面前拿着盾
> 牌。受伤的一方要支付三马克（mark）银子才可以获得自由。[21]

实际上，当时没有留下任何证据表明这类仪式性的决斗的确是维京时代的活动，即便真的存在这类活动，也会像《科马克萨迦》里记述得那样正式。

不过，其他传奇故事中也存在一些类似的记述，此外，在" Hednalagen"（意为"异教徒法典"，瑞典法律的一部分，写于约 1200 年）中有一条定义，详细说明了进行"格斗"的条件。这些史料都很令人信服。[22] 10 世纪时，东盎格利亚的文化是军事化且深受维京人影响的，当时的人们有可能把战场视为大规模的"格斗赛"——尤其是那种被认为是解决宗亲内部矛盾的战场。就此而论，霍尔姆战场的得名，不仅是吸收了古斯堪的纳维亚语的词汇，还一并吸收了古斯堪的纳维亚的文化习俗。虽然几乎可以断定，当时那些倒霉的在那里战斗的士兵从没在"仪式术语"中看到过这个名字，但完全有可能在后来的术语中把它记录了下来。

假如人们发现斯堪的纳维亚的律法概念开始流入不列颠的句法和地名中，那肯定不足为奇：维京人进入不列颠后，定居在哪儿，就把他们的法律体系和管理体制带到哪儿。

在更广泛的维京世界中，举行格斗仪式的地方往往选在专门举行其他类型的法律集会或行政集会的地方。例如，经冰岛"议会"——阿尔庭（Althing）——审议后举行的"格斗赛"，地点选在"斧头河"（Axewater）的一个岛（古斯堪的纳维亚语为" holmr"）上，该河穿过"古议会旧址"（Thingvellir，古斯堪的纳维亚语为" Þingvöllr"，意为"集会平原"），沿大裂谷的边缘汩汩流

淌，涌入"Öxarárfoss"（"斧头河瀑布"）的白色声浪中。

威廉·莫里斯曾于 1871 年访问冰岛，记录了这个非凡之地给他留下的印象。他自然流露的表达反映出那一刻油然而生的情绪：

> 我们一路前行（此时走在火山岩浆之上），在岩浆流下方某处、我们的正对面，是一座平顶的山丘，山丘下面赫然张开一条巨大的黑色峡谷，直直向南通向湖泊，还有一个巨大的双层堤，但堤坝的外壁已经坍塌，到处都是断壁颓垣：山叫"Hrafnabjörg"（渡鸦镇），峡谷叫"Hrafnagjá"（渡鸦裂谷）。转身向西望去，灰色平原的远处贯穿着一条黑色直线，从亚曼斯菲山（Armannsfell）一直连到湖边，由此再看过去，顺着湖往上看，一条白线切断了那条黑线。黑白线条便是"Almannagjá"（大裂谷），而"Öxará"（斧头河）在它上方翻滚而下。孱弱如丝的洞察和想象，虽然很少光顾我们，但它到来时却令人如此欣喜，这一次，当我第一眼见到冰岛最壮丽的奇景，见到这最传奇的地方时，它依然没有让我失望。[24]

古议会旧址闻名遐迩，名不虚传；它坐落在一个奇异的世界，其景致在地球上独一无二。像冰岛的许多地方一样，这场景好似宇宙洪荒，又似末日来临——是躲在世界背后的原始力量撕裂后又塑造的一处所在，这里"太阳变黑，陆地沉入大海；繁星闪闪，散落在天空。火光在"世界之树"的背景下摇曳着；天堂之下，冲天大火熊熊燃烧"。[25]正如很久以来人们所说的那样，汹涌的瀑布、恶劣的冰川、滚烫的间歇泉、狂怒的岩浆流、北极光幽灵般的绿色光华，这一切构成了神话的要素，而这些神话最初正是在这片北方世界的偏远地区被赋予了文学的形式。

这种环境的原始特征恰恰从某种程度上使得"古议会旧址"成为孕育欧洲最早期代议制共和政体的摇篮。[26]英格兰古文物学家 W. G. 科灵伍德（W. G. Collingwood）创作的一幅油画依然是最能引起人们共鸣的画作之一。他创作这幅画时精于观察，描绘精准，立刻就能让人看出原始地质中经风吹雨打的石头模样——"凝结的岩浆流"（借用了莫里斯式的表达法），同时也极具说服力（对当时来说）地重现了"阿尔庭"召开时的喧嚣情形。莫里斯像科灵伍德和许多维多利亚同期的艺术家一样，对这类集会体现的代议制和公共政府的各个方面都很着迷。对莫里斯来说，"厄运之戒"（doom-rings）和"大事会–替代物"（*thing*-steads）助他跨越了横亘在浪漫的旧北方主义和大都市社会主义之间的知识鸿沟，而后者是他晚年所痴迷研究的。

远在 9 世纪中叶定居冰岛之前，"大事会"（古斯堪的纳维亚语为"þing"）就已在斯堪的纳维亚的法律、政治和统治文化中无处不在了，但是并非所有的"大事会"都像古议会旧址的集会那样，是全国性的大集会。从我们掌握的史料来看（主要是中世纪晚期的史料），大部分"大事会"都是地区性或当地的集会，参加人员包括族长、富裕的农民、军事领主和贵族，有时由国王或首领主持。在这些集会上会制定并传播法律，一旦出现争议，就会提请仲裁。会上也会审理犯罪案件，并根据"大事会"召开地区的司法作出判决。这些法律都没有记录下来——但也有例外。但这并不意味着这些法律模糊或不足信，又或是未经深思熟虑胡乱凑成的；事实恰恰相反。这些法律是传统的，也是日益累积的，而且像现代法律实务一样，吸收先例，偶尔也会有创新：维护法律对居民的生活来说不可或缺，体现着先辈的传统和古老的传说。保持这类知识完整性的担子主要依靠"记忆的艺术"（*ars memoriae*），由个人完成，这类人叫"*lǫgsǫgumaðr*"，意为"法律述说者"。[28]

不列颠的许多地名包括古斯堪的纳维亚语的 *þing* 的词素，最常见的是含有 *völlr-*"平原"（即"集会平原"，与"古议会旧址"为同一词源）的复合词：邓弗里斯（Dumfries）的廷纳尔（Tinwald），罗斯（Ross）和克罗默蒂（Cromarty）的丁沃尔（Dingwall），斯凯岛（Skye）的"Tinwhil"，路易斯（Lewis）的"Tiongal"（现在定位不到了），奥克尼的廷瓦尔（Tingwall），设得兰群岛的"Tingwall"，马恩岛的"Tynwald"（今常译为"马恩岛议会"），兰开夏郡的"Thingwall"，以及威勒尔的"Thingwall"。此外还有"Thingoe"（萨福克郡），"Thinghou"（林肯郡）以及诺丁汉郡舍伍德森林（Sherwood Forest）的"Thynghowe"（全部源于古斯堪的纳维亚语 *þing haugr*，意为"集会高地"）。[29]

其中一些场地一直沿用了几个世纪。位于舍伍德森林的"Thynghowe"，是由业余历史学家斯图尔特·C. 雷迪什（Stuart C. Reddish）和琳达·马莱特（Lynda Mallett）发现的，2005 年 6 月，二人获得一份史料，可追溯至 1816 年，描述了贵族 Warsop 在边界地区的巡游。参与此次活动的当地人，集结在一处名为汉格山（Hanger Hill）的高地上，饮啤酒，吃奶酪，过了一段听上去很是开心的美好时光；很明显，他们这么做，"遵循的是古老的习俗"。进一步研究表明，汉格山曾在 17 世纪时换过名称，旧名是"Thynghowe"。对该遗址的后续考古发现了一些教区边界标记，支离破碎地隐没在灌木丛中——古老的立石和维京会场遗失在记忆里，被森林吞噬了千余年。

在设得兰群岛的"Tingwall"，集会地位于峡湾中的一个小岛（对应古斯堪的纳维亚语衍生的岛屿方言中的"holm"一词）上，峡湾自西向陆地延伸。此处景色卓然，峡湾四周的山丘轻柔浮起，形成一个壮丽的天然圆形剧场，恰似在托着渐渐落下的夕阳。1701 年，一位名叫约翰·布兰德（John Brand）的游客记述了一段文字，描述了"三到四块大石头是如何被发现的，法官、办事员和其他官员都曾在上面坐过"。与会的其余人员则聚在"峡湾边离小岛有一定距离的"草堤上。审理个人案件时，个人会被叫到岛上，"审到谁"，谁就踩着石头堤道涉水上岸，"之后再按原路返回"。[30] 使用它的最早记录追溯到 1300 年前后，但此处很可能是斯堪的纳维亚人定居设得兰群岛初期的集会地。

马恩岛上的"Tynwald"，便是维京人的过去在英国境内继续影响现代立法执行——倘若不是内容的话——的地方。每年 7 月 5 日，英国国王的代表都会参加在马恩岛议会山（Tynwald Hill）举行的仪式，马恩岛议会山是一座筑有台阶的巨大高地，底部直径 80 英尺，几个世纪以来，进行了大规模的改造和景观美化，在政府的立法仪式中依然扮演着重要角色。国王代表登上高地，慷慨陈词，用英语和马恩岛的盖尔语宣布去年颁布的法律（但是，竟然不用古斯堪的纳维亚语）。[31]

或许并非所有不列颠境内的"大事会"遗址都是维京人在 9 世纪建立的新的集会场所；有些可能早就已经是当地人或地区性的集会地，只是后来因为来定居的斯堪的纳维亚人起的名字和术语而为人所知。部分"丹麦律法区"的地区单位也是这种情况；尽管盎格鲁–撒克逊地区被划分为叫作百户区的一块块土地，但截至《土地调查清册》（Domesday Book）时期，这些地区单位在约克郡北部和西部、诺丁汉郡和林肯郡的大片区域都被称为"wapentakes"，该词源自古斯堪的纳维亚语"*vápnatak*"（意为"携带武器"）。这个词表明了在维京社会中，携带武器与政治参与之间有着怎样的直接联系。一个人要参与"携带武器"集会，明显必须要有携带的武器；武器造价越高、越精良，就越能展现一个人在公共讨论会上的财富和地位。

"携带武器"究竟是何含义，可以在少量资料中查到（不过这些资料对读者和作者来说，都是冗长乏味的陈词滥调，距离维京时代都已很久，因此可信度未必高）。比如，下面这个片段摘自《圣者奥拉夫萨迦》（*Óláfs saga Helga*），刻画了"携带武器集会"令人生畏的气氛是如何用以影响权力的。文中，德高望重的法律述说者 Þorgnýr 在向瑞典国王陈述实际情况：

> "若您不愿接受我们的要求，那我们只能向您发动攻击，杀了你，不再忍受你的敌视和目无法纪。我们的祖先就是这么做的。他们把 5 位国王扔进了'Múlaþing'的沼泽地，因为他们像您一样对我们趾高气扬。现在请直接说出您的选择。"
>
> 随后人群中立即发出了武器的碰撞声和震耳欲聋的叫嚷声。

这段激烈的言辞抨击的对象是斯维尔（Svear）国王，显然他觉得自己机会不大，旋即答应了"农民的所有要求"。[32]

这样一个场景，不管它展示的瑞典国王那柔弱的权威是多么荒谬，毕竟让我们感受到了在高度军事化的社会中政治集会是什么样子的，而这点，是从别处无法体会到的；难怪格斗仪式的规则演化会与这类事件相关——表面上看来必定充满难以抑制的愤怒。但是，从本质上说，皇室和贵族权威通过这些集会获得了公众合法性，即一项来自武士阶级的强有力的授权。

自埃塞沃尔德在霍尔姆战役中死后，"长者"爱德华的前期统治，相对还算平安无事，但显而易见，韦塞克斯与丹麦人统治的北部和东部之间局势日益紧张；

906 年，国王爱德华和东盎格利亚及诺森布里亚之间，明显必须要确立和平关系——麦西亚东部一直是双方争夺的地区。[确实，自 870 年到 910 年间的 40 年中，究竟谁有力控制着麦西亚东部的这一地区，完全不确定。在剑桥郡谢尔福德（"SCELFOR"），以西特里克（Sitric）伯爵（"SITRIC COMES"）之名铸造的钱币表明，有力的权威不一定仅仅来自国王，事实上，在挪威，情况历来如此。而且，正如我们所见，一旦"丹麦律法区"的城镇实现和平，就会逐个效仿，通常委派贵族带领当地人一起归顺，而这些贵族在当地想必是有一定地位的。]

906 年的和谈——像以前一样——没有成功，尽管这次扮演侵略国角色的是爱德华的王国。909 年，韦塞克斯人和麦西亚人大举"突袭北方部落，见人杀人，见物掠物，还杀了很多丹麦人，在那儿（诺森布里亚）待了 5 个星期之久"。[33] 无怪乎第二年诺森布里亚人寻求报复了，但盎格鲁－撒克逊的编年史家，似乎因他们拒绝理智而过分生气，于是用略带愤懑的语气写到"诺森布里亚的部落破坏了和平，藐视爱德华国王和他的大臣提出的每一次和平建议"。[34] 当时若有人建议他们去质问清楚爱德华的和谈提议，该有多好。

对诺森布里亚人来说，此次旗开得胜，最好不过。爱德华原本组建了一百艘船的舰队，打算在南方发动水上袭击，不承想似乎被对方惊得方寸大乱；正值诺森布里亚人伺机掠夺整个麦西亚时，爱德华被困在了肯特郡海岸的一艘船上。但很显然，截至目前，由阿尔弗雷德开创、爱德华继承的军事和防御的新策略，运行良好。爱德华或许能够迅速调动韦塞克斯和麦西亚军队的斗志以对抗侵略者[35]（过去似乎不太可能）。即便如此，但也为时已晚；侵略军已在麦西亚西部掠夺了许多时日，无疑给当地居民带来了苦难。或许，这就是导致其最终失败的原因，据编年史家埃塞威尔德的说法，在回乡的路上，他们"满载战利品高兴而归"时，陷入了困境：

> 他们意欲到塞汶河东部去，正穿过一座桥（拉丁语拼为"pons"），普通老百姓称之为"Bridgnorth"（*Cuatbricge*）。突然，麦西亚人和西撒克逊人组成的骑兵中队，组成作战队形，朝他们挺进。不容

任何迟疑，他们就卷入了温斯菲尔德（Wednesfield，*Vuodnesfelda*，'*Woden's Field*'）战役；[36] 英格兰人欢庆赢得战事；丹麦军溃逃，被全副武装的军队一举击溃。根据记录，这些事件发生在 8 月的第五天。这场"风暴"[*turbine*，或者准确地说是"战争"（*certamine*）]让他们损失了三位国王，还有些高级将领、首领和其他贵族也都丧了命。[37]

埃塞威尔德欢天喜地派去见"阎王"（Old Nick）的这三位国王，人们更记得他们的英语化名字：哈夫丹、欧维尔斯（Eowils）和英格瓦（Ingvar）；除此，再没别的资料记载过他们，也没有（我们了解的）以他们之名铸造的钱币。假如他们果真因某种原因是诺森布里亚王国的联合国王，那定会留下相当亮眼的历史足迹；很有可能是，他们的地位没这么高，只是军事领主（英格兰文献似乎总夸大死在撒克逊人刀剑下的贵族的数量）。不过也存在另一种可能，他们与爱尔兰史料中的"Uí Ímair"王朝有关，是伊瓦尔的后裔。伊瓦尔是一个在爱尔兰岛壮大的维京人家族，王朝开创者正是"无骨者"伊瓦尔。伊瓦尔曾与兄弟一道，大肆洗劫盎格鲁 - 撒克逊人统治的英格兰诸王国。[38]（不论是否如此，正如我们所见，有一点几乎可以肯定，10 世纪初，自爱尔兰海涌入的大量维京人，开始出现在诺森布里亚王国，而他们正是 902 年被驱逐出都柏林的流亡者。[39]）

无论诺森布里亚境内的政治现实如何，温斯菲尔德之战[通常被称作泰特豪尔（Tettenhall）之战]都是一个分水岭。[40] 自那之后，"丹麦律法区"的军队再也没有对不列颠南部的和平构成过威胁。反过来，在十五余年的时间里，韦塞克斯的历代国王励精图治，征服了整个英格兰；他们还适时接纳了不列颠其他大部分地区的领主。爱德华和他姐姐埃塞尔弗莱德向父亲昔日与古斯鲁姆 - 埃塞尔斯坦划定的边界之外的英格兰地区发动的战争，其细节主要记载在《盎格鲁 - 撒克逊编年史》中，还有名为《麦西亚纪事》（*Mercian Register*）的地区补遗篇里。[41] 这些史料呈现的一系列赤裸裸的事件是严酷的、充满独裁专制的色彩，似鼓声，一锤锤敲击出势不可当的军事统治和堡垒建设之声。把这一系列事件放到历史的长河中细细道来，会是冗长乏味的。因此，此处我只概括地说——对历史做一总结——照常，要提醒一下，这恰是西撒克逊人想让我们记住的：它是迈向英格兰统一和树立国家意识的必然而又壮丽的进程——红墨水洒落，粉红色痕迹在地图上缓缓弥漫开来。

910 年，埃塞尔弗莱德——阿尔弗雷德大帝的长女、爱德华国王的姐姐、麦西亚领主埃塞尔雷德之妻，在"Bremesbyrig"（不明，可能位于格罗斯特郡）修建了一座堡垒。第二年，她的丈夫埃塞尔雷德过世。虽然她掌握了丈夫在麦西亚的大部分权力，但爱德华宣称在牛津（牛津郡）和伦敦拥有统治权。912 年，爱德华国王在赫特福德（赫特福德郡）修建了两处堡垒，在威瑟姆（Witham，埃塞克斯郡）修建了一处，"而且之前丹麦人统治下的大部分民众向其归顺"。[42] 914 年，来自赫里福德（赫里福德郡）和格罗斯特（格罗斯特郡）的军队打败了一支来自布列塔尼的维京袭击军团。爱德华国王下令在塞汶河南岸设防，阻止了维京军对庞洛克（Porlock）和沃切特（Watchet，萨默塞特）的侵袭。国王还在白金汉（Buckingham，白金汉郡）建造了双重防御工事，除此，首领"Thurcytel"和贝德福德（贝德福德郡）及北安普敦（北安普敦郡）的首领都宣誓效忠国王。915 年，爱德华占领贝德福德，并在那儿修建一处堡垒，而他的姐姐埃塞尔弗莱德则在彻伯里［Chirbury，什罗普郡（Shropshire）］、"Weardbyrig"［可能是柴郡（Cheshire）的沃伯里（Warbury）］及朗科恩（Runcorn，柴郡）修筑了要塞。次年，即 916 年，爱德华在马尔登（Maldon，埃塞克斯）修筑据点，并"促使"首领"Thurcytel"移居欧洲大陆。

917 年，似乎所有人都忙碌不堪。爱德华下令在托斯特（Towcester，北安普敦郡）和"Wigingamere"［不明，可能位于埃塞克斯郡的纽波特（Newport）］修建据点。[43] 来自北安普顿、莱斯特（莱斯特郡）及"其北部"的维京突袭军队，试图破坏托斯特的据点，但未能成功。与此同时，来自东盎格利亚的维京军在贝德福德郡的坦普斯福德（Tempsford）修筑了自己的要塞，随后进军贝德福德，仅贝德福德的民兵就将其击溃。来自东盎格利亚的另一支维京军围攻"Wigingamere"，攻城失败后撤军。爱德华国王的军队再次大获全胜，摧毁了维京人在坦普斯福德的堡垒，杀了他们的国王（不知国王是谁），及首领托格罗斯（Toglos）和其子曼纳（Manna）。爱德华又从萨塞克斯、埃塞克斯和肯特郡募集了一支军队，攻克埃塞克斯郡的科尔切斯特（Colchester），屠杀了守军。作为回击，一支维京军试图攻占马尔登，但被守军（在援军的帮助下）击退，摧毁并击溃了先前的围城军。

首领"Thurferth"及其追随者，或许被事态的发展搞得士气不振，"与北安普顿及北至韦兰（Welland）的所有侵袭军队一起"，归顺了爱德华国王。[44] 爱德华利用这次成功，重整汉廷顿（剑桥郡）的防守，当地人也都向他归顺。随后又有很多人归顺：爱德华重整科尔切斯特的防守之后，埃塞克斯和东盎格利亚宣誓对他效忠，而剑桥（剑桥郡）的维京军团也自愿奉他为"领主和保护者"。[45] 年底，埃塞尔弗莱德攻占了德比（德比郡），为这一年画上了一个圆满的句号。

918 年，爱德华在斯坦福德（林肯郡）河流南侧修建了一处据点，北岸的居民都向其归顺。埃塞尔弗莱德虽然攻克了莱斯特，但同年不久，即离开人世。爱德华毫不迟疑，掌握了对整个麦西亚的统治。此外，"威尔士的所有民族，都奉他为领主"。[46] 随后，他攻占了诺丁汉（诺丁汉郡），并加强了防守，并且"生活在麦西亚土地上的所有居民，不管是丹麦人还是英格兰人，都归顺于他"。[47] 919 年，爱德华下令在塞沃尔（Thelwall，柴郡）修筑堡垒，920 年，又下令在诺丁汉和贝克韦尔（Bakewell，德比郡）修筑防御工事。这显然是最后一根稻草："接着，苏格兰国王和苏格兰所有民族都选他为神父和领主；雷格纳尔德（Ragnald）和埃德伍尔夫（Eadwulf）的子孙以及诺森布里亚境内的所有居民，无论是英格兰人、丹麦人、挪威人还是其他种族，也都纷纷如此；除此，还有斯特拉斯克莱德不列颠人（Strathclyde Britons）的国王及所有斯特拉斯克莱德不列颠人。"对于不列颠其他地方的人来说，事实早已不言而喻。

至 920 年，韦塞克斯的国王爱德华已成为——或被众人愿意视为——不只是亨伯河南部所有英格兰人的领主，还是亨伯河北部所有居民的领主。疆土面积甚至超过了他的曾祖父埃格伯特在位时期，而埃格伯特曾在 828 年宣布对诺森布里亚的统治。（阿尔弗雷德曾看似荒谬地宣称，要统治"不列颠岛上的所有基督教徒"，[48] 或许这是爱德华为兑现父亲遗言做出的尝试。）然而，爱德华在不列颠境内为自己的王国和王朝创造了空前的王权版图，这点虽毫无疑问，但 920 年的宣示主权，真实与否，的确仍然存疑；毕竟，自埃格伯特时期以来，麦西亚边境北部的世界早已变得面目全非。

第 15 章

湖区传奇

VIKING BRITAIN

今天，人们都称它为科尼斯顿湖（Coniston Water），
但其正式名称是瑟斯顿湖（Thurston Water）。
所以说，直到现代旅游时期，
所有古文件、地图、书籍中，对其均有记载。
在 1196 年公布的划定"弗尼斯山区"（Furness Fells）
的文件中，它的名字为"Thorstancs Watter"，
而在律师的拉丁文文件中，为"Tiirstini Watra"，
可见该湖得名于它过去的某个所有者，
而这个人的斯堪的纳维亚语名字为"索尔斯坦"（Thorstein）。

W.G. 科灵伍德
《科尼斯顿之书》
（*The Book of Coniston*，**1897**）[1]

不列颠的大部分地区居住的都是斯堪的纳维亚人，这点无可争议；从整体来看，证据极具说服力。不过，有人可能会提出下面的问题：定居是怎么发生的？究竟哪里定居人口的密度最大？是突然发生还是逐渐发生的？是连续性的还是间歇性的？涉及到多少人？他们从哪儿来？除了男人，有妇女儿童吗？这些问题没有一个能得到满意的答案。

但这并不意味着这个课题就此无人问津了。正如两位学者所言："在考古学这个领域，学术传统的分量很重，好像所有问题之前都有人提过，也有人坚决反对过。"类似情况，无法避免，毕竟就其证据本身而言，是既薄弱又矛盾的。举个例子来说，有关诺森布里亚境内乡村聚落的考古知识是这样的：在设计和布局上，据说能看出受诺森布里亚影响的遗址中，最常提到的两个地方是达拉谟郡（Durham）的西米伏特斯（Simy Folds）和约克郡北部的里布尔德（Ribblehead）。除了体现斯堪的纳维亚其他几个建筑特点以外，两处出土的建筑物，似乎一开始就沿内墙铺设了石凳，具有大西洋北部维京殖民地的建筑特征。同样，里布尔德农场的建筑面积及其建造方法，也与当时的英格兰建筑有所区别：人们将其描述为"以石头和木材建造的房屋，而在别处，即英格兰低地，则是一种牢固的木制式样"[4]。这种以石头为基础建造的房屋，不像是韦塞克斯的木屋，更像是奥克尼和设得兰群岛的维京长屋。然而，纵使有这些蛛丝马迹，用处也不大，毕竟我们对维京时代之前英格兰北部的建筑知之甚少，因此，有关大小、布局和建筑材料等的论证，也就无证据可依；我们都不知如何确切分辨哪种是"维京"房屋，哪种是"盎格鲁－撒克逊"房屋。

　　反观之，一直试图研究维京定居范围的学术圈，已经把目光转向了地名和人名、语言和方言。我们已经了解了斯堪的纳维亚的法律和行政术语进入不列颠部分地区的情形，而且，在某些说英语的地区，当地词汇带有浓郁的维京往昔的色彩：乡间的人们说着古斯堪的纳维亚语，或者至少带有浓重的斯堪的纳维亚口音。这些词语和名字沿用下来，就像铁块砸在石头上，清脆的节奏在北方斜阳的微光下抑扬顿挫，浪花里的泡沫又把它们抛在了冷风之后：兰开夏郡的"Garstang"（嘉斯顿）——（ON "*geirr+stǫng*"，意为"矛-杆"）；林肯郡的"Grimsby"（格里姆斯比）——（ON "*grims+bȳ*"，意为"格里姆农场"）；约克郡和坎布里亚的"Micklethwaite"（米克尔斯威特）——（ON "*mikill+þveit*"，意为"宽阔的林中空地"）。这些地名都是纯古斯堪的纳维亚语，代替了之前的地名，重新命名了土地，重新描绘了地形。然而，在别的地方，古斯堪的纳维亚语的单词构成了古英语词汇的一部分。例如"Grimstons"，在英语地名的语料库中比比皆是（ON *grims*+OE *tūn*，意为"格里姆定居区"），以及更具外来色彩的构词形式，如"Brandesburton"（ON *brands*+OE *burh*+OE *tūn*，意为"布兰德堡垒定居区"）。此外，斯堪的纳维亚语也融入了日常用语，尤其在北方，人们仍然用这些词来描述周围的世界：fell（ON *fjall*，山岗、山丘），beck（ON *bekkr*，小溪），tarn（ON *tjarn*，山中小湖），gill（ON *gjel*，鱼鳃；溪流）……

　　古斯堪的纳维亚地名密密散散地绘制在不列颠地图上，呈现出一幅令人赏心悦目的画面，其分布涵盖了我们在阅读史料时期待它们出现的所有地区，甚至（或多或少）出现在阿尔弗雷德大帝与古斯鲁姆划定的边界地区。但是，虽然这个结果令人满意，但除了明显证明母语为古斯堪的纳维亚语的人的确曾在过去的某段时间居住在英格兰之外，没什么用。越是细看，就越发现问题比答案多。例如，为何诺福克郡包含古斯堪的纳维亚语的地名明显多于萨福克郡？混合构词的地名与"纯"古斯堪的纳维亚地名相比，有何意义？为什么最重要的地方（大体上说）都保留了它们的英文名？自第一批维京人定居后1100年以来，其他变化，即后维京时期的变化，对土地所有制和语言有什么样的影响？以这样的规模、这样的方式产生的语言变化，会涉及到多少母语为斯堪的纳维亚语的人呢？这些变化产生于早期（9 世纪）还是随着时间慢慢累积而成？这些母语为斯堪的纳维亚语的人是来自丹麦，还是挪威，还是其他维京人大规模移居的边远村落——或许是爱尔兰，又或许是大西洋北部地区？

就这样，问题一个接一个，都没有真正的答案。论证都很专业，却都没有定论。[5] 或许最好的说法是：自 9 世纪末期以来，通过移民产生的变化，影响着人们说话和思考的方式——话语塑造世界，又改造世界，心理地图不可逆转地重新排列。这些变化，只有出现大规模的斯堪的纳维亚移民才会发生，但是这些移民的社会主导地位意味着：其语言产生的影响与其人数不成正比。

英格兰北部和东部的文化变迁都很明显。10 世纪末至 11 世纪初，在"丹麦律法区"城镇负责铸造钱币的富裕阶层中，斯堪的纳维亚语的名字，倘不说是无处不在，也是很常见了。[6] 像塞特福德、林肯和诺里奇（Norwich）等地，斯堪的纳维亚语的人名还在少数，叫"Ascetels""Ulfcetels""Grims"和"Thorsteins"的人仍然比叫"Ælfwines""Eadgars"和"Leofrics"等英文名的人多。然而在约克，情况正好相反，前者即便没超过后者，也旗鼓相当了。这些变化，不仅影响了铸币者阶层，而且持续时间还很长。不到一百年后的 1086 年，威廉一世颁布的"土地调查清册"记录的林肯郡 240 个人名中，有 140 个属于斯堪的纳维亚人名。[7] 当然，这并不意味着，截至 1086 年林肯郡有五分之三的人口都是 9 世纪的维京殖民后裔，同样，在该地（及东盎格利亚）发现的（相对）大量的斯堪的纳维亚珠宝及其风格的珠宝也是此地曾发生过大规模人口迁移的证据。[8] 但是，无论是名字还是珠宝，都能强有力地表明，不列颠这些地区的生活，在文化方面已转向维京风格。自 10 世纪之初开始，人们对跨海的北海身份日益青睐，渐成时尚，超过了自 7 世纪初的萨顿胡时代以来的任何时期，可以说正在挤掉（不过肯定不会消灭）其他文化表达形式。

这些趋势虽然没有永久持续，但持续时间之长，非常惊人。1066 年的诺曼征服（Norman Conquest）最终决定性地再次确定了英国文化的方向，至 12 世纪末期，英格兰各地的铸币阶层大多取像雨果、罗伯特、沃尔特（Walter）和威廉等名字。然而，即便到了 12 世纪 80 年代末，即亨利二世（金雀花王朝开朝君主，1154～1189 年在位）统治时期，林肯郡也有名为拉弗恩（Rafn）、斯韦恩和索尔斯坦的铸币人，而在狮心王理查一世（1189～1199 年在位）统治时期，约克郡负责铸币的人中，依然有名叫"Turkill"（索克尔）的。虽然追求斯堪的纳维亚名字的时尚会过气，但有的变化却永不会过时。英语就像贪婪的杂食动物，冷酷无情地收割并吸收了传入英格兰的斯堪的纳维亚语言，但也因此被它不可逆转地改变了。英语中的古斯堪的纳维亚词汇，并不局限于那些我们认为理所当然是"维京语"的单词［例如，"berserk"（盛怒）、"ransack"（洗劫）、"skull"（头盖骨），这些词自是毫无疑问全部出自古斯堪的纳维亚语］，甚至像代词"their"（他们的）和"they"（他们）等基本语言单位，以及像"husband"（丈夫）、"egg"（鸡蛋）和"window"（窗户）等再平常不过的单词，也都源于斯堪的纳维亚语。[9]

这些在北方使用的名词令早期的古文物学家兴奋不已，尤其是那些融合了依然具体的地貌特征和斯堪的纳维亚人名的地名。19 世纪期间，人们进行调查并制作了精美的手绘地图，召唤出母语为斯堪的纳维亚语的乡下人的幽灵，呼唤他们夺回熟悉的湖泊、农田和山地。[10] 有些古文物学家，如 W. G. 科灵伍德和查尔斯·阿伦德尔·帕克（Charles Arundel Parker）用他们最为熟悉的地名，编织了自己的萨迦传奇，而"坎布里亚湖区"（Cumbrian Lake District）日渐成为人们深深着迷并展开深入研究的主题。像帕克的《希拉的故事：奥拉夫·库伦斯之女》(The Story of Shelagh, Olaf Cuarans Daughter, 1909)，科灵伍德的《纯粹的索尔斯坦》(Thorstein of the Mere, 1895) 和《使女》(The Bondwoman, 1896)，如今几乎为世人遗忘，维多利亚时代晚期的叙事风格生硬呆板，不利于它们经久传世，但所透露出来的创作的学术气氛却极有吸引力——19 世纪后几十年中，人们对维京时代的兴趣日渐高涨。像科灵伍德这样的作家之所以如此引人注目，是因为他们愿意将自己的浪漫情感融入各个地方，愿意对维京时代的各种语言和物品展开开创性的学术研究。无论作为艺术还是科学，这都是学术研究——试图在耐心研究中融合文学和艺术的手段，把一个失落世界的奇迹，召回到现实世界。

科灵伍德从小就非常熟悉湖区［他出生在利物浦（Liverpool）］，于 1883 年来到温德米尔湖区（Lake Windermere）的吉尔黑德（Gillhead）。但他与科尼斯顿有着且一直保持着密切联系；自 1880 年起，他一直担任约翰·拉斯金（John Ruskin）的个人助理，陪他度过了漫长的暮年生活——20 年的时间里，这位大家的知名度逐渐暗淡，他的身体日渐虚弱，精神健康每况愈下，胡须也日渐变长、日益苍白。用科灵伍德自己的话来说，那些年月是"愉快地任人差遣"的日子，他经常在拉斯金的家——"布兰特伍德"（Brantwood）宅邸，一周住一晚，宅子俯瞰着科尼斯顿湖——这位"老人"在遥远的岸边若隐若现。毫无疑问，拉斯金在这位年轻人的身上，也寄托了情感和现实的需求。1889 年，拉斯金去世前一年 [12]，关于他精神状况的恶化，科灵伍德这样写道："谁也无法体会那段时间有多痛苦。"两人交情深厚，拉斯金死后，科灵伍德为他设计了墓碑（"拉斯金十字架"），立在科尼斯顿圣安德鲁教堂（St Andrew's Church）的墓园，其精致的新盎格鲁－撒克逊风格，与其说凸显了那位著名赞助人的一生，毋宁说是他自己毕生之杰作。科灵伍德的墓碑就在几英尺外，相比之下，朴实无华，即便是死后，也依然谦恭。令人心酸的是，像他这样才华横溢的人却以这样的方式为世人铭记，努力冲破拉斯金那样伟大人物的光环——一颗年轻的、闪闪发光的新星，被束缚在一颗巨星的轨道上，其光芒湮没在巨星衰弱渐逝的亮光里。[13]

拉斯金过世后，科灵伍德创作了大量有价值的著作；在马修·汤恩（Matthew Townend）的权威研究中，有关他的作品的参考目录长达七页——其著作之丰不言而喻。其中几部著作是对中世纪早期学术研究的重大突破。比如，他的《前诺曼时代的诺森伯兰郡的十字架》（*Northumbrian Crosses of the Pre-Norman Age*，1927 年）——手绘内容一丝不苟，编目和描写的准确性令人叹服，处处体现着由爱而生的谨慎——汤恩描述其为"一项杰作，伟大的学术成就，极大影响了后人对前征服时期雕刻方面的研究"。[14] 从很多方面来说，这是科灵伍德古文物研究的巅峰之作——一部成熟的作品，出版于他去世五年前的 1932

年。在某些角度，更为引人注目的是他的早期作品《斯堪的纳维亚时期的不列颠》（*Scandinavian Britain*），于 1908 年出版。在我写作本书期间，它从未离开过我的书桌，提醒着我，我走在一条前人走出来的路上，他们勤勤恳恳，清除了路上的荆棘和乱石，使我的旅途轻松了很多。[15]

《斯堪的纳维亚时期的不列颠》在当时是一本很超前的书，这一点曾被很多人认可 [16]，但却被大多数人遗忘。它将文献学、历史学和考古学无缝结合，是我们今天称之为"跨学科研究"的开创性尝试，试着把证据从狭窄的"谷仓"里解放出来，让证据与证据"对话"，变戏法儿般地描绘出往日的画面。这其中有着深刻的讽刺：对科灵伍德来说，写作轻松自然毫无压力、其学术成就迄今影响斐然，这引起了长期的理论探讨和（有时非常激烈的）争论；我确信，若活到今天，他阅读很多现代历史和考古学理论时，心中定会充满疑惑。[17]20 世纪末职业化与专业化还很缓慢，对科灵伍德和那之前的很多学者来说，收集所有能收集到的有关维京时代的真凭实据，不偏不倚地从证据本身出发进行研究，再自然不过了。

因此，科灵伍德的许多具体结论，以及处理方法的总体基调，至今依然前卫得惊人，尤其是他认识到一点：维京人的特性出人意料地适应他们进入的文化环境。第一版的实物特征，明显是过时的，但也无伤大雅——是 20 世纪早期出版物的典型代表，有着漂亮的镀金印字和精细绘制的折叠地图。这种对细节的关注，是与科灵伍德相关的图书的特点，通常地图和插图都是出自他之手：他在绘图方面技艺精湛，用他的笔描绘北方世界的雕塑，为我们提供了今天称之为"盎格鲁－斯堪的纳维亚雕塑风格"的最早的精确评述。但是，他也完全可以运用生动的边框、旁注、地图和卷首插图，以胜任虚构作品和神话作品的装饰工作——给他的学术成果注入了艺术的活力，用观察的严谨为他富有想象力的作品奠定了基础。

我的曾曾曾曾叔父基钦（G. W. Kitchin，1827 ~ 1912），也曾像拉斯金一样，曾住在"布兰特伍德"——事实上他在拉斯金住进去之前就搬走了。他们两人之间有着丝丝缕缕的联系，基钦曾写过一篇题为《牛津的拉斯金》（Ruskin

at Oxford）的长文（他一生的著作和成就数目不详，这是其中之一）。[18] 19 世纪
70 年代初，基钦住在布兰特伍德，受雇于克拉伦登出版社（Clarendon Press），
负责校对大部头的《克利斯白·维格富森英语 – 冰岛语词典》(*Cleasby-Vigfusson
English-Icelandic dictionary*），这是一部里程碑式的学术著作，至今仍是研究英
语中的冰岛语和古斯堪的纳维亚语的权威奠基性著作。事实上，19 世纪 60 年代
末，基钦在牛津求学期间，一直是维格富森的得力助手。[19] 他兴趣浓厚，积极
参与——在收集证据期间，他曾向当地古文物学家托马斯·埃尔伍德（Thomas
Ellwood）咨询坎布里亚方言词语的古斯堪的纳维亚语先行词——后来，他在丹
麦［基钦的妻子爱丽丝是亚历山德拉（Alexandra）女王的朋友］写信给埃尔伍
德，信中有一句奇言："这儿（丹麦）的乡下人和那儿（湖区）的乡下人，用各
自的方言讲话，几乎可以互相理解。"[20]（鉴于基钦的社交圈很小，人们心中疑
惑，他是否与两地的"乡下人"有过那么多次谈话。）

从某种程度上说，这种兴趣无疑源自他的家族。基钦的父亲艾萨克（Isaac）
出身坎伯兰郡（Cumberland）的一个"政客"家庭，"政客"是由"自由民农场
主"构成的阶级。基钦曾赞誉道："他们独立，与自然顽强斗争，有着朴素和传
统的忠诚。"[21] 他认为这些"政客"——独立的自耕农——与斯堪的纳维亚（或
瑞士）的"同类人"一样，坚决保护自己的自由和权利。[22] 换句话说，这类人
是科灵伍德笔下斯堪的纳维亚境内自由农民的原型，是他诸如《纯粹的索尔斯
坦》等虚构作品中的常见人物，而且，实际上，科灵伍德把这些"政客"与古
斯堪的纳维亚语萨迦文学中的自由农民（*bóndi*）直接等同起来。这种想法过于
简单——尽管在当时再平常不过——但也很吸引人，尤其是对那些主要在当地
环境中从事研究的古文物学家来说。在未经加工的反复叙述中，这种说法在
单调的种族刻板印象中发挥得淋漓尽致，成为维京影响长久存在的证据。比
如，牧师、作家兼环境保护主义者哈德威克·罗恩斯利（Hardwicke Rawnsley,
1851 ~ 1920）感觉"看到牧羊人的蓝色眼睛和轮廓分明的脸颊，以及大大的下
巴、雄壮的四肢和长长的胳膊，再加上山谷中的农情风俗"，就让人"觉得这就
是北欧的海洋游侠"。[23]

如果说这些想法在整个 20 世纪没有被用来达成某种邪恶的目的，那就太荒谬了。不过，作为人口流动的标志，"生理学血统"在现代研究中确实已成为一种可行的工具。坎布里亚南部，即威勒尔半岛和西兰开夏郡的爱尔兰海沿岸，很可能有半数男性的祖先在 1600 年之前就来到了该地区，而他们的 DNA 中有斯堪的纳维亚人的特征。[24] 不过，这类研究无法揭示这一基因构成是何时出现又是如何出现在人口当中的，也无法揭示最初繁衍这类基因的人口有多少。这类基因也具有选择性，忽略了在某个特定群体中普遍存在的其他生物学标记。然而，重点是这类研究只有在样本量相对较大的情况下才有可能进行，以保证结果具有统计学意义，且能与其他人口进行有意义的比较。尽管不是强有力的工具，但以这种方式进行研究，才有可能揭示过去人口迁移的规模。然而，稍不留心，它就容易被处理成类似种族的虚张声势的东西——一个证明（或反证）与过往有生物学联系的手段，而这个过往被赋予了道德人格或令人向往的古老的魅力：血统的优越性。

我们到达科尼斯顿时，天色暗下来，开始下雨。错过了拐弯处，便停下车。我借助出租公司提供的指南，查了查去那幢宅邸的路。然后调头，沿着昏暗的街道往回开——陌生的店面、穿风衣的陌生人、湿漉漉的狗、不耐烦的当地司机；雨越下越大。最终我们找到了它；汽车大灯掠过了"私人道路"的字样，汽车穿越牛栏，猛地开进一条未经修缮的道路，路上满是车辙和野草皮，我第一次感觉到令人作呕的颠簸。我开始紧张。舒服地蜷在书桌边上时，对"泥泞道路"一词未曾想过太多。映入脑海的不过是一条百十来米的农场小路，泥泥乎乎，坑坑洼洼，但中间却有一条蜿蜒的绿草皮带，风景如画，有一种田园牧歌的感觉，提醒我们现代世界被甩在了身后——这让我丝毫没有预见到随后而来的挫败感。

越往前开，坡度越大，顺着路，车子驶进了山区。很快我们就发现，这条路根本算不上路。花岗岩岩床就在我们下方裸露着，绵延很远，山脉像是被车轮和过路人磨去了皮肉，只剩下了骨头；一堆堆的碎石，厚厚的一层破碎的板岩，像河流石化了一般，从山上流淌下来，恰似巨人的血液流出来，遮住其受伤的肋腹。我们究竟为何停下来，我是真不知道；我想是不由自主吧。恐慌过后，蓦地意识到自己已败下阵来。但此刻汽车动不了了，悲伤的车轮在湿漉漉的砂砾石中无力地转动着。有那么一瞬间，我们就像闪闪发光的甲壳虫一样，紧紧贴着"科尼斯顿老人"的山麓，我们俩沉默着，脑子里一片空白，绝望一点点涌上来。

若不是三个回程的旅人突然出现在我们身后，还愿意帮忙推车，忍受着泥水溅了一身的窘境和饱受煎熬的离合器发出的难闻气味，我都不知道会发生些什么。好在他们真的出现，真的愿意帮忙，大家合力推车，因用力而发出低沉的声音，这样煎熬了几分钟后，车又开起来了。最终，疲惫又沮丧的我们到达了那处宅邸，远眺着铜矿山和如丝带般的银色河水从山峰处翻滚而下。但往上看，"科尼斯顿老人"正向下冲我们怒目而视。没错，曾有人告诫过我们。

刚到不久，妻子就得了流感，一病不起。她待在楼上落下百叶窗的房间里，出不了门，一直到她不得不开车载我们回家的那天。那一周的时间里，我越来越恼火，因为发现有些不合宜的掀背车，在山谷中肆无忌惮地窜上窜下。1901 年，科灵伍德创办了拉斯金博物馆，1900 年，科灵伍德设计了拉斯金十字架，我步行参观了这两处。每天下午我都坐在窗边写作。但窗外的"科尼斯顿老人"一直俯视着我，目光灼热，一动不动，却又变化无穷。我得爬到他身上去。这是免不了的。

科灵伍德在《科尼斯顿之书》中写道："我们第一次徒步，自然是爬'科尼斯顿老人'了。虽是阴天爬山，但相当值得。虽然无法一览全景，但越是往上，高崖峭壁上的阴晦和神秘效果产生的壮丽之感就越是浓烈，足以弥补错失全景之憾。"[25] 洞穴、开矿的巷道、废石堆、隧道、排水管道和湍急的水流，随处可见。即便是在登山的过程中，也会发现山峰似乎在渐渐远离，远远望去悠远而曲折；山川地貌好似不情愿放弃自己的外形，痛苦又缓慢地，逐一露出它的褶皱和轮廓。沿着黑色板岩峭壁往上爬，水银般的水流，从上方"水浅处"（Low Water）滚滚而下，在灰色岩石上产生大理石般的花纹，永不止息地呼啸着；流过草地，在山坡上的巨石间穿过，而那些巨石就像是巨人站在"渡鸦石山"（Raven's Tor）上用手撒下的种子。倏忽间，我站在了勒威尔斯湖（Levers Water）湖畔，这宽阔而凉爽的山中小湖，在隆起的山石堆之间平铺开来。我绕到湖的左边，接着往上爬。科灵伍德总是在我之前，穿着短裤，露出瘦而结实的双腿，像是小径转弯处的幽灵，永远触及不到。我把他想象成一只山羊，一只山地绵羊，羊毛蓬乱，蹄子稳健得吓人，在山路上跳上跳下——精神矍铄的老朋友，眼睛散发着明亮的光芒，速度太快，我追不上他。

"就是这儿，阴天的时候，云雾笼罩着山顶，能够领略山色阴晦时的最佳景致；在云和峭壁之下，是深绿色的湖水、荒岩野石和湍急的水流；而远处，群山像大海一样起起伏伏。"[26]

站在山顶，景色全殊。变换的云层笼罩了地形轮廓，蒙上了一抹白色，遮住了山顶之下的景致。四周的山峰，在烟雾中若隐若现，好似巨大的海怪在雾气中盘旋，不再受下面世界的束缚，而像冰山一样，在大雾中自由地横冲直撞。前方的路晦暗不清，有种脱离世俗的感觉，路边的一个个石冢，诉说着过往的逝者，云彩平铺在眼前，就似愤怒的阴影，在山顶之上尖叫着，叫声与风的怒吼交融，回荡在山顶。模糊不清的黑色幽灵在暮色里盘旋，它们的翅翼就像螺旋桨一样在头顶嗡嗡直响。

"在晴明的日子，远望东边的因格尔博罗峰（Ingleborough），南边的斯诺登山（Snowdon），西边的马恩岛，北边的斯科菲峰（Scafell）、鲍费尔峰（Bowfell）、格拉拉马拉山（Glaramara）和斯基多山（Skiddaw）、布伦卡思拉山（Blencathra）和赫尔维林山（Helvellyn）：这些山峰之下，整个乡间似一个凸起的模型，山丘、湖泊和村落都似玩具般坐落其间。"[27]

倏忽之间，天放晴了，鬼怪不见了。俯瞰着身下的科尼斯顿湖，身后，群山依次显现。往远处看，科尼斯顿湖边矗立着的那所宅邸，看上去就像是被海浪带到了树荫下的漂流物，拉斯金和科灵伍德都曾在那儿工作过，基钦曾在那儿坐过，翻阅克拉伦登出版社的样书；而我知道，他们几个在那儿度过的每一天，都曾在埋头工作时抬起眼睛，透过书房的大窗户，注视着一动不动而又变化无穷的"老科尼斯顿"，他们也发现我正在湖的对面，回望着他们。

第 16 章

探索新航线

VIKING BRITAIN

众所周知,
老派的维京人无法忍受法律的更替,
于是驾船逃往西方。
这些人中,有的前往冰岛,
有的去了奥克尼群岛,
其他人则徘徊在爱尔兰海沿岸寻找家园,
哪里能寻求到庇护和安宁,
他们就在哪儿安顿下来。

W. G. 科灵伍德
《纯粹的索尔斯坦》
（1895）[1]

在《纯粹的索尔斯坦》一书中，科灵伍德引用了本章题词中的说法，描述了这位与书同名的英雄的祖父到达不列颠群岛的过程——据说，包括他在内的许多挪威移民都逃离了国王哈拉尔·哈尔法格里（Haraldr Hárfagri，即"金发王"哈拉尔）的专制统治。在与他同时代的史料中，哈拉尔的统治范围及其生活细节极为模糊，甚至互相矛盾。[2] 相比之下，在12世纪及后来的传奇故事中，哈拉尔却有着至关重要的地位。他被誉为统一挪威王国的开国君主，推动了挪威移民在北大西洋和爱尔兰海的扩张。正如神话所说，扩张的结果正是在奥克尼群岛、设得兰群岛、法罗群岛（Faroe）、冰岛、苏格兰西海岸到爱尔兰海建立起了许多独立的殖民地——诸多维京小国由热爱自由的开拓者、野蛮好战的逃亡者、亡命徒以及北方海域的小海盗王国（根据对当时形势的不同看法）统治着。[3] 根据《奥克尼萨迦》一书的描述，哈拉尔的确远涉北部群岛、西部群岛及马恩岛，"给那些他再也忍受不了的维京人一些教训"，在此过程中扩张了挪威王国的领土。

这种说法极可能反映（并支持）了挪威大约在1200年的领土主张，那时《奥克尼萨迦》已成书，并非是对300年前所发生事件的真实记录。"金发王"哈拉尔的传说是一个典型事例，表明了若干年后，移民、文化妥协和政治整合的复杂过程，在传说中是如何围绕着某些大人物展开叙述的。[4] 不管怎样，斯堪的纳维亚人对不列颠航道的影响有多大，毋庸置喙。虽然命名这种最简单直接的方式实际上掩盖了我们对过程的无知，但地名确实是最强有力的证明。例如，爱尔兰的人名，盖尔语的地名元素，以及英格兰西北部地名中古斯堪的纳维亚语与典型凯尔特语形态的混合。这些似乎表明出现过说盖尔语或布立吞语的人口（说这些语言的人口后来被说古斯堪的纳维亚语的移民取代，他们或是被迫屈服，或是受到说斯堪的纳维亚语的移民影响），而古斯堪的纳维亚语地名的存在，使得这种可能性更加明显。这些地名似乎表明说盖尔语的人在此生活过（举例来说，坎布里亚郡存在"Ireby"这个词，意为"爱尔兰的农场"），另一方面，也可能表明，某些移民恰恰是斯堪的纳维亚人和盖尔人杂居的后代。在这个文化融合的区域，确实可能产生这类杂居的人口。

还有个现象不可否认，即海洋世界的互联性——在这个世界里，海洋是一条高速公路，连接着海滩与入海口，海岬和小岛，风暴与潮汐；在这个世界里，政治权威往往只能是暂时的，当地首领和不同的民族结盟、解散、又结盟——海潮的涌动不断带来新的身份转变，有些恰如西方广阔天空中善变的云朵般更替、变换。维京时代马恩岛海角要塞或"Llanbedrgoch"（属安格尔西岛）的防守区暴行肆虐，人们整日惶恐不安。人们在该地的沟渠里发现了四名斯堪的纳维亚男人和一名妇女的遗骨，这提醒着人们，生活在这样一个以暴力牟取暴利、贩卖奴隶和白银流动的边缘地带，生命是何等脆弱。马恩岛和安格尔西岛的土地里掩埋着硬币、手镯和金条，它们诉说着爱尔兰海和不列颠西海岸的贸易往来。控制这些贸易的人们，在北尤伊斯特岛（North Uist）尤德尔（Udal）的赫布里底群岛（Hebrides）和南尤伊斯特岛（South Uist）的"Drimore Machair"和"Bornais"以及马恩岛的"Braaid"和"Doarlish Cashen"曾建起长屋。他们同样也拥有海盗般的进取精神，是手腕强硬的开拓者，在沿海水域耕耘，并用自己的语言给所到之处命名，这些名词构成了航海民族的基本词汇；岬角和海角，岛屿和海湾：威斯特罗斯（Wester Ross）的"Aignish"（ON：*egg-nes*，意为"岭岬"）；科尔（Coll）的"Skipnes"（ON："*skip-nes*"，意为"船岬"）；提利（Tiree）的"Sandaig"（ON："*sand-vik*"，意为"多沙的湾"）；威尔士海岸通用的"Gateholm""Grassholm""Priestholm"，以及布里斯托尔海峡（Bristol Channel）两岸通用的"Steep Holm"和"Flat Holm"，都是古斯堪的纳维亚语"*holmr*"（意为"小岛"）的合成词；"Anglesey"（安格尔西岛）、"Bardsey"

（巴德西岛）、"Ramsey"（拉姆西岛）都以古斯堪的纳维亚语中的"-ey"（意为"岛"）结尾。

8 世纪末，第一批海盗袭击北方岛屿时，英国北部和爱尔兰海地区形成了一个复杂多样的世界。包括种族和语言兼具不列颠特点的威尔士诸王国，克莱德河附近的神秘的阿尔特克莱德王国，讲盖尔语的达尔里阿达（Dal Riata）王国——该王国以阿盖尔和和南赫布里底群岛为中心，还有统治高地和北部群岛的皮克特王国。我们对马恩岛和安格尔西岛所知甚少，但两个岛似乎在爱尔兰海的贸易和旅游业中扮演了重要角色，其人口中混杂着爱尔兰人、不列颠人，甚至英格兰人，不过有些只是短暂停留。[6]最终，北至福思河、西贯奔宁山脉的诺森布里亚王国，与讲英语的威尔士诸王国和阿尔特克莱德王国，形成势均力敌之势。

然而，在经历了一个多世纪的掠夺、分裂、殖民和战争之后，10 世纪初，皮克特王国消失了；阿尔特克莱德王国亦如此，至少在最初的朝代更迭中，其首都敦巴顿（Dumbarton）在克莱德河岸变成一片废墟。达尔里阿达王国不复存在，其岛屿被侵占，不再有王国的影踪。诺森布里亚王国被几个维京国王控制，斯堪的纳维亚后裔的军事领主们，统治着从设得兰群岛到布里斯托尔海峡的岛屿和海上航道；连圣哥伦巴（St Columba）的遗骨都被移出艾奥那岛，"以逃脱外国人的（Gaill）"[7]魔爪。920 年，爱德华宣布自己为爱尔兰人、诺森布里亚人（包括"英格兰人、挪威人和丹麦人"）和斯特拉斯克莱德不列颠人（据推测，其中包括许多阿尔特克莱德王国的遗民）的最高统治者，北方疆域或已荒芜一片，或已成遗失的王国，而历史进程也因此改变。

但是，就像在英格兰一样，新的王国和新的种族身份最终会在这种混乱和分崩离析之中诞生。在马恩岛和赫布里底群岛，以及奥克尼、设得兰群岛和凯思内斯群岛，斯堪的纳维亚人的统治作为一种政治实体将一直延续到中世纪，其独特的文化足迹在今天仍清晰可见。维京人对分崩离析的苏格兰的重新组合，犹如"维京潮"退潮时所留下的杂乱无章的零碎东西拼成的马赛克。它们具有相同的底色，不过被组合成了全新的形状，形成了全新的图案：新出现的是阿尔巴（Alba）王国——苏格兰人的王国——"苏格兰土地"，与聚集在南部的"盎格鲁土地"遥遥相望。然而，与英格兰不同，关于引起和形成这些动乱的事件，没有详细的历史记录（哪怕是像有破绽的《盎格鲁－撒克逊编年史》及其衍生作品那样的也没有），这意味着学者们不得不依赖七零八碎的证据，包括一些留存下来的零星书面资料，或者庞大的考古证据汇编，了解斯堪的纳维亚文化是如何、在哪里、在何种程度上渗透甚至改变所接触的群落的。但这些资料往往在时间和因果关系的问题上含混不清、模棱两可。尽管如此，关于 9 世纪到 10 世纪初北部地区所发生的事情，我们仍然可以描绘出一幅印象派的画面，只是，这画面略显粗糙。

自 8 世纪末开始，英格兰北部海岸就不断发生袭击事件，但直到 839 年才发生了第一起重大政治分歧事件。据《阿尔斯特年鉴》（*Annals of Ulster*）所载，"异教徒（*gennti*）赢得了一场与福特里乌（Fortriu）人的战斗。在这场战斗中，安格斯的儿子欧甘南（Euganan）、布兰（Bran）和博安塔（Boanta）的儿子埃德（Áed）以及数不胜数的士兵战死沙场。[8] 在爱尔兰编年史中，"福特里乌"指今天苏格兰本土的东北部、莫里湾（Moray Firth）周围的一片区域——一个巨大的 V 形裂缝将大峡谷暴露在北海的涌浪中。福特里乌一直是皮克特王国的中心，这个名字是罗马部落名称"Verturiones"的盖尔语翻译。时运不济的欧甘南（皮克特语中发音为"Wen"）正是皮克特的国王，也是布兰的兄弟；埃德则是达尔里阿达的国王。显然，关键时刻，他与皮克特结盟了，而且很有可能在这段不平等关系中处于劣势一方。[10] 没有人知道这些异教徒是谁，也不知道这场战斗发生在哪里。一切皆是未知，胜利者的命运和身份似一团迷雾般模糊不清。当然，可想而知，对于欧甘南的支持者来说，这不是愉快的一天，但也就仅此而已。只要被记录下来，就证明其具有非同寻常的历史意义，而这一点正是有关这一时期的历史记录的局限所在。用一位研究中世纪早期北方历史的现代著名历史学家的话说，它甚至可能是"英格兰历史上最具决定性、最重要的战争之一"。

之所以如此重要，一方面在于，恰如维京人对诺森布里亚和东盎格利亚的袭击一样，侵袭军队的介入，为当地人治理的王朝带来了彻底的、不可逆转的终结。随着欧甘南及其兄弟的死亡，"Wrguist"家族的统治——阿努伊斯特一世（Onuist Ⅰ）于 732 年登上皮克特王位——走向完结。而下一位统治皮克塔维亚的国王，人们只知道他来自一个不同的家族。阿尔宾［Alpin，即历史上著名的肯尼斯·麦克阿尔宾（Kenneth McAlpin）］之子西纳德（Cinaed），被今天的人们看作达尔里阿达王国的"盖尔 – 苏格兰人"。他征服了皮克特人，建立了苏格兰王国。然而，这只是一个难以求证的传说。来皮克塔维亚之前的两年，他确实是达尔里阿达的国王，但很可能是皮克特人。[12] 不过，他的统治的确标志着皮克特人和盖尔人在政治和文化上开始不断融合，然而也遭到了来自陆地和海洋、包括远邦和邻国的毁灭性入侵。

他在位期间（839 ～ 858），阿尔特克莱德的不列颠人回击了这位从前的领主，烧毁了位于敦布莱恩（Dunblane）的皮克特人聚居区。麻烦远不只这些：在他统治期间，维京人"把皮克塔维亚半岛白白送给了克鲁尼（Clunie）和敦克尔德（Dunkeld）"［可能是在泰河（River Tay）入口展开的袭击］。[13] 但是，致命一击来自西边。根据法兰克语的《圣伯丁年鉴》（*Annals of St-Bertin*）记载，847年，"北方人"未曾遭到任何抵抗就"控制了爱尔兰岛周围的岛屿，并定居下来"。[14] 这些领土可能包括提里岛（Tiree）、穆尔岛（Mull）、艾莱岛（Islay）、阿兰岛（Arran）以及琴泰半岛（也许还有马恩岛），等等。这些地方构成了达尔里阿达王国的整个海岸线；不管盖尔王国与爱尔兰海对岸保持着怎样的联系，失去这些领土都会将这种联系打破，残余地区除了与皮克特建立更加紧密的联盟之外，别无选择。

865 年或 866 年，一个名叫奥拉夫（爱尔兰编年史中写作"Amlaib"）的维京人来到皮克特王国。在爱尔兰史料中，他被认为是莱斯林德（Laithlind）国王的儿子，尽管没有人知道"莱斯林德"应该是什么或在何处（只知道是一处维京人的发源地），这样的信息——再度——没什么用。奥拉夫从 9 世纪 50 年代初就在爱尔兰为非作歹，在国王康斯坦丁——西纳德的侄子——统治时期，他踏平了皮克特王国，"与他的异教徒"[15]一起统治了皮克特王国10个星期的时间。对复兴的阿尔特克莱德不列颠人而言，坏事即将发生。839年，他们火烧敦巴（Dunbar），被困在了皮克特。然而，870年，他们的时代来了：据威尔士编年史的记载，"*Arx Alt Clud a gentilibus fracta est*"，意为"阿尔特克莱德的堡垒被异教徒攻破"。[16]《阿尔斯特年鉴》详细记载着"奥拉夫和伊瓦尔这两个北欧国王……包围了那座堡垒（阿尔特克莱德），四个月后，他们摧毁并洗劫了这座城堡"。[17]敦巴顿岩石城堡的末日到来，惨遭废弃，再也无人提及。两年后，爱尔兰编年史第一次提到了斯特拉斯克莱德的不列颠人，一个新的政治实体破茧而出。

对于奥拉夫的盟友伊瓦尔来说，毁灭古老的王国已然成了他的专长。我们对此人并不陌生：就前一年（870年），他和他的兄弟乌比一起在东盎格利亚砍下了国王埃德蒙那絮絮叨叨的脑袋，让其身首异处。向北航行时，伊瓦尔可能携带了大量的盎格鲁奴隶，因为次年，他和奥拉夫一起"率两百艘船从不列颠返回都柏林，将大批英格兰人、不列颠人和皮克特人囚禁着带回了爱尔兰"。[18]大概872年，奥拉夫死于康斯坦丁之手。[19]接下来的那一年，据爱尔兰编年史记载，"爱尔兰和不列颠的北方人之王伊瓦尔过完了他的一生"[20]。那是怎样辉煌一生啊！伊瓦尔戎马一生，摧毁了阿尔特克莱德、诺森布里亚和东盎格利亚，血腥遍布麦西亚和爱尔兰岛诸王国，甚至整个北方疆域。他是否是我们今天所认为的真正意义上的"国王"，已无关紧要——他所达到的成就，足以与任何流芳百世的君主比肩——而"伊瓦尔王朝"，也就是爱尔兰语中所说的"Uí Ímair"，在不列颠北部和西部以及爱尔兰地区，一连几代人都扮演着举足轻重的角色。[21]

寻找中世纪早期王国的遗迹，人们首先想到的，并非昔日位于克莱德的工业造船厂。自20世纪50年代英国造船业衰落以来，格万（Govan）一直是英国最贫穷的地区之一：随着"克莱德河岸（Clydebank）造船厂"的沉寂，格拉斯哥（Glasgow）地区野兽派风格住宅区内的社会和经济问题激增，而糟糕的城市规划政策使情况愈发恶化。今天，在就业、受教育程度和预期寿命方面，格万的得分都低于格拉斯哥平均水平；而从酗酒致死、申领失业救济金以及居民"收入下降"的比例来看，格万却得分很高（2016 年分别为 31.5% 和 28%）。[22]由此看来，格拉斯哥的贫困情况和预期寿命在整个英国都是最糟糕的。[23]《经济学人》（*The Economist*）2012 年撰文："就像是一团有毒的蒸汽，从夜色中的克莱德河升起，吹进熟睡的格拉斯哥人的肺里。"[24]但也是因为这条河，格万成为大英帝国最大的造船基地——1900 年，格万承包了全球新造船量的五分之一——也是因为这条河，在中世纪早期这个强大而持久的王国中，格万成为全国的中心。

我曾两次到访格万老教堂（Govan Old Church）。第一次是读博时，那时还年轻，参加了由早期中世纪考古学学生研讨会（EMASS）组织的实地考察。当时，我要在格拉斯哥宣读我的第一篇学术论文，可头天晚上，我喝了好多啤酒，又吃了油炸黑布丁，惹来很多不必要的麻烦。我依稀记得一件颇为尴尬的事，那时候，我们正在薯条店外面的街上闲逛，我对着我的苏格兰学生大谈苏格兰民族主义的"缺陷"。第二次访问格万老教堂是和一些记者及大英博物馆的人一起——是 2014 年维京展之前新闻之旅的一部分，刚好就在苏格兰独立公投之前。

这座教堂声名显赫，室内遍布古老的遗迹，来此做礼拜的人络绎不绝（如今的教堂建于 1888，是在该址上建的第四座教堂——自 5 世纪开始，这里就一直是教堂所在地），教堂内还保存着大批中世纪早期的雕塑。格万老教堂拥有大量精美石雕，因此人们认为，此处的墓地好像正是斯特拉斯克莱德王国的皇家陵寝。阿尔特克莱德王国灭亡后，斯特拉斯克莱德兴起。这个王国的诞生过程及其初期的民族政治演变已无从考证，但我们依旧可以找到其"凤凰腾飞"的线索：珍贵而独特的斯堪的纳维亚风格的历史遗迹。我们来看看"拱背石碑"（hogbacks，"猪背、拱背"之意）。

"拱背石碑"很可能是墓碑。[26]这种石碑随处可见，是给死去的人用的"床头"，但不是人们熟悉的直立式，更像是墓地的盖子——它们仿佛是横放在尸体之上的纪念碑，在尸体的头部或脚部或许还竖着十字架。[27] 但是，与横放的墓板和长方形的坟墓不同，"拱背石碑"，正如其名所言，是曲线形的石制建筑，形状为拱形或圆形。"拱背石碑"遍布英格兰北部——主要分布在坎布里亚和约克郡——苏格兰格万老教堂中也发现了五块，为人们熟知。这些物件很奇特。以约克郡为例，在布朗普顿［Brompton，临近诺萨勒顿（Northallerton）］圣托马斯的拱背石碑是最讨人喜欢的，几头立体雕刻的熊，紧紧相拥，占满了整个石面。它们大多饰以维京特色的结和环状的绳索，石头上还刻有环状链和流穗。而且，大多拱背石碑具有一些典型特征，石碑的顶端都刻有花纹——是一些重叠瓦片的形状，使得拱背石碑看起来像犰狳等胆小的麟甲动物，这些动物会趁你不注意，忽然钻进树丛（的确，某位格万的雕塑家没有丢掉这些动物的动物特征，他在雕刻时加上了眼睛，还有鳍一样的脚，使得这些石刻有点像某种古老的两栖动物）。

正是这种铺满了瓦片的屋顶造型，让学者们意识到，这些拱背石碑是仿照房屋的式样。爱尔兰和不列颠的不同民族，有在石头上雕刻纪念碑的悠久传统——尤其是十字架——前几章提到的那种房屋形状的神龛（维京人的战利品），被用作墓穴盖板，也用作十字架上的装饰，比如在爱尔兰劳斯郡（Louth）出土的 10 世纪初的"穆瑞达克十字架"（Muiredach Cross）。但是，拱背石碑模仿的房屋，与房屋原型明显不同，其木瓦屋顶弯曲得像倒置的龙骨，就像微微弯曲的木制维京长屋的屋顶。后面我们会了解到，在基督教化之前的维京人的思想意识里，为死者建一座厅堂式的家园是一种非常强烈的观念，而且可以肯定的是，这种观念一时半会儿不会消失。因此，我们完全可以理解，为什么克莱德的斯堪的纳维亚定居者会选择这种方式来纪念死者，即使在他们皈依基督教之后依然如此（古代教堂中心存在这类石头表明了这一点）。但是这种念头最终也催生了一种独特的产物——一种新的艺术表达形式，这种形式能够展现这些新部落是如何向外部世界表达自我的。

因此，在格万，苏格兰民族主义的矛盾被放大了；从南方人的角度来看，很少有像格拉斯哥如此明显"苏格兰"的地方。但是，维多利亚时期的新哥特式教堂异常庄严和宏大，在这样格格不入的环境里，人们发现自己被一群石雕艺术品所包围。雕刻这些作品的人（包括相当一部分幸存下来的阿尔特克莱德王国的不列颠人）讲的语言有点像盖尔语，但更接近威尔士语，不过其中还有一些人，与斯堪的纳维亚半岛有深厚的文化渊源。一个融合斯堪的纳维亚文化和盖尔文化的世界，开始在爱尔兰海周边形成。这些人的身份不断变化着，而拱背石碑向我们表明了这些人新的身份认同。在这儿，他们看到并接受了包括石刻、房屋形状的圣骨盒以及在教堂周围竖立墓碑的传统，并将这些传统作为自己的传统延续下去。但与此同时，他们也决定保留自己的方式，运用其自身的艺术特色，沿袭熟悉的建筑风格。在整个不列颠北部——从约克郡到坎布里亚再到克莱德河岸，人们慢慢形成了一种截然不同的身份：既与所侵入的群落不同，也与脱离的群落相差甚远。斯堪的纳维亚不存在拱背石碑，甚至连与之相似的东西也不存在。

从文化角度来说，最能体现出这一过程意义的，便是迄今依然保守且随处可见的饰品的变化。几个世纪以来，在爱尔兰和遥远的不列颠北部和西部，圆环形胸针（铰接在长别针上的开口环形饰物，用来将斗篷固定在胸前）一直是男女服装的经典元素。在维京人影响深厚的西方沿海地区，这种东西在定义和重塑身份方面，有着显著作用。随着外来人口的涌入，人们的品位和时尚随之改变。因为含银量增加，这些胸针的形状变得十分奇怪，原本的球状末端和平滑表面加上了装饰结，有的看上去就如某种扭曲的维京动物张开的嘴一般，交错的镂空线条，看起来像某种维京生物的胃，还有的被加工成蓟状的旋钮。这意味着一个新的身份自此开始生根。大约两个世纪以来，在彭里斯（Penrith，隶属坎布里亚）附近的纽比金沼泽（Newbiggin Moor）的弗拉斯格山峰（Flusco Pike）上，人们发现了一大堆这样的东西，收集这些东西可能是因为其重量——它们的价值跟银条类似；第一枚胸针发现于 1795 年，第二枚是在 1830 年，其余的是 1989 年发现的。[28] 其中最大的一枚胸针，发现于 1830 年，上面的银针长约 20.5 英寸。这不可能是一个实用的物件（毕竟，比起用一根重达 1.5 磅的银钉来固定斗篷，还有更好的方法）。这些物品的目的是彰显主人的地位，也是携带财富的便携方式，在当时的社会中，白银是衡量成功的原始标准，而佩戴胸针则成了一种很普遍的炫耀权力的方式。

证明这一文化转变与融合的最直接证据，是"亨特斯顿胸针"（Hunterston Brooch，因其发现地而得名），上面有修改过的痕迹。[29]亨特斯顿位于大坎布雷（Great Cumbrae），在那儿，克莱德湾向南延伸，在阿兰岛周围形成了更为广阔的水域。虽距格万不远，但离南部赫布里底群岛更近。据《圣伯丁年鉴》记载，这些岛屿在9世纪中叶落入维京殖民者手中。无论以何种标准衡量，这枚维京时代之前的环形胸针都是一件精美的珠宝，是达尔里阿达王国于700年前后制造的艺术品，镶嵌着琥珀宝石，金丝闪烁。不管是谁，只要拥有这种东西，都会认为自己相当成功。我们不知道最初它是为谁设计或由谁设计，但我们知道它被制成两百年后的主人是谁。因为它主人的名字就刻在胸针背面："梅尔布里格达（Melbrigda）拥有这枚胸针。"梅尔布里格达是个典型的盖尔名字，这倒不意外。让这枚胸针真正意义非凡的是梅尔布里格达选择的宣布这枚胸针的所有权的语言：他使用的不是爱尔兰语，甚至不是拉丁语，而是古斯堪的纳维亚语，雕刻的字母是维京的如尼文字。

这标志着一个新民族的诞生，它是10世纪初的一个新种族。不管以什么名字称呼这些人，盎格鲁－丹麦人、爱尔兰－北欧人、盎格鲁－斯堪的纳维亚人，甚至坎布里亚－北欧人，其含义是一样的：不列颠（和爱尔兰）的维京人，变得已经不同于斯堪的纳维亚维京人。[30]正如"拱背石碑"所示，人们埋葬死者的方式能说明他们——更准确地说，对他们感兴趣的人——怎样评判自己在当时世界的地位，与世界的关系及对自我的认知。

直到9世纪末，维京人的突袭仍然让阿尔宾之子西纳德的继任者们感到压力重重。而这种压力，我们只能在编年史家零星的评论里依稀可见，毕竟编年史家们往往是在事件发生之后的某个时间点，对其做个简单描述。899年之后的11年间，有记载说皮克塔维亚被维京人"变为废墟"，900年，康斯坦丁一世的儿子多纳尔（Domnall）在敦诺塔（Dunnottar）"被异教徒"[31]杀害，标志着皮克特人的王国陷入了永远的黑暗：爱尔兰编年史中记载，"康斯坦丁之子多纳尔，阿尔巴国王，过世"。[32] 就这样，一个新的王国静悄悄、低调地诞生了。在今天的苏格兰境内，维京时代开始后的一个世纪，不曾有任何政治实体保持一成不变：阿尔特克莱德、达尔里阿达以及皮克特王国都已是过去式了，取代它们的是界定不清的斯特拉斯克莱德王国、新阿尔巴王国，沿海一带还广布着大大小小、密密麻麻的斯堪的纳维亚移居区和政治影响势力。康斯坦丁二世是阿尔巴王国的新任国王，在位 40 年。这一时期所发生的政治和文化上的改变，使迅速发展的民族意识根深蒂固，身份认同得以加强，疆域得以巩固，同时也——无可避免地——陷入与南方那些已被维京人渗透的王国的矛盾冲突之中。[33]

第 17 章

冰封的旧世界

VIKING BRITAIN

石斧时代，剑斧，盾被割裂；
世界崩塌之前，是风的时代，狼族的时代：
没有谁应当饶恕谁

《女预言者的预言》

(*Völuspá*) [1]

她从火堆旁走过，目空一切，缓缓地朝西边走去，残阳西下，寒风嘶哮，海浪涌起，与尘世相离。光脚踩在这黝黑的土壤和破烂的草皮之上，爬过坟墩，阴暗又潮湿，那是还未愈合的伤口。老妇人在歌唱，声音沙哑，像极了海鸥。

坟墓敞开着，她跪倒在地。刹那间电闪雷鸣；椴树上扬起灰烬。嘈杂刺耳的声音，男人们的声音；犬吠声，马嘶声。

还有尖叫声，声声入耳。

尘埃之下，沉睡者深眠，土中躺着利剑，石下压着长矛。鲜血浸染土地，染污了白沙。灰烬掩盖了古墓。

砍自树林的柱子立于其上，柱子顶上一只眼睛在看着，面朝大海。

10 世纪时，一个男人被葬在马恩岛上的巴拉特雷（Ballateare）[2]。我们不知道他来自哪儿，也不知道他的祖先是谁，只知道他是按着异教徒的方式丧葬的，像维京人一样。他穿着一件斗篷，用环形别针系住，被放进深坑底部的棺材中。身旁是一把剑，剑柄镶着银和铜，剑身已损坏，剑鞘也曾更换过。脚边是一把长矛，也已破损。脖子上挂着一把刀，盾牌盖住他的身体。然后封上棺材。棺材上放几把长矛，矛头朝向他脚的方向，坟坑里填满白沙。沙地之上，堆起一个坟包，上面盖着一层又一层的草皮。之后，在坟包上挖出一个坟。一个女人被埋在里面，脸朝下，手臂举过头顶，她的脸被剑劈成了两半。她的坟里什么殉葬品也没有，但她之上盖着一匹马，一条狗，一只羊和一头牛烧焦的残骸。坟顶部竖了一根柱子[3]，没人知道这个柱子是做什么的。它可能是一个精心制作的野兽雕刻，就像埋葬在挪威奥塞贝格船[4]上的五个神秘物体中的一个，或者有点像"耸立在地面上的男人像木柱"，长着一张类似于罗斯人[5]的脸。然而，在巴拉特雷出现的看似祭祀遗迹的东西，和祭祀品中使用的木柱有几分类似。

仪式化杀害一名女奴、让她为其主人陪葬的情形，前面已经被描述过了，在有关"维京"贵族[6]埋葬的仪式中，巴拉特雷墓葬以及一些斯堪的纳维亚人的葬礼，长期以来一直被视为杀害无辜人类（以及动物）的证据。这种对证据的解释并未得到普遍认可，还有许多其他可能。最有意思的但同时也是最难证明的一点：陪葬的女人在被击打头部之前就已死去，之所以在仪式中再打一次是为了释放困在其体内的邪灵。[7]还有一种可能，埋在此处的妇女接受的是司法程序的处死——即死刑——而不是献祭，不过这种区别是否具有实质意义，尚无定论。在盎格鲁-撒克逊时期的英格兰，[8]罪犯们的墓穴与一些史前遗迹（包括墓葬）的联系非常明确。埋葬特征是通常面朝下埋葬——身上还有严重的创伤。有时候（还是在英格兰），立这些木桩是被用来展示死者身体的某个部位的，尤其是头（古英语短语为"*heofod stoccan*"意思是"头桩"——在英国宪章中出现了16次）。[9]然而，巴拉特雷的女尸上面埋着火化的动物残骸，这种情形暗示着这个女人的埋葬只是当时进行的无数屠杀和埋葬之一——人与动物无异。不管该女子是否是殉葬，证据已足够表明死亡场景是经过精心设计的，完全符合维京"故土"殡葬记录中的各种仪式。[10]

如果这是我们掌握的唯一证据，人们或许会留下这样的印象：这个女子在异教的维京世界中是一个不幸的角色，命运可能是被谋杀，然后被脸朝下扔到男性战士墓穴中陪葬——在彰显统治地位和男子气概的众多陪葬中再添一件。对于一些女性来说，特别是奴隶，这可能就是她们的命，但是，这种埋葬确实罕见，并且针对死亡女性的丧葬，和同时期男性战士的丧葬，我们所得到的证物同样丰富、同样惊人、同样令人费解。实际上，至今发现的最为著名和壮观的维京葬礼，是1904年5月在奥斯陆附近的奥塞贝格发现的著名船葬，包括两具女性尸骨，一位是老年，另一位则中年将过。在维京时代，船本身就可以算是最稀罕的宝物了，一艘长达70英尺的船，船头雕刻着互相缠绕蜿蜒而行的各种动物。它是举行葬礼的主场地，为死亡戏剧的上演搭起了舞台，也为土冢搭好了框架，最终会埋进土冢之中。[11] 但是仔细再看，就会被这座巨大的古墓所掩埋的东西深深震撼。墓中物品有多精致，没法用文字形容，一切美得不可思议，木制马车两侧雕刻着向外凝视的奇特面孔，或精心制作的三维兽头柱子，所有这些作用是什么？没有任何专家能提出令人信服的推测。

但是数量就不一样了！相对来说，从数量上更容易看出些什么。我复制了挪威文化历史博物馆（Norwegian Museum of Cultural History）出版的清单，如下：

两名女性；两头奶牛；十五匹马；六条狗；一艘船；绳；索具设备；残破的帆；一个手提箱；一只锚；一辆车；三架装饰华丽的雪橇；一架干活用雪橇；两个帐篷；一个"小棚子"支架，带有纺织品隔间；三把长梳子；七颗玻璃珠，其中有四颗镶金；两双鞋；一个装有大麻的小皮包；几件连衣裙和其他服装；羽毛床垫；床单；两块燧石；五根插着动物头的木杆；四个摇铃；一块木头，箭头形状，约四十厘米长；一根带有符文题字的圆杆，约两米四长；一个皮革表带，像领带那样弯了一个结；一间墓室；一个约一米长的木管；一把椅子；六张床；一个高脚凳；两个燃油灯；一个韧皮垫；三个大箱子；几个较小的柜子、箱子和带盖的圆形木制容器，主要用于储存食物；三个大桶；一个编织篮；一个带黄铜配件的木桶；一个带有"佛像"的木桶；一个由紫杉木制成的小型木桶；三个铁锅；一个锅架；几个搅拌棒和木勺；五把长柄勺；一个煎锅；一个约两米长的水槽；一个陶器盆；三个小槽；七个木碗；四个木制拼盘；十个普通水桶（一个装着蓝莓）；两把斧头；三把刀；一个韧皮石；面团；李子；苹果；蓝莓；各种羊毛、亚麻和丝绸纺织品；一个大挂毯；五种不同的织机；一架平板织机；一把纺锤和拉线棒；各种用于纺纱和纺织工作的小工具；一个卷绕羊毛的机器；两个纱线卷筒机；两个亚麻平滑机；一块平滑铁；三根木针；一对铁剪刀；两个桨叶式洗毛器；一个带盖的圆形木制容器，主要用于储存食物；五个羊毛球；一把编织芦苇；一块蜡；三个小木碗；一块小石英石；三个黄铁矿晶体；两块板岩砥石；一个刀柄；一个骨梳；一个小木碗；十八把铁铲（很可能属于盗墓贼）；一个粪叉；三个粗锄头；两个砥石；两个锥子；三至五个首饰盒；五个用于悬垂物品的木制别针；一条马鞭；一个马鞍；各种线束配件；五双冬季铁马靴；几根用于系绳马的小木钉；几条铁狗链；还有几个狗项圈。[12]

细心的读者可能会发现，这份清单缺点什么。挺让人惊讶的，这里面没有任何金银财宝，没有首饰，没有宝石，没有琥珀珠或者胸针，没有吊坠，没有银币，没有项链，没有镀金的缰绳坐骑，也没有精雕细刻的手镯——简言之，与之同期或比之早期的地位较高的斯堪的纳维亚墓葬（无论男女）中埋葬的珍贵物件，全都没有。细心的读者同样也会注意到"十八把铁铲（很可能属于盗墓贼）"。[13] 它们不是现代的这种铲子；坟墓很久之前被挖开过——其实就在坟墓刚被埋上之后不久——贵金属消失不见，可能和这次盗墓有关（墓穴为何被盗，仍有待讨论——盗墓发掘规模庞大，很难不被人发现，如果被抓住，可能会遭到严厉惩罚。无论如何，非法盗墓都是一个非常危险的行当。不管是有意还是无意，总之被盗的墓穴会让盗墓者意乱神迷，这让母语为斯堪的纳维亚语的人的后代为之深深着迷）。奥塞贝格墓葬清单列出的，只是盗墓剩下的东西，一些挖掘后丢弃的动物尸体——又沉又硬，抬不走。原始状态下的奥塞贝格墓地的墓室，一定是一幅令人震惊的景象。墓葬的主人是北海沿岸的一位"奶费尔提蒂"①，其墓穴之豪华，让赫赫有名的萨顿胡古墓都黯然失色。

众所周知，维京人的船葬源自不列颠，但不列颠的船葬并没有如此大的规模。然而，当一个社会群体选择用这种方式对待死者时，就带有一种当众炫富的意味。以这种方式被埋葬的人，无论与奥塞贝格墓葬相比显得多么低调，都曾被视为族群内的重要人物。2011 年，苏格兰的阿德纳默亨半岛

---

① "奶费尔提蒂"（Nefertiti），公元前 14 世纪埃及王后，这里代指墓葬女主人的高贵身份。——译者注

（Ardnamurchan）挖掘出了这样地位的一位男性；这是在英国大陆发掘的第一次完整的船葬。陪葬品有剑、斧、长矛和盾，船身长达 16 英尺；死去的他，呈现出一幅富庶且强大的异教徒战士的形象，是依海而战的军事领主，装备齐整，以便来世在黑暗水域中追求冒险的生活。一些岛屿［英国科伦赛岛（Colonsay）、奥龙赛岛（Oronsay）、奥克尼以及马恩岛］也陆续发现了其他男性船葬。1935年，凯思内斯郡的胡纳酒店（Huna Hotel）旧址上还发现了一些船葬遗骸，不过现已遗失。比如位于英国奥克尼劳赛岛（Rousay）的威斯特内斯（Westness）公墓，在 20 世纪 60 年代的时候就出土了两处船葬，而马恩岛上的"Balladoole"和"Knock-e-Dooney"也发现了男性船葬墓穴。每处船葬采用的船只长度都在13 到 16 英尺之间——相当于作为附属陪葬品葬在科克斯塔德（Gokstad）船葬中的小号船的长度。[15]

然而在不列颠境内，不只是男人拥有这些奢侈的葬礼。在奥克尼的刀疤镇（Scar），一名 70 多岁的妇女——在当时已算高龄——被葬在一艘长 25 英尺的船上，旁边是一名 30 多岁的男子和一个孩子。[16] 她脚边立着一块"鲸骨匾"，是一块长方形的平板，边上刻着简单的绳状图案，表面刻着装饰性的圆片。匾的一端雕刻着两个野兽状的脑袋，脖子弯曲盘绕在一起，相互对峙着——露出牙齿，耷拉着舌头。这是维京时代的图腾，但是没人知道是借鉴了哪种动物的相貌（在大英博物馆的藏品中也可以找到类似的例子，那是在挪威的另一处女性船葬中发掘出来的）。然而，并不是社会中的每个女人死后都有这样宝贵的东西陪葬。这些物品可能是身份的象征，象征着维京社会女性所具有的魔法和宗教力量。墓中的其他物品包括编织用具——纺锤头和编织刀，缝针盒和剪刀。就编织而言，其过程及象征意义具有超越世俗的力量——对于一些维京妇女来说，为隐藏的可怕力量提供了工具和意象。

或许，有关这些明显非基督教葬礼的传统，最重要的是，他们从维京时代斯堪的纳维亚的习俗中汲取了相关物质词汇：这些墓穴的主人和族群仍觉得自己与远离了的家园联结着，其行为表明，他们希望保持这种跨越时间和空间的文化连接。刀疤镇的这位女族长，其被埋葬的方式，与前面葬在奥塞贝格女性的埋葬方式是一样的，这说明她与前者一样，有着共同的身份认同和丰富多彩的信仰（奥塞贝格墓葬中同样也包含一系列用于编织和纺织的工具，而且数量还很多）。同样，所有不列颠"异教徒"维京人墓、巴拉特雷的坟岗、威斯特内斯公墓、坎布里亚的古墓，以及雷普顿附近希思伍德的火化遗骸等，也都是这种情况。

然而就如"拱背石碑"证实的那样，这种保守主义并没有延续下去。几乎从他们来到不列颠的那一刻起，新的信仰就开始塑造维京人对待死者和想象来世的方式，不断演变的身份认同和政治现实，正在重塑不列颠"维京人"在世界上的地位。旧方式很快就消失了。

起先，大雪从四面八方飘来；厉风呼啸，冷彻心扉。寒冬第三次到来，一连三年都是那么寒冷刺骨；春天不会来，夏天更不知躲在何处，只有一个冬天接着一个冬天，大地被漫天的冰雪覆盖。绿色的枝条将死在霜冻之下，骷髅般干枯的枝条在积雪的重压下吱吱作响——世界将沉寂暗淡、悄无声息，笼罩在永恒的暮色中。人们把这段时期称为"芬布尔之冬"（Fimbulvetr），即"巨冬"，极少人能在如此肃杀的冬天存活下来。那些立下遗嘱的人，真希望自己早已死去。

紧随暴风雪而来的是肆虐的饥荒和绝望，战争将会把这个冻僵的世界扫平，暴力撕毁一个个家庭，美好的誓言随之荡然无存——"手足残杀，姐妹相戮"。正如预言所说。当斧头扬起又落下之时，遍布大地的鲜血被初雪覆盖，东方一片哀号。

厄运降临，上苍和众精灵为他们默哀悼念。世界之树"宇宙树"（Yggdrasil）将会颤抖，"巨人之家"约顿海姆（Jotunheimr）将发出隆隆的喧嚣声；矮人族会在石门前喃喃低语。打破所有束缚之前，所剩时日无多，芬里厄①的狼群、巨人怪的老婆们诞下的崽子，将会从铁木中挣脱，从东方逃出。他们会吞掉太阳

---

① 芬里厄（Fenrir），斯堪的纳维亚神话中被诸神用魔绳系住的狼形怪物。——译者注

和月亮，天堂将会蒙上血污。

加拉尔号角（Gjallarhorn）吹响，天界守卫者海姆达尔复苏，作为众神的守望者，他将一呼百应，爆裂声回荡在山间。他将唤醒众神和英灵战士——那些光荣的逝者，他们将集结，为最后的战斗做好准备，奥丁正和米密尔商量最后的对策。因为敌人已近在眼前，并在战场摆好了一往无前的阵势，战场向四面八方延伸了一百英里——就在荒凉广袤的冻土苔原之上。

谎言之父洛基将从痛苦的岁月中解脱，他那邪恶的儿女将与他一同站起。巨狼芬里厄的嘴张开时足以吞下整个世界，他的眼睛喷射出火焰；巨蛇耶梦加得盘起身子，不断地翻滚扭曲，喷射出致命的毒液。巨人赫列姆（Hrym）也会来到此地，他将驾驶着用死人指甲造的船，来到这个报应之地，率领冰霜巨人来到战斗平原上。最后到达的是火巨人穆斯培尔（Muspell）的儿子们，满腔怒火的游牧部落由火巨人苏尔特（Surt）带领，他闪耀的利剑在撕裂的天空下熠熠生辉。

奥丁率部迎战他们，他手握由伊瓦尔的儿子们打造的名为"昆古尼尔"（Gungnir）的长矛，身披一身坚甲，头戴一顶金盔。托尔跟在奥丁身后，还有"丰饶之神"弗雷、战神泰尔（Tyr）和海姆达尔，以及那些在战争中死去、此刻又被选中的英雄们。

一切终将到来。

这就是维京人设想的世界灭亡的情形，[17]一切在战争的疯狂中破碎、毁灭，在"维格利德"（Vigrid）战斗平原上，在诸神的鲜血中，世界走向消亡。巨蛇不断扭动蜷曲，太阳倾覆，大地燃起熊熊烈火——世界被冰与火的急流吞没，情景恰如世界诞生之初那般。《诸神末日》（Ragnarök）的故事记载在两本完整的古籍里，一本是古冰岛诗集《女预言者的预言》，另一本是由斯诺里·斯图鲁逊在神话手册《欺骗古鲁菲》中编辑的散文，依据《女预言者的预言》创作而成。"女预言者的预言"是指女预言者"渥尔娃（völva）女巫的预言"。这是一首献给奥丁的预言诗，讲述了巨大时间跨度下的神话世界，从世界于虚空中诞生开始到"诸神末日"中的毁灭，以及之后一连串的重生。这是奥丁所追求智慧的终极浓缩，这份智慧是他把自己献祭给自己换来的，为此他舍弃了一只眼睛，还取下了米密尔的头颅。然而在即将到来的命运面前，这毫无用处。

奥丁扼住芬里厄的下巴，与狼群展开搏斗；他必须独自面对这一切，那将是他的结局，众神之父被吞入死亡的深渊。托尔就在他身旁，但无能为力。托尔陷入了与耶梦加得的苦战，尽管杀掉了这条巨蛇，但他也身中剧毒——摇摇晃晃地走了九步之后，倒了下来。弗雷也要死了，他被苏尔特的火焰之剑砍倒在地。独臂战神泰尔将与巨犬加姆（Garm）——在地狱之口咆哮的地狱恶犬，决一死战，而海姆达尔将与洛基相互厮杀。

《女预言者的预言》中包含的思想，是经斯诺里不断解释和重述的，是否真的来自维京时代，尚且存疑，它只是暗指那个时代，截取了那个时代的片段。在另外一些诗歌和章节中也找到了《诸神末日》的故事。[18] 其中最引人注目的一篇，发现于不列颠境内，刻在异教徒维京时代末期的碎陶瓷片上，冰封在不朽的岩石里。

31 块如尼石刻竖立在马恩岛上，马恩岛是除斯堪的纳维亚半岛以外发现如尼石刻数量最多的岛屿。像他们的"表亲"一样，他们是对死者的纪念（尽管至少有一个是为了宽慰活着的人的灵魂而竖立的），之所以被称为如尼石刻，是因为其古北欧文字的如尼雕刻——记录下了那些故去的和仍在世的人以及立碑人的名字。[也有一些是用欧甘文字（Ogham）——爱尔兰和不列颠西部使用的"垂直"凯尔特字母表——写成的，这是那些在文化和语言上融合的人口的明确标志。][19] 这种文字大概占了马恩岛上雕刻文字的三分之一，它融合了爱尔兰石雕传统刻法和斯堪的纳维亚艺术风格，令人印象深刻。在风格上，它们与维京"故土"的传统如尼石刻完全不同，主要是十字架形状——要么是高耸的十字架，要么是刻有十字架的厚石板，类似于皮克塔维亚具有基督教象征意义的石头。[20] 墓碑上刻着的大部分铭文相当普通，尽管能让人满怀兴奋地对维京时代的人们有所了解，但铭文对他们人生的记录，仅仅像是黑暗中一道转瞬即逝的光。

布拉丹教堂（Braddan Church）矗立的 10 世纪的十字架上刻着这句铭文：
"Þorleifr the Neck 为了纪念儿子 Fiak，即 Hafr›s 兄弟的儿子立此十字架"；[21] 安
德烈亚斯教堂（Andreas Church）某块墓碑上刻着："为纪念妻子 Arinbjǫrg，立
此十字架……"[22] 有些铭文，像 Þorleifr 的，暗示出白发人送黑发人的悲剧
（"Aleifr……为纪念儿子 Ulfr 所立"）[23]，有些则表明出一颗愧疚之心［"Melbrigði
（顺便说一下，这也是个凯尔特名字，与亨特斯顿胸针上刻的名字一样，只是拼写
不同），铁匠 Aðakán 之子，因其罪过而立"］，但结尾还是用如尼字母刻下了他骄
傲的夸耀（"但是这个以及马恩岛上的所有，都是 Gautr 所立"）。[24] 有时铭文也暗
示着家庭状况和紧张的人际关系。一个自称为"马力姆昆"（Mallymkun）的人立
此十字架，以纪念他的养母毛莫里（Malmury）。铭文最后，他尖刻地说道："离
开一个好养子好过离开一个不孝子。"积怨深深，深在石中，已千年有余。还有
一些想法随着时间的推移"断去"了，再也无从知晓："Oddr 为纪念父亲 Frakki
立此十字架，但是……"。[25] 但是什么？消失不见的如尼文字，很有可能是雕刻
师的名字［"但是（谁谁谁）刻下 / 做了此……"是典型表达方式），然而这并不
排除一个更加个人化的表达，比如布拉丹教堂的另一块断石上的铭文这样写道：
"但是赫罗斯基提尔（Hrosketill）背叛了他发誓效忠的同盟"。[26] 唉，赫罗斯基提
尔到底做了什么——石碑为谁而立，或是为何而立——永远不得而知了。

　　马恩岛的如尼石刻中，最著名的当属在安德烈亚斯教堂发现的被称为"托瓦
尔德十字架"（Thorwald's Cross）的纪念碑残骸。它是一块板状石刻，沿一条边
缘刻着铭文"（此）十字架由 Þorvaldr 所立"，每个面上都有一个装饰十字架，点
缀着典型的斯堪的纳维亚环形链雕刻。然而，就这块特殊的石刻来说，原本简单
的基督教信息，却由于雕工转动凿子雕刻在旁边的主题变得复杂起来。残碑的一
侧刻着十字架，十字架右下方的空白处，清楚刻着一个留着胡须的男性形象，一
只大鸟栖息在他的肩上。他手持长矛，矛头向下，朝着一匹狼的下颚刺去——恶
狼马上就要将他吞噬，他的右腿已被吞进狼的咽喉里。毫无疑问，画中人物是奥
丁，他的手里拿着长矛"昆古尼尔"，肩上立着渡鸦，自己被狼吞掉。[27]

　　从马恩岛出发渡过大海，抵达坎布里亚郡的戈斯福斯（Gosforth），一个高

大的十字架耸立在圣玛丽教堂墓地中，15 英尺高，细长，豌豆绿色的苔藓如海水泡沫般附着在淡红色的坎布里亚石头上。在一堆 18 世纪的阴森森的墓碑中间，它显得有些怪异不协调——就像找到了一根埋在海底的奇怪的亚特兰蒂斯石柱，并用力将它竖起来——是来自另一个世界的残骸。过去的一千年里，它一直暴露在外，而这些雕刻却保存得相当完好，倒有些出人意料。掩盖着雕刻的苔藓没那么古老。1881 年，查尔斯·阿伦德尔·帕克博士——产科医生兼古文物研究者——和他的朋友 W. S. 卡尔弗利（W. S. Calverley）牧师来到了戈斯福斯。"那是个深秋的雨天"，两位绅士下定决心去一探究竟，"前几周的连续潮湿天气和雨水，会使那些覆盖住雕刻的苔藓变得柔软"。他们很幸运，身着的长礼服也同样幸运，那时候，找几个壮劳力还不是难事儿。这两位学识渊博的伙伴，站在教堂墓地里，而帕克博士的马车夫则"站在高处，用湿刷子左一下右一下把松软的苔藓刷下去"。[28] 装饰十字架顶部的三角（交错的三拱形）露了出来，展现出来的还有一些与这个十字架相关的详细信息，它有着欧洲维京时代北欧神话最全面的图解式描述。

刻在戈斯福斯十字架四个面上的图案，表示什么情景有待诠释，但其中两个特别引人注目。一个刻画的是对洛基的折磨，他之所以遭到惩罚，一是由于巴尔德之死是由他挑唆而起，同时也因为他在造成"诸神末日"这一关键事件中有着不可推卸的责任。我们看到他被囚禁在一个圆形牢房里面，可怜兮兮地缩成一团，他的妻子西格恩（Sigyn）弯腰去接毒蛇朝他脸上喷去的毒液。另一幅是对一个人物的描绘，只见他故意跨入一只野兽张开的大口之中，一只脚踩住下颚，一只手向上伸出抓住上颚，另一只手紧握长矛。斯诺里提供的关键信息，让我们认出了这个人物，他便是奥丁之子维大（Vidar）。"维大一往无前地跳进狼的口中……一只手抓着它的上颚，然后把他的嘴撕成了两半，狼就这么死了"[29]。巨狼芬里厄一命呜呼，但这并不是世界末日。天空变得漆黑一片，世界之树"宇宙树"燃起熊熊大火，地球沉入大，末日降临——一切归于虚空。

然而，所有有关"诸神末日"的故事中，都还有最后一幕，一束光将指引着我们穿越黑暗。《女预言者的预言》对这一幕的描述简洁而令人心碎，异教徒渥尔娃看到一个遥远的绿色国度，一片乐土。

> 她又一次看到了升起的希望
> 大地从大海中再次升起，年轻又有活力；
> 瀑布翻滚，鹰隼翱翔，
> 沿着山丘捕鱼。[30]

　　眼前展现的一切看起来是那么熟悉——"大殿耸立，比太阳还要美丽，比金子还要金贵"，在这里"有德之民将永生"。在另一个版本的《女预言者的预言》中，"掌控万物的主要降临了"，[31] 正如一位学者描述的那样——"基督降临，异教神的统治已经结束"[32]。同样地，在戈斯福斯，此情此景比任何地方都清晰。图中，维大迅速击败并弄死巨狼芬里厄之后，紧接着描绘的是耶稣受难——在基督教宇宙观中，它为那些信其教义的灵魂创造了一个安全的港湾。

　　安德烈亚斯教堂和戈斯福斯的十字架，似乎证实了后来被记录下来的异教信仰，但同时也见证了它的日渐没落以及逐渐形成的新的世界观，这真是极大的讽刺。制作这些纪念物的时候，旧的故事还没有消失，其中有些会永远流传，人们把这些事记录在碑石上，300 年后仍然可见。但此时，这些故事不再是（假如曾经是的话）一个对立的信仰体系，相反，它们变成民间传说，成为可以在不威胁基督教世界观的情况下讲述的故事，或者说是补充完善了基督教，是可解释性的隐喻，逐渐在杂居的移民区流传开来。可以想象，对于习惯于众神的人来说，在众神中再加一个神是很容易接受的（或许再添上很多神也没关系——三位一体的众神，还有众多的天使，起初无疑是与那些神、鬼，还有其他一些信仰图腾是无法区分的）。时间久了，基督教之神的排外性会逐渐表现出来，但一开始的时候是模糊的。因此，可以把戈斯福斯和安德烈亚斯教堂的十字理解为信仰还未完全转变的产物——是由那些或为那些人制造的，那时，基督教对他们来说，只是往神话里新添的情景和故事而已。

　　另一方面，也许这是博学之士的尝试，试图将基督教和异教的意象并置——以便引导刚刚皈依基督教的信徒们了解信仰的本质。例如，尽管索瓦尔德十字架背面的场景尚未得到合理解释，但其基督教含义是毫无疑问的：一名男子挥舞着一个巨大的十字架和一本书，踏在蛇身上，还有一条鱼，也是基督教的象征，在周围游弋：这在基督教里象征着三重晦气。其实有一些比较模棱两可的地方——十字架很容易被误认为锤子（的确，比如很多人把托尔的神锤吊坠当作十字架，还有些人故意将锤子说成是十字架），[33] 著名的雷神托尔既是渔夫，也是与群蛇恶斗的勇士，但他并不是一个好学之士。虽然我们不能确切地知道，但可能是整个十字架上缺失的部分，描绘了异教徒和基督教神话中的缺失的意象——一种基督教的图画手册，指导人们以古老的神话为钥匙，建构起宗教信仰。

　　然而我更想用一种独特的眼光来看待这一切，将《诸神末日》看作是一种忧郁的自我意识的表达，是感受到旧世界正在一步步远离的人们充满创造力和深沉情感的创作，远古的生活方式日渐薄暮，众神渐渐模糊在黄昏的微光里，人们把对这些的感受用文字记录下来，雕刻在石头上。在越来越同质化的欧洲，异教徒的世界观濒临消亡，《诸神末日》是他们对未来的想象，充满了悲伤与怀旧的情绪。希望与挫败，蔑视和服从，这是一个情感与理智交互作用的复杂过程，人们清楚地看到，逝去的已经逝去，一个新世界，一个更美好的世界就在前方，人们对它满怀期盼。对不列颠的维京人来说，他们期盼着新的身份和新的生存方式，英伦群岛上，人们在慢慢采用并不断调整自己去接受新生活。迈入 10 世纪，新的政治和文化图景不断展现，亲缘关系和各种信仰开始瓦解。在不列颠，"维京人"的含义正在迅速改变。[34]

第 18 章

伟大的战役

VIKING BRITAIN

早有预言，预言他们到来的时间，
世袭的统治者将土地攻占，
北方人，荣耀加冕；
在前领兵，勇往直前……
长矛猛刺，洪水泛滥。
谁也不放过敌人的尸首。
劈开头骨，脑袋变空。
女人失去丈夫，马儿再无人骑。
战士们冲锋在前，身后哀号悲叹，
战场血肉模糊，直至敌军解散。

《不列颠大预言》
(*Armes Prydein Vawr*，**10 世纪**) [1]

920 年，"长者"爱德华终于接受了北方的投降，此时，诺森布里亚已被维京人征服、殖民和统治了半个世纪。866 年，异教徒军团占领约克，随后几年里，诺森布里亚的统治权被各方共享，他们时而竞争时而合作，局面混乱不堪。其中，有诺森布里亚本地的统治者［埃格伯特一世、里西格（Ricsige）、埃格伯特二世］，还有一个独立的王朝，在王国北部的班堡（Bamburgh）保留了一块权力基地。其次是诺森布里亚（坐镇林迪斯法恩和约克）的几位主教。除此，可能还有异教徒军团的将领们，这些人没有随军团南下到麦西亚、东盎格利亚或韦塞克斯去。然而，874 年，一个新的"巨兽"再次出现：哈夫丹，传说中朗纳尔·洛德布罗克的儿子，也是军队的将领之一，于 866 年占领约克。他率军从雷普顿出发，来到北方。[2] 在泰恩河安营扎寨，先是侵占了诺森布里亚北部地区，随后袭击和迅速占领皮克塔维亚（西纳德的儿子康斯坦丁一世统治时期），并对斯特拉斯克莱德王国发起了进攻。[3]

从这个节点开始，具体是从 876 年起——据《盎格鲁 – 撒克逊编年史》的记录，这一年哈夫丹开始分配诺森布里亚的土地——具有斯堪的纳维亚名字的人开始被认为是王国境内尤其是约克周围的那些领地的主导者。[4] 接下来的几年中，继哈夫丹之后出现了一连串的维京国王——古斯弗里思（Guthfrith）、西弗莱德（Siefred）和克努特——人们对这些人知之甚少。然而，可以看到，像东盎格利亚的古斯鲁姆 – 埃塞尔斯坦一样，这些人表面上拥护基督教会，而且至少看起来，教会也欣然接纳了他们。

《圣卡斯伯特纪事》[*Historia Sancti Cuthberti*，圣卡斯伯特任主教时期（10

世纪中叶至 11 世纪中叶）的历史纪事］描述了 877 年古斯弗里思登上王位的情形，从其精彩描述中可以一窥教会在新皇权体系中的资本投入。此书所记内容并非确凿可信——无论是总体看来，还是就其记述的轶事来说——但它确实让我们了解了当时的一些北方政治掮客左右权力并达成了原本不可能达成的和解的情况。我们的老朋友圣卡斯伯特的形象再次出现在眼前，他显然仍对不列颠的政治兴趣浓厚，但这一次的情形是：

> 到了晚上，他要去拜访卡莱尔（Carlisle）的修道院院长，名叫埃德雷德，并坚定地命令道："去，"他说，"过了泰恩河到丹麦人的军队去，告诉他们，如果他们听从我的安排，就选出一个叫古斯弗里思的男孩，他是哈达克努特（Hardacnut）的儿子……六点钟，领他到众人面前，选他为王。九点钟时，领他和全军，登上那座名叫"奥斯威"［Oswiu（Oswigesdune）］的山，在他的右臂上佩戴上金臂环，成为众人之王。"[5]

据《圣卡斯伯特纪事》所记，埃德雷德尊令而行，维京军队对此安排非常满意。古斯弗里思依从"众人的伟大善意"正式成为国王。[6] 这里隐约可以窥见一些行使权力时的仪式。仪式在皇家剧院举行，9 世纪晚期，在笼罩着狂热的维京气氛的诺森布里亚，统治者的地位得以体现和明确。

古斯弗里思登上山岗，天空灰蒙蒙的，孕育着一场大雨。凉爽宜人的西风吹来。修道院院长一开口，拉丁语的音节在微风中飘荡，寒风中众人一头雾水，坐立不安，不知他在嘟哝些什么，所持的矛头在灰暗的天色下闪着钝钝的光。露水带着泥土的芳香渗进羊毛斗篷和皮鞋里。尽管不是所有的人都明白为何这个地方影响力如此强大，但他们都能感觉到一种气场。他们知道在土壤中沉睡的死者的魂灵能触及生者，而且这个山岗就是以一位国王的名字命名的。[7]

古斯弗里思从牧师手中接过金环，举到高处，在一小撮阳光的照耀下，金环霎时显出琥珀色的光焰。突然一声隆隆巨响，剑将出鞘，椴树上扬起灰烬，森林里雷声阵阵，群山发出隆隆的回声，在山谷中回荡着，乌鸦惊叫着从树林中盘旋而出。古斯弗里思微笑着把金环戴在胳膊上，拔出剑，剑像一条银鱼在日光下翩翩起舞。人群中爆发出一阵欢呼，像大树轰然倒塌时的咆哮，声音恰如从一千头狼的喉咙里吼出，直冲云霄，宣告着国王的诞生。

与其怀疑《圣卡斯伯特纪事》的相关细节是否可信，不如直接蔑视它所编织的政治和超自然故事，毕竟，《圣卡斯伯特纪事》拐弯抹角地描绘的画面，还是有一丝真实性的。我们已经了解到其政体的军事化特质——大动干戈、恐吓威胁、诉诸暴力——我们或许可以看到，维京时代国王诞生的仪式与维多利亚时代的民主幻想，有着天壤之别。那时，粗野而热情的农夫们聚集在一起解决问题，直言不讳，粗声大气，场面一团乱。相反，新国王的诞生或许更像是现代部落首领的提拔晋升，用武器的撞击声庆祝政治上的统治，这种撞击声一刻不停地响着。

然而，《圣卡斯伯特纪事》的叙述中，最发人深省的部分是卡斯伯特写给埃德雷德的话，他认为埃德雷德"成为国王后，应该要求（古斯弗里思）把泰恩河和威尔（Wear）之间的全部领土都给他"。那么，问题来了：《圣卡斯伯特纪事》作者的这句话泄露了他讲述故事时的个人偏见——从一开始，他关注的就是：诺森布里亚未来的国王们必须尊重并加强圣卡斯伯特（即林迪斯法恩的主教）的利益。然而，个人利益无疑是相互的。糊里糊涂的圣埃德蒙曾被恳求支持新的东盎格利亚王朝的主张，此时，同样，圣卡斯伯特——显然已把古斯弗里思的祖辈曾掠夺修道院的事抛在脑后——从忧虑情绪中被拽了出来，留待新的诺森布里亚政权去承认诺森布里亚教会吧。共同努力去维护权力和特权体系，教会和国家不会有任何损失，反而会获益良多。

古斯弗里思死后，被葬在约克敏斯特教堂，由此公开表明了新诺森布里亚王室与教会的联盟。事实上，随后的国王——西弗莱德和克努特——与东盎格利亚的情形一样，热衷于宣传他们的信仰。他们过度渲染货币上的宗教画像，导致一些人怀疑是主教在掌管一切，而不是国王。[8]例如，诺森布里亚克努特的某些硬币不满足于使用大主教十字架（只花一件的价钱可以造两个十字架），将国王名字的字母刻在了基本方位上。想象一下，如果是在人的身体上，那么字母顺序是按照手划出十字时的顺序排列的。此外，这些硬币的反面刻着铭文"MIRABILIA FECIT"（"他成就非凡"），此句暗示了国王对货币制造的控制权。硬币设计上的创新，暴露出一种积极的智慧以及对基督教符号和铭文老练精妙的掌握，暗示出（或许）诺森布里亚教会决定着新的诺森布里亚王室传来的信息。

这种相互迁就，主要是出于政治动机。诺森布里亚未来的维京国王，显然对基督教虔诚更加矛盾，他更关心的是自己的个人权力和威望。900 年之后的几十年里，一股新的维京势力开始在诺森布里亚占据统治地位，这种势力不是起源于维京军团，而是源于爱尔兰的殖民地和西方。他们发行的硬币运用了一套全新的图像，是对他们独特文化信仰的精心诠释。锤子、剑、弓和渡鸦开始为诺森布里亚的维京国王们注明一个独特的身份——这是一种对军事和神话象征具有挑衅性的传播：以十字架和圣彼得的名义争夺空间。这些硬币中最引人注目的是在西特里克（Sihtric）统治时期（921～927 年）发行的，其特征是托尔之锤"闯入"铭文中来，一个异教神灵的标志插进了圣彼得的名字中间，是异教之物移植到了基督教的根基之上。也许，就像戈斯福斯和索瓦尔德十字架上的混合画像一样，这是一种弥合信仰鸿沟的方式——鼓励有多种信仰的人找到共同点（至少，圣彼得和托尔都是有名的渔夫），再铺平皈依之路。但在我看来，这一切都像是政治：约克郡的维京国王既需要教会的支持，也需要异教军事将领的支持。这些硬币虽然粗劣地结合了两个阵营的象征，但对国王来说，这些硬币可以作为一种便捷的方式，向中世纪早期权力的两大支柱证明，他们都被国王铭记于心。[10]

900 年后的这段时间里，诺森布里亚的政局陷入了半明半暗之中，笼罩着不列颠北部其他地区的阴影，同样也笼罩着诺森布里亚。埃塞沃尔德短暂在位之后（902 年登基，904 年去世，尚不确定在多大程度上人们认可他为诺森布里亚"丹麦人的国王"），其他统治者的名字——哈夫丹、欧维尔斯和英格瓦——只是出现在"战死国王"的名单上，他们于911年在泰特豪尔死于与"长者"爱德华的战争。然而，阴霾还是消散了一些。918年，苏格兰的康斯坦丁二世率领军队与一位军事领主在诺森伯兰郡（Northumberland）的科布里奇（Corbridge）交战——爱尔兰文献中，该领主名为拉格纳［"Ragnall"（ON：*Rögnvaldr*；OE：*Rægnald*）］，是伊瓦尔的孙子。[11]

像10世纪其他许多维京军事领主一样，拉格纳的领主生涯始于爱尔兰。902年，控制都柏林的维京将领被爱尔兰土著联盟驱逐出境，该联盟由弗拉纳坎（Flannacan）的儿子马伊尔·菲尼亚（Mael Finnia）及其带领的布瑞加人和穆里卡（Muirica）的儿子塞尔波尔（Cerball）及其带领的伦斯特曼人（Leinstermen）组成。他们抛弃了大量的船只（伤亡惨重，逃走时半数士兵已奄奄一息）。[12] 在接下来的15年里，几个维京战团似乎向东而行，寻找新的土地和商机。第一个被记录下来的战团由一个叫英格尔蒙德（Ingimundr）的人带领，他被格温内思的国王卡德尔帕罗德里（Cadell ap Rhodri）的儿子从安格尔西岛上击退（威尔士的统治者不像不列颠的统治者，似乎很成功地就否决了维京人的重要地位）。[13] 这次挫折之后，他出现在切斯特一带，首先与爱德华国王的妹妹——麦西亚令人敬畏的埃塞尔弗莱德——达成了一项协议，然后出卖了英格兰人，向他们的定居地发起进攻。根据《爱尔兰残缺编年史》(*Fragmentary Annals of Ireland*) 记载，英格尔蒙德率领的维京人无法攻破防御工事，于是便在城墙上凿洞，并用栅栏搭了一个保护棚子来保护自己：

> 撒克逊人和爱尔兰人投下巨石，以击碎维京人头顶上的保护棚。为此（维京人）竖起大柱子，以支撑保护棚。撒克逊人又把在镇上找到的麦芽酒和水放坩埚里煮沸，泼到棚子下的人身上，烫掉他们的皮肤。挪威人便在棚子上铺上兽皮。然后撒克逊人把城里所有的蜂巢收集起来分布在围攻者的头顶，无数蜜蜂蜇咬着，弄得他们手不敢动，脚无处跑。[14]

或许不出所料，在遭受巨石痛击、沸水烫伤和蜜蜂蜇咬之后，英格尔蒙德"弃城池而去"。这当然是个好故事，但真假难辨。907 年埃塞尔弗莱德"复兴"了小镇，按照山丘城堡对城镇进行了改造和重新规划。[15]

有关拉格纳的书面记录首次出现在 914 年，那一年，他把另一支维京舰队赶出了马恩岛。[16]再次出现有关他的记录，是几年后他与亲戚西特里克（伊瓦尔的另一个孙子）在爱尔兰并肩战斗。一年后，他从沃特福德率军向东而行，去了不列颠。他在科布里奇，卷入了与康斯坦丁二世的冲突中。这是一场看似优柔寡断的战斗，但拉格纳的所作所为，显然赢得了诺森布里亚人的信任。很快他的名字就刻在了约克郡的货币上，直到 920 年去世前，他一直在诺森布里亚王国执政。据《盎格鲁-撒克逊编年史》记载，同一年，他承认"长者"爱德华的霸主地位。[17]拉格纳去世后，继位的是他的爱尔兰战友西特里克·凯奇（Sihtric Caech），当时是都柏林的国王。为了取得诺森布里亚的统治权，西特里克腾出了都柏林的王位，把它留给了伊瓦尔的一个远房孙子，名叫古斯弗里思，他是西特里克的近亲（与前面提到的古斯弗里思不是同一人）。西特里克于 927 年去世后，这位古斯弗里思短暂地继承过诺森布里亚郡的王位。有点匪夷所思，但事实就是这样。然而，从所有这些家族内部的王位更替中，可以看到王朝、政治和经济上的休戚相关，开始将维京不列颠各部联结在一起，维京不列颠东西中心线连接起诺森布里亚和爱尔兰海。

10 世纪初，维京人的战队在不列颠北部地区活动，他们与奔宁山脉两侧都有联系，这从发掘出的银子就可以看出来，一部分银子是在北部发现的。[18]最著名且数量最大的是"库尔代尔宝库"（Cuerdale Hoard），对其最好的解释是它为庞大的维京军队提供专用款项，军队可能横越从约克到爱尔兰海之间的陆路。该宝库是 1840 年工人们在兰开夏郡的普雷斯顿（Preston）修筑里布尔河（River Ribble）河岸发现的。据其中一位名叫托马斯·霍罗克斯（Thomas Horrocks）的男子回忆，他的同事詹姆斯·沃恩（James Walne）的铁锹碰到了"有点像石灰"的东西，说"起初它像贝壳，但随即就发誓说这是钱"。的确是钱。后来王室参与进来，搜出工人们放在口袋里的硬币（每人仅允许保留一枚硬币），其余银子被挖掘出来，引用兰开斯特（Lancaster）公国给法医的报告中的话，"除一些银条或银锭、链子、臂环和指环或环形钱币及更多同种类的腐蚀金属（比如铅，最终被认为是装这些东西的盒子）以外，还发现了大量的银币……"这批银子由手推车运到库尔代尔大厅（Cuerdale Hall），搬到室内，平铺在地上，数量很多，"铺满了一间客厅的地板"。[19]

这些宝藏数量之大，使其成为在不列颠发现的维京时代的最大宝藏。总重约 90 磅，约有 7000 枚硬币，外加 1000 多块银锭和银碎片。硬币种类丰富——有盎格鲁 – 撒克逊的、加洛林王朝的、伊斯兰的、维京统治者在约克郡发行的，甚至有些上面刻着"阿尔瓦杜斯"（Alwaldus）的名字，有可能是指西撒克逊的末日"太子"埃塞沃尔德——时间可以追溯到约 905 ～ 910 年。大多数硬币可能经由约克郡汇集于此。然而，"切割银"（hack-silver）主要用来制造爱尔兰海域的珠宝，而这些宝藏则表明了维京集团与都柏林和约克之间联系，以及由此而积累起来的巨大财富。

924 年，"长者"爱德华去世。他的晚年似乎没有 920 年之前那样辉煌，至少在《盎格鲁 – 撒克逊编年史》中鲜有记录。有可能是在国王死后，其他不列颠国王和统治者立刻改变了在 920 年时表现出的恭顺姿态。这点我们无据可查。但可以确定的是，韦塞克斯的下一任国王——爱德华的儿子埃塞尔斯坦——将对北方的所有势力构成强有力的挑战。926 年，埃塞尔斯坦把妹妹嫁给了诺森布里亚国王西特里克·凯奇，大概是为了建立一个持久的政治联盟，与维京统治者及其后代建立正统的血缘关系。然而，西特里克次年便去世了，计划失败。新登王位的维京人古斯弗里思在位时间也不长。埃塞尔斯坦大概对他的计划落空感到愤怒，于是直接拽着古斯弗里思的耳朵将他赶了出去，还烧毁了约克郡的一处堡垒。[20] 这是英格兰历史上的决定性时刻。史上第一次，由一位国王在这片现代英语国家疆域内的广阔领土上实施统治。如果说阿尔弗雷德发明了"英格兰"这个概念，爱德华开始把它塑造成型，那么，埃塞尔斯坦就是把它从大火中拉出来的那个人——他是英格兰第一位真正的国王。[21]

然而，英格兰并非其野心的终点。927年，埃塞尔斯坦在坎布里亚郡的埃蒙特桥（Eamont Bridge）召集集会。出席的有"西威尔士国王海维尔（Hywel）、苏格兰国王康斯坦丁、格温特国王欧文（Owain），以及来自班堡的埃尔德伍尔夫（Ealdwulf）的后裔埃尔德雷德（Ealdred）"。（从9世纪60年代开始，班堡和泰恩河以北地区的统治者似乎一直享有长久的自治权。）表面上，其目的是保证和平，禁止"恶魔崇拜"，但《盎格鲁－撒克逊编年史》清楚地记载了英格兰人是如何看待埃塞尔斯坦的权力的："他统治着岛上的所有国王"。[22] 以下是埃塞尔斯坦的辉煌一生中最不值得一提的小事：自928年开始，威尔士国王见证了埃塞尔斯坦宪章把他们降为"国王之下"（"under-kinglets"），埃塞尔斯坦本人不仅被称为"英格兰之王"，他的钱币上还刻着"*rex totius Britanniae*"——"整个不列颠之王"。[23]

这种膨胀的帝国意识，无疑引发了埃塞尔斯坦与苏格兰在934年的战争。我们不知道是什么促成了开战，[24] 但可以推测苏格兰国王没有达到埃塞尔斯坦设定的顺从的标准。情形非常复杂：埃塞尔斯坦集结了一支庞大的部队，包括来自英格兰的勇士以及来自威尔士的盟军，他们隶属于海维尔国王、伊德瓦尔（Idwal）国王和摩根（Morgan）王。接着，埃塞尔斯坦"率一支强军去往斯科舍（Scotia）"，"制服了敌人，军队在斯科舍烧杀劫掠，直逼敦诺塔和福特里乌山，海军则直抵凯思内斯"。《盎格鲁－撒克逊编年史》的版本则简短得多［"埃塞尔斯坦国王带领一支维京军团（'突袭军团'）和一支'*sciphere*'（'突袭舰队'）去往苏格兰大肆劫掠"］，这是历史上首次用"苏格兰"这个词来指代不列颠北部。[26]

康斯坦丁遭到殴打和羞辱，儿子被扣为人质，财富被抢掠一空。[27] 同年，也就是934年9月12日，他在离家很远的白金汉郡（英格兰白金汉郡），代表他的新主人签署了一份宪章。他作为"国王的代理人"（*sub-regulus*）出现，只是又一个小国王而已。

其遭受的所有这一切耻辱，必会导致严重后果——埃塞尔斯坦使得所有不列颠军队的统治者在次年出征，再次经历了他们在埃蒙特桥上遭受的屈辱，不过这一次是在格罗斯特郡的赛伦塞斯特，在那儿，斯特拉斯克莱德王国的国王欧文（他可能也参加过埃蒙特桥之战）加入了他们的队伍。对他们中的许多人来说，这可能太难以忍受了。大约在这个时期，出现了一首威尔士诗歌——"*Armes Prydein Vawr*"（"The Great Prophecy of Britain"，译为《不列颠大预言》），它幻想着一个伟大的泛不列颠联盟——"威尔士之塞尔特人（Cymry）和都柏林人……爱尔兰人、安格尔西人、苏格兰人、康沃尔人和斯特拉斯克莱德人"——这些人会起来推翻令人憎恨的英格兰人。诗里写到："都柏林的外国人都将与我们并肩战斗"，迫使撒克逊人"为他们所做的事付出七倍的代价，必将以死亡为代价为他们的错误买单。让鲜血和死亡陪伴他们左右"。[29]

但这并非幻想：战争真的就要来临。奥拉夫·古思弗里松（Olaf Guthfrithsson）是埃塞尔斯坦于 927 年赶出约克郡的那个古斯弗里思的儿子，在整个 10 世纪 20 年代一直忙于保卫自己的王国，在爱尔兰四处作战，大肆掠夺。至 937 年——甚至这之前——他似乎已经在都柏林巩固了自己的权力，据爱尔兰编年史记载，那一年，他在利默里克打败竞争对手奥拉夫后，被称为"外国人之王"。[30]之前的胜利似乎赋予奥拉夫某种自由，以继承他父亲在诺森布里亚的王权，在那一年，他离开爱尔兰，与苏格兰国王康斯坦丁结盟（他似乎也曾参加过斯特拉斯克莱德的欧文之战）。他们一定以为结盟后将势不可挡，可入侵英格兰，收复被掠走的土地，挽回名誉，踩躏"萨尼特的白痴"（《不列颠大预言》中对英格兰人的称呼），让他们成为"野兽的盘中餐"。[31]

当军队在这片土地上穿行时，那些赶来"分享尸体"的野兽"影影绰绰"——悄悄尾随着他们，在头顶盘旋，在树林中奔跑，在黑暗中掠过，期待着一场杀戮和随之而来的盛宴：勾着嘴的黢黑的渡鸦，有着白色尾羽的棕鹰，还有银色林地之狼。但盘中餐绝不会是英格兰人的血肉。

没有人知道"布鲁南堡之役"发生在何处，那些声称（准确性不一）知道战争地点的人，都高估了自己。问题是，在英格兰仅有一处地名可明确表明其源自古英语"布鲁南堡"（Brunanburh，意为"布鲁南的要塞"）——威勒尔半岛的布朗巴勒（Bromborough）。威勒尔半岛与都柏林隔海相望，为默西河（Mersey）

提供了一个安全的港口，可以容纳一支超大舰队（一处史料提及有 615 艘船）。从兰开夏郡穿过奔宁山脉［通过埃尔海峡（Aire Gap）］的陆路路线，本可以把军队直接集结到约克；或者，在麦西亚边境的一个营地也能为突袭麦西亚提供机会。然而，伍斯特的约翰所著编年史记录的情况，却没这么简单。据他所述，奥拉夫的舰队沿着不列颠东海岸的亨伯河航行。

对约翰的说法持反对意见的人们认为，奥拉夫带领舰队路途迢迢绕道不列颠北部到达对岸登陆，这也太荒唐了。但是，据此抨击约翰的说法是荒谬的。我们不知道奥拉夫做了什么，或者为什么会那样做（也许他希望一路上可以募集到援军和雇佣兵），既然他的目的似乎是重申他对诺森布里亚的王位的所有权，而这取决于对约克的控制权，我们便有充分理由推测，他采取的是完全合理的路线，能让他尽可能接近目标。当然，中世纪早期水手们也完全能做到——或许我们记得，就在一年前，埃塞尔斯坦曾派一支舰队袭击不列颠大陆最西北角的凯思内斯。同样论据不足的论点是，约翰"错误地"认为奥拉夫之所以沿亨伯河行进，是因为其他维京人的袭击和入侵确实发生在亨伯河，约翰肯定是自作主张加上了这个细节——或者因为他困惑不解，或者只是因为他觉得那样看起来合理（也就是说，是他瞎编的）。显然，仅仅是因为不符合对"应该"发生了什么的先入为主的看法，就无视历史记录，是方法论上出了问题。我们确实无法获知真相。

我们知道的是，这场战争无论发生在哪儿，都撼动了不列颠各国。10 世纪末，埃塞威尔德写道："在布鲁南敦（Brunandun），与野蛮人展开一场大战（pugna immanis），因此它仍被普通百姓称为'世界大战'（bellum magnum）。"[33]《阿尔巴历代国王编年史》（Chronicles of the Kings of Alba）记载了"Duin Brunde 之战"："康斯坦丁之子被杀。"《威尔士编年史》提到了"Bruin 之战"时不带任何感情色彩，似乎编年史家们无法忍受重复那些可怕的细节。然而，《阿尔斯特年鉴》提到，"撒克逊人和北欧人之间进行了一场伟大、惨烈、可怕的战斗，成千上万的北欧人倒下了，但他们的国王奥拉夫和几个随从逃了出来"。另一方，虽然无数撒克逊人阵亡了，但撒克逊人的国王埃塞尔斯坦大获全胜。

　　然而，真正使这场战争名垂千古的是《盎格鲁－撒克逊编年史》。在 E 文本稿中，抄书吏直接这样记录："埃塞尔斯坦国王率领一支军队来到布鲁南堡。"[34]但在 A 文本中，一位不知名的西撒克逊诗人去了城里。写下 74 行古英语诗歌来歌颂埃塞尔斯坦和他的兄弟——即未来国王埃德蒙的非凡军事才能。这首诗召唤着盎格鲁－撒克逊昔日征服者的幽灵，抹去不列颠境内其他民族脸上的失败痕迹——是迫使每一个梦想着总有一天"撒克逊人会高呼'悲哀啊！'"的理想主义者喝下的一剂苦药。

　　很快，撒克逊人的确唱起了哀歌，但不是今天。此时应该为一个新的、充满自信的国家奏响凯歌。英格兰已经诞生、形成、被施洗命名——现在它找到了自己的声音，刺耳而响亮。在很多方面，它都是维多利亚帝国桂冠诗人翻译的合适主题，尽管与阿尔弗雷德·丁尼生（Alfred Tennyson）其他诗歌的忧郁气质不太相称：

> 国王埃塞尔斯坦，
>
> 伯爵中的男爵，
>
> 授人予臂镯，是男爵中的男爵，
>
> 他和他的兄弟，
>
> 太子埃德蒙，
>
> 在战场上成就了毕生的辉煌，
>
> 在布鲁南堡持利剑杀伐，
>
> 抵挡盾墙，
>
> 砍下盾牌上的椴木，
>
> 劈开盾牌，
>
> 爱德华的儿子们，带着锤子的烙印。[35]

　　埃塞尔斯坦在布鲁南堡取得的胜利，为他后半生的地位奠定了基础，积怨和抱负不断酝酿，引发了最初的冲突，但这次胜利阻止了形势继续恶化。从长远来看，它激发了英格兰民族主义的萌芽。埃塞尔斯坦于 939 年 10 月 27 日在格罗斯特去世，《盎格鲁 - 撒克逊编年史》并未对他的死作过多记录。但是，《阿尔斯特年鉴》上记录着："埃塞尔斯坦，撒克逊人的国王，西方世界尊严的支柱，安然离世。"[36] 他的统治，与同时期苏格兰康斯坦丁二世的统治，主笔书写了不列颠的历史，新的身份不断明朗，将塑造这个岛屿几个世纪的故事。

然而，短期内，这场战斗的直接政治意义却是有限的。埃塞尔斯坦在诺森布里亚建立的霸权随着他的逝去而终结，之后的 15 年，是一段政治不安定的时期，诺森布里亚王国长期以来一直经历着政治上的动荡。奥拉夫·古思弗里松，都柏林的维京国王，在布鲁南堡被击败、被羞辱，但他很快将掌控了局势。

第 19 章

神勇血斧王

VIKING BRITAIN

……那强大的

人类造物主

在他威严的统治下

治理着这片大地

在约克

国王

以坚强的意志

统治着湿润的海滨地区

《阿林贝加尔纳维达》

(*Arinbjarnakviða*) [1]

埃塞尔斯坦去世那年，奥拉夫·古思弗里松回到约克，宣布接手统治约克，理所当然，无人反对。他迅速开始在诺森布里亚行使权力，并进一步向南延伸，占领了塔姆沃思（斯塔福德郡），还吞并了麦西亚北部一些城镇。然而，这个新的维京王国没有持续多久。941 年，奥拉夫过世，可能是在对洛锡安（Lothian）的廷宁汉姆（Tyninghame）的突袭中丧命的。[2] 而就在几个月前，新国王埃德蒙（国王埃塞尔斯坦的兄弟）北上，"解放"了所谓的"五个行政区"（莱斯特、林肯、诺丁汉、斯坦福德和德比）。

《盎格鲁－撒克逊编年史》中有一首诗，对这些事件大加赞颂。该诗描述了北麦西亚的"丹麦"人被迫服从异教徒"北欧人"的统治，后面一个词用来形容起源于都柏林的维京人，他们现在约克重新掌权。"他们的征服惹人生厌"的说法，可能是某种虚构——因为看起来，韦塞克斯统治下的北麦西亚人，至少有些还是欢迎来自约克的统治的（至少是喜忧参半）。但它确实指出了一个在英格兰不断形成的看法，即英格兰社会中的"丹麦人"对其发展起到的作用。显然，他们仍然被视为是不同种族的群体，并保持着独立的法律地位；[4] 这些"丹麦裔"英格兰人的服饰和口音想必也极具辨识度，能与"英裔"英格兰人区分开来。但是，当他们还是丹麦人时——从某种特定的盎格鲁－撒克逊人角度上看——曾短暂地成为"我们的丹麦人"。这种对英格兰移民群体的过度干涉，在 10 世纪 40 年代，只是政治上的权宜之计，最终不会持续太久。一个社会对待少数族裔的方式往往能揭示出一个国家的政治重心及其面临的挑战，而在 10 世纪的英格兰，也不例外——这个年轻的国家很快就会承受重重压力，走到崩溃边缘。

只是，这些灾难不是发生在现在。现在迫在眉睫的是，有些人开始对诺森布里亚的王位虎视眈眈，轮番登场，令人眼花缭乱。这一时期的年表相当混乱（也令人困惑）。有些人物十分模糊，像是从没在历史上存在过一般，而对记录的事件的发展顺序和准确性，历史学家也普遍存有歧见。我接下来的几个段落所描绘出的概要，纵使行文简洁，内容复杂，但希望不会造成任何误导。

西撒克逊王朝宣布对诺森布里亚的统治，明显底气不足。在埃塞尔斯坦统治之前，它从来没有受过南方国王的管辖，它的人民自然也很在意自己独特的风俗和文化遗产。自 866 年起，受斯堪的纳维亚殖民和文化的影响，诺森布里亚特殊主义的意识不再那么明显，尽管王国发生了很大变化，但并没有从根本上动摇其独立性。旧诺森布里亚等级制度的重要基础幸存了下来，特别是教会的重要人物，尤其是林迪斯法恩和约克的几个主教。诺森布里亚的权贵有一种意识：他们愿意接纳维京统治者，前提是他们能抵挡野心勃勃的阿尔弗雷德大帝的子孙。然而，诺森布里亚王国的政治愿望和行动的精密计算都说明了一点，个人和王朝随时都可能由盛转衰，尤其是政治动态不稳定时。这主要是由于英格兰王国突然向南扩张，也有一部分原因在于苏格兰向北扩张。

940 年，由于埃塞尔斯坦和奥拉夫·古思弗里松短期内接连过世，早已酝酿多时的混乱终于沸腾起来。我们只能在仅存的记录中窥探这些秘密交易和"背后捅刀"之事，但它导致的政治崩塌实在是太明显了。奥拉夫·西特里克森（Olaf Sihtricsson；又名"Olaf Cuaran"或"Olaf Sandal"）接替表弟奥拉夫·古思弗里松，成为新一任约克国王。这位奥拉夫的父亲是西特里克·凯奇，曾在奥拉夫·古思弗里松的父亲即古斯弗里思之前统治过约克。然而与此同时，古斯弗里思的另一个儿子——拉格纳·古思弗里松（Ragnall Guthfrithsson）——似乎也在诺森布里亚继续其父亲（和已故兄弟）的王位争夺事业。在此期间，诺森布里亚一个叫西特里克的人（与奥拉夫·西特里克森的已故父亲重名），正在以自己的名字铸造硬币。（硬币是他存在过的唯一证据；历史上对他没有任何记载。）但是，据《盎格鲁－撒克逊编年史》记载，944 年，国王埃德蒙（像学习维京时代历史的许多困惑迷茫的学生一样）似乎受够了这些可笑的荒诞剧，

"将全部诺森布里亚领土收入囊中，导致两位国王奥拉夫·西特里克森和拉格纳·古思弗里松双双逃离"。

国王埃德蒙是一个精力旺盛的统治者，很快就使坎布里亚人民陷入困苦的境地，因为他在一项外交行动中，给苏格兰新任国王马尔科姆（Malcolm）割了一块地（可能是从斯特拉斯克莱德王国赢得的）。人们猜测，他是为了使盎格鲁－苏格兰边境关系正常化才这么做的。（943 年康斯坦丁二世退位，退位后他又活了九年，其子马尔科姆继承了王位。）康斯坦丁去世时至少 64 岁了，可能年纪还大点，他在位统治了 43 年。整理于 937 年的古英语诗歌《布鲁南堡之役》，把他描述为"哈尔希尔德－林克"（*har hilde-rinc*）——意为"白发苍苍的老战士"。他可能本身就是银色头发，但比他的英格兰宿敌埃塞尔斯坦多活了14 年。然而，国王埃德蒙的铁腕统治并没有结束诺森布里亚的动乱。946 年，国王埃德蒙也在格罗斯特郡的普克勒彻奇（Pucklechurch）死去［被一个叫利法（Liofa）的小伙子刺伤，伍斯特的约翰称其为"凶残的强盗"⁶］。新任英格兰国王埃德雷德，是国王埃塞尔斯坦和国王埃德蒙的弟弟，他必须让诺森布里亚的大人物们宣誓效忠于他。然而，北方地区已经有些脱离控制了，948 年，埃德雷德再次北上。他得到消息说，947 年已经向他宣誓效忠的诺森布里亚人，拥立另一个人做他们的国王了。

他联想到一个名字：埃里克，挪威国王"金发王"哈拉尔的儿子，就是众所周知的"血斧王"埃里克（*Eiríkr Blóðøx*）。

关于埃里克早年在挪威生活的史料都是后来所写，且常常相互矛盾，但大家一致认为他是一个暴力好战之人。随着维京人的概念深入不列颠人的内心深处，20 世纪，"血斧王"已经成为"维京"家族的象征；更不用说他是个（至少名义上是）基督徒，一生大部分时间，他是位国王而非一介草莽英雄。从他名字（绰号）就能看出，虽然只有两个短而有力的音节，但它毫不费力地刻画出一个形象：一个满脸胡子的狂暴战士，手上拎着一把血迹斑斑的战斧，尖叫着，咆哮着，嘴角还挂着叫骂时残留的白沫，双目圆睁，写满了战斗的欲望和对死亡的狂热。然而，之所以得此绰号，可不仅仅因为他经常杀人；维京时代，杀个人稀松平常（不只"维京人"如此），所以这点根本无法引起人们的注意，更不用说因此而给他起个绰号了。真正让埃里克区别于同辈人的是：残忍无情，残杀兄弟。12 世纪的挪威历史学家、僧侣西奥德里克（Theoderic）曾称他为"障碍清理机"（*fratris interfector*）——"兄弟杀手"。综合来看，埃里克一生的资料表明，埃里克和妻子冈希尔德（Gunnhild，据说冈希尔德是个邪恶、善于操纵又漂亮的女巫——人类社会显然对有关她的文学比喻，有着无穷无尽的忍耐力）致使他至少五个兄弟先后死亡："金发王"哈拉尔的五个儿子都是他潜在的敌人，为了追求自己无情的野心，他狠心干掉了他们。[7]

埃里克最终实现了自己的雄心壮志——继承了父亲的王位，成为挪威无可争议的国王。老国王年老昏聩时，埃里克就已作为国王统治挪威三年，老国王死后，他又继续统治了两年。但他的残杀倾向，要在别的地方付出代价了。埃里克在挪威的统治是由哈拉尔的另一个儿子——"好人"哈康（Haakon the Good）终结的，他的另一个身份也为人所熟知：哈康·埃塞尔斯坦（Haakon Aðalsteinsfóstri，埃塞尔斯坦的养子）。据古斯堪的纳维亚语萨迦记载，哈康是以盎格鲁－撒克逊王子的身份，在国王埃塞尔斯坦的王宫里长大的。英格兰现存资料里并没有提及这一点，但这是完全合理的。在贵族家庭中，这种抚养方式似乎很常见，是一种公认的方式，用来建立外交关系，连接双方家族。传说故事中提到，哈康统治挪威的方式更具盎格鲁－撒克逊国王们的特点，他到达挪威后，宣誓并登上了挪威的王位，保证会增强同英格兰的联系，他向埃里克的许多敌人伸出橄榄枝，打出了支持他们的旗号。当一决胜负的时刻不可避免地到来时，埃里克甚至都没做一丝抵抗。

他逃到了英格兰，根据斯诺里·斯图鲁逊的《挪威王列传》记载，他被埃塞尔斯坦国王收留并被派往统治诺森布里亚；据说，从那儿"他入侵了苏格兰和赫布里底群岛、爱尔兰和布雷特兰，积聚了巨额财富"。[9]大多斯堪的纳维亚半岛的资料都表明，埃里克在 10 世纪 30 年代活跃于诺森布里亚。在埃塞尔斯坦统治期间，他当然有可能在诺森布里亚拥有某种权力（我们对这一时期该地区究竟发生了什么知之甚少），而且他也有可能参与 10 世纪 40 年代的强权政治；然而，果真如此的话，英格兰资料中对此却没有任何记录。无论事实如何，无论他选择了哪条路，948 年，埃里克第一次出现在当时的历史记录中，他被诺森布里亚人推选为国王。然而，对他来说不幸的是，像他之前执行统治时一样，埃里克的国王生涯并非一帆风顺。948 年，他被推选为王之后，恼怒的埃德雷德国王立即派兵北上，目的是让诺森布里亚人明白谁才是真正的大佬：南下前，他烧毁了里庞敏斯特（Ripon Minster）教堂。然而，诺森布里亚人大概是遵从埃里克的命令，"从后面追上了国王的军队，一场血腥大屠杀在卡斯尔福德（Castleford）上演"。毫不奇怪，埃德雷德相当恼怒，而且，埃里克的这个命令被证明是个惊人的政治失误。《盎格鲁－撒克逊编年史》的编者在文中解释说："国王非常愤怒，他想要组建一支军队，彻底摧毁它。""听到这个消息时，"编者们继续说，"他们（诺森布里亚的权贵之人）抛弃了埃里克，并补偿了埃德雷德国王。"[11] 这是一个极具启发性的评论，它有力地表明了诺森布里亚独立的真正骨干力量是谁。

一首写于 10 世纪的诗（其中一部分被转载为本章的引言），描绘了埃里克在约克郡时的情景，他阴郁寡欢，处境危险，诗人对约克郡乡村的描写真实地反映出他空洞的灵魂：饱受疾风暴雨的肆虐。大家可以想象得到，国王发怒的消息传到北方，约克人惊慌失措，埃里克躲在王室的大厅里——沉默寡言、拒不妥协、孤立无援——等待着政治残酷无情的现实降临到头上。然而，人们很难想象这个城市在埃里克时代是如何大放异彩的。至 10 世纪时，罗马时代的城墙已被埋在一条土堤之下，外侧有一条沟渠，顶部可能是木制的栅栏墙，可能还有木制的城门塔和人行道。可能还有石塔——牛津北城墙 11 世纪的圣迈克尔教堂塔原本是一座独立的砖石塔，并入了堡垒的防御圈；[12] 它类似于约克最古老的直立式建筑——11 世纪的小圣玛丽主教堂（St Mary Bishophill Junior）。

然而，约克敏斯特教堂的巨大的哥特式建筑，坐落在城市狭窄的街道和小巷的中心，建于 13 ～ 15 世纪（在这个过程中，毁掉了早期教堂和其他建筑存在的印记）。约克城堡，或者说是它幸存的部分［克利福德塔楼（Clifford's Tower）］，也是建于 13 世纪下半叶。同样，城市的城墙虽然很多地方保留了罗马时代的砖石建筑，但都在 13 世纪和 14 世纪重建过，也用石材翻新过，直到 19 世纪才再次做了修复。

因此，尽管这座城市有如画的古迹，但是在外行看来，维京时期的约克好像没什么值得一看的。从根本上说，它就像一副字词和道路构成的内骨骼，其间几个世纪发生的一切，就像在这副骨架上添上的血肉。诺曼征服之前，几乎所有的约克街道的名字都有个后缀"-gate"，源自古斯堪的纳维亚语"gata"（"街道"）。前缀——有时是古英语，有时是古斯堪的纳维亚语（考虑到语言的相似性，通常无法确定），有时是中世纪英语或现代英语——常常会为我们提供一些线索，帮助我们对当时的一些特定行业或一些地方的显著特征有所了解：例如，"Coppergate"（科珀盖特），购物中心的名称，是"木匠街"的意思（ON："koppari"，杯子制造者）；"Micklegate"（米克尔盖特）是大街的意思（翻译成"主大道"更好）；"Goodramgate"（古德拉姆盖特）是古斯鲁姆大道，这是个好名字，源自斯堪的纳维亚。这些道路几乎都是沿着 9 世纪、10 世纪的特定道路延伸，道路上的房屋和店面间仍然隔着荆棘篱笆，大小与曾经维京时代城镇民房基址的面积差不多。

有些基址已经被发掘出来了，面积最大的一次挖掘是在科珀盖特，时间是在 1967 至 1981 年之间。呈现在我们面前的是一座城市，虽然"血斧王"埃里克坐在他的大厅里意志消沉，但这个城市正经历着经济繁荣。10 世纪的城市中，许多产业都相当繁荣：皮革制品和纺织品生产、铁制品和铜制品、制杯和木工、骨雕和鹿角雕刻工艺、铸造、琥珀成形和玻璃回收等，许多显然已达到了工业规模：现已发现的用于大规模制造珠宝首饰的模具和坩埚，硬币制造模具，制杯和制碗过程中得到的铁渣和木芯数量之多，表明生产规模远远超过家庭作坊。原料和成品都来自海外——琥珀从波罗的海运来，丝绸从拜占庭运来，陶器从莱茵兰（Rhineland）运来——当地产品大概也是通过同样的贸易渠道出口的。出土的天平和大量的砝码就是这个乌斯河边工业枢纽市场繁荣的最好证明——

乌斯河是北海贸易的主要通道。

约克人口也在不断增长。随着时间的流逝，专用基址的利用率越来越高，越来越多的可用空间上建起了木制建筑，后来密集到每个建筑几乎墙与墙紧贴。人们在后院不断地挖坑以填埋垃圾，倾倒污水和厨余、处理工业副产品和残渣碎屑。城市最潮湿的地方靠近河流，在那儿，分解缓慢而低效，寄生虫滋生在淤泥和粪便的淤滞里。地平面每年上升高达四分之三英寸（在 10 世纪的 100 年中增加了 3 ～ 6.5 英尺）。10 世纪末，拉姆塞（Ramsay）的僧侣作家比尔特夫斯（Byrhtferth）记录下当时的人口有三万。这可能有些夸大其词了，但人口数量的确很大。从居民点的密度和散落各处的东西（主要是硬币和陶器）的数量，以及维京时代土壤中保存的粪块的数量上，可以推断出当时的人口估计在一万到一万五千人左右，相比于前维京时期，增加了五倍。[14] 肠道蠕虫是当地地域性的流行病，一半的女性活不到 35 岁（男人们不用面临生育的危险，如果幸运的话，有希望活到 50 岁）。简而言之，这个社会经历了快速城市化的所有典型问题：过度拥挤、肮脏、疾病、传染。

这也是一座正在成型的城市。到 1066 年，它已是不列颠（仅次于伦敦）的第二大城市。遵照诺森布里亚的维京国王的旨意，人们锻造出数以千计的银币，锤子一锤一锤将源源不断的银子打造成这座城市王权和城市威望的象征。即使没有硬币生产的证据，我们也能从许多有关硬币的传说中知道，硬币是在约克生产的："EBRAICE"（源自拉丁文"Eboracum"，是这座城市的拉丁名字，即"约克"）。比较模糊的是，这些喧嚣和忙碌有多少是由斯堪的纳维亚移民驱动的？有多少是由当地的诺森布里亚人驱动的？我们甚至不知道这种区别能否被注意到，或者是否会被认为是重要因素。考古学的发现常常模棱两可——确实，约克与斯堪的纳维亚半岛建立起了新的贸易联系，新式的物品变得时髦起来。例如，10 世纪就开始制造典型的斯堪的纳维亚风格的鞋子了。但关键是，传统的诺森布里亚鞋子仍然流行，这表明，人们不仅具有制造两种风格鞋子的专门技术，而且两种不同风格的物品也都有市场。因此，可以从多个角度对证据加以阐释。唯一可以确定的是，10 世纪的约克十分繁荣，其中，斯堪的纳维亚文化和交流发挥了主要作用。

并不是说这对 10 世纪 50 年代早期的政治形势有很大的影响，只是可能增加了所涉人口面临的风险：约克俨然成了各位国王眼中的"一块肥肉"，充满吸引力。然而，诺森布里亚人变化无常，从南方人的角度看，他们不可救药。949年，他们迎回奥拉夫·西特里克森并奉他为王，但这次奥拉夫的在位时间并没有持续多久。952 年，奥拉夫下台，埃里克再次上场。然而这次，国王埃德雷德决定对诺森布里亚施加点压力，看来是要对诺森布里亚动真格儿了。他把约克大主教拖到杰德堡（Jedburgh）的要塞据点，原因很明显，"有人常常在国王面前控诉他"。没有人知道国王对约克大主教做了什么威胁或给了什么承诺，但954 年，埃里克第二次也是最后一次被驱逐出约克；大主教在同一年被国王埃德雷德恢复原职，这绝非巧合。"血斧王"埃里克开始了他一生中的第三次政治流亡生涯。

然而这一次，他不会东山再起了。

被自己的臣民赶走，像头狼一样在山上被追杀，他问自己：这样的国王还有什么意义？他需要船，也需要人手。也许他会去爱尔兰。他不知道在那里迎接他的将会是什么——也许他能在都柏林人中找到血亲，或者能找到一个人，在这个人眼里，他的名字仍能代表什么，仍然有分量。他累极了，身上溅满泥水，弯腰驼背，他的马滑倒在隘口湿漉漉的石头上。调转马头，他回身看了一眼身后沮丧的随从，比离开约克时少了不少，他心想。

"*Nipings*，"他喃喃低语道，"这个食言的懦夫。"

他总是回头看：听听有没有追逐的声音，留意着那些预示着追兵到来的食腐鸟。但他只看到阴冷的云层和灰色的土地，石头和石楠，沉沉的泥浆；一个没有色彩的灰暗世界。他拉紧湿漉漉的斗篷，紧紧裹住自己，转身迎着风，任雨水打到脸上，缓缓前行。

斯丹莫尔（Stainmore）是一片风力冲刷的高原，海拔高达 1370 英尺，这里十分荒凉，没有树木，崎岖不平；在此处根本没有办法抵御从西边滚滚而来的大西洋风暴。我到那儿时，风雨交加，一场冷雨把我冻回车里，我把车停在 A66 公路的路旁停车处，可怜兮兮地蜷缩在里面。A66 公路是连接卡莱尔西北部和卡特里克（Catterick）东部的繁忙干道，在去往彭里斯和巴纳德城堡（Barnard Castle）的路上，不断有载满沉重货物的货车轰隆隆地驶过奔宁山脉。凄风苦雨中，几分钟对我来说已经漫长得难以忍受，但是对于 954 年的埃里克来说，试图向西朝海边进发，他必定连喘息的时间都没有。也许，有一刻他会来到这里，看到这片土地向西延伸，矮矮的群山在地平线处绵延着，西下的太阳，落在蓝灰色的云层下面，照得他头晕目眩——灯塔发出幽幽的白光，让他看到了救赎的希望。如若真是这样，他的心情可能会轻松片刻，怀着对新生活和庇护所的希望，就有机会找到时间和空间来规划他的政治复兴大业。也许他想象到自己以胜者的姿态归来，以荣耀首领的姿态，以万王之王的姿态。但也许，他还不如我走的地方远呢。

埃里克死亡的原因尚不明确，但并非源于体内的寄生虫。他很可能也得过这种病（就像所有在约克待过的人一样），肛门长期瘙痒，不过这也只是导致了他的坏心情罢了。虽然史料在很多方面存有很大分歧，但在一个关键问题上是一致的："血斧王"埃里克是暴毙的。挪威所谓的"历史概要"——《挪威国王传奇概要》（*Ágrip af Nóregskonungasögum*）和《挪威史》（*Historia Norwegiw*）也记录了埃里克在西班牙劫掠时死亡的传说，这是对他的死最不合理的解释了。[17]也有其他史料认为埃里克死在不列颠，但怎么死的仍不确定。据盎格鲁 – 诺曼历史学家温德佛的罗杰（Roger of Wendover）说，埃里克国王在一个叫斯丹莫尔的偏僻地方被马卡库斯伯爵背叛杀害，他的儿子（Haeric）和弟弟雷格纳尔德也被奥斯伍尔夫伯爵（Earl Oswulf）出卖；后来埃德雷德国王统治了这些地区。奥斯伍尔夫是诺森布里亚北部班堡的准自主权统治者，埃里克死后，他就会在国王埃德雷德统治下成为诺森布里亚伯爵。在这个版本中，我们可以看到埃里克肋骨间插着一把匕首，在孤独的荒原上流尽了最后一滴诺森布里亚自由之血，众叛亲离。他往昔的同伴返回告诉奥斯伍尔夫，不可告人的行动已经完成，实现他雄心的最后一道障碍已经清除。

然而，萨迦讲述的版本不同；国王埃德蒙"召集了一支不可战胜的军队攻打国王埃里克，一场伟大的战斗上演，那天傍晚，埃里克国王倒下了，还有另外五位国王也相继倒下"。

在北欧神话里，《诸神末日》中的众神之死，描述了一个注定灭亡的世界里充满悲剧性的、英雄主义的最后挣扎。在所有的死亡和结局中，奥丁的死亡是最令人痛心的，最能说明人类处境的矛盾。奥丁也许是众神里最黑暗的，但他也是跟人类最像的神。他目睹了时代的消逝，国与王的兴衰，人类微不足道的伤痛和胜利。他最终必须与狼决斗。尽管知道一切都是徒劳，必会以失败告终，但他还是认真地为那一天做好了准备，选拔和训练拥护他的勇士，与他并肩作战，直到太阳升起，照在战斗平原上。勇士们被称为"英灵战士"，注定要战死沙场。他们时刻准备着最后一次战斗。这种冷血残忍——对智慧（尽管没有带来和平）的执着追求，对终将到来的未来的渴望，对无法避免的厄运的不懈准备——提醒着我们：人间事，常常事与愿违，生而为人，必生命有限。

思考能力、记忆能力、梦想能力、为一切未知的未来做好准备的能力——所有这些都将导致宇宙带给人类的唯一必然：万物消亡，万事消散。然而，我们就像奥丁一样，长期在失败中挣扎，在终有一天会淹没一切的潮流中艰难跋涉。正是对这个残酷的现实的接受和承认，渗透到了维京武士文化中，塑造了维京武士的冒险精神和冒险嗜好——愿意直视死亡，直面失败，清楚继续下去也是徒劳、必会失败，但依然坚毅地、不计后果地战斗，直到生命的最后一刻。真正的勇敢在与内心的斗争中、在道德的挣扎中；正是在那里，即使面对死亡也无所畏惧，只有在那里，才会诞生长存于世的传奇。

这种被铭记的渴望——死后在传奇中永垂不朽——成为推动创作赞歌和赞美诗的力量，我们对维京国王的诸多认知最终都来源于这些著作。埃里克去世后，据说他的妻子委托他人创作了一首诗，以纪念他的生平和事迹。这首诗就是《血斧王埃里克》（*Eiríksmal*），描绘了伟大的国王来到瓦尔哈拉殿堂的"英灵殿"，坐在了英灵战士西格蒙德（Sigmund）和他的儿子中间、天神奥丁的身侧。在那里，他尽情享受欢愉。在这间古冰岛诗集《格林尼尔之言》和斯诺里著的《欺骗古鲁菲》描述的大殿里，众武士每天晚上舒舒服服尽情享用被宰杀后又复活的沙赫利姆尼尔（Saehrimnir）神猪；与其他英灵战士无休止地决斗而毫发无损；海德伦（Heidrun）神羊的乳房中，流淌出绵延不绝的蜜酒，瓦尔基里将蜜酒盛在镀金杯子里呈给他们：这是武士的天堂，充满了英雄气概的生活乐趣。[20]

这首诗只保存下了开头，是奥丁、传奇诗人布拉吉（Bragi）、西格蒙德和埃里克之间的对话。

奥：这是什么样的梦境？我想是黎明之前，我正在为一支英灵军队准备瓦尔哈拉醇酒？我唤醒英灵战士，让他们起来坐在长凳上，把酒杯洗净，（我让）瓦尔基里带上好酒，迎接一位首领。我满心欢喜，期待着来自尘世的荣耀英雄。

布：是什么如此喧哗？像有一千个人在行动，还是正有一批人浩浩荡荡的朝这边走来？所有的长凳都吱吱嘎嘎作响，好像巴尔德回到了奥丁的神殿。

奥：明智的布拉吉决不会胡说八道，但你很清楚其中原因：这些叮叮当当的声音是为了迎接埃里克，他一定会到这里来，一位王子会走进奥丁的神殿。西格蒙德，立刻起身去见王子。如果他是埃里克，就请他进来，我正满心期待。

西：你为何期待埃里克而不是其他国王？

奥：因为他曾在许多土地上浴血奋战，鲜血将他的剑染成鲜红色。

西/布：在你看来，他英勇无畏，那为什么你却不把胜利给他？

奥：因为当时我们还不能确定，灰狼何时会攻击众神之家。

西：运气真好啊，埃里克，欢迎你来这儿，走进神殿吧，聪明人。有一件事我想问你：哪位王子陪你经历了雷霆般的战斗？

埃：有五位国王，我要给你们指出他们的名字，我是第六位。

　　与《格林尼尔之言》和《欺骗古鲁菲》中的详细描述不同，《血斧王埃里克》可以追溯到维京时代。它生动而直接地描绘了瓦尔哈拉殿堂，以及奥丁与他的拥护者、他的信使、瓦尔基里——"寻找英灵者"——之间的关系。这些"寻找英灵者"出没在维京人心目中的战场上，收集阵亡武士们的灵魂。在宫廷诗《血斧王埃里克》中，瓦尔基里的形象已经改变，成了女性形象的代表——她们是瓦尔哈拉殿堂的独家客服，端茶倒水，表演娱乐；是 19 世纪画家浪漫主义幻想的前身，也是公众印象中丰满的瓦格纳式的夸张模仿。但对于大多数维京人来说，这些次要的神具有更狂野、更野蛮、更可怕的战争精神，其名字就能震慑灵魂：Tanngniðr（"碎齿英豪"）；Svava（"杀戮者"）；Skǫgul（"激战"）；Randgniðr（"刮盾强手"）；Hjalmþrimul（"斩盔者"）；Geirdríful（"刺矛侠"）……[22]

　　954 年，瓦尔基里从天而降，尖叫着爬过布满尸体的斯丹莫尔山口，去收获死者与垂死者的灵魂，我们必须设想一个画面：她们不是来自挪威或丹麦晴朗清爽的天空，甚至也不是来自冰岛灰白山峰上的寒冷天空，而是驾着约克上空阴郁的黑云而来，来寻找诺森布里亚最后一位国王的灵魂。

第 20 章

北方有战狼

VIKING BRITAIN

我们不断地付钱给他们，
他们却天天羞辱我们；
他们野蛮粗暴，烧杀抢掠，
把掠夺的东西都运到船上。
看看吧！所有这一切，
除了上帝对这个民族的愤怒以外，
还有什么？

大主教伍尔夫斯坦
《狼对英格兰人的训诫》
（*The Sermon of the Wolf to the English*，1014）[1]

当时是 1006 年，维京军团自怀特岛的大本营出发，如入无人之境般地横穿韦塞克斯——从汉普郡到伯克郡，从雷丁到沃灵福德，所到之处，生灵涂炭。在那儿，他们转向了山脊路，这条路曾留下许多军队的足迹，随后向东，来到维切尔曼（Cwichelm）的古冢［现在称作"斯库奇莫诺博"（Skutchmer Knob）］。据《盎格鲁－撒克逊编年史》记载，在那里，他们准备应对之前约定好的决战，并"等待着传言中的威胁，因为传说中，如果他们找到了维切尔曼的古冢，就永远回不去大海"[2]。

那个古冢是青铜时代的墓葬，是伯克郡的集会之地。那是一个充满力量和归属感的地方，就像古老往昔的"上升流"一样，英格兰人在它周围生活，而且，兴许还是通往他们民族过去的所在。维切尔曼——西撒克逊国王，一位传奇人物，据说他于 614 年在一个叫比因顿（Beandun）［意为"比的山"（Bean's Hill）］的地方，屠杀了 2045 名不列颠人——比是战士的先祖，在 11 世纪早期的黑暗日子里，英格兰急切需要他的利刃来力挽狂澜。或许当时有一种信仰，认为死去的国王总会出现，他就像亚瑟王一样虽沉睡在古墓中，却时刻准备起身，把英格兰的敌人消灭殆尽。[3]也许这就是南部诸郡陷入火海之时，维京人从其受害民众口中听到的故事——这是一种溅满鲜血的挑衅性威胁——若他们有胆量骑马深入，直抵王国腹地，维切尔曼不会放过他们。又或许这是伯克郡士兵即将集结的地方，强大的西撒克逊战士组成方阵，准备在古老国王的面前浴血奋战。也许维京军队自西往这儿行军时，就感到了毛骨悚然般的恐惧，黑暗的古墓在仲冬苍白的日光中拉出长长的影子，骷髅般的树木在阴森可怖的天空中密不透风。他们知道，死人在墓室中不舒服地骚动着，一旦被笨手笨脚或是粗心大意之辈吵醒，众多"尸鬼"（draugr）可能会出来猎食活人。[4]

但没人来；活的死的都没有。就好像全世界都抛弃了英格兰人——甚至是他们的祖先。

维京军队沿山脊路返回，朝西向埃夫伯里（Avebury）进军，在那儿，路向南拐，沿白垩山丘的边缘，陡然进入皮尤西河谷（Pewsey Vale），沿这片低地再往前走，就是大海了。就在此处，盎格鲁-撒克逊人选择了防守，这是遏制维京大军退回怀特岛的最后一搏。消息传开后，烽火连山起，愤怒的火焰在灰色12月的暮色之中，如星星之火，召唤着埃夫伯里和马尔伯勒（Marlborough）的男人，沿"军队行进的道路"（herepaths）集结。

他们首先听到、看到的该是食腐鸟，凌乱的黑影在山脊路上方盘旋，密密麻麻，空洞刺耳的叫声宣告着维京大军的到来。秃鹰甚至老鹰等体型更大的食肉鸟，也加入它们的行列，回旋在尖叫的乌鸦群之上。林地从谷底往山坡上攀爬，一直延伸到年代久远的巨石组成的圆圈，英格兰军队在巨石圆圈那儿等待着，或许还能看到别的身影，在古老树木的掩映之下，偷偷摸摸地移动着：乱蓬蓬的毛皮、狼的体型、仲冬苍白的日光下显现的红色眼睛。

这些动物——乌鸦和渡鸦、狼和鹰——在中世纪早期的战争文学中占有特殊的地位。古英语诗篇中记载了大量目睹这类动物的故事，几乎都与死亡和暴力相关。《布鲁南堡之役》（The Battle of Brunanburh）描述了英格兰人得胜后"留下来分尸体，有深色皮毛的、黑渡鸦、长着角和喙的：白尾鹰，吃腐肉；贪婪的战地鹰，还有灰色野兽，旷野狼"。古斯堪的纳维亚语的吟唱诗人也倾向于用此类"战场野兽"歌颂成功的军事领主。像"血斧王"埃里克这样"伟大"的国王，照例要被称赞为"慷慨的喂狼人"和"渡鸦的喂养人"。

> 战场上的"鹤"俯冲而下
> 在成堆尸体之上，
> 受伤的鸟不希望

没有鲜血可酣饮。

狼大快朵颐，

渡鸦的喙

在红色波浪中

染上斑斑猩红。

巨怪般凶残的坐骑

已填满贪婪的肚腹。

埃里克拿起肉块

再次丢给了狼。[5]

这种意象使用频率之高，让人认为它是"传统主题"（topos），即一种传统的诗歌手法，每当诗人想要预示人们对暴力的期待或纪念暴力时，就会借此表达。然而，最近的动物学研究表明，狼群和鸦类动物之间存在着一种奇特的共生关系，这种关系就像食腐动物追寻腐肉一样。狼群会追随空中食腐动物的影踪，利用后者的极佳视野，轻松觅得食物。或许更令人吃惊的是，竟有轶事证据表明，渡鸦和狼能够辨别并跟踪武装部队。在现代语境中，这种现象被解释为"对可能性的环境适应性"，此处"可能性"是指人类使用武器有可能预示着它们能便利地获得死食（猎食中的意外收获）。但是，中世纪早期，出现大批武装人员通常意味着另一种类型的杀戮即将发生。[6]

威尔特郡埃夫伯里附近的欧弗顿山（Overton Hill），至今依然是个怪异又荒凉的所在。它位于两条古道的交叉之处。两条古道，一条是山脊路的小径，径直穿过英格兰南部白垩高地，横跨威尔特郡和伯克郡，长达 87 英里，另一条是从巴斯到伦敦的罗马古道，目前连接它的是未完工的 A4 公路的一部分。这幅景象非常古老。西撒克逊人认为此处是——"七大古冢"（seofan beorgas），这些古墓依然坐落在平坦的高地上，那里是道路交汇处，其中一些坟墓如今被山毛榉树覆盖着，看起来像是长满了毛的"疣子"，而四周是密集又整齐的农田，它们在其中很是显眼。事实上，古冢不止有七座，它们大部分都属于罗马时代或铜器时代，但有的在盎格鲁－撒克逊时期又被二次使用：一位战士与他的矛和盾

一同埋葬，还有一个女人和她的孩子同葬一处。⁷

站在"七大古冢"之上，盎格鲁－撒克逊人应该能看到奇怪的、人造的、圆锥形的锡尔伯里山（hill of Silbury），也能看到东肯尼特和西肯尼特的巨大长冢；然而，最为突出的是身后的石环（环状巨石阵）。如今，石环被人们称为"圣所"，它曾是一处令人赞叹的纪念碑——两个立石组成的同心圆（外层的圆直径约为130英尺），立于公元前2000年前后，之前曾有一条长长的大路，将其与至今依然矗立在埃夫伯里的巨大石环相连，后者就位于其西北方一英里多之处。⁸"圣所"的石头如今早已不复存在，18世纪时就被此处的地主炸毁了，但1006年时，它还矗立于此，历尽风吹日晒，残破不堪，仆仆风尘，是深不可测的古代遗迹的阴森见证。

欧弗顿山上依然有种神秘可怕的感觉；景观是开放的、无遮掩的，风从皮尤西河谷咆哮而上，无情地赶走头顶的残云。走在"圣所"远处的山脊路时，我能感受到风的到来——褐色的面纱遮住了日光，模糊了事物原本鲜明的轮廓。那日，我在"七大古冢"之处遇上了恶劣天气，乡间散步时，我很少像那天一样有如此悲凉之感。狄更斯《匹克威克外传》（*Pickwick Papers*）中那个独眼推销员曾说："起大风的时候，这里比马尔伯勒丘陵区（Marlborough Downs）好玩的地方有很多；如果你身临其地，在一个阴沉沉的冬日傍晚，一条泥泞不堪的路，倾盆大雨狂泄而下，试试那种效果，亲自感受一把，你会体会到这句评价蕴含的所有力量。"这种折磨我可不愿消受，只能由衷地叹服这位推销员有这种能力。

1006年12月的欧弗顿山上是怎样的天气，我们无从得知，但因为是一年中的这个时节，温和是不太可能的。对于英格兰军队来说，在寒冷的天气里等待维京"宿主"打破地平线的平静，无论下雨与否，这都是个令人垂头丧气的所在。若他们依然希望从先人那儿得到帮助，从他们划上战线的古老大地上得到某些超自然的援助，那只能再失望一次了。那天黑夜降临时，英格兰人输得彻头彻尾，维京"宿主"依旧举着胜利的大旗，满载着战利品，回到海边。

途径国王在温彻斯特的王城时，看到蜷缩在城墙后面的倒霉百姓，他们发出了嘲笑的声音。

980 年至 1016 年间，降临到英格兰土地上的灾难中，1006 年的事件颇为典型：这一代人的苦难不断升级，在此期间，维京军团如入无人之境般地在英格兰南部起伏的山地中游荡，肆意烧杀抢掠。暴力行径规模之大，通过史册中记录的战争数量（尤其是 11 世纪开始之后）即可见一斑。一直到（包括）1016 年在内的 35 年间，整个英格兰共发生 88 起（允许有小误差）有史料记载的武装暴力事件；而相较之下，之前的整整 80 年中，共有 51 起。对英格兰南部的人民来说，10 世纪初期，遭受维京人入侵的经历已然远去，那种感觉就像是一个已被人遗忘的噩梦又径直从泥潭中冒了出来——一种还魂的恐惧，长久以来已被夯实掩埋的东西，又偷偷靠近了。

当然，书面记录存在某些可信度的问题——有时候编年史家为了既得利益，会淡化或夸大不同帝王的难题——但很明显，"血斧王"埃里克于 954 年死后的 25 年中，最值得关注的一点是这段时间相对稳定，没有大事件发生。从很大程度上说，这似乎要归功于一位国王对朝政的牢牢把控——如今，人们几乎不再记得这个人，但他的名声很好，被誉为英格兰史上最成功和最令人叹服的盎格鲁 - 撒克逊国王之一："和平主义者"埃德加（Edgar pacificus，959 ～ 975 年在位），即"平息者"埃德加。看到这个名字，会让人联想出安静和沉思的画面：一个公正而温和的统治者，其仁慈的统治将迎来和平富庶的黄金时代，是 12 世纪的编年史家们眼中埃德加及其子民享有的时代。然而，赋予他"平息者"这个绰号的并非他的同辈，而是 12 世纪的编年史家：其同时代人对他有不同的看法。[9]

955 年，国王埃德雷德去世，一年前，他刚刚拓展了疆土，正式且最终将诺森布里亚纳入英格兰王国的版图。他的侄子，也就是埃德蒙之子埃德威格（Eadwig）继承王位，不过他在 959 年就离开了人世，随后，其弟埃德加登上王位。在他生命的尽头，埃德加迎来了统治时期最有名的成就——也是人们铭记他的主要原因。据《盎格鲁 - 撒克逊编年史》记载，973 年，他带领整个水师来到切斯特，与不列颠的其他重要君主会面。不同的诺曼历史学家给出了不同的君主名单，但其中可能包括苏格兰的肯尼斯二世（Kenneth Ⅱ）、斯特拉斯克莱德的马尔科姆、格温内思的伊阿古·阿卜·伊德瓦尔·福尔（Iago ab Idwal Foel）和马卡库斯·哈拉尔森（Maccus Haraldsson）——马姆斯伯里的威廉称他为"大海盗"（*archipirata*），还有人称他为"多岛之王"（*plurimarum rex insularum*，他很可能是马恩岛和赫布里底群岛的国王）。[10] 毫无疑问，当时有严肃和实际的问题需要讨论——边界问题、航运和贸易的安全和保障问题，等等。然而，在盎格鲁－诺曼历史学家们看来，适合记录下来的是最令人意想不到的一幕：在各个岛上最有权势的人中，至少有六位臣服于埃德加的威仪（或者，更有可能是被他庞大舰队的汹汹气势所吓），摇着一艘驳船，护送这位英格兰国王顺迪河（River Dee）而下。这一幕，是埃德加统治的不列颠境内所谓的"小国君主"真实又公认的写照。

或许这一事件在盎格鲁－诺曼史料中记载的方式是故意为之，旨在推动一种英格兰人优越的过时思想——保守（海岛）的权力动态问题在 12 世纪和 13 世纪还非常活跃，而且，实际上从未真正消失过。但在 10 世纪 70 年代中，到底谁处于不列颠政治食物链的顶端，几乎无疑，不管细节上发生了什么，这次会面似乎在一定程度上关乎解决优先权的问题，关乎将土地、人民和王子王孙安置在正当位置的问题；因为埃德加似乎对秩序很是痴迷。他的律法表明其统治志在规范和改革——制定全国性的度量衡标准，确保任何地方的铸币都符合统一的标准：约克郡前维京国王们的怪异构思皆随风而逝。从外观和重量上，埃德加的铸币无论出自哪里，不管是出自埃克塞特、切斯特、坎特伯雷、林肯还是诺里奇（或其他铸币之地），都一样。此外，他对推动整个王国在行政上和谐统一、确保司法有效及正确实施兴趣浓厚。长期以来，韦塞克斯一直由"郡"和"百户区"组成，但别处的行政体系则不同（但可能相似）。或许埃德加借鉴了前代国王们的先例，正式确立了这一制度，对百户区（"丹麦"地区称为小邑）和郡级别法院开庭的方式制定了新的规定，让拥有土地的阶级必须出席。

975 年，埃德加去世，他去世之前，似乎是英格兰史上前所未有的和平与稳定期，也正是这段时期，巩固了埃德加的统治体系。从某种程度上说，这段和平期是以牺牲他人利益实现的：多次讨伐威尔士疆土，表明埃德加并非如其绰号而言，是个"和平主义者"。[11]（"pacificus"一词确实可以解释为"平息者"，也可解释为"和平的"或"平静的"。）也可以说，这段和平期是王国在海防方面空前的投入换来的：据后世记载，埃德加统治时期，英格兰战舰数量达到了不可思议的 4800 艘[12]，而且，很可能在埃德加统治时期，就已开始改革船只和船员的招募及强制为国王服役的方式。国王的海军力量在某种程度上，可能是在雇佣维京舰队的基础上筹建起来的。英格兰王室权力的膨胀可能意味着，对于一些在不列颠周围海域活动的维京战团来说，掠夺的风险逐年增高，越来越难以忍受，而恰在此时，对那些准备为国王效力的人来说，国王手中的财富越来越有吸引力，这是互惠互利的。

　　所有这些成就，加在一起构成了大多数中世纪作家眼中"好国王"的形象：伸张正义，带来繁荣，维护教会，打击和羞辱除英格兰人之外的不列颠居民，尤其是威尔士人。这类内容，保证能形成赞美的评论文字，而且在《盎格鲁－撒克逊编年史》的 D 文本关于他的讣告中，的确大部分都是情感充沛的赞颂之词。然而，在一位编年史家的眼中——几乎可以确定就是约克郡的大主教伍尔夫斯坦二世（死于 1023 年）——"一件恶行……他做得太过"，毁掉了他一生所有的成就。伍尔夫斯坦厌恶地揭露，埃德加国王"热爱污秽的异国风俗，把异教的习惯毅然决然地带到了这片土地，他引诱外人，引诱危险的他国人进入这个国家"。[13]

　　这种谴责或许在一定程度上植根于埃德加采取的务实和安抚民众的做法。一个多世纪以来，出身于斯堪的纳维亚的人在他统治下王国的大部分地区定居下来，形成了一个混合的种群，而他们的品位、贸易关系和家庭纽带都与更广阔的北海世界紧密相连，也与温彻斯特、伦敦或坎特伯雷的人们紧密相连。埃德加认识到，在这些已成为"丹麦人"（Danish，盎格鲁－撒克逊用语）的地区，承认地方律法和习惯的特殊性，能够同时实现地方利益和民族凝聚力。在他第四部重要法典中，埃德加承诺"应在丹麦人之间推行他们决心推行的如此优秀的律法……因为你们一直对我忠诚"。[14]突然从第三人称转到第二人称，给人感觉书写很不得体，但是在诺森布里亚的小邑或麦西亚北部的"大事会现场"大声读出来时，会产生真正戏剧性的张力：突然转向镜头，与代词所指的人进行坚定的眼神交流，国王向他的丹麦子民传达出一种疑虑尽消的、直接且具个人色彩的演说。

从某种程度上说，这种对独立且平行的法律传统的认可，与埃德加（在同一部法典中）所述的意图，即为"我统治下的所有省份中的所有种族，无论是英格兰人、丹麦人还是不列颠人"[15]制定法律，是互相矛盾的。但是，从更广泛的角度来看，这种有限的让步（看似并未凌驾于与铸币和统治相关的所有其他法令之上）可以看作是热切的政治智慧的产物，从长远来看，这种做法认同国家统一大业应通过建立信任、减轻民怨来实现，而非强制实施独裁主义。其结果是"丹麦律法区"形成，这一解决方法非常实用，意在让最不情愿的新子民心甘情愿地融入他的王国，建立一个凝聚团结的英格兰国家。

盎格鲁－撒克逊时期，英格兰人对陌生人的态度尽管并非总是友好，但仇外情绪似乎在 10 世纪末期已达到顶峰，也许是自埃塞尔斯坦统治以来，英格兰人的身份意识不断增强，但也受到长达两个多世纪的维京人这样或那样的掠夺活动的影响。就国王自己而言，他似乎已经意识到这种情绪可能对王国的和平（及他的财富收入）构成的威胁。969 年，"埃德加国王在萨尼特全境大肆蹂躏"，原因很明显，当地人殴打了几个斯堪的纳维亚商人。在英格兰偏远的河口地区，人们对外国人的敌意由来已久，久到令人生厌，但几乎没人像埃德加一样做出如此强硬的回应。据诺曼历史学家温德佛的罗杰说，国王"对掠夺者异常愤怒，剥夺了他们所有的财产，并将其中几人处死"。[16]

大概正是这些事令大主教伍尔夫斯坦义愤填膺。但是，到了 975 年，他无疑松了口气，因为他发现自己再也不用忍受埃德加执拗欣赏的那些"污秽的异国风俗"了。因为那一年国王过世了，终年 31 岁。接下来是埃德加之子爱德华（975～978 年在位）颇具争议的继位和短暂的统治，爱德华被称为"殉道者"——最后一位"埃德氏"（Ed）国王。爱德华死于 978 年 3 月，之后其弟埃塞尔雷德登上王位。新国王年仅 12 岁，登上了笼罩在阴影之中的王位，他的子民在忠诚于谁的问题上分为两派：爱德华并非跟其父一样寿终正寝，而是死于埃塞尔雷德忠仆之手，在多塞特的科夫（Corfe）被杀。历史学家们普遍怀疑这位新国王也参与了这场刺杀，但新国王想要拉拢拥护他哥哥政权的那些人，他几乎无计可施。正值开始盛传爱德华（未必可信）的神圣传说和殉道故事之时，埃塞尔雷德的名声也蒙了污——像埃里克那样——弑兄。接下来的四十多年里，都没发生可以给他洗白的事件。

埃塞尔雷德统治的第 13 个年头，也就是 991 年，一列维京舰队抵达埃塞克斯的黑水河（River Blackwater），当时人们称之为"长裤"（Pant，古英语为 *Pante*）。这并非埃德加死后维京人第一次重返英格兰；据记载，自 980 年以来，侵袭不断，几乎从未停过。而国王一死，加之家族内部冲突，国王的独裁统治也随之衰弱，而且王位继承的危机也使得英格兰王朝无暇他顾，不再是埃德加时期那个可赖以生存的东家，大批雇佣强盗失去收入来源，只能在沿海水域谋生。980 年，南安普敦、萨尼特和柴郡遭袭［据伍斯特的约翰记载，柴郡人震慑了挪威海盗（*Norwegenensibus piratis*）］；981 年，康沃尔郡的帕德斯托（Padstow）遭袭。史料中不列颠境内第一次遭遇维京人袭击的地方波特兰，于982 年——即第一批"北方人"令郡长比杜赫德血溅波特兰海滩二百年后，再次遭袭。同年，伦敦被烧毁。986 年，维京人袭击了德文郡的沃切特；991 年，一支舰队袭击了肯特郡的福克斯顿（Folkestone）和桑威奇（Sandwich），之后向北驶去，袭击了萨福克郡的伊普斯威奇。据《盎格鲁－撒克逊编年史》记载，这支舰队共有 93 艘战舰，由名为奥拉夫的军事领主率领。多数人都会赞同这个人，就是挪威贵族奥拉夫·特里格瓦松（Olaf Tryggvason），之后登基为王，在挪威基督教化过程中起了重要作用。

诺西岛（Northey Island）是漂浮在黑水河河口的一大块土地，仅通过一条狭窄的潮汐堤道与陆地相连，埃塞克斯郡长布里塞洛夫（Byrhtnoth）在岛上驻扎了一支军队，而奥拉夫的军队就在黑水河与他们相遇。从上方俯瞰——991 年还不是这样——这片土地的边缘饱经沧桑，是一片陌生的荒野，一幅荒唐景象，没有路可踏足，黑色池沼、漩涡般的溪流、扭曲的沟壑，潮涨潮落冲刷又掏空着河岸和水道，盐和营养物在此沉淀，维持着一个复杂的生态环境，供昆虫和涉水鸟在此栖息；如今，这里一幅垂死之象——上涨的海水将其吞噬，加速的气候变化摧毁了它。一千年前，这片土地还高些，诺西岛离大陆也近些。但当时也会呈现类似的景观——淤泥和水、盐水和海鸟、泛黄的沼泽禾草和一层层的潮湿苔藓，在无边无际的天空下，一片平坦而破碎的景象。英格兰人集结在大陆上。远处，堤道还浸没在河水之中，维京"宿主"列队在岛上，船只泊在河口——一百根桅杆直插在静谧的水面之上，就像林地废墟一般，在河水中溺死、枯萎。两队人马相视而立，海鸥在他们头顶之上盘旋，叫嚣辱骂的话语在盐滩上方来回穿梭。

若不是《马尔登战役》（*The Battle of Maldon*）得以幸存，保留下卓绝的诗歌片段，黑水河发生了什么，我们也就无从得知了。《马尔登战役》中有 325 行古英语诗句，对发生之事做了详细和精彩的记述。这首诗缺少开头和结尾，少了 18 世纪初之前的内容，但庆幸的是，这首诗幸存了下来。它藏于科顿图书馆［Cotton Library，该图书馆得名于收藏家、国会议员、古文物学家罗伯特·科顿爵士（Sir Robert Cotton，1571 ~ 1631）］，16 世纪 30 年代"解散修道院运动"之后，有远见的爱书族筹建了这座图书馆。科顿不懈努力，保存了林迪斯法恩福音书和大量存世的古英语诗歌文学作品，还有许多其他无价之作，但 1731 年图书馆［当时已更名为阿什伯纳姆府邸（Ashburnham House）］着火，书籍几乎尽毁。尽管抢救了很多——包括被严重烤焦的《贝奥武甫》手稿——但《马尔登战役》还是损坏了。不过，所幸这首诗在 1724 年被誊写下来——离大火还有不到七年的时间。这首诗的所有现代版，都是基于这个版本。

诗的开头是一位维京发言人在水对面大喊他的要求，索要指环（beagas），并要求对方迅速纳贡（gafol），否则必遭杀身之祸。诗人赋予布里塞洛夫的口吻，是所有注定要做的慷慨激昂的反抗宣言的口吻，回顾英格兰的整个好战史，那些话语回响在每一次立场坚定的辞令中：是一个骄傲民族——自我意识觉醒的第一个百年——宁死不屈的决心。诗人写道："布里塞洛夫声振寰宇，

　　举起盾牌，晃着细长的椤木矛，愤怒而专注，掷地有声地答道：

　　'海上流浪汉，你们听见了吗，这个民族在说什么？他们会把矛作为吊唁礼送给你们，还有尖儿上带毒的枪、古剑，这些尚武装备在战场上可不长眼。水兵发言人再次回击；告诉你的人更坏的消息：一位令人敬仰的伯爵，与他的军队站在此处，他们愿意捍卫自己的故土，也就是埃塞尔雷德的祖国，这是我主的国家和土地。异教徒将尸横战场。'" [17]

　　必是一场血战。但是，穿过堤道开战是不可能的；要打仗，必然要准许维京军队过来，而这恰恰是布里塞洛夫因"过度自信"（*ofermod*）而决意为之的。"*ofermod*"直译为现代英语是"情感胜过理智"（overmood）之意，该词确切含义为何，引发了大量的猜测和学术争论。托尔金几乎用绝对的贬义词来解释它——狂妄、过分自负、不恰当的自信，这种个人缺陷注定了布里塞洛夫和他的战士及其民族走向毁灭。[18] 不过，有人也强调了措辞中蕴含着非凡的勇气，蕴藏着不同寻常的活力和精神。[19] 但歧义也很明显——从上下文来看，"over"到底意味着"太过"还是"太了不起"？确切地说，去掉修饰词，"mood"究竟是何意呢？我个人认为这种歧义的处理是诗人故意为之，他选择这个词，本质上就是个空瓶子，等着我们用自己的价值判断去填充；我们只看到了布里塞洛夫，精力充沛，勇气可嘉，渴望着命运中的冲锋陷阵——判断他的动机和才智，完全取决于我们自己，取决于读者或听众。

　　河对岸，"杀戮的狼群涉水而过，维京战团不惧深水；向西越过'长裤'，手持盾牌，穿过明亮的河水撑着椤木登上了岸"。[20]

　　有人对准许维京人上岸的战略意义做了评价；或许这是把这伙维京人引向战场、阻止他们继续掳掠沿海一带的唯一一次机会，毕竟福克斯顿、桑威奇和伊普斯威奇已饱受摧残。[21] 兴许是这样，虽然作为一首诗歌它值得人们铭记——一篇过于注重公众反应的文学产物，但却无法真实地反映现实。其目的是为了强调布里塞洛夫的勇气、坚忍克己，强调他最亲密的追随者志在与他并肩作战、战死沙场的决心，绝不要面对投降或撤退的耻辱。

布里塞洛夫虽然英勇过人，却被长矛刺中，上演了一场拉长的好莱坞式死亡——挡架敌军，直到气绝倒地。几个英军逃离战场，诗人决意让他们的名字永远蒙羞［戈德里克（Godric）、戈德温（Godwine）和戈德维（Godwig）］，因为这种情况下，这样处理——事实上——或许更为明智。但此处，明智与否并不打紧：这种鼓舞人心的伦理是一种忠诚的表现，即便是在死亡关头；是英格兰人与维京敌军都有的道德勇气——是毫不退缩、直面死亡的意志，尽管死亡就像盐滩上的潮水一样必然到来。尸体堆叠在被杀的主将身旁，而这是每个战士所向往的最伟岸的结局。

虽然布里塞洛夫归西了，但他的老随从布里塞沃德（Byrhtwold）坚定不移，虽然身旁的战士"伤口血流不止，一个个倒地身亡"，但他毅然决然地向前冲去，他面对失败时无与伦比的英雄主义传颂了几个世纪，诗人是这样描述他的：

> 意志要更坚强，内心要更热忱，虽然消耗了体力，但却越战越勇。将领倒下了，所有善良的人们都倒下了。他为那些想逃离战场的人感到悲哀，不管是谁。我年纪大了。但我不会离开这个地方，我会躺在我主身边，躺在我至亲的人身旁。[22]

比起诗歌《布鲁南堡之役》，《马尔登战役》要好得多，它是一首赞扬壮烈牺牲的颂歌，借由激战失败后苦乐参半的歌唱，传递出痛苦和情感的力量——悲伤和荣耀交织，骄傲又绝望。《布鲁南堡之役》歌颂的只是粗糙的必胜主义，看不到这些内涵，其诗意力量仅仅浮在光鲜的表面和空洞的咆哮上，只是英格兰人回怼维京军事领主的行吟宫廷诗而已。而且，所有古诗都带有原始的民族主义色彩，而《马尔登战役》描述得更加深刻，更能体现不列颠人长期珍视的至诚情感：在平地战场上直面对手，公平较量——无论结果如何，带着心和勇气出战，直至打到最惨烈的结局为止——这才是真正的荣耀，胜过一千场空洞的胜利，也强过派一千个弱者在泥巴里挣扎。

然而，即便是在创作它的年代，《马尔登战役》也是不合时宜的，那种对英雄主义的再现正逐渐落伍，其用语让人回想起一段逝去时光的理想——回想起6

世纪贝奥武甫的世界，一段传奇但已逝去的过往。或许这就是诗人的意图——激发读者拿起手里的矛直面一步步逼近的灾难，呼吁大家用武力抵抗侵略的浪潮，不惜一切代价：此乃古英格兰的英雄价值观的复兴。然而，此时此刻，猛兽是真实的，英雄们却逐个倒下。正如一位学者评论的那样，"这首诗对一个消失不见的世界充满了渴望，在那个世界里，英雄就像个英雄"，但是在这样一个背景下，"一个世界迅速旋离出英格兰人的控制"，如另一位古英语诗人笔下所言，逐渐"被黑夜笼罩，就像从未经历过黑暗一样"。[23]

　　《盎格鲁-撒克逊编年史》对黑水河战役的描写远未费这么多笔墨。不过，书中的确记录了布里塞洛夫死在马尔登（距离战场最近的城镇）的事实。至关重要的是，它记录了此战之后的另一起事件，而这起事件对此后 15 年产生了巨大影响。《盎格鲁-撒克逊编年史》解释说："那一年，双方达成协议，因在沿海地区造成的巨大恐慌，英格兰向丹麦人纳贡；首先，是一万磅。"当然，先例和常识都表明，这种做法只是拖延时间，同时蓄谋进一步的攻击。确实，攻击不断袭来，无休无止，哀鸿遍野。埃塞尔雷德时运不济，治国无方，进贡金额越来越大：994 年为 1.6 万磅，到 1002 年已涨到 2.4 万磅。1007 年，即本章开头的战役结束时，已升至 3.6 万磅。1012 年，英格兰国王纳贡 4.8 万磅，1013 年还秘密支付了一笔。最后一笔是在 1016 年，在截然不同的情况下，达成协议，数额大得惊人——7.2 万磅。[24]

　　而这些是数量惊人的银子。一磅等于 240 个普通银币，进贡金额最少的一次是马尔登贡金，为一万磅——相当于 240 万个硬币，每个硬币都是手工制作。也就是说，这个数字是"库尔代尔宝库"（Cuerdale Hoard）里所有硬币的 340 倍。1016 年的贡金，若单以硬币缴纳的话，数字大到荒唐可笑——1728 万个银币。但是，没理由认为所有纳贡交付的都是硬币——各种形式的银，黄金无疑同样受欢迎，而且黄金的价值更高，可以相应缩小体积。但这些仍是巨额的物质财富——事实上，数额如此巨大，以至于人们一再质疑《盎格鲁-撒克逊编年史》中所载数据的可靠性。[25]然而，即便人们怀疑具体数字是大概估计的，似乎也没有理由质疑这些赔款的总数：前盎格鲁－撒克逊王朝的政治和经济体制，的确能筹集和生产出数量如此庞大的硬币，而且斯堪的纳维亚已经出土了大量的埃塞尔雷德时期的硬币——比英格兰出土的数量还多。其中一些硬币，如在丹麦博恩霍尔姆（Bornholm）岛发现的 82 枚硬币，看起来是新铸造而成，未流通过，似乎是专门为了缴纳贡金批量生产的。[26] 所有这些硬币上的刻印都清晰可辨，上面刻有埃塞尔雷德的头像，留着独有的松软发型，对之后几十年丹麦国王的王室货币产生了影响。[27]

事后来看，或许这一政策是明智的，埃塞尔雷德的军事努力可以借此取得更大的成功；看似他的确尝试过——加固已废弃不用的防御工事，还在旧塞勒姆（Old Sarum）和南卡德伯里（South Cadbury）等地修建了紧急防御工事；他还效仿父王，重金投入到英格兰海军，而且，证据表明，正是从埃塞尔雷德统治时期开始，出现了"船只司法权"——正式推行的陆基军事化海军义务制。但是，不管他作何努力，结果总不如人意：《盎格鲁-撒克逊编年史》以悲伤的口吻描述到，埃塞尔雷德的军事舰队"除了劳民伤财，一事无成，还鼓舞了敌军"[28]，雪上加霜的是，国王还宠信奸佞无能的官员——这点倒是在他死后，给他赚到一个"糊涂王"（the Ill-Advised）的名号［人们比较熟悉的是"决策无方者"（the Unready）这个绰号，但有失偏颇］，被写进史册［古英语为 unræd，意为"不听忠告"，是针对他名字中的"Æthel-ræd"（意为"高贵忠告"）玩的文字游戏］。

人们认为，史料中对埃塞尔雷德的记载是负面的，[29] 这个观点很有说服力。当然，关于他统治时期的原始资料，即保存在 C、D、E 三种文本中的《盎格鲁-撒克逊编年史》版本，都写于他不体面的统治终结之后，还带有某种尖刻的后见之明。或许，降临在埃塞尔雷德身上的暴风雨，鲜有国王能有比其更顽强的毅力抵挡。但是，至少因一件事，埃塞尔雷德就该承受加在他身上的所有指摘。1002 年，国王（在他人建议下）终于决定支付给一只维京舰队 2.4 万磅银币，而这只舰队在过去的几年里，在西南部"到处烧杀抢掠"，并深入韦塞克斯腹地。[30] CDE 编年史家总结道："无论从哪个方面看，这段时间都很艰苦，因为他们从未停止手中的恶行。"[31] 因此，基于千年之交的情势，或许我们能够理解为何国王会感到四面被围，还容易受到极端行动的诱惑。然而，随之颁布的法令，却考虑欠周，属任意妄为。同年，埃塞尔雷德又下令"要在'布莱斯日，（Brice's Day，11 月 13 日）杀掉生活在英格兰种族之中的所有丹麦人，因为有人告知国王，丹麦人要取他的性命"。[32]

很明显，这条命令不可能适用所有广义上曾被视作"丹麦人"的人；这个想法也很荒谬，不可能实施——尤其在北方。事实上，埃塞尔雷德的命令到底牵扯到哪些人，完全不清楚，尤其是考虑到盎格鲁 – 丹麦人的种族划分变来变去的事实。不过，这条命令的主旨倒是浅显易懂。掌权之人讲话都有分量，使得原本可能被压抑的冲动合法化；英格兰的许多地区都严格执行了埃塞尔雷德的命令，而且极有可能是民众受到了恶意和仇恨的蛊惑而为之的。自 980 年起，维京人再次对英格兰构成威胁，埃德加的多元文化专制政策在乱世中瓦解，终随风逝。埃塞尔雷德的父亲曾严厉惩处那些侵犯外商权利的人，而他则鼓动英格兰人谋杀自己的邻居。英格兰人照做了。

2008 年，牛津大学圣约翰学院的挖掘工作中发现了 37 具男性遗骸，年龄都在 16 ～ 25 岁之间，他们的尸体被丢进坑里；对这些尸骨的研究表明，他们在 1000 年左右被砍死，许多人身上多处遭受重击。没有证据表明他们曾试图自卫——手上和前臂都没有打斗反抗的伤口；只在骨头上有烧焦的痕迹。或许他们当时正在逃跑途中。一份留存于世的资料解释了牛津郡种族清洗运动的事实，令人不寒而栗：1004 年的一份宪章（以冷酷无情的口吻）解释重建圣弗里德斯维德教堂（Church of St Frideswide）的需要：

> 众所周知，我和我的主要谋臣及贵族颁布了一项法令，这项法令是针对在岛上涌现的所有丹麦人的，他们就像小麦堆里的乌蛤，需要以最公正的灭绝方式消灭他们，因此，这项法令就是要杀人，杀掉那些居住在上述城镇（牛津）的丹麦人，他们为了逃命，闯入基督的圣所，强行破门而入，并决定在此避难，保护自己，防备城

镇和乡下的人；但追踪他们的人，迫于必要性，努力要把他们赶出来，赶不出来，他们就放火，于是，这座教堂的装饰和书籍在大火中付之一炬。之后，蒙上帝的圣恩，我重修了教堂。[33]

有人提出，受害者的年龄以及早先伤口愈合的证据表明，圣约翰学院出土的这些遗骸曾是战士，不是普通市井民众。但在一个崇尚暴力和军事化的社会中，这种差别几乎没什么用。无论人们选择如何解释或证实 1002 年的事件，史料和考古证据呈现的景象都是残酷的：人们胆战心惊，跑到自己能找到的最安全之地寻求庇护；无处可躲的他们藏在最大的石制建筑内，拼命祈祷圣所能够保护自己。他们在那儿挤成一团，听着外面的声音——愤怒的叫喊声，木梁撞击门窗的砰砰声。或许，一旦大火开始蔓延，一旦热浪难以忍受、浓烟让人无法呼吸，一旦双眼看不见、窒息、惊恐万分，丹麦人就决定往外逃——逃出门，逃到街上，逃到阳光下和干净的秋日空气之中，然后就会被大喊大叫的暴徒劈砍而死。[34]

这不是创作《马尔登战役》的诗人心中的荣耀战场，也不是埃德加勤勉治理下的强大而稳定的王国。那个王国会回归，会再现往日辉煌，但要等一个新王朝来临后：一个丹麦人的王朝——一个"维京人"的王朝。

第 21 章

分不开的骸骨

VIKING BRITAIN

克努特国王友好地迎接英格兰的大主教和教区主教、
索克尔及所有伯爵，
以及他的所有子民……神职人员和一般信徒。
我（克努特）在此告知大家，
我会是一位亲切和蔼的主人，
也会忠实遵守上帝的权利和世俗的法律。

"克努特致英格兰人的信"
（约 1019 ~ 1020 年）[1]

1013年圣诞节，"八字胡"斯韦恩成为英格兰国王。虽然斯韦恩的作风与维京人惯用的海上袭击和抢劫毫无二致，但他可不只是匹夫之勇。不同于自力更生的人，如之前9世纪70年代的古斯鲁姆，"八字胡"斯韦恩在国际舞台上早就有了名气。他是丹麦国王"蓝牙王"哈拉尔（Harald Bluetooth，死于约985年）之子，10世纪80年代，子继父业，登上丹麦王座。1013年征服英格兰时，他已是一位国王。

斯韦恩对英格兰的袭击于10世纪90年代就开始了，1003年至1005年间，他在英格兰烧杀劫掠长达两年。尽管随后11世纪的整个最初十年间，他再没有带领军队袭击过英格兰——这期间最惨绝人寰的袭击，由令人闻风丧胆的"高个儿"索克尔（Thorkell the Tall）率领——但1013年，他带着一支舰队来了，这一次看起来目的很明确。抵达肯特的桑威奇之后，他带领舰队北上，沿东海岸悄悄航行，直到亨伯河——通往诺森布里亚的入口。在盖恩斯伯勒（Gainsborough）（林肯郡），诺森布里亚人即刻就屈从了。没过多久，北边的麦西亚也顺服于他，随后是瓦特灵街——阿尔弗雷德和古斯鲁姆协定的老边界——以北的所有地区。

斯韦恩向南进发，所向披靡，牛津和温彻斯特不战而降。伦敦"因国王埃塞尔雷德在城中，百姓全副武装迎战"，坚守城池。但这并不足以阻止笼罩在英格兰国王头上的灾难。短暂受挫后，斯韦恩向西进军，抵达巴斯，在那儿西域贵族臣服于他。这对消灭仅存的英格兰人的抵抗来说，足矣。伦敦人放下武器，宣誓效忠新主［据《盎格鲁－撒克逊编年史》记载，如若不宣誓，"他们害怕他

（斯韦恩）会大开杀戒"]。[2] 长达 25 年的战争令英格兰精疲力竭，悲泣着臣服在斯韦恩脚下，"整个国家奉他为王"。

埃塞尔雷德带着妻子埃玛（Emma）和两个儿子爱德华（"忏悔者"）与阿尔弗雷德，跨过英吉利海峡投奔妻弟，即诺曼底公爵理查德（盎格鲁 – 诺曼"调情"的开始，会在未来带来永无止境的灾难性的影响）。自盎格鲁 – 撒克逊人开始记录自己的历史以来，史上第一次，不列颠境内所有的土地上，没有任何韦塞克斯王朝的子嗣掌权，说到底，是没有任何英格兰王朝的统治者执掌权力。

11 世纪，丹麦和挪威对不列颠的入侵，是影响重大——甚至是惊天动地——的历史事件，但这些入侵不是无国籍的军事领主的机会主义突袭。相反，它们属于征服活动，以强大的基督教国王为首，奉统治者之命集结调动装备精良的军队，而这些统治者的势力相比以前的维京军事领主，要大得多。随着欧洲中世纪鼎盛时期逐渐拉开帷幕，基督教民众的大一统意识和逐渐统一的文化认同感开始在法兰西和德意志的中心地带向外辐射到欧洲的各个角落：从爱尔兰海到易北河，从北极地区到地中海。有强大的军事贵族和教会的支持，国王势力空前强大，统治更加老练，财富也空前丰厚。在慢慢成形的新世界中，海上强盗的施展空间越来越小。对老派的纯维京人来说，10 世纪后期和 11 世纪早期会是最后的繁华：他们的生活方式日渐消失。

北方世界同样变化迅猛，斯堪的纳维亚半岛上滋养维京时代诞生的环境，日益消失不见。过去，斯堪的纳维亚社会一直由当地酋长和部落认同感主导着，而 10 世纪，独断的王朝和个人则逐渐把自己确定为丹麦、挪威和瑞典等王国内非宗教权力的本源。从各个方面说，斯堪的纳维亚社会的转变是一个漫长、缓慢、混乱的过程，而这个过程则根植于 9 世纪（或者更早）。的确，国王们的野心造就的不满和政治变动，被视为催生极其频繁的海上活动的因素之一，而这些海上活动则定义了维京时代，鼓动着个人和无依无靠者往别处寻求土地和生存。[3] 但是，到 10 世纪后期，在整个斯堪的纳维亚，一种促进政治稳定的措施已经或即将成形——在丹麦始于大约 940 年，在耶灵王朝的统治下，在挪威和瑞典则在 10 世纪后期，也在流散居民所在的更加偏僻的村落。[4]这些王国的发展不是线性的，未来国家的形成也绝非命中注定（虽然地理位置扮演了关键角色），但其轨迹则不可逆转地都朝向政治统一而去。这并不意味着走向大海寻求掠夺和名声对个人的诱惑已然消除——还早呢——但新的道路已经铺就。

关于这个过程最早且最令人印象深刻的证据，可以在丹麦境内找到。在斯堪的纳维亚诸多"同类"国家中，丹麦是"早熟的"一个——因为丹麦与欧洲大陆（法兰克）的文化、宗教和政治关系相对紧密。丹麦国王相对快速地皈依了基督教，采用了货币制度，并热衷于采用罗马式王权的繁文缛节。虽然我们对 10 世纪丹麦国内发生的事情知之甚少，但老国王戈姆（Gorm）——尤其他儿子哈拉尔的统治，则看似非常关键。戈姆死后，葬在耶灵（Jelling，丹麦日德兰）一处大山丘下修建的木棺中，他死后的几十年间，[5]其坟墓周边出现了许多举行仪式和宗教活动的建筑群。此处最引人注目的当属戈姆的如尼石碑。立这块石碑，表面上是颂扬戈姆的一生——是其子和继承者哈拉尔的孝心——其实更能说明的，恰恰是哈拉尔的狂妄自大。

铭文中写道："国王哈拉尔令立此石碑，以纪念其父戈姆，其母赛拉（Thyrvé）。"刻碑者详述："哈拉尔统一了整个丹麦和挪威，并令丹麦人基督教化。"

正如渐为人熟知的那样，"蓝牙王"哈拉尔不仅宣称自己是伟大的统一者，还为自己的子民带来了救赎。为了强调他在精神上和俗世间的功勋，如尼石碑上雕刻的基督形象，不是受难的上帝，而是凯旋的基督。而这正是盎格鲁－撒克逊人在皈依基督教之后的几十年里想象的基督形象。

哈拉尔在丹麦的统治，或者更概括地说，斯堪的纳维亚迈向欧洲主流文化的道路，是个很有意思的课题，需要另写本书才能阐述清楚。他最令人瞩目的成就包括在丹麦的"Fyrkat"和"Aggersborg"（日德兰半岛）、"Nonnebakken"（菲英岛）、"Trelleborg"（西兰岛）以及今天瑞典境内的"Trelleborg"［斯科讷（Skåne）］修筑了巨大的环形防御工事。虽然功能尚不确定，但对称的规划和令人叹服的防御能力揭示了一定程度的军事或半军事理念——最起码，它们反映了哈拉尔于 10 世纪 80 年代在组织和高压政治方面行使的巨大权力。同样，在瓦埃勒（Vejle）河谷修建规模巨大的木桥，也见证了国王主持扩建基础设施的雄心和规模，完全可以媲美罗马帝国；长达 820 码的橡木公路横跨难以通过的河谷沼泽地，宽达 16 英尺，可容两辆马车面对面通过，其支撑木桩长度达 20 英尺。

无论是环形堡垒还是木桥，似乎都没有哈拉尔的寿命长，但它们代表的王权观念存在的时间却很持久。哈拉尔的统治表明并确保了丹麦国王拥有动用人力和资源的权力，并且达到了前所未有的规模，而现在看来，国王拥有如此规模的权力，已然成为先例。而且，虽然他们从事的工程大部分仍是由其个人雄心所驱动，但辨别个人和"国家"议题之间的不同，却变得日益困难：国王的利益和国家的利益越来越难以分清。

关于这点，1013 年"八字胡"斯韦恩征服英格兰体现得最为真切。究竟是什么原因激发了丹麦国王统治英格兰的欲望，依然存疑，也没有解释他行动的可信史料留存于世。《赞颂埃玛王后篇》（*Encomium Emmae Reginae*）是一部概括性的当代史，写于 11 世纪 40 年代，带有极大偏见颂扬了丹麦王室，书中倒是提供了一个可能性的答案。从这本书中可以看出，斯韦恩的入侵是"高个儿"索克尔的决定导致的。1012 年，在威胁英格兰王国数年后〔同年早期，索克尔手下的一伙人在格林尼治（Greenwich）谋杀了坎特伯雷大主教——先是朝他扔"牛骨头和牛头"，[7] 然后用斧柄把他敲击至死〕，索克尔决定以雇佣兵的身份加入国王埃塞尔雷德的军队。事情很有可能是这样的——11 世纪初期，索克尔逐渐崭露头角，锋芒尽露，斯韦恩很可能视他为潜在的对手。但《赞颂埃玛王后篇》并非可信史料，而且这一部分读起来给人一种"事后诸葛亮"的感觉。事实并非如此，斯韦恩的入侵很可能是受机会主义的驱使。相比他自己的王国，英格兰令人咋舌的经济潜力，他是很清楚的。他曾目睹英格兰国王在需要财富时能够拼凑起来的财富数量——他自己本身也是受益者。同样，他也非常清楚英格兰的军事力量衰弱到了何种程度——他自己曾在诸多场合挥起斧头。当斯韦恩"敌意接管"的时机到来时，这位丹麦国王知道他在推开一扇开放的大门：

门后的权力和财富，令他子民所提供的任何回报都相形见绌。

然而，他并没有享受新王国多久。登基为英格兰国王五周后，也就是在1014年2月初，"八字胡"斯韦恩暴毙，死因不明。不过，至12世纪，盎格鲁–诺曼的作家们无意中发现了一个生动的传奇故事，解释了当时看似离奇的状况。据伍斯特的约翰的编年史记载，斯韦恩国王正忙着与丹麦士兵组成的随行人员痛饮狂欢时，看到一个身穿戎装的危险人物逐渐向他靠近——这个人，别人都看不到，只有国王能看到。根据约翰的说法，"斯韦恩看到他后，极为惊恐，大声叫喊：'士兵亲信们，救我！圣埃德蒙来杀我了！'斯韦恩说出这句话时，圣徒埃德蒙手持长矛狠狠地刺穿了他的身体，他从坐骑上跌落，饱受剧痛的折磨，直到2月3日黎明时分，他在剧烈疼痛中死去"。[8] 圣埃德蒙，东盎格利亚国王，870年死于伊瓦尔和乌比之手（10世纪初，东盎格利亚人将其头像铸在硬币上以示纪念），他的出现就像"班柯"① 一样，完成了迟来的复仇。

我想，在经历了维京人长达两个多世纪的骚扰之后，人们会把这当作是一种"恶有恶报"吧。然而，假使当时人们真这么认为，它所带来的慰藉却很短暂。埃塞尔雷德重返王位，这是经英格兰的权贵们普遍商定的，"没有哪个领主能比他们天生的领主更亲切"，但在此之前他们让他做出承诺，"要比过去更加公正地实行统治"。[9] 原本一切就此能尘埃落定——英格兰贵族甚至承诺彻底坚决地抛弃丹麦国王——但是，不要忘了，斯韦恩的儿子克努特还在英格兰。而且没有任何想回家的迹象。

克努特在英格兰的作战，一开始就凶狠残忍，肆无忌惮。他押着交给他父亲的人质，率船至桑威奇，把人质放在岸上，割掉了他们的手和鼻子。从那一刻起，历史再次上演。又一次，埃塞尔雷德送上了贡金（根据《盎格鲁–撒克逊编年史》记载，为2.1万磅白银），而且又一次，花钱并没有遏制住袭击。克努特的军队威胁着英格兰海岸，攻入韦塞克斯烧杀劫掠，与此同时，还利用了

---

① 班柯（Banquo），莎士比亚悲剧《麦克白》中人物。——译者注

埃塞尔雷德的灾难统治未能解决的政治分歧。局势再一次急速失控。只有埃塞尔雷德死亡才能遏止衰败。最终，或许令很多人大为宽慰，他得了一场疾病，于 1016 年圣乔治节（4 月 23 日）身亡。CDE 文本编年史家画蛇添足地提示读者：国王"在经历生命中的深重劳累和苦难之后"结束了他的一生，[10] 也终结了长达 38 年（中间有短暂中断）的统治。而他在位的这段时间，对他所有的英格兰子民来说，不管是不列颠人、盎格鲁 – 撒克逊人还是丹麦人，都是一段痛苦难捱的时期。

继承其王位的是他的儿子埃德蒙，人们对于埃德蒙所知甚少，但根据《盎格鲁 – 撒克逊编年史》（对他记载甚少）记载，他因"英勇刚毅"获得"刚勇者"的外号，这又是个完全不同的话题了。他的父亲似乎从未亲自挂帅英格兰军队，与父王不同，埃德蒙是位亲力亲为的军事领主。他立即着手集结军队（事实上，在他父亲统治晚期，他曾试图做过，但失败了），并率军上战场，不知疲倦，坚持不懈，果断坚定。1016 年，对所有人来说都是艰辛繁重的一年。埃德蒙在彭斯伍德（Penselwood）（萨默塞特）击败克努特，又在舍斯顿（Sherston）（威尔特郡）发生冲突，虽然战事激烈，但最终胜负未决。不久之后，埃德蒙的军队把丹麦人逐出伦敦，并在布伦特福德（Brentford）[密得塞斯（Middlesex）] 和奥特福德（Otford）（肯特）再次击败他们。看似英格兰终于有了它迫切需要的捍卫者。但这最后的胜利刚过不久，埃德蒙就犯了一个错误，最终令他的大部分战果付之一炬。在阿里斯福德（Aylesford）（肯特）的集会上，或许是因一时的"过度自信"（*ofermod*）作祟，他竟与麦西亚的郡长埃德里克·斯特琉那（Eadric Streona），即"获得者"埃德里克（Eadric the Acquisitor）讲和了。

埃德里克·斯特琉那是 11 世纪英格兰的恶棍之首。此人背信弃义，恶贯满盈（包括谋杀、抢掠、占用教堂土地和财产、背叛、食言、故意捣乱等，还有很多关于他的不耻行为传到国王埃塞尔雷德的耳边）。1015 年，埃德里克叛逃进克努特的军队——纵然他早已与埃塞尔雷德的女儿埃迪丝（Edith）成了婚。他明显以"一个皈依者的热情"皈依了"克努特主义"。据伍斯特的约翰所言，舍斯顿战役期间，埃德里克：

砍掉了某个叫奥斯米尔（Osmear）的人的脑袋，这个人的模样和头发，都像极了埃德蒙，他把脑袋高高举起，大喊英格兰人的战斗是枉送性命："你们多塞特、德文郡和威尔特郡的人都仓皇而逃，因为你们失了将领。看哪，我手里擎着的就是你们的主人、埃德蒙国王的脑袋。赶紧逃命吧。"

英格兰人听闻之后惊骇不已，眼下的恐惧让人无暇顾及这位"发言人"说的话具有多少可信度。[12]

如果是这样（然而很可能不是），可真够骇人听闻的。不过，不管他犯过何种罪行，似乎埃德蒙在阿里斯福德确定一点，把埃德里克留在身边强过把他留在帐外。或许这么做是明智的——把他留在寒风里，他很可能再次投靠克努特，或者完全我行我素；一个对他的供应链和大后方构成威胁、随时可能爆炸的强大隐患，埃德蒙自然是不想要的。但事后分析，比较容易赞同 E 文本编年史家的结论——"没有比这更不明智的决定了"，[13]而最终，埃德蒙或许曾祈求重新来过。决定性的战役在一个叫" Assandun "的地方［或许是埃塞克斯的阿兴顿（Ashingdon），但也可能是在同一个郡的阿什顿（Ashdon）］打响，《盎格鲁－撒克逊编年史》心灰意懒地讲述道："郡长埃德里克故伎重演，他率先与西麦西亚人开逃；就这样，他背叛了皇家主子和所有英格兰人民。"[14]《赞颂埃玛王后篇》中对这场战役的描述更为生动，不过可信度也不高。赞美者笔下的埃德里克如是宣布："兄弟们，我们逃吧，命悬一线，我们抓住这最后的稻草，不然就万劫不复了，因为我知道丹麦人有多勇猛。"赞美者还认为——显然在当时，现在也是一样——"他这么做不是因为害怕，而是欺诈；许多人断言他为了得到一些好处，私底下对丹麦人许了承诺"。[15]

虽然有支持克努特的倾向，但《赞颂埃玛王后篇》也充满敬意地记述了埃德蒙国王的事迹。用在他身上的词，带有英雄主义的色彩（"哦，英格兰人，今天你们要么一起战，要么一起降。因此，明理的人们，为自由而战，为你们的祖国而战"），他的行动是英勇的（"他冲入敌军阵营，周遭的丹麦人应声倒地，这样一来，他的贵族追随者就更有斗志了"）。[16] 根据《赞颂埃玛王后篇》所载，这场仗从早上一直打到黑夜降临。"若不是明亮的月光照着敌军，大家就会自相残杀，因为他们总觉得面前是对抗自己的敌人，届时双方都不会有人幸免于难，只有自己逃跑才能活命。"[17] 英格兰的历史完全取决于这场战役的结果。对埃德蒙来说，一场决定性的胜利——尤其是能让克努特亡命的胜利——将改变历史的进程。然而，最终，"英格兰人毫不迟疑地转身向四面八方逃去，永远败给了敌军，给克努特的荣耀和胜利增添了光荣的一笔"。[18] 精疲力竭的丹麦士兵"欢庆胜利果实，在一堆死尸之间一直欢庆到天亮"。清晨来临时，他们掳走了战败者的全部武器，只留下遍野横尸——"野兽和鸟儿"的腐肉盛宴。[19]

克努特手下的诗人用寥寥几句赞扬的话，简洁概括了这次胜利，对一个国家的征服被归结成了下面这幅景象：黑色的翅翼在田野上空挥舞着，田野因血污而呈现黑色：

"伟大的国王，您在战斗中完成了一项壮举；血鹤（渡鸦）享受了黑暗的腐肉。"克努特赢回了父亲没有坐热的王座。无论是英格兰人还是丹麦人，付出的代价都非常惨重。

如尼石碑散布在占据瑞典绝大部分地区的斯堪的纳维亚乡间。杂乱无章的灰色石碑，如参差不齐的牙齿一般，从荒草中伸出，大多依然矗立在野外，经年累月经受着时间的流逝和风吹雨打。上面刻有盘绕的蛇和棱角分明的如尼文字，通常刻着十字架，明显表明北方世界日益普遍的信仰。这些历史遗迹形成于 11 世纪早期，是对那些在克努特时代死去的亡灵的纪念。在今天我们所知的所有石碑中，有一组包含 30 块，人们认为是"英格兰如尼石碑"，石碑上的碑文明确提到了这些晚期的维京人在英格兰的功绩，列出了那些为 11 世纪不列颠的形成做出过贡献的人们的名字。[20] 一些提到了个人的捐赠——是对那些残酷年月里从英格兰人手中搜刮来的财富的记录。比如阿里（Áli）显然是个提前做好计划的人：他"让人立了石碑以纪念自己。他在英格兰拿着克努特给的酬金。愿上帝拯救他的灵魂"。[21] 或许这无耻的自我推销，花了不少他新"挣来"的银币。

其他铭文则更加具体，把某些记载在英语史料里的特定事件刻在了石头上。瑞典乌普兰的"Yttergärde"有块石碑，由两个名叫卡尔瑟（Karse）和卡尔比约恩（Kalbjörn）的人所立，以纪念他们的父亲乌尔夫（Ulf），铭文中写着"乌尔夫在英格兰拿了三次酬金，第一次是托斯蒂（Tosti）给的，第二次是索克尔给的，第三次是克努特给的"。[22] 经斯诺里考证，"托斯蒂"可能是斯科格拉–托斯蒂（Sköglar-Tosti），即"八字胡"斯韦恩和瑞典国王"胜利者"埃里克（Eric the Victorious）的岳父。[23] "索克尔"就是"高个儿"索克尔，他的壮举是 1012 年从英格兰人手中攫取了 4.8 万磅银币。关于克努特自然不用多言了。类似乌尔夫这样的人，都是英格兰多年苦难经历的受益者。

更少见的是，如尼碑文让我们一窥在克努特统治英格兰期间死去的斯堪的纳维亚人："斯韦恩和'Þorgautr'立此石碑以纪念曼尼（Manni）和斯韦尼（Sveini）。"瑞典斯堪尼亚（Scania）一块石碑上如是写道："愿上帝佑护两人的灵魂。他们长眠于伦敦。"[24] 1852 年，圣保罗大教堂的墓园中发现了惊人的考古证据，证明 11 世纪的伦敦存在一处移民社区。有一块石碑，装饰风格为斯堪的纳维亚的灵厄里克（Ringerike）风格，上面雕刻着一头向后转身的野兽，非常精美，曾绘以彩色（红、白、黑），一条边缘上刻有如尼铭文："金纳（Ginna）和托基（Toki）立此石碑。"对于这些人，我们永远无从了解。这块石碑目前藏于伦敦博物馆，旁边展览着维京战斧，是在泰晤士河低潮时从发臭的河泥中拽出来的——残片分散在"一战未平一战又起"的作战地点，撞击着支撑到最后一刻的城墙。

然而，大多数死在英格兰的斯堪的纳维亚人，都未留下姓名，不过他们是怎样死去的，有些则暴露无遗。2009 年，在多塞特修建韦茅斯疏导路（Weymouth Relief Road）初期，人们在白垩山丘发现了一处墓穴。先是发现了头骨，47 个人头被随意地丢在坑里。随后发现了尸身，42 具赤裸的无头尸身堆叠在一起——乱糟糟的肋骨和腿骨从土里伸出来，画面令人毛骨悚然。对遗骸的分析表明，人头是用剑砍掉的。此次杀人任务"繁重"，通常要砍好几下才能砍断脖子，有时候杀手下手不准或是过于草率，就会割破头骨或脸部，白垩岩在深红色的洪流里染上了血色。这么多人得持续数小时才杀得完。墓地中不见的那 5 个人头很可能是用来纪念这些逝者的——五个人头被插到木桩上，让他们从山上向下"注视"。

对遗骸的分析表明这里埋葬的都是男性，年龄多数介于青少年和成年早期之间，死去的时间在 1000 年左右。其中仅有五人是在不列颠长大，其余的人来自斯堪的纳维亚、波罗的海各国、冰岛、俄罗斯、白俄罗斯、北极和亚北极地区，来自维京人所居北方的各个角落。他们来到不列颠，死在英格兰，但是究竟是什么把他们带到这里，又是谁杀了他们，依然是个谜。这些死者都不是专门打仗的，骨头上没有受伤和伤口愈合的痕迹，也没有战场疾病和损伤的迹象。实际上，有些似乎很衰弱或身患残疾。或许这些人来到英格兰是为了追求财富，眼见那么多银钱流入北方、耳闻冒险传说和英格兰人虚弱不堪的说法、如尼石碑上的铭文又吹嘘为闻名且强大的领主战斗能获得酬金，这一切都诱惑着他们。然而，等待他们的却是死亡。[25]

这些人的身份永远无从知晓，但某个人，在某个地方必定曾为他们悲伤。挪威有一块石碑，上面的文字令人伤感："'Arnsteinn'立此石碑，纪念儿子'Bjórr'，他曾随克努特攻击英格兰，战死沙场。"[26] 或许"Bjórr"曾是一名铁血战士，在激烈战斗中惨遭杀害；又或许他还只是个孩子，冒险征程还未开始就被人砍死了。

埃德蒙在"Assandun 战役"中幸免一死，随后有足够的时间与获胜的丹麦国王和谈。或许双方在迪恩森林（Forest of Dean）再次交战（取决于如何解读一首有关"Danaskógar 战役"的吟唱诗），[27] 但所有史料都赞同一点：双方的和谈地点位于一个叫"Olagige"（意为"奥拉之岛"）的岛上，毗邻格罗斯特郡的迪尔赫斯特（Deerhurst）。根据后人的传说，两位国王来到塞汶河的河洲上，在此单独决斗——一场决定王国命运的皇室"格斗"（"holmgang"）。这虽然看似不可能，但没有别的途径了解此类事是否真的发生。我倒愿意设想它发生了——两个伟大的战士打到分出胜负为止，就像是 225 年的战争和妥协凝练成这一幅画面：韦塞克斯和丹麦的国王、盎格鲁－撒克逊人和丹麦人，为英格兰的灵魂而战，橄榄绿色的河水从旁缓缓流过。暂且不管真相如何，最终总算达成了和解，埃德蒙同意支付贡金（7.2 万磅银币在 1018 年来说是个天文数字），双方互发誓言，交换人质。埃德蒙继续待在王位上，保留家族土地和对韦塞克斯的统治；克努特接管麦西亚（可能还包括东盎格利亚和诺森布里亚）。刚刚统一的英格兰，再次分裂。

情况大抵如此。然而，事实证明，所有详情都只是理论上的猜测。埃德蒙死于 1016 年 11 月 30 日，是近两年内死去的第三位英格兰国王（包括斯韦恩在内）。1017 年，"克努特国王继任整个英格兰王国的国王"。[28]埃德蒙不明不白地猝死，总带有可疑的色彩。如果不是谋杀，对克努特自然是件好事。诺曼历史学家汉廷顿的亨利（Henry of Huntingdon）于 12 世纪初期首次记录了后来的一个传说版本：埃德蒙临死前并不体面，在如厕时被十字弩射中屁股。[29]不过，让埃德蒙死后的尊严得以保全的是：这个说法不太可能是真的。

克努特登上王位后，最初的举措或许是他统治生涯中最激进的。他把英格兰分成四个大的伯爵领地，对应四个古老的王国，即韦塞克斯（由他自己直接统治，至少一开始是这样）、麦西亚（暂时交给埃德里克·斯特琉那）、东盎格利亚（交给 1015 年与克努特讲和的"高个儿"索克尔）和诺森布里亚［由挪威人哈克纳森（Hakonarson）管辖］。"伯爵"（earl，古英语为 eorl）的头衔是由古斯堪的纳维亚语"jarl"（首领、贵族）英语化而来，此时进入英语，是英格兰贵族和国王之间的一个新等级。克努特还利用机会提高了在奥兰尼格（Olanige）商定的巨额税收，镇压了一大批有异议的英格兰贵族，还在伦敦处决了埃德里克·斯特琉那，弃之于城墙之上——这种做法在当时似乎颇为普遍。据《赞颂埃玛王后篇》所载，这么做是为了让"其余扈从吸取教训，对国王要忠诚，不可背信弃义"。[30]

克努特统治英格兰直至 1035 年去世，他的儿子哈拉尔和哈德克努特（Harthacnut，1040 ～ 1042 年在位）在位至 1042 年。在克努特王室（Knytlinga）统治英格兰的 25 年时间里，潜在的斯堪的纳维亚的影响成为英格兰主流文化的一部分（在英格兰北部和东部已很显著）。那些年月里，北海帝国疆域暴增，囊括了丹麦、挪威和瑞典部分地区，而英格兰正处在北海帝国的中心地带，帝国还对不列颠北部和西部群岛讲斯堪的纳维亚语的群落宣示了统治权。温彻斯特的宫廷语言为古斯堪的纳维亚语，斯堪的纳维亚的军事领主以伯爵的身份统治昨日的盎格鲁－撒克逊王国，而斯堪的纳维亚人可以在圣保罗大教堂的墓园中为自己立下如尼石碑。萨默塞特的皮特尼（Pitney）几乎可以说是维京人定居的中心，那儿出土的镀金黄铜胸针表明，后来的斯堪的纳维亚人和盎格鲁－撒克逊人的艺术风格相融合的地方，在克努特统治之前，与讲古斯堪的纳维亚语的人鲜有直接联系。同样，在格罗斯特郡的拜伯里出土的一块引人注目的纪念碑，其雕刻为灵厄里克风格，奇诡扭曲的脖颈上方是狮子脸，从基底伸展出来，好似追寻太阳的花朵。

甚至在以"忏悔者"爱德华为首的西撒克逊王朝恢复之后，很多影响依然根深蒂固。英格兰最后一位"盎格鲁－撒克逊"国王是哈罗德·戈德温森（Harold Godwineson，1022～1066），他有挪威名字（哈拉尔），母亲是丹麦人，他的兄弟托斯蒂格（Tostig）、斯韦恩和戈斯（Gyth）也都像他一样。"贝叶挂毯"（Bayeux Tapestry）记录了黑斯廷斯战役（Battle of Hastings），画面上可以看出许多英格兰士兵手中挥舞着巨大的、需双手擎握的战斧，威力极强，这类战斧也是由斯堪的纳维亚人带来的——为阻挡法兰克骑兵，丹麦战场出现了这种砍杀战马的武器，后渐在欧洲大陆风靡。

然而，就在这时，就在斯堪的纳维亚人的影响和权力在英格兰处于顶峰的时候，维京人开始逐渐消失，一如未出现时。

从某种程度上说，克努特是最了不起的维京人——一位丹麦国王，借助恐吓和武力，其长船连接起一个海上帝国，吟唱诗人围绕其功勋，创作出了对嗜血暴力的赞歌——一如他的先祖。但是，从某些方面，或许还是更为重要的方面来说，克努特根本就不算是维京人。克努特与他父亲一样，是丹麦贵族，早在他成为斯堪的纳维亚大地上的某个国王之前（1018 年登基为丹麦国王，1028年成为挪威国王），就已经是英格兰国王了，而且他在不列颠的时间相当长。他是绝对的基督徒，在他的法律、铸币、自叙和对教堂的慷慨大方上，他的表现就是一个典型的盎格鲁－撒克逊国王。他决心重新确定埃德加法律，甚至迎娶了前国王埃塞尔雷德的王后埃玛——正是他们的儿子哈德克努特下令编纂了歌颂她的《赞颂埃玛王后篇》。[31]

纽敏寺教堂（New Minister，或译"新敏寺"）和海德大修道院（Hyde Abbey）的《生命册》（*Liber Vitae*）是一本书，成书于 11 世纪 30 年代初期，记录了温彻斯特纽敏寺教堂的捐赠事宜，该教堂由"长者"爱德华修建，里面停放着他的父亲阿尔弗雷德大帝的尸骨。《生命册》中有一页非常精美的插图，画面中，国王克努特和王后埃玛向纽敏寺呈送巨大的祭坛十字架，这幅图绘制于二人在世期间。基督和圣彼得悬停在上空，一位天使将王冠擎在克努特的眉毛之上。上帝站在祭坛的台阶上，立于中世纪的门槛，上上下下打量着这位新时代理想君主。9 世纪和 10 世纪的异教军事领主已然消逝，纵使斯堪的纳维亚人还会在未来一个世纪中继续骚扰不列颠诸岛，但大势已去。世界已经改变。

克努特死后葬在庄严的老敏寺教堂，后由纽敏寺取代。他曾在 1032 年把"刚勇者"埃德蒙国王的遗骸运到此处，从某种意义上说，他似乎对这位昔日的对手有种奇怪的情感。他与埃玛的儿子哈德克努特，于 1042 年被葬在纽敏寺，埃玛寿命较长，于 1052 年也葬于此。隔壁，与他相隔几英尺处，长眠着阿尔弗雷德大帝和王后埃尔斯威斯、儿子爱德华（"长者"）、埃塞威尔德以及爱德华的儿子埃尔夫威尔德。好多年的时间里，韦塞克斯王室和克努特王室在各自的陵墓（虽然相似却也不同）中沉睡着，中间隔着墙壁和干净的绿草。但是随着时间流逝，老教堂倒塌，取而代之的是依然矗立在温彻斯特的宏伟的哥特式大教堂，王室陵寝也随之搬迁——阿尔弗雷德王室转移至海德大修道院，而克努特王室则与其他王室陵寝（包括埃德蒙，可能还有 10 世纪的国王埃德雷德）一道被迁至某处大教堂，在那儿，他们与盎格鲁－撒克逊的各位主教和诺曼王子的遗骸，相伴长眠了数百年。

直至 1642 年，正值英格兰内战期间，支持议会派的士兵冲进了该教堂。对这些人来说，"没什么是圣洁的，没什么是神圣的，他们亵渎玷污逝者的陵寝，把他们的骸骨扬在教堂的每条路上"。"他们把诸位国王、王后、主教、司祭和圣徒的骸骨往彩色玻璃窗上扔",[32] 玻璃窗碎了一地。1661 年,为补救这一乱象,人们把"丢得到处都是的诸位国君和神职人员的骸骨收集到一起",存放在大箱子里,他们至今依然静卧在唱经楼的墙顶。[33]18 世纪晚期和 19 世纪的后续调查研究表明,这些完全是一堆"无可救药"的杂乱尸骨。

究竟是怎么一回事,新的 DNA 研究倒是提供了一些微弱的线索。但截至目前,谜底依旧未解,而这正是 11 世纪末期英格兰的一种真实写照:盎格鲁 – 撒克逊人和丹麦人在死后完全混在一处,现在要想将其区分开来,已是绝无可能。

尾 声

1041年，克努特的次子哈德克努特过世，埃塞尔雷德与埃玛的儿子"忏悔者"爱德华恢复了韦塞克斯王朝（1042～1066年在位），但这无论如何都不足以宣判斯堪的纳维亚时期的不列颠——或者准确地说，维京时代——的终结。

在北部和西部，尤其是奥克尼群岛、设得兰群岛、马恩岛和赫布里底群岛等岛屿要塞，维京统治并没有中断，一直繁荣到中世纪，对苏格兰数百年的历史产生了决定性的影响。1266年之前，群岛（马恩岛和西部群岛）领主一直独立于苏格兰［11世纪晚期，挪威国王"赤脚者"马格努斯（Magnus Barefoot）曾入侵群岛，之后对群岛进行了短暂的直接统治］。奥克尼伯爵领地是自9世纪以来由斯堪的纳维亚殖民者在凯思内斯和北部群岛建立的政体，存在时间更长；作为挪威王国的一部分，奥克尼持续到1467年，设得兰群岛持续到1468年。但是，无论不列颠北部边陲与斯堪的纳维亚的政治如何紧密地纠缠，又或者无论斯堪的纳维亚的文化、语言和居民如何渗透，直至11世纪末期，这些领主才开始进入历史的视野，他们的出身和发迹史都模糊不清。[1]

尤其是奥克尼的伯爵，是个谜一样的存在。群岛上，前斯堪的纳维亚（皮克特人）时期的地名、语言和物质文化，几乎完全无迹可寻，有人因此提出，这些北海边远定居点的殖民是在种族屠杀式的移民浪潮中进行的。有人强调：不存在可靠的年表，早期人口的规模和密度也不确定，斯堪的纳维亚数个世纪以来的移民潮及其影响也不确定。虽然证据模棱两可，但岛民对维京传统的骄傲之情显而易见。不列颠的这些地方恰如英格兰的很多地区一样，维京时代从未真正结束。没人打包起维京战斧和托尔神斧的护身符，回"家"去。这些维京时代的移民或许带来了新的思想和新的身份，与邻里乡亲们杂居相处，彼此适应，但他们——当然是说 11 世纪之前——在这些岛上的生活，都是不列颠式的，与他人毫无二致。

来自斯堪的纳维亚的侵袭依旧未停，但他们依然受各自国王的管辖，并非强盗。1066 年，挪威国王"无情者"哈拉尔入侵英格兰失败，只是诸多案例中的一例。1069 年，在诺曼征服英格兰的余波中，丹麦国王斯韦恩·埃斯特里德松（Svein Estridsson，1047 ～ 1076 年在位）联合西撒克逊王朝最后一位有希望的子孙（太子埃德加）攻占了约克。"征服者"威廉花钱打发他离开了。（1075 年，他又来了一次快速抢掠。）斯韦恩的孙子克努特四世（1080 ～ 1086 年在位），热衷于这种"全国性的消遣"，筹建了一支舰队，于 1085 年入侵英格兰。不过，他的臣民却没什么热情，拒绝服役；在他再次试图集结他们时，他被追进一座教堂后刺死。即便到了 12 世纪中期，斯堪的纳维亚的国王有时还是忍不住诱惑去侵扰不列颠沿岸。斯蒂芬国王（1135 ～ 1154 年在位）统治时期，即 12 世纪 50 年代，挪威国王埃斯泰因·哈拉尔森（Eystein Haraldsson，1142 ～ 1157 年在位）率一支舰队威胁了奥克尼、苏格兰和英格兰北部。

该把这些看作是维京袭击吗？或许吧，但最终，所有试图划定维京时代的界线的做法，都沦为毫无结果的语义层面的论战。或许更应该承认的是，至 12 世纪和 13 世纪，有关维京人的文学观念——一种到目前依然影响着我们对维京时代的看法的意象——诞生了，不仅诞生在冰岛萨迦文学作品中，还诞生在稀奇的盎格鲁－诺曼传奇中，如《丹麦王子哈夫洛克》（Havelok the Dane）。文学修辞和荒诞故事的创作，从某种程度上说，取决于保持与这些作品力图描述的世界之间的批判性距离。之所以能安全地把那段时光传奇化，是因为它已经结束。

维京人早已改变了不列颠，这毋庸置疑。但不列颠也改变了维京人——

一直在改变着，直到在他们身上再也看不见往日的痕迹。人们素来把维京人描述为"铁板一块"，而我写这本书的目的之一，就是试着让他们少些这样的感觉——维京人更易受到周围环境和所接触的人与思想的影响。维京人充满勃勃生机：他们是变革的推动者，改变了他们穿梭过往的世界，即便有时会在这个过程中迷失了自己，成为一个影子、一个被重新放回到历史过往中的传奇人物——但是，却是以全新的形象。我的另一个目的是将维京世界令人惊叹的遗产分享给读者，展示给那些从未接触过维京人在不列颠留下的深刻又广泛印记的人，用他们的故事提醒人们，文化、群体身份和民族，往往比我们想象的更复杂、更具争议性。

我也曾努力尝试，承认维京文化以及这些事件和进程对不列颠历史的影响，但却并没有消除我们心中对塑造了维京时代的人们的陌生感。维京人不"仅仅跟我们一样"：作为人类，不仅仅是使用货币或穿鞋子，世俗的物件并不能轻易地解释人们的感觉、思想和梦想。但我们依然能站到他们曾站过的土地上，感受脚下的绿草，知道他们也曾感受过；品尝舌尖上的海风，知道他们也曾品尝过。当我们在岸边等待，太阳像滴血一般沉入西方，海浪冲刷着海滩，我们依然能听到维京人伴着潮汐歌唱，还有维京船的龙骨压在卵石滩上发出的咯咯吱吱的声响……

致　谢

本书所涉思想和观点，甚至包括自认是我个人的思想和观点，得益于众多历史学家、考古学家、语言学家、钱币学家和科学家等。其中有些人，我拜读过他们的著作；而另一些人，我曾有幸以学生、同事或朋友的身份与他们共事。他们是谁无须我赘言，而且他们也能一眼看出自己在我的思维过程中留下的印记。在此尤其要感谢加雷思·威廉斯（Gareth Williams）（非亲属），他是我在大英博物馆的同事，对他给予的生活上和学术上的帮助，我深怀感激。非常感谢乌普萨拉大学（University of Uppsala）的尼尔·普赖斯，他通读了本书草稿。他的评论中肯准确，令我倍受鼓舞。当然，还要感谢我的两位编辑——阿拉贝拉·派克（Arabella Pike）和彼得·詹姆斯（Peter James）。在两位的帮助下（阿拉贝拉对我还相当宽容），本书才得以最终为读者呈现了最好的版本。同样要大力感谢两位代理律师——朱利安·亚历山大（Julian Alexander）和本·克拉克（Ben Clarke），感谢他们的支持，并且代表我不辞劳苦地处理各项事务。要特别提及汤姆·霍兰（Tom Holland），若不是他好心从中牵线，我永远都不会结识前面提到的几位，这本书可能就无缘面世了。

写作过程中，我一边写，父亲杰弗里·威廉斯（Geoffrey Williams）一边一个词都不落，见证了这本书漫长的创作期。毫无疑问，得益于与他进行的探讨以及他挑出的大量错误并提出改进建议，本书才得以更完美地呈现。母亲吉利

（Gilli）为本书创作了几幅白描，配有极简注解，画风灵巧，令人叹服。对于父母给予我的所有帮助，以及他们对我坚定的爱和支持，我感激不尽。

最后要感谢我的妻子齐娜（Zeena），面对生命中突然闯入的"维京人"，她不得不起身应付，而时日之久，是出乎她意料的。但是她经受住了"暴风雨"的打击，还在我意志消沉的时候，鼓励我振作起来。如果没有她，一切皆不可能。她是一个非常棒的人。

不过，我必须得强调一点，上述所有人皆不对我天马行空的想象负有责任，换句话说，本书付梓后出现的任何错误，皆是我一人之责。

缩略语及原始资料

关于 *Anglo–Saxon Chronicle* 的注释

关于 *Anglo-Saxon Chronicle* 手稿的引用和参考，所用版本由 David Dumville 和 Simon Keynes 监制（见下方），参考的翻译版本出自 Dorothy Whitelock 和 Michael Swanton：D. Whitelock（编译），*The Anglo-Saxon Chronicle: A Revised Translation* (1961, Eyre & Spottiswoode); M. Swanton（编译），*The Anglo-Saxon Chronicles* (2001, 2nd edition, Phoenix Press)。凡引用 *Chronicle* 之处，注释中简略标注 *ASC*，所引用资料在所有手稿（"核心"文本）中共有；除此，若引用信息仅限于一个或多个版本，则附有具体文字说明。

关于 Irish Chronicles 的注释

Thomas Charles-Edwards 重新整理并翻译了假定为"Chronicle of Ireland"（*CI*）的合集，时间截至 911 年，选自现存不同手稿的编年史纪事，主要包括 *Annals of Ulster* 和 the Clonmacnoise group (*Annals of Tigernach, Annals of Clonmacnoise, Chronicum Scotorum*)，以及 *Annals of Innisfallen, Annals of the Four Masters* 和 *Fragmentary Annals*: T. Charles-Edwards（编译），*The Chronicles of Ireland* (2006, Liverpool University Press)。911 年之前的文本翻译，我参考的是这一版。911 年之后，参考的文本翻译是由 University College Cork 出版的 *Corpus of Electronic Texts* (CELT) ［http://www.ucc.ie/celt/published/T100001A/］

AC-Annales Cambriae 的缩写；*J. Morris (ed.), Nennius, British History and the Welsh Annals* (1980, Phillimore)

AClon-Annals of Clonmacnoise（参见上文"关于 Irish Chronicles"的注释）

AFM-Annals of the Four Masters（参见上文"关于 Irish Chronicles"的注释）

AI-Annals of Innisfallen（参见上文"关于 Irish Chronicles"的注释）

Alfred-Guthrum-' The Treaty of Alfred and Guthrum '; S. Keynes and M. Lapidge（编译），*Alfred the Great:Asser's 'Life of King Alfred' and Other Contemporary Sources* (1983, Penguin)

APV-Armes Prydein Vawr; J. K. Bollard（编译），选自 M. Livingston（编）的 *The Battle of Brunanburh: A Casebook* (2011, University of Exeter Press), pp. 155-70，及 pp. 155-69 注释和 pp. 245-6 评论

ASC-Anglo-Saxon Chronicle（参见上文"关于 *Anglo-Saxon Chronicle*"的注释）：

A-J. M. Bately (ed.), *The Anglo-Saxon Chronicle: A Collaborative Edition, vol. 3.MS. A* (1986, Brewer)

B-S. Taylor (ed.), *The Anglo-Saxon Chronicle: A Collaborative Edition, vol. 4.MS.B* (1983, Brewer)

C-K. O'Brien O'Keeffe (ed.), *The Anglo-Saxon Chronicle: A Collaborative Edition, vol. 5.MS.C* (2001, Brewer)

D-G. P. Cubbin (ed.), *The Anglo-Saxon Chronicle: A Collaborative Edition, vol. 6.MS.D* (1996, Brewer)

E-S. Irvine (ed.), *The Anglo-Saxon Chronicle: A Collaborative Edition, vol. 7.MS.E* (2004, Brewer)

F-P. S. Baker (ed.), *The Anglo-Saxon Chronicle: A Collaborative Edition, vol. 8:MS.F* (2000, Brewer)

*ASN-*Annals of St Neots; *D. N. Dumville and M. Lapidge*（编），*The Anglo-Saxon Chronicle:A Collaborative Edition, vol. 17.The annals of St Neots with Vita prima Sancti Neoti (1985, Cambridge:* Brewer)

ASPR-Anglo-Saxon Poetic Records（《盎格鲁－撒克逊诗歌记录》）；G. P. Krapp and E. V. Dobbie（编），*The Anglo-Saxon Poetic Records: A Collective Edition, 6 vols* (1931-53, New York:Columbia University Press)［ ota.ox.ac.uk/ desc/1936 ］

AU-Annals of Ulster（参见上方"关于 Irish Chronicles 的注释"）

Beowulf-ASPR，第四卷

BM-British Museum registration number（大英博物馆登记编号）

*Boethius-*Boethius, *Consolatio Philosophiae*; J. J. O'Donnell (ed.), *Boethius: Consolatio Philosophiae* (1984, Bryn Mawr College)

Brunanburh-The Battle of Brunanburh (ASPR, volume 6)

*BVSC-*Bede, *Vita Sancti Cuthberti*; B. Colgrave（编译），*Two Lives of Cuthbert* (1940, Cambridge University Press)

c.-circa（"大约"）

CA-Æthelweard, ' *Chronicon' of Mthelweard* '; A. Campbell（编译），*The Chronicle of Mthelweard* (1962, Thomas Nelson & Sons)

Canmore ID- 苏格兰考古遗址，纪念碑和建筑物数据库的参考编号，参见〔https://canmore.org.uk/〕

CASSS- 格鲁撒克逊石雕汇编〔http://www.ascorpus.ac.uk/index.php〕

CC-John of Worcester, *Chronicon ex Chronicis*; R. R. Darlington（编），P. McGurk（编译）和 J. Bray（译），*The Chronicle of John of Worcester* (1995, Clarendon Press)

CKA-Chronicle of the Kings of Alba（《阿尔巴国王编年史》）；B. T. Hudson（编译），'Chronicle of the Kings of Alba', *Scottish Historical Review 77* (1998), pp. 129-61

CS-Chronicon Scottorum（参见上方"关于 Irish Chronicles 的注释"）

Deor-ASPR，第三卷

DR-Denmark（地理坐标参考；如尼石碑）

EE-Geffrei Gaimar, *Estoire des Engleis*; I. Short（编译），*Gaimar:Estoire des Engleis/History of the English* (2009, Oxford University Press)

Egil's Saga-B. Scudder（编译），'Egil's Saga', in J. Smiley（编），*The Sagas of Icelanders* (2000, Penguin), pp. 3-185

EHD-English Historical Documents（英格兰历史文件）；D. Whitelock, *English Historical Documents 500-1041*，卷 1 (1979, 2nd edition, Routledge)

Elene-ASPR, volume 2

Enc.-Encomium Emmae Reginae; A. Campbell（编译）和 S. Keynes（编）的 *Encomium Emmae Reginae* (1998, Cambridge University Press)

Ex.-Gildas, *De Excidio Britanniae*; M. Winterbottom（编译），*Gildas:The Ruin of Britain and Other Works* (1978, Phillimore)

FA-Fragmentary Annals（见上方关于 Irish chronicles 的注释）

FH-Roger of Wendover, *Flores Historiarum*; H. O. Coxe（编），*Rogeri de Wendover Chronica; sive, Flores Historiarum* (1841-2, Sumptibus Societatis); EHD 中的翻译文本

Finnsburg-The Fight at Finnsburg (ASPR, volume 6)

GD-Saxo Grammaticus, *Gesta Danorum*; P. Fisher（翻译）and K. Fries-Jensen（编辑），*Saxo Grammaticus: The History of the Danes, Book I-IX*. Volume I (1979, Brewer)

Genesis-ASPR，卷 1

GH-Adam of Bremen, *Gesta Hammaburgensis ecclesiae pontificum*; F. J. Tschan（编译），*History of the Archbishops of Hamburg-Bremen* (2002, Columbia University Press)

GRA-William of Malmesbury, *Gesta Regum Anglorum*; R. A. B. Mynors, R. M. Thomson 和

M. Winterbottom（编译），*William of Malmesbury:Gesta Regum Anglorum* (1998, Oxford University Press)

Grímnismál-A. Orchard, *The Elder Edda*: *A Book of Viking Lore* (2011, Penguin), pp. 38-41

Gylfaginning-Snorri Sturluson, 'Gylfaginning'; J. L. Byock（编译），*The Prose Edda* (2006, Penguin), pp. 9-79

HA-Henry of Huntingdon, *Historia Anglorum*; D. Greenway, Henry, *Archdeacon of Huntingdon:Historia Anglorum/The History of the English People* (1996, Oxford Medieval Texts)

Hávamál-A. Orchard, *The Elder Edda: A Book of Viking Lore* (2011, Penguin), pp. 15-39

HB-*Historia Brittonum*; J. Morris（编译），*Nennius, British History and the Welsh Annals* (1980, Phillimore)

HE-Bede, *Historia Ecclesiastica Gentis Anglorum*; D. H. Farmer（编译）and L. Sherley-Price（译），*Ecclesiastical History of the English People* (1991, Penguin)

Heimskringla I-Snorri Sturluson, *Heimskringla*; A. Finlay and A. Faulkes（编译），*Heimskringla Volume I: The Beginnings to Oldfr Tryggvason* (2011, Viking Society for Northern Research)

Heimskringla II-Snorri Sturluson, *Heimskringla*; A. Finlay and A. Faulkes（编译），*Heimskringla Volume II: Oldfr Haraldsson (The Saint)* (2014, Viking Society for Northern Research)

Helgakviða Hundingsbana fyrri-A. Orchard, *Te Elder Edda*: *A Book of Viking Lore* (2011, Penguin), pp. 117-25

HR-Symeon of Durham, *Historia Regum*; T. Arnold (ed.), *Symeonis Monachi Opera Omnia* (2012 [1885], Cambridge University Press); EHD 中的翻译文本

HSC-*Historia Sancti Cuthberti*; *EHD* (6)

Krákumál-B. Waggoner（编译），*The Sagas of Ragnar Lodbrok* (2009, The Troth)

Lokasenna-A. Orchard, *Te Elder Edda*: *A Book of Viking Lore* (2011, Penguin), pp. 83-96

Maldon-*Te Battle of Maldon* (ASPR, volume 6)

Maxims II-ASPR, volume 6

N-Norway（地理坐标参考；如尼石碑）

NMR-National Monument Record number（国家纪念碑记录编号）(Historic England) [http://pastscape.org.uk]

NMS-National Museum of Scotland registration number（苏格兰民族博物馆登记编号）

OE *Boethius*-The Old English *Boethius*.S. Irvine 和 M. Godden（编） 的 *The Old English Boethius with Verse Prologues and Epilogues Associated with King Alfred* (2012, Harvard University Press)

Orkneyinga saga-H. Palsson and P. Edwards, *Orkneyinga Saga: The History of the Earls of*

Orkney (1981, Penguin)

PSE-Abbo of Fleury, *Passio S. Eadmundi*; F. Hervey（编译），*Corolla Sancti Eadmundi:The Garland of Saint Eadmun d King and Martyr* (1907, E. P. Dutton)

r.- 统治时期

Ragnarssona þáttr-B. Waggoner（编译），*Te Sagas of Ragnar Lodbrok* (2009, Te Troth)

Ragnars saga Loðbrókar-B. Waggoner（编译），*Te Sagas of Ragnar Lodbrok*（2009, Te Troth)

RFA-*Royal Frankish Annals*; B. W. Scholz（编译），*Carolingian Chronicles*: *Royal Frankish Annals and Nithard's Histories* (1970, Ann Arbor)

Rígsthula-A. Orchard, *Te Elder Edda*: *A Book of Viking Lore* (2011, Penguin), pp. 243-9

Rundata-Scandinavian Runic-text Database［http://www.nordiska.uu.se/forskn/samnord.htm/?languageId=1］

S-P. H. Sawyer, *Anglo-Saxon Charters*: *An Annotated List and Bibliography* (1968, Royal Historical Society)［esawyer.org.uk］中的宪章编号

s. a.-sub. anno（"一年之内"）

Sö-Södermanland, Sweden（地理坐标参考；如尼石碑）*Thrymskvida*-A. Orchard, *The Elder Edda*: *A Book of Viking Lore* (2011, Penguin), pp. 96-101

U-Uppland, Sweden（地理坐标参考；如尼石碑）

VA-Asser, *Vita Mlfredi Regis Angul Saxonum*; S. Keynes 和 M. Lapidge（编译），*Alfred the Great:Asser's 'Life of King Alfred' and Other Contemporary Sources* (1983, Penguin)

Vg-Vastergotland, Sweden（地理坐标参考；如尼石碑）

VKM-Einhard, *Vita Karoli Magni*; S. E. Turner（编译），*Einhard:The Life of Charlemagne* (1880, Harper & Brothers)

Völuspá-A. Orchard, *The Elder Edda*: *A Book of Viking Lore* (2011, Penguin), pp. 5-15

VSG-Felix, *Vita Sancti Guthlaci*; B. Colgrave（编译），*Felix's Life of Saint Guthlac* (1956, Cambridge University Press)

Wanderer-ASPR，卷 3

注　释

1. *Wanderer*, 101-105 行

序言

1. J.Jones, ' Vikings at the British Museum: Great Ship but Where's the Story?', Guardian（2014 年 3 月 4 日 ）［ http://www.theguardian.com/artanddesign/2014/mar/04/vikings-british-museum-ship-story ］

2. 近几年，大量的维京贮藏品渐次在各地发现，诸如 Galloway（2014），Lenborough, Buckinghamshire（2014）及 Watlington、Oxfordshire（2015）

3. 比如，最近开始的" Viking Phenomenon "项目，由乌普萨拉大学的 Professor Neil Price 负责，该项目长达十年，经费大约为 600 万美元。［ http://www.arkeologi.uu.se/Research/Projects/vikingafenomenet ］

第 1 章　强盗自海上来

1. *Beowulf*; S. Heaney 译, *Beowulf: A New Translation* (1999, Faber), pp. 9-10

2. *ASC D, sub anno* 787

3. *ASN*

4. *CA*, p. 27

5. *ASC D* s.a.787

6. *CC* s.a.787

7. *EHD*, 20 行

8. 尽管诗中故事的发生年代并不确切（可能是 5 世纪），但知道它写于 7 世纪到 11 世纪之间，语言为古英语（推测是在英格兰）。这首诗公认的版本所依据的手稿——the Nowell Codex——时间可追溯到公元 1000 年左右，而试图完善更早期原型的做法，仍存有较大争议。关于这些问题的最新调查，可参考 L. Neidorf 编的 *The Dating of Beowulf*: *A Reassessment* (2014, Boydell & Brewer)

9. *Beowulf*, 237-57 行；Heaney 译 (1999)

10. Gildas, *De Excidio Britanniae* (*Ex.*)

11. 应该指出的是，最近一些研究提出的日期，早于奥法统治该大堤某些部分所在地区的时间。除此，还有一点不明朗，即哪些应该（或不应该）视作大堤的连续结构的构成部分。最详细的证据考证可参考 K. Ray 和 I. Bapty 所著的 *Offas Dyke*: *Landscape & Hegemony in Eighth-Century Britain* (2016, Oxbow)

12. *ASC* s.a.796

13. R. Bruce-Mitford, *The Sutton Hoo Ship-Burial, Volumes* 1-3 (1975-1983, British Museum Press); M. Carver, *Sutton Hoo*: *A Seventh-Century Princely Burial Ground and Its Context*，向 Research Committee of the Society of Antiquaries of London 69 所作的报告 (2005, British Museum Press)

14. 除 *ASC* 之外，最主要的来源是 *Annales Cambriae*（'the Welsh Annals'），后面缩写为 *AC*

15. The Ordovices (Gwynedd), Demetae (Dyfed), Silures (Gwent)，及 Cornovii (Powys)；参见 T. Charles-Edwards 的 *Wales and the Britons*: *350-1064* (2013, Oxford University Press), pp. 14-21

16. R. Bartlett, *The Making of Europe*: *Conquest, Colonization and Cultural Change 950-1350* (*1993, Penguin*)

17. M. Carver, *Portmahomack*: *Monastery of the Picts* (2008, Edinburgh University Press)

18. *Beowulf*, 255-257 行

19. Mercian diplomas S134, 160, 168, 177, 186, 1264 (792-822)

20. C. Downham, '"Hiberno-Norwegians"和 Anglo-Danes": Anachronistic Ethnicities and Viking-Age England', *Mediaeval Scandinavia* 19 (2009), pp. 139-69

第 2 章　心之黑暗处

1. *Gylfaginning*，第 49 章（作者译）

2. 此处和后面的摘录都摘自 808 年宪章的边界条款，描述了有关一块土地的特许状，这片土地位于萨默塞特郡北斯托克，由西撒克逊国王基内伍尔夫签署给圣彼得大教堂的僧侣（S265）

3. 古英语宪章中提到了所有这些动物以及其他生物。对古英语地名中令人生厌的生物的调查，可参考以下论文，John Baker 的 'Entomological Etymologies:Creepy-Crawlies

in English Place-Names'和 Della Hooke 的'Beasts, Birds and Other Creatures in Pre-Conquest Charters and Place-Names in England', 两篇都出自 M. D. J. Bintley 和 T. J. T. Williams 编的 *Representing Beasts in Early Medieval England and Scandinavia* (2015, Boydell & Brewer)

4. 英格兰有很多教区保留或复兴了这一传统，伦敦塔是举办"beating the bounds"（划定教区范围）活动的引人注目的所在 (http://blog.hrp.org.uk/blog/ beating-the-bounds/)；但无法确定这些传统活动是否从中世纪早期开始就一直举行

5. D. Adams, *The Hitchhiker's Guide to the Galaxy* (1979, Pan Books)

6. 最近所出书籍逐渐解决制图中涉及文化方面的问题，包括 Alastair Bonnett 的 *Off the Map* (2015, Aurum Press) 和 Jerry Brotton 的 *A History of the World in Twelve Maps* (2013, Penguin)

7. *Beowulf*, 102-4 行

8. 同上，710 行

9. 关于不列颠和斯堪的纳维亚境内狼的形象，参见 A. Pluskowski 所著的 *Wolves and the Wilderness in the Middle Ages* (2006, Boydell & Brewer)

10. *Beowulf*, 1358-9 行

11. *VSG*, pp. 104-5

12. Irmeli Valtonen 在其著作 *The North in the Old English Orosius*: *A Geographical Narrative in Context*, Mémoires de la Société Néophilologique de Helsinki LXXIII (2008, Société Néophilologique) 中探讨了有关恐怖北方的制图素材和常见方式：Pytheas (330-320 BC) 首次提到"Thule"，公元前 6 世纪，Hecateus 首次提到 Hyperborea，还有一些比这还早的引用

13. *VSG*, pp. 104-5

14. Visio S. Pauli in Blickling Homily XVI，出自 Andy Orchard 翻译的 *Pride and Prodigies*: *Studies in the Monsters of the Beowulf Manuscript* (1995, 2nd edition, University of Toronto), p. 39

15. Jude S. Mackley, *The Legend of St. Brendan*: *A Comparative Study of the Latin and Anglo-Norman Versions* (2008, Brill), p. 85

16. 至少是至 13 世纪；*Gylfaginning*，第 49 章

17. E. Christiansen, *The Northern Crusades* (1997, Penguin), p. 76

18. *ASC* DE s.a.793

19. 位于林迪斯法恩东南，是方圆十数英里内众多岛屿之一

20. *BVSC*，第 17 章

21. *VSG*, ch.XXX（第 30 章）

22. Alcuin's letter to Ethelred, *EHD* (193)

23. 大体参见 J. Palmer 所著的 *The Apocalypse in the Early Middle Ages* (2014, Cambridge University Press)

24. Alcuin's letter to Higbald, *EHD* (194)（指责幸存者，是他们的生活方式招来了这一切，然后申斥他们没有做充足的防卫，这种假惺惺的圣人气派在现代并不陌生。）

25. Alcuin's letter to Ethelred, *EHD* (193)

26. 可参见 D. Bates 和 R. Liddiard 编的 *East Anglia and Its North Sea World in the Middle Ages* (2015, Boydell & Brewer); S. P. Ashby, A. Coutu 和 S. Sindbæk 的 'Urban Networks and Arctic Outlands:Craft Specialists and Reindeer Antler in Viking Towns', *European Journal of Archaeology* 18.4 (2015), pp. 679-704

27. Alex Woolf, 'Sutton Hoo and Sweden Revisited', 出自 A. Gnasso, E. E. Intagliata, T. J. MacMaster 和 B. N. Morris 编的 *The Long Seventh Century:Continuity and Discontinuity in an Age of Transition* (2015, Peter Lang), pp. 5-18; M. Carver, 'Pre-Viking Traffic in the North Sea', 出自 S. McGrail 编的 *Maritime Celts, Frisians and Saxons* (1990, CBA Research Report 71), pp. 117-25

28. *HE* I.15 (Sherley-Price; Farmer)

29. Valtonen, *The North in the Old English Orosius*，第 3 章

30. 有关族谱的基础性研究，可参考 K. Sisam 的 'Anglo-Saxon Royal Genealogies', *Proceedings of the British Academy* 39 (1953), pp. 287-348 and D. Dumville, 'Kingship, Genealogies and Regnal Lists'，出自 P. W. Sawyer 和 I. N. Wood 编写的 *Early Medieval Kingship* (1977, Leeds University), pp. 72-104

31. Alcuin's letter to Higbald, *EHD* (194)

32. J. T. Koch, 'Yr Hen Ogledd'，出自 J. T. Koch 编的 *Celtic Culture*: *An Historical Encyclopedia*, Vol. Ⅲ (2006, ABC-CLIO); J. E. Fraser, 'From Ancient Scythia to the Problem of the Picts: Thoughts on the Quest for Pictish Origins'，出自 S. T. Driscoll, J. Geddes 和 M. A. Hall 编的 *Pictish Progress*: *New Studies on Northern Britain in the Early Middle Ages* (2011, Brill)

第 3 章　故土在北方

1. R. E. Howard, 'The Dark Man', *Weird Tales* (December 1931)

2. Gjermundbu 头盔现存于 Norwegian Historical Museum in Oslo (http://www.khm.uio.no/english/visit-us/historical-museum/index. html)

3. 'Sermon of the Wolf to the English', *EHD* (240)

4. 关于该主题的最佳作品出自 Judith Jesch；关于"Viking"一词的清晰概述，参见 *The Viking Diaspora* (2015, Routledge)；详细分析可参考 *Ships and Men in the Late Viking*

Age: *The Vocabulary of Runic Inscriptions and Skaldic Verse* (2001, Boydell & Brewer)

5. J. J. North, *English Hammered Coinage*, Vol. 1 (1994, Spink), p. 175

6. 有不少铸币者（负责铸币的个人，他们的名字经常出现在硬币上）的名字可归到此类。比如，古斯堪的纳维亚语中的"Brandr"可以同时指"火"和"剑"。[其中有个名字很特别，但不是斯堪的纳维亚语，是 Matathan Balluc。该名字的第一个词是盖尔语，或许他曾是斯堪的纳维亚 – 爱尔兰聚居区的一员，而这一地区在 10 世纪和 11 世纪时是连接约克和都柏林的纽带。第二个词，也就是他的姓，源自古英语单词'Bollock'（粗俚语：臭骂；男人的睾丸）。我们永远无法得知到底他的睾丸在比喻层面或真实层面是否有些令人印象深刻的特性，或者，是否的确是故意用的单数形式。] 但是，最著名的维京绰号——如"Skull-splitter"、"Bloodaxe"、"Hard-ruler"等，大多数都是在维京时代结束很久之后，才出现在冰岛文学作品中

7. 保存在 *Egil's Saga* 中，且归功于 Egil Skallagrimsson (c.950); J. Jesch 译，出自 *Viking Poetry of Love and War* (2013, British Museum Press), p. 53

8. Rundata (Vg 61)

9. 有一些证据表明，说古斯堪的纳维亚语的人也认识到了它们之间的共性——几个中世纪的史料提到了 *Dansk tongu*，用以表明这是冰岛人、挪威人和瑞典人以及丹麦人（Jesch, *Diaspora*）所说的一种语言

10. 这些联系——尤其是 Jacob Grimm 的语言启示与 20 世纪初的民族考古方法之间的联系，可参考 I. Wood 的著作 *The Modern Origins of the Early Middle Ages* (2013, Oxford University Press)

11. 德国考古学家 Gustaf Kossina 可能是文化 – 历史理论方面的中心人物。他对纳粹考古学和种族理论的影响，败坏了他在战后欧洲的研究，而且，差别更细微且没那么明显的种族主义的方法，由以 Vere Gordon Childe 为先驱的战后英国考古学家所倡导。然而，世界上许多地方，这些思想习惯很难消除，有的甚至又焕发了生机，通常会有复兴的民族主义情绪和／或国家的支持。比如，俄罗斯在维京研究领域造成的影响，参见 Leo S. Klejn 的论文，'Normanisn and Anti-Normanism in Russia:An Eyewitness Account'，出自 P. Bauduin 和 A. Musin 编的 *Vers l'Orient et Vers l'Occident*: *Regards croisés sur les dynamiques et les transferts culturels des Vikings à la Rous ancienne* (2014, Presses Universitaires de Caen), pp. 407-17

12. P. Geary, *The Myth of Nations*: *The Medieval Origins of Europe* (2001, Princeton University Press) 是揭露这类事情的经典之作。

13. R. M. Ballantyne, *Erling the Bold*: *A Tale of the Norse Sea-Kings* (1869)

14. J. Parker, *England's Darling*: *The Victorian Cult of Alfred the Great* (2007, Manchester University Press)

15. C. G. Allen, *The Song of Frithiof, Retold in Modern Verse* (1912, Hodder & Stoughton)，插图：T. H. Robinson; R. Wagner［M. Armour 译］, *The Rhinegold & The Valkyrie* (1910, William Heinemann) 及 *Siegfried & The Twilight of the Gods* (1911, William Heinemann) 插图：A. Rackham

16. 节选自 1941 年 6 月 2 日在 Borre 举办的 Nasjonal Samling 会议资料，题目："Fortida som propaganda Arkeologi og nazisme-en faglig okkupasjon", *Fra haug ok heidni* 1 (1995)，作者：Lise Nordenborg Myhre

17. 同上；另参见 B. Myhre 的 'The Significance of Borre'，出自 J. M. Fladmark 编著的 *Heritage and Identity*: *Shaping the Nations of the North* (2002, Routledge)

18. J. Graham-Campbell, *Viking Art* (2013, Thames & Hudson), pp. 48-81

19. B. Myhre, 'The Significance of Borre'，出自 J. M. Fladmark 编著的 *Heritage and Identity*: *Shaping the Nations of the North* (2002, Routledge)

20. 关于民族主义的最新研究，参见 Ernest Gellner 的 *Nations and Nationalism* (2006, 2nd revised edition, Wiley-Blackwell)

21. 在 Wodehouse 的 *The Code of the Woosters* (1938, Herbert Jenkins) 中，Bertie Wooster 说出了如下令人难堪的著名言论："斯波德，你的问题是，你成功引诱几个笨蛋穿着黑色短裤在伦敦到处晃，损毁伦敦市容，你认为你是个人物……你听见他们大喊'斯波德，万岁'，你还把这想象成人民的声音。这就是你的愚蠢之处。人民的声音其实是这样的：'瞧那个大傻帽斯波德，穿着懒人布袋丢人现眼！你吹捧的文章中有没有见过这么完美的讨厌鬼！'"

22. J. R. R. Tolkien, letter to his son Michael (45).H. Carpenter 编的 *The Letters of J. R. R. Tolkien* (2006, 8th edition, HarperCollins), No. 45, pp. 55-6

23. R. Paulas, 'How a Thor-Worshipping Religion Turned Racist', *Vice* (1 May 2015)［https://www.vice.com/en_us/article/ how-a-thor-worshipping-religion-turned-racist-456］

24. P. Sawyer, *The Age of the Vikings* (1975, 2nd revised edition, Hodder & Stoughton)

25. Neil Price 在给 M. H. Eriksen, U. Pedersen, B. Rundtberger, I. Axelsen 和 H. L. Berg 编写的 *Viking Worlds*: *Things, Spaces and Movement* 所作引言中介绍了这个更加黑暗、更加怪异的维京世界（题目是："From Ginnungagap to the Ragnarök: Archaeologies of the Viking Worlds"），他的其他作品中也有提及

第 4 章　海岸之烈焰

1. 这首古爱尔兰语的诗歌写在一篇语法专著手稿副本的页边 (*Institutiones Grammaticae*)，作者是 6 世纪的 Priscian of Caesarea (http://www.e-codices.unifr.ch/en/list/one/csg/0904).

手稿和旁注的时间为 9 世纪中叶。译文摘自 R. Thurneysen 的 *Old Irish Reader* (1949, Dublin Institute for Advanced Studies)，德语原文由 D. A. Binchy and O. Bergin 翻译。

2. *AI*; s.a.795; *ASC* DE s.a.794; *AU s*.a.802, 806; *FH* s.a.800; *HR* s.a.794

3. *AU* s.a.795, 798, 807; *AI* s.a.798

4. BM 1870,0609.1

5. M. Redknapp, *Vikings in Wales:An Archaeological Quest* (2000, National Museum of Wales Books); M. Redknapp, ' Defining Identities in Viking Age North Wales:New Data from Llanbedrgoch '，出自 V. E. Turner, O. A. Owen 和 D. J. Waugh 编的 *Shetland in the Viking World* (2016, Papers from the Proceedings of the Seventeenth Viking Congress Lerwick), pp. 159-66

6. M. Carver, *Portmahomack*: *Monastery of the Picts* (2008, Edinburgh University Press), p. 3

7. 同上

8. NMS X.IB 189 (http://www.nms.ac.uk/explore/stories/scottish-history-and-archaeology/hilton-of-cadboll-stone/)。最初这块石头立在何处，人们不得而知，但 17 世纪 60 年代时，它就在紧邻其复制品的某处。参见 Sian Jones 的论文 ' " That Stone Was Born Here and That's Where It Belongs ":Hilton of Cadboll and the Negotiation of Identity, Ownership and Belonging '，出自 S. M. Foste 和 M. Cross 编的 *Able Minds and Practised Hands*: *Scotland's Early Medieval Sculpture in the 21st Century* (2005, Society for Medieval Archaeology), pp. 37-54. 在同一卷书中，还有 Martin Carver 所著论文 (' Sculpture in Action: Contexts for Stone Carving on the Tarbat Peninsula, Easter Ross ', pp.13-36)，研究视野更宽广

9. 最早的标志石可追溯到 4 世纪晚期。关于标志石的介绍，可参考 Iain Fraser 编的 *The Pictish Symbol Stones of Scotland* (2008, RCAHMs)，很不错。Adrian Maldonado 对该书的评论发表在 *Scottish Archaeological Journal*, 30.1-2, pp. 215-17，为这一主题的主要文学作品提供了方便的参考。Foster 和 Cross 的论文 *Able Minds and Practised Hands*，提供了多个角度

10. 现存一块石板，目前仍矗立在 Glamis 附近 Eassie 教堂的墓园内（Canmore ID 32092）。参考 " Woodwray 十字石板的命运 " (the fate of the Woodwray cross-slab) (Iain Fraser, ' " Just an Ald Steen ": Reverence, Reuse, Revulsion and Rediscovery '，出自 Foster 和 Cross 编的 *Able Minds and Practised Hands*, pp. 55-68)

11. Fraser, ' " Just an Ald Steen " ', p. 62; Carver (*Portmahomack*) 提出了另外的可能性，破坏这些石刻的人，无论是谁，其真实动机都无法弥补这些后果

12. Carver, *Portmahomack*；经碳测定年代，这些人分别生活在 680 ～ 900 年和 810 ～ 1020 年

13. 那起事件对移民区的生活造成了很大的创伤，但不是终点，事实上，有充分的证据表明，那起事件之后的数个世纪里，波特马霍马克的活动一直在继续。哪些可能发生了改变，是该地活动的重点 (Carver, *Portmahomack*, pp. 136-48)

14. 2014 年，时任首相大卫·卡梅伦任命史密斯勋爵（Lord Smith）监督政府在同年苏格兰公民投票期间和之后做出的权力下放承诺

15. 众多石板中发现一块类似游戏板的石板 (Carver, *Portmahomack*, p. 47)

16. 目前藏于 Bute Museum (http://www.butemuseum.org. uk/1061-2/)。严格地说是两件：原本在同一石板上的画像被一分为二

17. C. Lowe,' Image and Imagination: The Inchmarnock " Hostage Stone"，出自 B. B. Smith, S. Taylor 和 G. Williams 编的 *West over Sea*: *Studies in Scandinavian Sea-Borne Expansion and Settlement Before 1300* (2007, Brill), pp. 53-6

18. M. Blindheim,' The Ranuaik Reliquary in Copenhagen: A Short Study '，出自 J. B. Knirk 编的 *Proceedings of the Tenth Viking Congress*, *Larkolle*n (1985, Universitetets Oldsaksamlings Skrifter), pp. 203-18.Egon Wamers 梳理了这段时期从爱尔兰和不列颠流入斯堪的纳维亚的金属制品的数量：E. Wamers, ' Insular Finds in Viking Age Scandinavia and the State Formation of Norway '，出自 H. B. Clarke, M. Ni Mhaonaigh 和 R. O Floinn 所编的 *Ireland and Scandinavia in the Early Viking Age* (1998, Four Courts Press)；另可参见 A. M. Heen-Pettersen 的 ' Insular Artefacts from Viking-Age Burials from Mid-Norway. A Review of Contact between Trandelag and Britain and Ireland '，*Internet Archaeology* 38 (2014)［https://doi.org/10.11141/ia.38.2］

19. 如斯诺里所言，世界末日那天，"Naglfar 船离开了停泊处。该船由死人的指甲所造，由此引出值得考虑的一点，若一个人死前没剪过指甲，那他就为 Naglfar 船提供了重要的材料，而这样的船，无论是神灵还是人类，都不愿看到其造成"，参见：*Gylfaginning*, 51

20. 爱尔兰编年史中，最常用来描述维京人的词是 *gennti*［"非犹太人；外邦人（犹太人对非犹太人的通称）"］。Charles-Thomas 在他的翻译中，给出了原词——我在本书中全部替换成了"heathen"；*AU* s.a.824

21. J. Jesch, *Women in the Viking Age* (1991, Boydell & Brewer), pp. 45-6

22. 其他可能性包括对士兵扈从守卫的遗物的解读，但这幅构图似乎并不支持这一点（有人或许会把遗物及遗物的持有者当成是这类场景的绝对焦点）；还有一种可能，即该石刻描绘的是圣帕特里克生活的一幕——6 世纪时，由于时运不济，他被苏格兰袭击者绑架，这幅图作于约 800 年。如果是这种情况，那它可能是受到当代事件的启发或是对当代事件的模仿，所以依然反应出那时的修道院面临的危险。士兵描绘的是否就一定是维京人，这点没法确定，但其广为人知的创作环境和船只的某些细节（帆和桨

的结合）表明情况就是如此（参见 Lowe 的 'Image and Imagination'）

23. Ibn Rusta, c.913，译文出自 P. Lunde 和 C. Stone 的 *Ibn Fadlan and the Land of Darkness*: *Arab Travellers in the Far North* (2012, Penguin), p. 126

24. 伊本·法德兰描述了 912 ～ 922 年的事件；参见 Lunde 和 Stone 所著 *Ibn Fadlan and the Land of Darkness*, p. 53

25. Peter Frankopan, *The Silk Roads*: *A New History of the World* (2015, Bloomsbury)

26. *AU* s.a.821; 831; 836

27. 研究正在进行，并将成为乌普萨拉大学"维京现象"项目研究成果的一部分（http://www.arkeologi. uu.se/Research/Projects/vikingafenomenet/）。另参见 A. Lawler 所著 'Vikings May Have First Taken to Seas to Find Women, Slaves', Science (15 April 2016)

28. S. Brink, 'Slavery in the Viking Age'; S. Brink with N. Price (eds), *The Viking World* (2008, Routledge), pp. 49-56

29. *Rigsthula*, 12-13 句

30. D. A. E. Pelteret, *Slavery in Early Mediaeval England*: *From the Reign of Alfred Until the Twelfth Century* (2001, Boydell & Brewer)

31. *AU* s.a.836

第 5 章　北方风浪之外

1. R. Kipling, *Puck of Pook's Hill* (1906, Macmillan)

2. 参见第 21 章

3. *Capitulatio de partibus Saxoniae* ('Ordinances concerning Saxony')。参见 D. C. Munro 所著 *Selections from the Laws of Charles the Great* [2004（1900 年初版），Kessinger Publishing]

4. 至少有些说英语的民族也有类似的恐惧，但至 8 世纪末时，已被长达两个世纪的基督教使命所侵蚀、遗忘、替代和改变。参考论文摘自 M. Carver 所编的 *The Cross Goes North*: *Processes of Conversion in Northern Europe*, AD *300-1300* (2003, Boydell Press)

5. 查理曼大帝早期取得胜利之后，其中一位撒克逊部落首领 Widukind 曾在丹麦人之间寻求庇护，782 年返回后煽动叛乱。*Royal Frankish Annals* 称 Danevirke 是于 808 年新建；但考古调查研究表明，Danevirke 的前几个阶段可追溯到 6 世纪，且自 8 世纪中期以后得以重新加固：参见 A. Pedersen 所著 'Monumental Expression and Fortification in Denmark in the Time of King Harald Bluetooth'，出自 N. Christie 和 H. Herold 编写的 *Fortified Settlements in Early Medieval Europe*: *Defended Communities of the 8th-10th Centuries* (2016, Oxbow) 的第 6 章

6. *RFA* s.a.804

7. *RFA* s.a.808

8. C. B. McClendon, *The Origins of Medieval Architecture*: *Building in Europe, A.D 600-900* (2005, Yale University Press), pp. 105-28

9. *Codex Carolinus* 81（同上，p. 112 ）; *VKM*, 26

10. *RFA* s.a.810

11. 有关加洛林背景的概述，参见 R. Hodges 所著 *Towns and Trade in the Age of Charlemagne* (2000, Bloomsbury Publishing)

12. G. S. Munch, O. S. Johansen 和 E. Roesdahl 编的 *Borg in Lofoten.A Chieftain's Farm in North Norway* (2003, Tapir Academic Press)

13. S. Ratke and R. Simek 所著 'Guldgubber:Relics of Pre-Christian Law Rituals?'，出自 A. Andren, K. Jennbert 和 C. Raudvere 编的 *Old Norse Religion in Long-Term Perspectives*: *Origins, Changes, and Interactions* (2006, Nordic Academic Press), pp. 259-64

14. N. Price, ' Belief and Ritual '，出自 G. Williams, P. Pentz 和 M. Wemhoff 编的 *Vikings*: *Life and Legend* (2014, British Museum Press), pp.162-95

15. J. Story, *Carolingian Connections*: *Anglo-Saxon England and Carolingian Francia*, c.750-870 (2003, Ashgate)

16. B. Myhre 所著 'The Beginning of the Viking Age-Some Current Archaeological Problems '，出自 A. Faulkes 和 R. Perkins 的 *Viking Revaluations* (1993, Viking Society for Northern Research), pp. 192-203; Myrhe 的论点，相比别人作品中列出的要更微妙和看似可信

17. 不包含不丹王国［关于其令人难以理解的独特信用，该王国运用测量"国民幸福总值"（GNH）的方法来衡量国内政策的成功］

18. Gododdin

19. *Maxims* Ⅱ, 21-8 行，p. 514

20. "比喻辞"（'Kennings'）是指诗歌典故，ON 和 OE 诗歌中皆有使用，给诗人提供了无数描述事物和概念的方法，通常运用"神话引用"或更具象征性的语言。查阅这些例子和其出处，可查找"*The Skaldic Project*"资料库中关于"generous ruler"的 18 个"kennings"，(http://skaldic.abdn.ac.uk)

21. J. Jesch, ' Eagles, Ravens and Wolves:Beasts of Battle, Symbols of Victory and Death '，出自 J. Jesch 编的 *The Scandinavians from the Vendel Period to the Tenth Century* (2002, Boydell & Brewer), pp. 251-71

22. T. Earle, *How Chiefs Come to Power:The Political Economy in Prehistory* (1997, Stanford University Press)；在一些部落社会中——可能包括中世纪早期不列颠的小王国——不断的暴力和掠夺可能带来的天启（末日启示）的后果，被仪式化战争的演变而预先终止。仪式化的战争局限于特定的季节和地点，局限于双方都理解的交战规范

和准则。当然，只有所有人都玩同一个游戏时，才真正有效。维京人在不列颠和其他地方的袭击为何如此恐怖，原因之一，或许就是他们不懂规则（或者懂，但不遵循规则）；参见 G. R. W. Halsall 所著 ' Playing by Whose Rules?A Further Look at Viking Atrocity in the Ninth Century ', *Medieval History*, 2.2 (1992), pp. 3-12; T. J. T. Williams, *Landscape and Warfare in Early Medieval Britain* (2016, unpublished PhD thesis)

23. 从根本上说，这是 2014 年大英博物馆展览及其随附出版物的重点，参见 G. Williams 等编的 *Vikings:Life and Legend*

第 6 章　暴风雨将至

1. *Finnsburg*, 5-12 行

2. 然而，有一点我们要铭记于心：关于这些年月的记录还远未完成，比如，没有现存的编年史，能让我们对麦西亚和东盎格利亚的这些地区发生的事有个独立的认知，而且西撒克逊编年史只记录了 9 世纪晚期的编纂人员想让读者记住的内容。事实上，有迹象表明，（至少）肯特发生过沿海袭击，但并未记录在册，而且很可能发生在波特兰袭击之前。782 年，麦西亚的奥法曾参加一次宗教大会，会上商讨了远征驾船抵达肯特和埃塞克斯的异教徒的事宜。相关内容可参考 Susan Kelly 编的 *The Charters of St Augustine's Abbey*, Canterbury, *and Minster-in-Thanet*, Anglo-Saxon Charters 4 (1995, Oxford University Press), no. 15

3. *ASC* F s.a.798

4. *ASC* s.a.813 (F s.a.815)

5. *ASC* s.a.823

6. ASC s.a.832；据可靠估计，挪威出土的 9 世纪船只可容纳 40（奥塞贝格的船）到 66（科克斯塔德的船）人；参见 T. Sjøvold 所著 *The Viking Ships in Oslo* (1985, Universitetets Oldsaksamling); G. Williams, *The Viking Ship* (2014, British Museum Press)。有关 9 世纪军队规模的争论介绍，可参考 G. Halsall 所著 *Warfare and Society in the Barbarian West, 450-900* (2003, Routledge)

7. *Elene*, 99-123 行；古英语诗句的散文体译文出自 S. A. J. Bradley 的 *Anglo-Saxon Poetry* (1982, Everyman), p. 168

8. 参见 Halsall 所著 *Warfare and Society*，可了解中世纪早期战斗混乱的事实描写；科克斯塔德船上出土了 64 个盾，有可能是为埋葬仪式中的展示专门制作的；沿两边船舷挂在船外，每边 32 个；可参考 Sjøvold 所著 *The Viking Ships in Oslo, p.* 58

9. 该头盔有一定的神秘性——尽管它有明显的特质，但似乎却被弃、藏或存在维京时期约克内某个家庭作坊的深坑中。它出土的环境依然是个谜；参见 D. Tweddle 所著 *The*

Anglian Helmet from 16-22 Coppergate (1992, Council for British Archaeology)

10. J. W. Binns, E. C. Norton, D. M. Palliser, 'The Latin Inscription on the Coppergate Helmet', *Antiquity* 64.242 (1990), pp. 134-9

11. G. Williams, 'Warfare & Military Expansion', 出自 G. Williams 等编的 *Vikings:Life and Legend*, pp. 76-115; S. Norr, 'Old Gold-The Helmet in *Hákonarmál* as a Sign of Its Time', 出自 S. Norr 编的 *Valsgärde Studies*: *The Place and Its People, Past and Present* (2008, Uppsala), pp. 83-114

12. *ASC* s.a.833.关于盎格鲁－撒克逊时期英格兰军队服役的本质的作品有很多。对重要主题和文学作品的介绍，可参考 R. Lavelle 所著 *Alfreds Wars*: *Sources and Interpretations of AngloSaxon Warfare in the Viking Age* (2010, Boydell & Brewer)，有影响力的概述可参考 R. P. Abels 的 *Lordship and Military Obligation in AngloSaxon England* (1988, University of California Press)

13. T. J. T. Williams, *Landscape and Warfare in Early Medieval Britain*

14. *ASC* s.a.835

15. P. C. Herring, *The Archaeology of Kit Hill*: *Kit Hill Archaeological Survey Project Final Report* (1990, 2nd edition, Cornwall Archaeological Unit)

16. Herring, *The Archaeology of Kit Hill*, p. 141; D. L. Prior, 'Call, Sir John, first baronet (1732-1801)', *Oxford Dictionary of National Biography* (2004, Oxford University Press)

17. M. Peake, *Titus Groan* (1946, Eyre & Spottiswood), p. 1

18. Herring, *The Archaeology of Kit Hill*. 不难想象 David Jason 的口吻："在这座风景如画的山丘深处，在沉睡的康沃尔乡下某处，世界上最恶毒的癞蛤蟆 Baron Silas Greenback，正谋划着引爆一枚巨大的核弹头……"

19. 这种同义反复在英国地名中很常见。包含多种语言——凯尔特语、拉丁语、古英语、古斯堪的纳维亚语、诺曼法语——导致较旧的单词元素（已失去其原义）与具有相似含义的新单词相结合，如：Eas Fors waterfall on the Isle of Mull ('waterfall' [*eas*, Gaelic] + 'waterfall' [*fors*, foss, ON] + waterfall [ModE]) or Breedon on the Hill, Leicestershire ('hill' [*bre*, Brittonic] + 'hill' [*dun*, OE] + 'on the hill' [ModE])

20. T. J. T. Williams, '"For the Sake of Bravado in the Wilderness": Confronting the Bestial in Anglo-Saxon Warfare', 出自 Bintley 和 Williams 编的 *Representing Beasts*, pp. 176-204

21. T. J. T. Williams, 'The Place of Slaughter:The West Saxon Battlescape', 出自 R. Lavelle 和 S. Roffey 所编 *The Danes in Wessex* (2016, Oxbow), pp. 35-55; T. J. T. Williams, *Landscape and Warfare in Early Medieval Britain*

第 7 章　屠龙者之战

1. A. Lang, *The Red Fairy Book* (1906, Longmans, Green and Co.)

2. *ASC* BCDE s.a.851; *CA* adds 'on Thanet', *VA* and *CC* suggest Sheppey

3. *FH* s.a.844

4. *ASC* s.a.839; 851 (C s.a.853)

5. All s.a.837; 838; 839; ADEF s.a.840 (C s.a.841); s.a.851 (C s.a.853)

6. *ASC* s.a.848

7. ASC s.a.850 (C s.a.853)；要么是一个叫 Wicga 的人的墓穴，要么是墓穴中充满了 "wiggling things"（"扭动的东西"之意）(Baker, 'Entomological Etymologies')

8. *ASC* s.a.851 (C s.a.853).Aclea 的方位未知，但有可能就是萨里的 Ockley。

9. 关于盎格鲁 – 撒克逊英格兰的积怨的可疑性和综合性分析，可参考 J. D. Niles 所著 'The Myth of the Feud in Anglo-Saxon England', *Journal of English and Germanic Philology* 114 (2015), pp. 163-200

10. G. Williams, 'Viking Camps in England and Ireland'，出自 G. Williams 等编的 *Vikings:Life and Legend* (pp. 120-1)，对了解维京营地很有助益。

11. B. Orme, *Anthropology for Archaeologists* (1981, Cornell University Press), p. 196

12. G. Halsall, 'Anthropology and the Study of Pre-Conquest Warfare and Society'，出自 S. C. Hawkes 编的 *Weapons and Warfare in Anglo-Saxon England* (1989, Oxford University Committee for Archaeology), pp.155-78; T. J. T. Williams, 'The Place of Slaughter'

13. Halsall, 'Playing by Whose Rules?'

14. 但是，应该指出——我在别处也提出过——新奇感是 9 世纪以来的史料文献中不断涌现的细节内容导致的：T. J. T. Williams, 'The Place of Slaughter' and *Landscape and Warfare in Early Medieval Britain*

15. 这通常指的是斯拉夫人，也有可能指的是向东方输送的欧洲奴隶，参见 Lunde 和 Stone 的 *Ibn Fadlan and the Land of Darkness*, p. 222, n.2

16. Ibn Rusta, c.913，译文出自 Lunde 和 Stone 的 *Ibn Fadlan and the Land of Darkness*, p. 126

17. *EHD* (13.1); R. Abels, 'The Micel Hæðen Here and the Viking Threat'，出自 T. Reuters 编的 *Alfred the Great*: *Papers from the Eleventh-Centenary Conferences* (2003, Ashgate), pp. 269-71; T. J. T. Williams, 'The Place of Slaughter'

18. 参见第 13 章

19. G. Williams, 'Raiding and Warfare', in Brink with Price (eds), *The Viking World*, pp. 193-203

20. L. Abrams, 'The Conversion of the Danelaw', 出自 J. Graham-Campbell, R. Hall, J. Jesch 和 D. N. Parsons 编的 *Vikings and the Danelaw: Select Papers from the Proceedings of the Thirteenth Viking Congress* (2001, Oxbow), pp. 31-44; 参阅 D. M. Hadley 的 'Conquest, Colonization and the Church:Ecclesiastical Organization in the Danelaw', *Historical Research* 69, pp. 109-28

21. 'Dore, Whitwell Gap and the River Humber' (*ASC* ABCD s.a.942); G. Rollason, *Northumbria, 500-1100:Creation and Destruction of a Kingdom* (2003, Cambridge University Press), p. 26

22. ASC s.a.827; S. Keynes, 'Bretwalda or *Brytenwalda*', 出自 M. Lapidge, J. Blair 和 S. Keynes 编的 *The Blackwell Encyclopaedia of Anglo-Saxon England* (2008, 8th edition, Wiley-Blackwell), p. 74

23. *ASC* s.a.867

24. Rollason, *Northumbria*, pp. 192-8

25. 在盎格鲁 – 撒克逊时期的英格兰，所有这些行为都以某种方式得到证实。向敌军的大体方向放屁，是挑衅士兵的任务之一；据 12 世纪的历史学家马姆斯伯里的威廉记载，1068 年，"征服者"威廉出现在埃克塞特，期望小镇投降，却因一幕被惹怒，对守卫人员大动肝火，因为"其中一人站在城墙之上，露出臀部，放了个屁，蔑视了诺曼人［GRA, b.III］"；1006 年，一支维京军嘲笑温彻斯特吓破胆的百姓（*ASC CDE* s.a.1006），把割下的人头示众，这种做法似乎在盎格鲁 – 撒克逊的司法文化中司空见惯：A. Reynolds, *Anglo-Saxon Deviant Burial Customs* (2009, Oxford University Press)

26. *ASC* s.a.867 (C s.a.868); *VA*, 27

27. *Ragnarssona þáttr* ('The Tale of Ragnar's Sons'); *Ragnars saga Loðbrókar* ('The Saga of Ragnar Lo9brók'); *Krákumál* ('The Song of Kraka'); *Gesta Danorum* ('Deeds of the Danes') by Saxo Grammaticus (*GD*)

28. *Jarl* 是古斯堪的纳维亚语，指贵族，身份大体类似于古英语中的"郡长"（*ealdorman*）

29. 根据 Saxo Grammaticus 的讲述（或许是此故事最早的版本），有人送给 þóra 几条蛇，这些蛇在大地上蜿蜒游动，用它们吐出来的邪恶气体焚烧和毒害生灵；*GD*, book IX

30. *Krákumál*，第 1 句

31. *Beowulf*, 2312-20 行；Heaney 译，p. 73

32. *Beowulf*, 2275-7 行；Heaney 译，p. 72

33. *Maxims II*, 26-27 行

34. *Maxims II*, 28-29 行

35. *Völuspá*, 66 句

36. J. R. R. Tolkien, 'The Monsters and the Critics' ［1936］，出自 C. Tolkien 编的 *The Monsters*

and the Critics and Other Essays (1997, HarperCollins), p. 12; *Beowulf* 的蛇无疑是托尔金《霍比特人》（*The Hobbit*）中 Smaug 的原型，《霍比特人》第一版由 George Allen & Unwin 于 1937 年出版

37. 该故事最完整版本摘自 14 世纪的 *Völsunga saga*，除此，古冰岛诗集（Icelandic Codex Regius）中也有诗歌形式的讲述，参见：J. L. Byock 所译 *The Saga of the Volsungs: The Norse Epic of Sigurd the Dragon Slayer* (1999, 2nd edition, Penguin); A. Orchard, *The Elder Edda:A Book of Viking Lore* (2011, Penguin)

38. C. E. Doepler, *Der Ring des Nibelungen*: *Carl Emil Doeplers Kostümbilder für die Erstaufführung des Ring in Bayreuth* (2012 [1889], Reprint-Verlag Leipzig)；另参见 R. Wagner [M. Armour 译], *The Rhinegold & The Valkyrie* (1910, William Heinemann) 及 *Siegfried & The Twilight of the Gods* (1911, William Heinemann)，插图：A. Rackham

39. J. R. R. Tolkien, ' On Fairy Stories ' [1947]，出自 C. Tolkien 编的 *The Monsters and the Critics and Other Essays*, p. 135

40. E. Magnusson 和 W. Morris（译），*Völsunga Saga*: *The Story of the Volsungs and Niblungs, with certain Songs from the Elder Edda* (1870, F. S. Ellis)

41. J. R. R. Tolkien, *The Legend of Sigurd and Gudrün* (2009, HarperCollins)

42. G. B. Shaw, ' William Morris as I Knew Him ', Introduction to May Morris, *William Morris*: *Artist, Writer, Socialist*, vol. 2 (1936, Blackwell), p. xxxvii

43. ' Letter 216 ' 出自 N. Kelvin 编的 *The Collected Letters of William Morris*, volume 1 (1984, Princeton University Press), p. 205

44. *Beowulf*（其中明显是对未来的预示），直接指代 Sigurd 的传奇故事，但该诗中的屠龙者是 Sigurd 的父亲 Sigemund，而非 Sigurd；873-99 行

45. G. Williams 等编的 *Vikings: Life and Legend* (pp. 120-1), p. 88

46. Rundata (Sö101; Sö327)；参见 V. Symons 的 ' *Wreopenhilt ond wyrmfah*: Confronting Serpents in *Beowulf* and Beyond '，出自 Bintley 和 Williams 编的 *Representing Beasts*, pp. 73-93

47. 马恩岛的石刻如下：Maughold 122; Andreas 121; Jurby 119; Malew 120；可通过它们发现地所在的教区名称和 P. M. C. Kermode 中目录编码，予以确定，参见 *Manx Crosses or The Inscribed and Sculptured Monuments of the Isle of Man From About the End of the Fifth to the Beginning of the Thirteenth Century* (2005 [1907], Elibron Classics)；另可参考 S. Margeson 的 ' On the Iconography of the Manx Crosses '，出自 C. Fell, P. Foote, J. Graham-Campbell 和 R. Thomson 编的 *The Viking Age in the Isle of Man* (1983, Viking Society for Northern Research)。*CASSS* 中将英格兰石刻横轴标为 Halton St Wilfrid 1, 2, 9 and 10

48. *Ragnars saga Loðbrókar*

49. R. McTurk, *Studies in Ragnars saga loðbrókar and Its Major Scandinavian Analogues* (1991, Society for the Study of Medieval Languages and Literature)

第 8 章　嗜血的雄鹰

1. *Hávamál*, 144

2. 朗纳尔有个儿子，在 *Ragnarssona þáttr* 中叫 Hvitserk（'Whiteshirt'）；很有可能是《盎格鲁－撒克逊编年史》中伊瓦尔和乌比的兄弟哈夫丹的别名，参见：*Anglo-Saxon ChronicleASC* All MSS s.a.878 (C s.a.879)

3. *Ragnarssona þáttr*

4. *GD*, book IX; *Ragnars saga Loðbrókar* 中出现了相似版本

5. M. Townend, ' Knútsdrápa '，出自 D. Whaley 编的 *Poetry from the Kings' Sagas 1: From Mythical Times to c.1035* (2012, Brepols), p. 649

6. R. Frank, ' Viking Atrocity and Skaldic Verse:The Rite of the Blood-Eagle ', *English Historical Review* XCIX.CCCXCI (1984), pp. 332-43

7. 同上，p. 337

8. 同上

9. 同上，p. 337

10. *GH* IV.26；译文出自 A. Orchard 的 *Dictionary of Norse Myth and Legend* (1997, Cassell), p. 169

11. O.Sundqvist, *An Arena for Higher Powers*: *Ceremonial Buildings and Religious Strategies in Late Iron Age Scandinavia* (2015, Brill), pp. 110-15

12. 经考古学介入，已发现 Gamla Uppsala 大教堂下原有建筑物的证据；人们已不再把这些看作属于 Adam of Bremen 所描述的庙宇；参见 A. M. Alkarp 和 N. Price 所著 ' Tempel av guld eller kyrka av trä?: markradarundersökningar vid Gamla Uppsala kyrka ', *Fornvännen* 100: 4 (2005), pp. 261-72

13. 对出土遗骸的分析，使人怀疑这些人类遗骸不应被视作人祭仪式的证据，经排列组合后，这些人类遗骸的风化痕迹比动物尸骨要少，表明埋葬时间更早些。经研究，还重点发现了许多动物尸骨上有屠宰的痕迹——包括几具棕熊的尸骨——表明早在它们被放在树上时，已被杀死且切割了（但并不能排除它们被切割成块后挂在树上的可能性，也排除不了捉住后屠宰的可能性）。参见 O. Magnell 和 E. Iregren 的 ' Veitstu HvéBlóta Skal?The Old Norse blót in the light of osteological remains from Frösö Church, Jämtland, Sweden ', *Current Swedish Archaeology* 18 (2010), pp. 223-50；关于

祭祀仪式地点更多的证据，另见 Price 的‘Belief and Ritual’

14. Lunde and Stone, *Ibn Fadlan and the Land of Darkness*, p. 48

15. 同上，p. 162

16. A. E. Christensen and M. Nockert, *Osebergfunnet IV: Tekstilene* (2016, Kulturhistorisk Museum, Universitetet i Oslo)

17. *Orkneyinga saga*, 8；斯诺里在《挪威王列传》中做过重述，或许就是取自本篇萨迦：‘Haralds saga ins Hárfagra’，第 30 章 (*Heimskringla I*)

18. N. Price, *The Viking Way: Religion and War in Late Iron Age Scandinavia* (2002, Uppsala University), pp. 100-7

19. *Völuspa*, 28

20. *Hávamál*, 138-9

21. *ASC* s.a.867

22. ‘Ynglinga saga’，第 8 章 (*Heimskringla I*)

23. ‘Hákonar saga góða’，第 13-14 章 (*Heimskringla I*)

24. *CC* s.a.868, pp. 282-5；另参见 *ASC* All MSS s.a.868 (C s.a.869)

25. Halsall, *Warfare and Society*, p. 223

26. 它曾装饰过尼尼微（Nineveh，位于今天的伊拉克）国王宫殿的墙壁，现收藏在伦敦的大英博物馆

27. 据巴黎僧侣埃伯的诗歌 *De bellis Parisiaae urbis*［or *Bella Parisiaae urbis*］所述，886 年，维京人围攻巴黎时，用了某种投石器的东西，不过他的记述在有些细节上言过其实，参见 N. Dass 编译的 *Viking Attacks on Paris:The Bella Parisiacae Urbis of Abbo of Saint-Germain-des-Prés* (2007, Peeters Publishers); Halsall, *Warfare and Society*, p. 225)

28. *ASC* C s.a.917

29. *CC* s.a.868, pp. 282-5; *ASC* s.a.868 (C s.a.869)

30. 但是，此处 *ASC* 的表面意思，我们要审慎对待；这一时期，麦西亚没有独立的编年史，而关于这些事件，只能从韦塞克斯人在接下来的几十年中编写的 *ASC* 中找到。西撒克逊的真相，或许要比 *ASC* 记录的内容复杂模糊得多。

31. *ASC* s.a.870 (C s.a.871)

32. Beornwulf (*ASC* s.a.823; *CC* s.a.823) and Ludeca (*ASC* s.a.825; *CC* s.a.825)

33. *PSE*, V

34. *PSE*, X

35. 但是，似乎维京首领在祭祀仪式中的确扮演着核心角色。关于此类问题的介绍，可参考 O. Sundqvist 的‘Cult Leaders, Rulers and Religion’in Brink with Price, *The Viking*

World, pp. 223-6

36. *PSE*, XIII

37. *PSE*, XIV

38. R. Pinner, *The Cult of St Edmund in Medieval East Anglia* (2015, Boydell & Brewer)

39. 圣三位一体之谜是基督教神学中最令人困惑和难以理解的方面之一。罗马教廷试图澄清，但总无法尽如人意 (http://www.vatican.va/archive/ccc_css/archive/catechism/p1s2c1p2.htm)

第 9 章　韦兰的尸骨

1. W. Camden, *Britannia*, ' Barkshire ', 12:P. Holland（译）, D. F. Sutton（编）(2004 ［1607］, The University of California): http://www.philological.bham. ac.uk/cambrit/

2. Thomas Hughes, *Tom Brown's School Days* (1857, Macmillan), pp. 11-13

3. *VA*, 35-6

4. *VA*, 35-6. 雷丁尚未发现筑有重要土方工程的证据［J. Graham-Campbell, ' The Archaeology of the "Great Army" (865-79), 出自 E. Roesdahl 和 J. P. Schjødt 编的 *Beretning fra treogtyvende tværfaglige vikingesymposium* (2004, Aarhus Universitet), pp. 30-46］。防御措施可能是仓促建造的，也许利用的是现有的建筑和木材。若果真如此，也就无怪乎维京军为何对自己的防守没有信心了

5. *ASC* s.a.871 (C s.a.872)

6. VA, 35-6, p. 78

7. *EE*, 2953-71；作为这一时期的历史学家，杰弗里不太好评价；尽管他的 *Estoire des Engleis*（1135-1137）包含一些别的文献没记载的内容（而且他也没理由杜撰），但他还有一个习惯，即加入一些明显为空想的资料，写许多世纪之前发生的事件

8. *ASC* s.a.871 (C s.a.872); *VA*, 37-9

9. *VA*, 37-9；阿塞可能弄错了老斯德洛克的死——据 ASC 记载，他在恩格尔菲尔德已被杀

10. 人们提出了很多看法。比如，参见 P. Marren 的 *Battles of the Dark Ages* (2006, Pen & Sword Books), pp. 118-21

11. F. Wise, *A Letter to Dr Mead Concerning Some Antiquities in Berkshire: Particularly Shewing that the White Horse, which Gives Name to the Vale, is a Monument of the West-Saxons, Made in Memory of a Great Victory Obtained Over the Danes A.D. 871* (1738, Oxford)

12. 同上，p. 23

13. Hughes, *Tom Brown's School Days*, p. 13

14. 同上，p. 7

15. M. Gelling, *The Place-Names of Berkshire*, volumes I and II (1973; 1974, English Place-Name Society, volumes 49/50)

16. 还有一种可能，这些战争根本就不是在这些地方打的，这些地方可能只是距离战场所在地最近的皇家庄园，对所有人——尤其是国王——来说都是有用的地理标识，便于识记

17. S288

18. S524

19. O. S. Anderson, *The English Hundred Names*: *The South-Western Counties* (1939, University of Lund), pp. 14-15

20. G. B. Grundy, ‘ The Ancient Highways and Tracks of Wiltshire, Berkshire, and Hampshire, and the Saxon Battlefields of Wiltshire ’, *Archaeological Journal* 75 (1918), pp. 69-194

21. NMR:SU 28 NE 4

22. 顺便提一句，20 世纪 30 年代，托尔金曾和家人游览过此地，他们看到的也跟这差不多——托尔金教授曾开着他的 Morris Cowley（名叫 “ Jo ”）游览牛津周围的景点，这是其中之一，他就这样在乡村乱跑乱逛，用他的传记作家 Humphrey Carpenter 的话说就是 “不熟练，但大胆”。参见 H. Carpenter 的 *J. R. R. Tolkien*: *A Biography* (2002〔1977〕, HarperCollins), p. 39

23. 国王埃德雷德（946 ～ 955 年在位）颁布宪章的边界条款〔时间可追溯到 955 年（S564）〕中出现了这个词语；Springfield 电站老板 Monty Burns 的助手，为奉承老板选了 “ Waylon Smithers ” 这个名字，“ Wayland’s Smithy ” 和 “ Wayland Smith ” 可能与之有关，也可能无关。如果这是有意开的玩笑，相关性也就不清晰了。有人提出，选择这个名字可能是对男子气概的刻板印象的讽刺性颠倒，但谁也不能确定。据我目前所知，*The Simpsons* 的创作者们从未对此做过评价。参见 M. S. Cecire 的 ‘ Wayland Smith in Popular Culture ’，出自 D. Clarke 和 N. Perkins 编的 *Anglo-Saxon Culture and the Modern Imagination* (2010, Boydell & Brewer), pp. 201-18

24. Wise, *Letter to Dr Mead*, p. 37

25. Wise 还断言，这个坟也是维京国王巴克赛格的埋葬地，但并未拿出任何支持性的证据，不用说，都是瞎编的。但不是说这座令人惊叹的坟墓从未埋葬过重要的维京人，后面章节中会详述。

26. *Boethius* II.7; OE *Boethius* XIX. 通常被认为是出自阿尔弗雷德 “智囊团” 的作品概述，可参考 S. Keynes 和 M. Lapidge 的 *Alfred the Great: Asser’s ‘Life of King Alfred’ and Other Contemporary Sources* (1983, Penguin), p. 29。但是，近年来，关于阿尔弗

雷德的个人文字，出现了质疑声，尤其是 Malcolm Godden (M. Godden,' Did King Alfred Write Anything?', *Medium Ævum 76* (2007), pp. 1-23)。名词"*faber*"在拉丁语中意为"匠人"；对拉丁专有名称 Fabricius 的翻译，到底是阿尔弗雷德闹着玩还是写错了，我们无法确定。

27. C. R. Peers and R. A. Smith,' Wayland's Smithy, Berkshire ', *The Antiquaries Journal*: *Journal of the Society of Antiquaries of London* 1 (1921), pp.183-98

28. N. G. Discenaza,' Power, Skill and Virtue in the Old English *Boethius* ', *Anglo-Saxon England* 26 (1997), pp. 81-108

29. *Beowulf*, 907 行；*Deor*,1-13 行

30. *Völundarkvida*，第 34 句

31. Price,' From Ginnungagap to the Ragnarök:Archaeologies of the Viking Worlds ', p. 7

32. Sigmund Freud,' The Uncanny '（Alix Strachey 译），出自 S. L. Gilman 编的 *Sigmund Freud*: *Psychological Writings and Letters* (1995, Continuum), pp. 126, 142；另参见 G. Moshenska 的' The Archaeological Uncanny ', *Public Archaeology* 5 (2006), pp. 91-9 and ' M. R. James and the Archaeological Uncanny, *Antiquity* 86.334 (2012), pp. 1192-1201

33. *ASC* s.a.871 (C s.a.872)

34. 同上

第 10 章　真正男子汉

1. *CC* s.a.850

2. *ASC* s.a.872 (C s.a.873)

3. *ASC* s.a.873 (C s.a.874)

4. *ASC* s.a.874 (C s.a.875)

5. W. J. Moore, *The Saxon Pilgrims to Rome and the Schola Saxonum* (1937, University of Fribourg)

6. 圣威斯坦的墓园闻名遐迩，原因之一是这里也长眠着尤其多才多艺的 C. B. Fry (1872～1956)。其职业生涯涉猎足球、橄榄球、田径、杂技、政治、写作、出版、广播、教学、尤其是板球。人们不禁会想，如果 Fry 生活在 874 年，那维京人就只能在棘手的三柱门边击球了

7. R. I. Page, *Norse Myths* (1990, British Museum Press), p. 35

8. Gylfaginning，第 21 章

9. *Thrymskvida*，第 8 句；弗雷娅，司爱、性和繁殖的女神：她经常是众神、巨人、精灵和矮人的欲望对象，参见：Orchard, *Dictionary*, p. 48

10. *Thrymskvida*,15-17 句

11. 同上，第 31 句

12. Page, *Norse Myths*, p. 14

13. S. W. Nordeide,' Thor's Hammer in Norway:A Symbol of Reaction against the Christian Cross?', 出自 Andrén 等所著 *Old Norse Religion in Long-Term Perspectives*.A. S. Gräslund,' Thor's Hammers, Pendant Crosses and Other Amulets ', 出自 E. Roesdahl 和 D. Wilson 编的 *From Viking to Crusader: The Scandinavians and Europe 800-1200* (1992, Nordic Council of Ministers)

14. J. Staecker,' The Cross Goes North:Christian Symbols and Scandinavian Women ', 出自 M. Carver 编的 *The Cross Goes North*, pp. 463-82

15. DR 110, DR 209, DR 220, Vg 150; Tentative:Sö 140

16. *Thrymskvida*，第 30 句

17. S. Degge,' An Account of an Humane Skeleton of an Extraordinary Size, Found in a Repository at Repton in Derbyshire ... ', *Philosophical Transactions* 35 (1727-8), pp. 363-5; M. Biddle and B. Kjølbye-Biddle,' Repton and the " Great Heathen Army ", 873-4 ', 出自 Graham-Campbell 等编的 *Vikings and the Danelaw*, pp. 45-96

18. Degge,' An Account of an Humane Skeleton '

19. R. Bigsby, *Historical and Topographical Description of Repton* (1854)

20. J. Richards 等著 ' Excavations at the Viking Barrow Cemetery at Heath Wood, Ingleby, Derbyshire ', *The Antiquaries Journal* 84 (2004), pp. 23-116；参考 Biddle 和 Kjølbye-Biddle 的作品，他们提出——主要基于一些骨架明显是男性的身材——后来的尸骨中，许多都是来自斯堪的纳维亚，且是后来找到的早先死去的维京军的尸骨

21. 据 13 世纪的 *Chronicon Abbatiae de Evesham* 所载，11 世纪早期，克努特把威斯坦的遗骸运到了 Evesham［参见 J. Sayers 和 L. Watkiss 编译的 *Thomas of Marlborough*: *History of the Abbey of Evesham* (2003, Clarendon Press)］；不过，从很多方面看，这点都存疑（维京人占领后，威斯坦的遗骸是如何幸存下来的？克努特转移的遗骸究竟属于谁，以及我们如何确定那是威斯坦的遗骸？克努特究竟有没有运什么东西到 Evesham，又或是难道 Evesham 的僧侣只需要一个简单的可信来源就足以确定这些骨头属于那位鲜为人知的圣人？等等）

22. 如果把他与爱尔兰编年史中的 Imair 视作一人，那就可以说 "无骨者" 伊瓦尔在 9 世纪 50～70 年代皆活跃在爱尔兰海，参见：C. Downham, *Viking Kings of Britain and Ireland* (2007, Dunedin)。The *Annals of Ulster* 记载他死于 873 年，同年异教徒大军来到雷普顿。据 10 世纪的英格兰编年史家埃塞威尔德记载，他死于 870 年，表明他死在英格兰。*Ragnars saga Loðbrókar* 称他死后葬在诺森布里亚（参见 Biddle 和 Kjølbye-Biddle

的'Repton', pp. 81-4)

23. 'Ynglinga saga', chapter 8 (*Heimskringla I*)

24. Ibn Fadlan; Lunde and Stone, *Ibn Fadlān and the Land of Darkness*, p. 51

25. 同上，p. 53

26. 不过伊本·法德兰也记述了一个穷人在小船上火葬的内容，是不列颠和斯堪的纳维亚常见的简单船葬；同上，p.4

27. 同上，p. 54

28. 尽管维京葬礼多种多样——正如我们已开始看到的——但或许这就是其最特殊的特征。参见：N. Price, *Odin's Whisper:Death and the Vikings* (2016, Reaktion Books)；另可参见 Price 的'Belief and Ritual'

29. *ASC* s.a.876

第 11 章　国王归来

1. G. K. Chesterton, *Ballad of the White Horse* (2010〔1911〕, Dover Publications), Book I

2. *VA*, 53

3. *Beowulf*, 102-104 行

4. *VA*, 92；另可参见 Keynes 和 Lapidge 所著 *Alfred the Great* 的文本注释

5. 同上

6. *VA*, 55

7. *ASC* s.a.874; *VA*，第 48 句

8. *ASC* A s.a.877；这些事件在其他版本的 *ASC* 和 *VA* 中也有所提及：*ASC* s.a.877 (C s.a.878) and *VA*, 49

9. 同上

10. CA, p. 42

11. *VA*, 52；另参见 *ASC* s.a.878 (C s.a.879)

12. *HSC*, 16

13. L. Simpson, 'The Alfred/St Cuthbert Episode in the Historia de Sancto Cuthberto:Its Significance for mid-Tenth Century English History' 出自 G. Bonner, D. W. Rollason 和 C. Stancliffe 编的 *St Cuthbert, His Cult and His Community to AD 1200* (2002, Boydell & Brewer), pp. 397-412

14. *HSC*, 12-13

15. *ASC* s.a.878 (C s.a.879); *ASN* s.a.878, p. 78; VA, 54, pp. 83-4 ; CA, p. 43; *EE*, 3144-56

16. 杰弗里·盖马尔后来声称他的尸体埋在了德文郡一个叫 Ubbelawe（"乌比之冢"）的

地方 (*EE*, 3144-56)

17. *ASC* s.a.878 (C s.a.879)

18. *ASN*, s.a.878

19. Lavelle, *Alfred's Wars*, pp. 55-106; J. Baker and S. Brookes, *Beyond the Burghal Hidage*: *Anglo-Saxon Civil Defence in the Viking Age* (2013, Brill), pp. 199-208; *Halsall, Warfare and Society*, pp. 40-133

20. 盎格鲁－撒克逊谜语的暗示性令人惊讶。如 *Exeter Book* 中的"谜语 44"〔由 S. A. J. Bradley (*Anglo-Saxon Poetry*, p. 379) 翻译〕，谜语 25 和谜语 45 很粗俗，Bradley 都做了翻译；另参见 K. Crossley-Holland 的 *The Exeter Book Riddles* (1993, Penguin)

21. 爱尔兰巨人和亨吉斯特的故事，在两篇古英语诗歌中有讲述：*Beowulf* 和名为'the Fight〔or Battle〕at Finnsburgh'的片段 (*ASPR 6*)；是关于分裂的忠诚、背叛和复仇的故事。托尔金曾在一系列讲座中讨论过故事情节，在他身后出版，名为'Finn and Hengest: The Fragment and the Episode' (2006〔1982〕, HarperCollins)

22. 关于盎格鲁－撒克逊人的烽火体系，参见 D. Hill 和 S. Sharpe 所著'An AngloSaxon Beacon System'，出自 A. Rumble 和 D. Mills 编的 *Names, Places & People* (1997, Paul Wathius), pp. 97-108，另外，Baker 和 Brookes 的 *Beyond the Burghal Hidage* 中，也做了深入讨论

23. *VA*, 55-6

24. Baker and Brookes, *Beyond the Burghal Hidage*, pp. 186-7; J. Baker, 'Warrior and Watchmen: Place Names and Anglo-Saxon Civil Defence', *Medieval Archaeology* 55 (2011), pp. 258-9

25. Anderson, *The English Hundred Names*: *The South-Western Counties*, p. 152

26. P. H. Robinson, 'The Excavations of Jeffery Whitaker at Bratton Camp', *Wiltshire Archaeological and Natural History Magazine Bulletin* 25 (1979), pp. 11-13

27. A. L. Meaney, *A Gazetteer of Early Anglo-Saxon Burial Sites* (1964, Allen & Unwin), p. 266

28. *Beowulf*, 3137-3149 行

29. T. J. T. Williams, 'The Place of Slaughter'；埃丁顿（Eðandun）的地名或许是被编年史家用来暗示阿尔弗雷德的祖父埃格伯特和 825 年他在埃兰敦（Ellendun）取得的成就，那次胜利预示了阿尔弗雷德自己统治更大的西撒克逊的成就（两个地名的头韵、押韵和相同音节数也容易让人进行比较）

30. S290

31. "阿尔弗雷德遗嘱"的译文摘自 Keynes 和 Lapidge 的 *Alfred the Great* (pp.173-8); S1508; S765

32. NMR ST 95 SW 38

33. G. K. Chesterton, *Alarms and Discursions* (1910, Methuen)

34. Parker, *England's Darling*

35. 同上，p. 195, n.16

36. E. A. Freeman, *The History of the Norman Conquest of England*, 5 vols (1867-79, Clarendon Press), p. 51

37. 特别推荐参考 Parker 的 *England's Darling*，及 S. Keynes 的‘The Cult of King Alfred the Great’，出自 *Anglo-Saxon England* 28 (1999), pp. 225-356 和 B. Yorke, *The King Alfred Millenary in Winchester, 1901* (1999, Hampshire County Council)

38. T. Shippey, *The Road to Middle-Earth: How J.R.R. Tolkien Created a New Mythology* (2005, 2nd edition, HarperCollins)

39. Shippey, *Road to Middle-Earth*, pp. 222-31; Tolkien, *On Fairy-Stories*; H. Carpenter, *The Inklings: C.S. Lewis, J.R.R. Tolkien, Charles Williams and their Friends* (2006, 4th edition, Harper Collins), pp. 42-5

40. G. K. Chesterton,‘The Blatchford Controversies’［1904］，出自 D. Dooley 所编 *The Collected Works of G.K. Chesterton*，第一卷 (1986, Ignatius Press)

41. Chesterton, *Ballad of the White Horse*

42. Parker, *England's Darling*

43. Carpenter 编，*The Letters of J.R.R.Tolkien*, No. 80, p. 92

第 12 章　和平协议

1. G. K. Chesterton, *Ballad of the White Horse* (2011［1911］, Dover Publications),Book Ⅷ

2. 9 世纪中期的盎格鲁－撒克逊洗礼盆在迪尔赫斯特（格罗斯特郡）得以幸存，例子可参考：R. Bryant, *Corpus of Anglo-Saxon Stone Sculpture: Vol. X, The Western Midlands* (2012, Oxford University Press), pp. 161-90

3. *VA*, 46, p. 85

4. E. Dümmler (ed.), *Epistolae Karolini Aevi*, vol. 2 (1895, Berlin), nos 134 and 137; J. H. Lynch, *Christianizing Kinship: Ritual Sponsorship in Anglo、Saxon England* (1998, Cornell University Press)

5. 不过，后来阿尔弗雷德的儿子爱德华升为（可能是肯特）"君主"；包括爱德华和阿尔弗雷德在内的宪章将其列为肯特宪章见证者名单中的"君主"(*rex*)［阿尔弗雷德被指定为"撒克逊君主"(*rex Saxonum*)］；参见 Keynes 的‘The Control of Kent’, *Early Medieval Europe* 2.2 (1993), pp. 111-31

6. *VA*, 56; *ASC* s.a.878 (c s.a.879)

7. *ASC* s.a.880 (C s.a.881)

8. 证据相当复杂，但涉及在已建立的南方铸币厂中不为人知的铸币者的起名问题，"阿尔弗雷德"铸币和其他铸币之间的模具关联问题，以及维持不同重要标准的问题。参见 M. A. S. Blackburn 的 'Presidential Address 2004. Currency under the Vikings. Part 1: Guthrum and the Earliest Danelaw Coinages', *British Numismatic Journal* 75 (2005), pp. 18-43

9. G. Williams, 'Kingship, Christianity and Coinage:Monetary and Political Perspectives on Silver Economy in the Viking Age', 出自 J. Graham-Campbell 和 G. Williams 所著 *Silver Economy in the Viking Age* (2007, Left Coast Press), pp. 177-214

10. Alfred-Guthrum,1

11. Keynes 和 Lapidge 所著 *Alfred the Great*, p. 171 (不过条约日期有待修订，参见：G. Williams, *pers. comm.*)

12. D. Hadley, *The Vikings in England*: *Settlement, Society and Culture* (2006, Manchester University Press), pp. 31-3; P. Kershaw, 'The Alfred-Guthrum Treaty: Scripting Accommodation and Interaction in Viking Age England', 出自 D. M. Hadley 和 J. D. Richards 编的 *Cultures in Contact*: *Scandinavian Settlement in England in the Ninth and Tenth Centuries* (2000, Brepols), pp. 43-64

13. *ASC* s.a.886 (C s.a.887)

14. Alfred-Guthrum, 'Prologue'

15. Kershaw, 'The Alfred-Guthrum Treaty'; P. Foote, 'The Making of Angelcynn:English Identity before the Norman Conquest', *Transactions of the Royal Historical Society*, 6th Series, 6 (1996), pp. 25-49

16. 同上。另参见 Downham 的 '"Hiberno-Norwegians" and "Anglo-Danes"'

17. *ASC* s.a.871 (C s.a.872); *VA*, 40

18. 像托克西这样的维京营地，存在大量"盎格鲁－撒克逊"的物质文化，或许能够证明这一点 (见第 13 章)

19. 'Sermon of the Wolf to the English, *EHD* (240)

20. 同上

21. Alfred-Guthrum, 5

22. S362; B. Yorke, 'Edward as Atheling', 出自 N. J. Higham 和 D. H. Hill 编的 *Edward the Elder, 899-924* (2001, Routledge), pp. 25-39

第 13 章　恶棍商人

1. R. E. Howard, 'The Dark Man', *Weird Tales* (December 1931)

2. *VA*, 91

3. *VA*, 91

4. 借羞辱性的道歉话语搅扰国王的耳朵，也没什么用，因为——正如阿塞为我们指出的——"他们可憎的悔改又有什么用呢，毕竟被屠杀的亲人无法起死回生，也无法把那些囚禁的人解救出来，甚至对逃脱的人本身也没什么用，因为他们失去了所有，又如何生存？"；*VA*, 91

5. 同上

6. *VA*, 8, 11；另见 Keynes 和 Lapidge 所著 *Alfred the Great* 中的注释，pp. 232, 234；关于阿尔弗雷德与教皇来往的问题，参见 J. Nelson 的 'The Problem of King Alfred's Royal Anointing'，*Journal of Ecclesiastical History* 18.2 (1967), pp. 145-63

7. *ASC* A s.a.853；把强大的熟悉之人变成某个人的"儿子"，能够获得政治优势，在这方面来说，这显然是个好教训

8. S. Irvine, 'The Anglo-Saxon Chronicle and the Idea of Rome in Alfredian Literature'，和 D. Hill, 'The Origins of Alfred's Urban Policies'，出自 T. Reuter 编的 *Alfred the Great* (2003, Ashgate), pp. 63-77; pp. 219-33

9. *VA*, 91

10. 多亏了伟大的法律学者弗雷德里克·威廉·梅特兰（Frederic William Maitland）的介入，它在 1897 年才获得了这个名字，参见：*Domesday Book and Beyond. Three Essays in the Early History of England* (1897, Cambridge University Press); D. Hill, 'The Burghal Hidage-the Establishment of a Text'，*Medieval Archaeology* 13 (1969), pp. 84-92

11. 关于 burhs 与领土的关系问题，详细内容可参考 Baker 和 Brookes 的 *Beyond the Burghal Hidage*；另参见 D. Hill 和 A. Rumble 所编 *The Defence of Wessex*: *The Burghal Hidage and Anglo-Saxon Fortifications* (1996, Manchester University Press)

12. S. Keynes, 'Edward, King of the Anglo-Saxons'，出自 N. J. Higham 和 D. H. Hill 编的 *Edward the Elder, 899-924* (2001, Routledge)

13. N. Brooks, 'The Unidentified Forts of the Burghal Hidage'，*Medieval Archaeology* 8.1 (1964), pp. 74-90

14. J. Haslam（编），*Anglo-Saxon Towns in Southern England* (1984, Phillimore)

15. S. R. Bassett, 'The Middle and Late Anglo-Saxon Defences of Western Mercian Towns'，*Anglo-Saxon Studies in Archaeology and History* 15 (2008), pp. 180-239

16. G. Williams（编），*A Riverine Site Near York*: *A Possible Viking Camp, and Other Related Papers* (forthcoming); M. A. S. Blackburn, 'The Viking Winter Camp at Torksey, 872-3'，出自 M. A. S. Blackburn 编的 *Viking Coinage and Currency in the British Isles* (2011, Spink), pp. 221-64; D. Hadley 和 J. D. Richards, 'The Winter Camp of the Viking Great Army, AD 872-3, Torksey, Lincolnshire'，*The Antiquaries Journal* 96 (2016), pp. 23-67

17. P. Wallace, *Viking Dublin*: *The Wood Quay Excavations* (2015, Irish Academic Press);

I. Russell 和 M. F. Hurley（编），*Woodstown*: *A Viking-age Settlement in Co. Waterford* (2014, Four Courts Press)

18. I. Gustin,' Trade and Trust in the Baltic Sea Area during the Viking Age', 出自 J. H. Barrett 和 S. J. Gibbon 编的 *Maritime Societies of the Viking and Medieval World* (2016, Oxbow), pp. 25-40

19. 一些令人惊叹的发现，出自丹麦人在海泽比的贸易点，靠近德国的现代城镇石勒苏益格（Schleswig）；相关介绍可参考 V. Hilberg 的 ' Hedeby:An Outline of Its Research History' in Brink with Price, *The Viking World*, pp. 101-11

20. *VA*, 91

21. 哥特兰岛和多塞特出土的维京人头骨中，发现了刻意矫正牙齿的证据——水平条纹排列在前门牙的牙釉质上；据推测，其目的是为了美观；参见 C. Arcini 的 ' The Vikings Bare Their Filed Teeth', *American Journal of Physical Anthropology* 128 (2005), pp. 727-33; L. Loe, A. Boyle, H. Webb 和 D. Score 编的 '*Given to the Ground*': *A Viking Age Mass Grave on Ridgeway Hill*, *Weymouth* (2014, Dorset Natural History and Archaeological Society)

22. 故意弯曲的钱币在维京人的贮存中比较常见，那些上面有"刻痕"和"啄痕"（在金属表面故意凿上痕迹）的钱币，也是如此；这些都是检验银币纯度的方法，可参见 M. Archibald 的 ' Testing', 出自 J. Graham-Campbell（和贡献者）的 *The Cuerdale Hoard and Related Viking-Age Silver and Gold from Britain and Ireland in the British Museum* (2013, 2nd edition, British Museum Press), pp. 51-63

23. R. Gameson（编），*The Codex Aureus*: *An Eighth-Century Gospel Book*: *Stockholm, Kungliga Bibliotek*, A. 135 (2001, Rosenkilde and Bagger)

24. 译文：University of Southampton［http://www.southampton.ac.uk/~enm/ codexau.htm］

25. 当然，贸易聚居区（商业中心）的概念并不新奇：斯堪的纳维亚就有好几个，而且在整个 10 世纪，它们不停发展，直至其中最大的几个（海泽比、Birka 等）对北海经济和斯堪的纳维亚王室的财富产生重要影响——但这与维京人到达盎格鲁－撒克逊王国时的情况略有不同 (D. Skre, ' The Development of Urbanism in Scandinavia' and sub-papers, in Brink with Price, *The Viking World*, pp. 83-145)

26. G. Williams, ' Towns and Identities in Viking England', 出自 D. M. Hadley 和 L. Ten Harkel 编的 *Everyday Life in Viking-Age Towns*: *Social Approaches to Towns in England and Ireland*, *c.800-1100* (2013, Oxbow), pp. 14-34

第 14 章　丹麦律法区

1. *Egil's Saga*, 68

2. "来自北方的国王古斯鲁姆，死了，他的洗礼名是埃塞尔斯坦；他曾是阿尔弗雷德大帝的教子，生活在东盎格利亚，是第一个在那片土地定居的人。" *ASC* A s.a.890

3. 参见 R. Abels 所著 *Alfred the Great*: *War, Kingship and Culture in Anglo-Saxon England* (1998, Routledge) 以及 Lavelle 的 *Alfred's Wars*

4. *ASC* s.a.893-7

5. *ASC* s.a.897

6. *ASC* A s.a.901

7. 该绰号是 10 世纪后期由 "领唱者" 伍尔夫斯坦（Wulfstan the Cantor）所取，以区别 "殉教者" 爱德华；后来，因 "爱德华" 在王室命名中出现次数太多，自 1215 年起，开始采用 "爱德华" 编号体系。但是，编号始于 "爱德华一世"，并不包含爱德华一世之前的三位，即 "长者" 爱德华、"殉道者" 爱德华和 "忏悔者" 爱德华。这一套复杂的 "爱德华学问"，曾让中世纪的历史学家各种苦恼：参见 M. Morris 所著 *A Great and Terrible King*: *Edward I and the Forging of Britain* (2008, Hutchinson), pp. xv-xvi

8. 'The Will of King Alfred' 出自 Keynes 和 Lapidge 所著 *Alfred the Great*, pp.173-8; R. Lavelle, 'The Politics of Rebellion: The Ætheling Æthelwold and West Saxon Royal Succession, 899-902', 出自 P. Skinner 编的 *Challenging the Boundaries of Medieval History*: *The Legacy of Timothy Reuter* (2009, Brepols)

9. 'The Will of King Alfred' 出自 Keynes 和 Lapidge 所著 *Alfred the Great*, pp. 173-8

10. *ASC* s.a.901

11. 在吉尔达斯和比德笔下，归功于 Ambrosius Aurelianus，但在 9 世纪的不列颠文献中，要归功于亚瑟。*Ex*.26.1; *HE* i.16; *HB*, 56; E. Guest, *Origines Celticae*, Vol. II (1883), pp. 186-93

12. *ASC* A s.a.901

13. *ASC* D s.a.901

14. *ASN*

15. Lavelle, 'The Politics of Rebellion'

16. *ASC* A, D s.a.905

17. *CA*, p. 52

18. 还有一位薄命王子可能是 Beorhtsige, Beorhtwulf 之子，*ASC* 中将其描述为 "太子"（王子）。有人提出（见 Lavelle 所著 'Politics of Rebellion'），这位 Beorhtwulf 可能是被夺权的麦西亚王朝的后裔，这种可能性使得这一事件整个变了样；人们很可能会把这次暴乱看成是对西撒克逊的暴政和过度管控的政权的武装反抗：试图重塑 878 年之前的不列颠地缘政治

19. 2001 年推出一项计划，即 "大沼泽地计划"（Great Fen），旨在未来 50 年建设一片更

广阔的沼泽栖息地 (http://www.greatfen.org.uk/about/introduction)

20. M. Gelling and A. Cole, *The Landscape of Place-Names* (2014, 3rd edition, Stamford)

21. *Kormáks saga*，第 10 章［W. G. Collingwood 和 J. Stefansson（译），*The Saga of Cormac the Skald* (Viking Club, or Society for Northern Research), pp. 65-7］

22. Olav Bø, 'Hólmganga and Einvigi:Scandinavian Forms of the Duel', *Medieval Scandinavia* 2 (1969), pp. 132-48

23. T. S. Jonsson, 'Thingvellir as an Early National Cente', 出自 O. Owen 编的 *Things in the Viking World* (2012, Shetland Amenity Trust), pp. 42-53

24. W. Morris, '1871 and 1873 Journeys to Iceland', 出自 M. Morris 编的 *The Collected Works of William Morris*, vol. 8, p. 77

25. *Völuspá*, 57, p. 13

26. J. Byock, 'The Icelandic Althing:Dawn of Parliamentary Democracy', 出自 J. M. Fladmark 编的 *Heritage and Identity*: *Shaping the Nations of the North* (2002, Donhead), pp. 1-18

27. A. Wawn, *The Vikings and the Victorians* (2000, Boydell), pp. 277-9

28. *Lǫgsǫgumaðr*：法律述说者是当地人推选的长辈或当地权贵，负责识记当地法律，主持"大事会"和评判

29. O. Olwen, 'Things in the Viking World-An Introduction', 出自 Olwen 编的 *Things*, pp. 4-29; G. Fellows-Jensen, 'Tingwall:The Significance of the Name', 出自 D. Waugh 和 B. Smith 编的 *Shetland's Northern Links*: *Language and History* (1996, Scottish Society for Northern Studies), pp. 16-29

30. B. Smith, 'Shetland's Tings', 出自 Olwen 编的 *Things*, pp. 68-79

31. A. Johnson, 'Tynwald-Ancient Site, Modern Institution-Isle of Man', 出自 Olwen 编的 *Things*, pp. 104-17（另参见：https://www.thingsites.com/ thing-site-profiles/tynwald-hill-isle-of-man）

32. 'Óláfs saga Helga', 第 80 章 (*Heimskringla II*)

33. *ASC* A s.a.909

34. *ASC* A s.a.911

35. 关于盎格鲁－撒克逊民防的发展，参见 Baker 和 Brookes 所著 *Beyond the Burghal Hidage*

36. 现在是西米德兰兹郡（West Midlands）伍尔弗汉普顿（Wolverhampton）的一片村庄 / 郊区。

37. *CA*, p. 53

38. Downham, *Viking Kings*

39. 同上。这一时期的资料严重不足，而且关于 Uí Ímair 的历史论述也非常复杂

40. D.Horowitz, *Notes and Materials on the Battle of Tettenhall 910 AD, and Other Researches* (2010, self-published)

41. 一套单独的编年史记述了关于埃塞尔弗莱德卓越的军事领导才能的额外细节，后嵌入 *ASC* 中的 C 稿中

42. *ASC* A s.a.912

43. J. Haslam, 'The Location of the Burh of Wigingamere-Reappraisal'，出自 A. R. Rumble 和 A. D. Mills 编的 *Names, People and Places* (1977, Watkins), pp. 114-18

44. *ASC* A s.a.921

45. *ASC* A s.a.921

46. *ASC* A s.a.922

47. *ASC* A s.a.922

48. *VA*, I，另见 Keynes 和 Lapidge 所著 *Alfred the Great*, p. 225

第 15 章　湖区传奇

1. W. G. Collingwood, *The Book of Coniston* (1897, Titus Wilson)

2. L. Abrams 和 D. N. Parsons 的 'Place-names and the History of Scandinavian Settlement in England'，出自 J. Hines, A. Lane 和 M. Redknapp 所编 *Land, Sea and Home*: *Proceedings of a Conference on Viking-Period Settlement* (2004, Northern Universities Press), p. 380

3. D. Coggins, K. J. Fairless 和 C. E. Batey, 'Simy Folds:An Early Medieval Settlement Site in Upper Teesdale.Co. Durham', *Medieval Archaeology* 27 (1983), pp. 1-26; D. Coggins, 'Simy Folds:Twenty Years On'，出自 J. Hines 等编的 *Land, Sea and Home*, pp. 326-34; A. King, 'Post-Roman Upland Architecture in the Craven Dales and the Dating Evidence'，出自 Hines 等编的 *Land, Sea and Home*, pp. 335-44（更广泛的讨论，另可参见 Hadley 的 *The Vikings in England*, pp. 81-144）

4. King, 'Post-Roman Upland Architecture', p. 340

5. Dawn Hadley (*The Vikings in England*, pp. 99-104) 对这些问题和文学做了极好的概述

6. 可参考埃塞尔雷德统治期间（978-1013, 1014-1016 在位）铸币者的名字；参见 J. J. North 所著 *English Hammered Coinage*, Vol. 1 (1994, Spink), pp. 162-7

7. K. Leahy 和 C. Paterson, 'New Light on the Viking Presence in Lincolnshire: The Artefactual Evidence'，出自 Graham-Campbell 等编的 *Vikings and the Danelaw*, pp. 181-202

8. J. F. Kershaw, *Viking Identities*: *Scandinavian Jewellery in England* (2013, Oxford University Press)

9. J. Geipel, *The Viking Legacy*: *The Scandinavian Influence on the English Language* (1975,

David and Charles)；另可参见 S. D. Friðriksdóttir 的 *Old Norse Influence in Modern English*: *The Effect of the Viking Invasion* (2014, unpublished BA dissertation, University of Iceland)［http://skemman.is/ stream/get/1946/17234/40268/1/Old_Norse_Influence_in_Modern_ English.pdf］

10. M. Townend, *The Vikings and Victorian Lakeland*: *The Norse Medievalism of W. G. Collingwood and His Contemporaries* (2009, Cumberland and Westmorland Antiquarian and Archaeological Society), p. 67

11. A. Wawn, ' The Spirit of 1892:Saga-Steads and Victorian Philology ', *Saga-Book of the Viking Society* 23 (1992), pp. 213-52; M. O. Townend, ' In Search of the Lakeland Saga:Antiquarian Fiction and the Norse Settlement in Cumbria ', 出自 D. Clark 和 C. Phelpstead 编的 *Old Norse Made New*: *Essays on the Post-Medieval Reception of Old Norse Literature and Culture* (2007, Viking Society for Northern Research); Wawn, *The Vikings and the Victorians*, pp. 308-9

12. Townend, *The Vikings and Victorian Lakeland*, pp. 33-4

13. 科灵伍德似乎并未对他的消逝感到悲伤，虽然这点是由其同时代人指出的 (Townend, *The Vikings and Victorian Lakeland*, pp. 44-5)

14. 同上，p. 258

15. 最近我惊喜地发现，我的 *Scandinavian Britain* 第一版，竟然是 Robert Eugen Zachrisson 的藏书，他是著名的瑞典文献学者和地名学者：书的空白页上有他 1924 年的签名，书中还夹着个性化的藏书者标签。Zachrisson 负责许多开拓性的工作，其中包括英语地名的词源学（包括斯堪的纳维亚语的起源）和诺曼语对现代英语发音的影响；不过，今天他最为人所记的是巧妙地尝试用一种他称之为 " Anglic"（一种简化英语）的体系彻底改造英语的拼写。当时有很多人支持，报告（用的语言是 Anglic）中称 " leeding eduekaeshonists and reprezentativz of the Pres, who hav been prezent at korsez givn in Stockholm and Uppsala, hav testified that Anglic is a moest efektiv meenz of teeching English to forinerz"，但它注定会销声匿迹——或许可以说，幸而消失了。1931 年，*Spectator* 刊发了明智的评论，对这些创新方案表示赞同："语言可能是——而且通常是思想的最大阻碍，没有什么比思考语言本身更真实的了。"或许有些道理，但幸而，它还不足以战胜 "每一个受过教育的人的本能……以站起来反抗任何试图干涉一种因长期使用而被神圣化的习俗"（A. Lloyd James, ' Anglic:An International English ', *Spectator, 14* August 1931, p. 7: http://archive.spectator.co.uk/article/15th-august-1931/7/anglic-an-international-english)

16. Townend, *The Vikings and Victorian Lakeland*, p. 157

17. 辩论的主旨，可参见 D. Austin 所著 ' The " Proper Study " of Medieval Archaeology ',

出自 D. Austin 和 L. Alcock 所编 *From the Baltic to the Black Sea*: *Studies in Medieval Archaeology* (1990, Routledge), pp. 9-42; G. R. W. Halsall, *Cemeteries and Society in Merovingian Gaul*: *Selected Studies in History and Archaeology, 1992-2009* (2010, Brill), pp. 49-88

18. 基钦在很多方面都代表了维多利亚后期的牧师和古文物研究者。不可思议的成就单表明他多才多艺，但同时也表明他的社会地位所赋予他的极佳的人际关系和大量的空闲时间。他是古文物协会（Society of Antiquaries）的会员，也是英国考古协会（British Archaeological Society）的会员，他就温彻斯特大教堂的字体和汉普郡北斯通汉教堂（North Stoneham Church）的"斯拉夫人的埋葬地"等方面的知识，给协会做了博学多识的长篇报告；他是温彻斯特大教堂的主任牧师（自 1883 年起），为祭坛壁装饰物的恢复做出了突出贡献，后来又成了达拉谟大教堂（Durham Cathedral）的主任牧师（自 1894 年起）和达拉谟大学（Durham University）的校长（自 1908 年起），直到 1912 年去世；他创作了流行赞美诗"Raise High the Cross"，还写了三卷本的法兰西历史和教皇庇护二世（Pope Pius II）的传记；1863 年，他还很年轻，任弗雷德里克（Frederik，丹麦王储，后加冕为国王弗雷德里克八世）的私人教师。还有一点，或许是他诸多成就中最缺乏趣味却是最令人记住的一点，他是 Xie Kitchin 的父亲，Xie Kitchin 是带给查尔斯·勒特威奇·道奇森（Charles Lutwidge Dodgson）——即刘易斯·卡罗尔（Lewis Carroll，代表作《爱丽丝梦游仙境》《镜中世界》等）最多灵感的孩童；事实上，他本身也是 Dodgson 的拍摄对象，照片存于英国国家肖像美术馆（National Portrait Gallery）。我书房的墙上挂着一幅副本：我在打字的时候，甚至还在琢磨他华丽的羊排状络腮胡子

19. Wawn, *The Vikings and the Victorians*, p. 128; Townend, *The Vikings and Victorian Lakeland*, p. 52

20. Townend, *The Vikings and Victorian Lakeland*, pp. 189-90; M. Townend, *Language and History in Viking Age England*: *Linguistic Relations between Speakers of Old Norse and Old English* (2002, Brepols Publishers)

21. 参见 G. W. Kitchin 的'The Statesmen of West Cumberland'，出自 *Ruskin in Oxford, and other Studies* (1904, John Murray), p. 56; Isaac Kitchin，是我的曾曾曾曾祖父，出生于坎伯兰郡，受教于 St Bees Theological College

22. 当基钦说出"对自由和简单独立的热爱，在山区人的热血中孕育"时，他自然也把自己包含在这种热血孕育的性格肖像中（同上）

23. 引自 Townend 的 *The Vikings and Victorian Lakeland*, p. 192

24. D. Griffiths, *Vikings of the Irish Sea* (2010, Oxbow), p. 23

25. W. G. Collingwood, *The Book of Coniston*, pp. 1-7

26. 同上

27. 同上

第 16 章　探索新航线

1. W. G. Collingwood, *Thorstein of the Mere* (1895, Edward Arnold), p. 1

2. C.Krag, 'The early unification of Norway', 出自 K. Helle 编的 *The Cambridge History of Scandinavia, Volume I: Prehistory to 1520* (2003, Cambridge University Press), pp. 184-9

3. 如 'Haralds saga ins hárfagra', 第 19 章 (*Heimskringla I*)

4. Krag, 'The early unification of Norway'

5. Griffiths, *Vikings of the Irish Sea*, p. 51

6. K. A. Hemer, J. A. Evans, C. A. Chenery, A. L. Lamb, 'No man is an island:Evidence of pre-Viking Age migration to the Isle of Man', *Journal of Archaeological Science 52* (2014), pp. 242-9; Charles-Edwards, *Wales and the Britons*, pp. 14, 148-52

7. *AU* s.a.878

8. *AU* s.a.839

9. A. Woolf, *From Pictland to Alba, 789-1070* (2007, Edinburgh University Press), pp. 9-10

10. 同上, p. 66

11. 同上

12. 同上, pp. 93-8

13. *CKA*

14. *The Annals of St-Bertin*, s.a.847; J. Nelson（编译）, *The Annals of St-Bertin* (1991, Manchester University Press)

15. *CKA*; *AU* s.a 866

16. *AC* s.a.870

17. *AU* s.a.870

18. *AU* s.a.871

19. *CKA*; Woolf, *From Pictland to Alba*, p. 109

20. *AU* s.a.873

21. Downham, *Viking Kings*

22. Glasgow Community Planning Partnership, *Govan Area Partnership Profile 2016* (2016, Glasgow City Council)［https://www.glasgow.gov.uk/ councillorsandcommittees/ viewSelectedDocument. asp?c=P62AFQDNT1Z3DN0GUT］

23. K. Goodwin,'The Glasgow Effect', *Guardian* (10 June 2016)［https://www.theguardian.com/cities/2016/jun/10/glasgow-effect-die-young-high-risk-premature-death］

24.'No City for Old Men', *The Economist* (25 August 2012)［http://www.economist.com/node/21560888］

25. A. Campsie,'Everything You Need to Know About Clyde Shipbuilding', *Scotsman* (30 March 2016)［http://www.scotsman.com/heritage/people-places/everything-you-need-to-know-about-clyde-shipbuilding-1-4086097］

26. 正如别人所见，我认为可能是因为它们没能幸免，又被二次利用，参见：H. Williams,'Hogbacks:The Materiality of Solid Spaces', 出自 H. Williams, J. Kirton 和 M. Gondek 编的, *Early Medieval Stone Monuments*: *Materiality*, *Biography*, *Landscape* (2015, Boydell & Brewer)

27. J. T. Lang,'Hogback Monuments in Scotland', *Proceedings of the Society of Antiquaries of Scotland* 105 (1976), pp. 206-35

28. 比如，参见最大的胸针 BM 1909,0624.2; Graham-Campbell 的 *The Cuerdale Hoard* 中，对贮藏的宝物和其长期的复原，进行了大量详细的描写

29. NMS X.FC 8［http://www.nms.ac.uk/explore/stories/scottish-history-and-archaeology/hunterston-brooch/］

30. 10 世纪的爱尔兰人对这种现象有自己的说法：*Gallgoídil*（"外国人 Gaels"）；参见 Downham 的'"Hibemo-Norwegians"and "Anglo-Danes"'

31. *CKA*

32. *AU* s.a.900; *CS* s.a.900

33. 苏格兰民族的发展是个复杂的课题，本书无法详述；关于最全面的叙述方式，参见 Woolf 所著的 *From Pictland to Alba*

第 17 章　冰封的旧世界

1. *Völuspá*, v. 45（作者译）

2. 没必要去寻找它——1946 年挖掘后，因修建农场公路而被填平

3. 关于埋葬的讨论，参见：http://skaldic.abdn.ac.uk/db.php?table= mss&id=22110&if=myth；另可参见 Wilson 的 *Vikings in the Isle of Man*

4. 这些通常被错误地认为是船只的艏饰像。奥塞贝格墓葬中埋了五根这样的柱子，由此可以推测它们在最精心设计的维京"死亡大戏"中具有某种目的。柱子底部的把手可以将其连接在别的物体上——是什么，为什么，究竟怎么连接，均未知

5. Lunde and Stone，*Land of Darkness*, pp. 47-8

6. H. E. Davidson,'Human Sacrifice in the Late Pagan Period of North-Western Europe', 选自 M. O. H. Carver 编的 *The Age of Sutton Hoo*: *The Seventh Century in North-Western Europe* (1992, Boydell Press), pp. 331-40

7. Griffiths, *Vikings of the Irish Sea*, pp. 81-3

8. Reynolds, *Anglo-Saxon Deviant Burial*

9. 同上

10. Price,'Belief and Ritual'

11. Price, *The Viking Way*

12. 清单摘自 Norwegian Museum of Cultural History 的文件〔http://www.khm.uio.no/english/visit-us/viking-ship-museum/exhibitions/oseberg/in-the-grave.pdf〕

13. 〔http://www.khm.uio.no/english/visit-us/viking-ship-museum/exhibitions/ oseberg/in-the-grave.pdf〕

14. Canmore ID 9383

15. Sjøvold，*The Viking Ships in Oslo*

16. 这座墓穴的发现本身就很有戏剧性，考古学家们争分夺秒，以躲开将在秋季席卷北大西洋的可怕的奥克尼风暴；参见 Graham-Campbell 所著 *Vikings in Scotland*: *An Archaeological Survey* (1998, Edinburgh University Press), pp. 138-40；另可参见 http://www.orkneyjar.com/history/scarboat/

17. 概括地说：一如以往，细节都自相矛盾且是后世所写

18. C. Abram, *Myths of the Pagan North*: *The Gods of the Norsemen* (2011, Bloomsbury), pp. 157-68

19. Maughold (I)〔202A〕; Kirk Michael (III)〔215〕; 发现单个马恩如尼石碑的教区识别这些石碑，之后将教区的石碑依次编码。方框中即所引如尼石碑的编号

20. 这并非是说斯堪的纳维亚的如尼石碑从未刻有十字架——通常都有——只是这些石碑的风格和形式往往有很大不同

21. Braddan (IV)〔193A〕

22. Andreas (II)〔184〕

23. Ballaugh〔189〕

24. Andreas (I)〔183〕

25. Braddan (III)〔191B〕

26. Braddan (II)〔191A〕

27. 两只渡鸦 Huginn（"思想"）和 Muninn（"记忆"）是奥丁的主要特征；特别推荐参考 *Gylfaginning* 38

28. W. S. Calverley and W. G. Collingwood, *Notes on the Early Sculptured Crosses, Shrines and Monuments in the Present Diocese of Carlisle* (1899, Titus Wilson); C. A. Parker, *The Ancient Crosses at Gosforth and Cumberland* (1896, Elliot Stock)

29. *Gylfaginning* 51

30. *Völuspá* 59, p. 13

31. *Völuspá* 65, p. 14

32. Abram, *Myths of the Pagan North*, p. 165

33. Price, 'Belief and Ritual'

34. Abram, *Myths of the Pagan North*

第 18 章　伟大的战役

1. *APV*, 14-17, 115-20 行

2. 根据 *HSC* 记载，哈夫丹持续时间并不长。因其掠夺破坏遭到惩罚时，"他开始胡言乱语，遭众人强烈嫌弃，整支军队将其驱逐"

3. *ASC* s.a.875；另参见 *CKA* 和 Woolf, pp. 111-12

4. *ASC* s.a.875

5. *HSC*, ch.13

6. 同上

7. 诺森布里亚的 Oswiu（640 ～ 670 年在位）可以说是把王国推向黄金时代的国王。正是 Oswiu 在 655 年的 Winwæd 战役中，（出乎所有人的预料）杀死了臭名昭著的麦西亚异教国王 Penda——此举令他成为不列颠的霸主，推翻了不列颠岛上最后一道非基督教信仰的壁垒。在位期间，他还主持 Synod of Whitby（664 年），此次会议正式将宗教仪式纳入罗马宗教体系，而诺森布里亚也坚定地迈入了后罗马时期欧洲"主流宗教 – 政治 – 知识圈"的轨道。任何要在名为"Oswiu's Hill"的地方宣布王权的国王，都会做一个明确无误的政治声明，而且，我们肯定会想这个地方是否与公开承认的诺森布里亚王权之间长期存在联系；另可参见 Hadley 在 *The Vikings in England*, pp. 37-41 中的论述和引文。

8. Hadley, *The Vikings in England*, pp. 44-54

9. 同上；Blackburn, *Viking Coinage*; G. Williams, 'Kingship, Christianity and Coinage'

10. G. Williams, 'Kingship, Christianity and Coinage'

11. 关于该身份，存在质疑声，参见 Downham 著 *Viking Kings*, pp. 94-6

12. *AU* s.a.902

13. *AC*; *FA*

14. *FA* s.a.907；另参见 Lavelle 的 *Alfred's Wars*, pp. 230-3

15. *Hadley*, The Vikings in England, p. 177

16. *AU* s.a.913

17. *AU* s.a.917; *ASC* s.a.924

18. J. Graham-Campbell, *The Viking-Age Gold and Silver of Scotland, AD 850-1100* (1995, National Museums of Scotland); Graham-Campbell, *Cuerdale*

19. T. Hugo, 'On the Field of Cuerdale', *Journal of the British Archaeological Association* 8 (1853), pp. 330-5; Graham-Campbell, *Cuerdale*, pp. 21-37

20. *ASC* D, s.a 926, *ASC* E s.a 927; *GRA* 1.3

21. Woolf, *From Pictland to Alba*, p. 158; *EHD* (104)

22. *ASC* D s.a.926

23. North, *English Hammered Coinage*

24. Woolf, *From Pictland to Alba*, pp. 164-6

25. *HR*

26. *ASC* D s.a.934; Woolf, *From Pictland to Alba*, p. 161, n.73

27. *CC* s.a.934

28. *GRA* 1.3

29. *APV*，第 132、143、162 行

30. *AFM* s.a.937

31. *APV*，第 40、60 行

32. *Brunanburh*, 61-65 行；M. Alexander（译），*The Earliest English Poems* (1991, Penguin), p. 97

33. 据 Æthelweard，写于 10 世纪末期；*CA*, p. 54

34. *ASC* E, s.a.937

35. A. Tennyson, 'The Battle of Brunanburh', 1-14 行，出自 C. Ricks 编的 *The Poems of Tennyson* Ⅲ (1987, Longman), pp. 18-23

36. *AU* s.a.939

第 19 章　神勇血斧王

1. *Egil's Saga*, 80, v.4 (p. 159)

2. *The Chronicle of Melrose*, s.a.941; J. Stevenson（编译），*A Mediaeval Chronicle of Scotland: The Chronicle of Melrose*［1991（19 世纪 50 年代版本重印），Llanerch］

3. *ASC* A s.a.942

4. 参见第 20 章

5. *ASC* A s.a.944

6. *CC* s.a.946

7. G. Williams, *Eirik Bloodaxe*

8. 同上

9. 'Hakonar saga góða', 第 3 章 (*Heimskringla I*)

10. *ASC* D s.a.948

11. *ASC* A s.a.948

12. M. Shapland, *Buildings of Secular and Religious Lordship*: *Anglo-Saxon Tower-nave Churches* (2012, unpublished PhD thesis, UCL)

13. R. Hall, *Viking Age England* (2004, The History Press), p. 283; R. Hall, 'York', in Brink with Price（编）, *The Viking World*, pp. 379-84; Hadley, *The Vikings in England*, pp. 147-54；有关科珀盖特的完整挖掘工作的内容由 York Archaeological Trust 出版了，共计 21 卷

14. Hall, 'York', p. 376

15. Q. Mould, I. Carlisle and E. Cameron, *Leather and Leatherworking in Anglo-Scandinavian and Medieval York* (2003, CBA/York Archaeological Trust)

16. 奥拉夫到晚年做了僧侣，在艾奥那岛上度过，并不像有些人设想的维京国王退位后的生活——表明自维京时代开始以来，文化的"罗盘"已发生了很大转变

17. G. Williams, *Eirik Bloodaxe*

18. *FH* I

19. 'Hakonar saga góða', 第 4 章 (*Heimskringla I*)

20. *Grímnismál*，第 36 句

21. 根据 R. D. Fulk, '(Introduction to) Anonymous, *Eiríksmál*' 稍有改动，原版出自 D. Whaley 编的 *Poetry from the Kings Sagas 1*: *From Mythical Times to c.1035* (2012, Brepols), p. 1003

22. Price, *The Viking Way*

第 20 章　北方有战狼

1. 'Sermon of the Wolf to the English', *EHD* (240)

2. *ASC* CDE s.a.1006

3. 尚未发现盎格鲁-撒克逊人的遗骸，但已确定之前曾被用作青铜时代的墓葬：参见 A. Sanmark 和 S. J. Semple 所著 'Places of Assembly: New Discoveries in Sweden and

England', *Fornvännen* 103. 4 (2008), pp. 245-59

4. 古斯堪的纳维亚语文学中，经常出现行尸走肉，尤以 *Grettis saga* 著称：参见 G. A. High（译）和 P. Foote（编）的 *The Saga of Grettir the Strong* (1965, Dent)

5. *Egil's Saga*, 61, v.11 (p. 116)

6. T. J. T. Williams, 'For the Sake of Bravado in the Wilderness'; E. M. Lacey, *Birds and Bird-lore in the Literature of Anglo-Saxon England* (2013, unpublished PhD papers, UCL), pp. 114-19

7. T. J. T. Williams, 'Landscape and Warfare in Anglo-Saxon England and the Viking Campaign of 1006', *Early Medieval Europe* 23 (2015), pp. 329-59

8. 这些石头取代了更为古老的木制碑；参见 J. Pollard 所著 'The Sanctuary, Overton Hill, Wiltshire: A Re-examination', *Proceedings of the Prehistoric Society* 58 (1992), pp. 213-26. J. Pollard and A. Reynolds，*Avebury: The Biography of a Landscape* (2002, Tempus)

9. *CC*

10. 人们认为马卡库斯可能就是 954 年结束国王埃里克性命的人；无法确定。更重要的是，这是当时记录中首次提及一个岛屿王国。首次出现了一个政治实体，将不列颠西北部和爱尔兰海域的斯堪的纳维亚移民区统一起来

11. Lavelle, *Alfred's Wars*

12. *CC*; FH

13. *ASC* D s.a.959；12 世纪时，马姆斯伯里的威廉记述了英格兰人如何吸收一些可鄙的异国习惯，如丹麦人的酗酒、荷兰人的娇弱和日耳曼人的凶残，借此详细描述了伍尔夫斯坦的感想 (*GRA*)

14. *EHD* (41)

15. 同上

16. *FH*

17. *Maldon*, 46-56 行；Bradley 译，*Anglo-Saxon Poetry*

18. J. R. R. Tolkien, 'The Homecoming of Beorhtnoth Beorhthelm's Son'，出自 *The Tolkien Reader* (1966, Ballantine)

19. 在和我的一次私下交流中，尼尔·普赖斯提出老式的单词 "vim" ——是一个特别贴切的近义词

20. *Maldon*, 96-100 行

21. Halsall, *Warfare and Society*, p. 183

22. *Maldon*, 312-319 行

23. J. D. Niles, 'Maldon and Mythopoesis', *Mediaevalia* 17 (1994), pp. 89-121; *Wanderer*

24. 其他较小金额则是临时而定；参见 S. Keynes 所著 'The Historical Context'，出自 D.

Scragg 编的 *The Battle of Maldon AD 991* (1991, Blackwell), p. 100

25. 参见 J. Gillingham 所著 '"The Most Precious Jewel in the English Crown": Levels of Danegeld and Heregeld in the Early Eleventh Century', *English Historical Review* 104 (1989), pp. 373-84 及 'Chronicles and Coins as Evidence for Levels of Tributes and Taxation in Late Tenth and Eleventh Century England', *English Historical Review* 105 (1990), pp. 939-50

26. J. C. Moesgaard, 'The Import of English Coins to the Northern Lands:Some Remarks on Coin Circulation in the Viking Age based on New Evidence from Denmark', 出自 B. J. Cook, G. Williams 和 M. Archibald 所编的 *Coinage and History in the North Sea World, c.AD 500-1250: Essays in Honour of Marion Archibald* (2006, Brill)

27. 比如 Svein Estridsen（1047-1076 年在位）的硬币

28. *ASC* CDE s.a.999

29. S. Keynes, 'The Declining Reputation of King Æthelred the Unready', 出自 D. Hill 编的 *Ethelred the Unready*: *Papers from the Millenary Conference* (1978, BAR), pp. 227-53; L. Roach, *Æthelred* (2016, Yale University Press)

30. *ASC* A s.a.1001

31. *ASC* CDE s.a.1001

32. *ASC* CDE s.a.1002; A. Williams, '"Cockles amongst the Wheat": Danes and English in the Western Midlands in the First Half of the Eleventh Century', *Midland History* 11 (1986), pp. 1-22

33. *EHD* (127); S909

34. A. M. Pollard, P. Ditchfield, E. Piva, S. Wallis, C. Falys 和 S. Ford 所著 '"Sprouting like Cockle amongst the Wheat": The St Brice's Day Massacre and the Isotopic Analysis of Human Bones from St John's College, Oxford', *Oxford Journal of Archaeology* 31 (2012), pp. 83-102

第 21 章 分不开的骸骨

1. *EHD*, 48

2. *ASC* CDE s.a.1013

3. T. Lindkvist, 'Early Political Organisation:Introductory Survey', 出自 K. Helle 编的 *The Cambridge History of Scandinavia, Volume 1*: *Prehistory to 1520* (2003, Cambridge University Press)

4. 参见 Helle 所编 *The Cambridge History of Scandinavia* 中 I. Skovgaard Petersen（'The

Making of the Danish Kingdom '), C. Krag ('The Early Unification of Norway'), M. Stefansson ('The Norse Island Communities of the Western Ocean'), T. Lindkvist ('Kings and Provinces in Sweden') 的相关文字

5. A. Pedersen, 'The Royal Monuments at Jelling', 出自 G. Williams 等所著 *Vikings: Life and Legend*, pp. 158-60

6. *The Dream of the Rood (ASPR 2)*; Alexander, *Earliest English Poems*, p. 87

7. *ASC* CDE s.a.1012

8. *CC* s.a.1013, p. 477

9. *ASC* CDE s.a.1014

10. *ASC* CDE s.a.1016

11. *ASC* D s.a.1057

12. *CC* s.a.1016, pp. 487-9

13. *ASC* E s.a.1016

14. *ASC* D s.a, p. 152

15. *Enc.*10; pp. 24-7

16. 同上；pp. 26-7

17. 同上

18. 同上

19. *Enc.*11; pp. 28-9

20. 事实上，它们带有"England"一词最早的某些随处可见的用法，证明"England"的概念在 11 世纪时已足够具体，在不列颠境外也同样广为人接受（参见 Jesch 所著 *Ships and Men*, pp. 70-7）

21. U194

22. U344；参见 S.B.F.Janson 的 *Swedish Vikings in England: The Evidence of the Rune Stones* (1966, UCL)

23. Janson, *Swedish Vikings in England*, pp.12-13

24. DR337

25. Loe 等（著），*Given to the Ground*

26. N184

27. M. O. Townend, *English Place-Names in Skaldic Verse* (1998, English Place-Name Society), p. 31

28. *ASC* CDE s.a.1017

29. *HA*, vi.13, pp. 360-1

30. *Enc.* ii.15; *CC* s.a.1017

31. 另外，他之前还有一位妻子，是名为 Ælfgifu 的英格兰贵妇

32. M. Biddle 和 B. Kjølbye-Biddle 所著 'Danish Royal Burials in Winchester: Cnut and his Family'，出自 Lavelle 和 Roffey 编的 *The Danes in Wessex*, pp. 231-2

33. 同上，p. 232

尾声

1. B. E. Crawford, *The Northern Earldoms: Orkney and Caithness from AD 870 to 1470*, Woolf, *From Pictland to Alba*, pp. 275-311

延伸阅读

关于维京人与维京时代的斯堪的纳维亚

S. Brink with N. Price (eds), *The Viking World* (2008, Routledge)

J. Graham-Campbell and G. Williams, *Silver Economy in the Viking Age* (2007, Left Coast Press)

K. Helle (ed.), *The Cambridge History of Scandinavia, Vol. 1: Prehistory to 1520* (2003, Cambridge University Press)

J. Hines, A. Lane and M. Redknapp (eds), *Land, Sea and Home: Proceedings of a Conference on Viking-Period Settlement* (2004, Northern Universities Press)

J. Jesch, *Ships and Men in the Late Viking Age: The Vocabulary of Runic Inscriptions* (2001, Boydell & Brewer)

J. Jesch, *The Viking Diaspora* (2015, Routledge)

N. Price, *The Vikings* (2017, Routledge)

P. Sawyer (ed.), *Oxford Illustrated History of the Vikings* (1997, Oxford University Press)

B. B. Smith, S. Taylor and G. Williams (eds), *West over Sea: Studies in Scandinavian Sea-Borne Expansion and Settlement Before 1300* (2007, Brill)

G. Williams, P. Pentz and M. Wemhoff (eds), *Vikings: Life and Legend* (2014, British Museum Press)

关于神话与信仰

C. Abram, *Myths of the Pagan North: The Gods of the Norsemen* (2011, Bloomsbury)

A. Andrén, K. Jennbert and C. Raudvere (eds), *Old Norse Religion in Long-term Perspectives:*

Origins, Changes, and Interactions (2006, Nordic Academic Press)

N. Price, *The Viking Way* (2017, 2nd edition, Oxbow)

关于英格兰和爱尔兰的维京人

J. Carroll, S. H. Harrison and G. Williams, *The Vikings in Britain and Ireland* (2014, British Museum Press)

C. Downham, *Viking Kings of Britain and Ireland* (2007, Dunedin)

J. Graham-Campbell (and contributors), *The Cuerdale Hoard and Related Viking-Age Silver and Gold from Britain and Ireland in the British Museum* (2013, 2nd edition, British Museum Press)

K. Holman, *The Northern Conquest: Vikings in Britain and Ireland* (2007, Signal Books)

英格兰

J. Graham-Campbell, R. Hall, J. Jesch and D. N. Parsons (eds), *Vikings and the Danelaw: Select Papers from the Proceedings of the Thirteenth Viking Congress* (2001, Oxbow)

D. M. Hadley, *The Vikings in England: Settlement, Society and Culture* (2006, Manchester University Press)

D. M. Hadley and J. D. Richards (eds), *Cultures in Contact: Scandinavian Settlement in England in the Ninth and Tenth Centuries* (2000, Brepols)

R. Hall, *Viking Age England* (2004, The History Press)

R. Lavelle and S. Roffey (eds), *The Danes in Wessex* (2016, Oxbow)

苏格兰

B. Crawford, *Scandinavian Scotland* (1987, Leicester University Press)

J. Graham-Campbell, *Vikings in Scotland: An Archaeological Survey* (1998, Edinburgh University Press)

A. Woolf, *From Pictland to Alba, 789-1070* (2007, Edinburgh University Press)

英国西部和爱尔兰海

D. Griffiths, *Vikings of the Irish Sea* (2010, Oxbow)

M. Redknapp, *Vikings in Wales: An Archaeological Quest* (2000, National Museum of Wales

Books)

D. Wilson, *Vikings in the Isle of Man* (2008, Aarhus University Press)

关于维京复兴

D. Clark and C. Phelpstead (eds), *Old Norse Made New: Essays on the Post-Medieval Reception of Old Norse Literature and Culture* (2007, Viking Society for Northern Research)

M. Townend, *The Vikings and Victorian Lakeland: The Norse Medievalism of W. G. Collingwood and His Contemporaries* (2009, Cumberland and Westmorland Antiquarian and Archaeological Society)

A. Wawn, *The Vikings and the Victorians* (2000, Boydell)